股市晴雨表

【注解版】

[美] 威廉·P.汉密尔顿 著
汪雪鹏 译

中国宇航出版社
·北京·

图书在版编目（C I P）数据

股市晴雨表 / (美) 威廉·P.汉密尔顿著 ; 汪雪鹏译. -- 北京 : 中国宇航出版社, 2017.1
ISBN 978-7-5159-1256-1

Ⅰ. ①股… Ⅱ. ①威… ②汪… Ⅲ. ①股票市场—研究 Ⅳ. ①F830.91

中国版本图书馆CIP数据核字(2016)第311751号

责任编辑 田芳卿
责任校对 白希国　　**装帧设计** 宇星文化

出版 发行	**中国宇航出版社**		
社址	北京市阜成路8号	邮编	100830
	(010)60286808		(010)68768548
网址	www.caphbook.com		
经销	新华书店		
发行部	(010)60286888		(010)68371900
	(010)60286887		(010)60286804(传真)
零售店	读者服务部		
	(010)68371105		
承印	三河市君旺印务有限公司		
版次	2017年1月第1版		2017年1月第1次印刷
规格	787×960	开本	1/16
印张	21.5	字数	279千字
书号	ISBN 978-7-5159-1256-1		
定价	36.00元		

本书如有印装质量问题，可与发行部联系调换

解读市场的最好方法是从大众对其价值的观点入手。市场并不像风中乱飘的气球，总体来说，市场反映了那些富有远见、博识的人对于价格的判断以及未来价值的预期。

——查尔斯·H. 道

道琼斯铁路指数月线图（1897—1925）

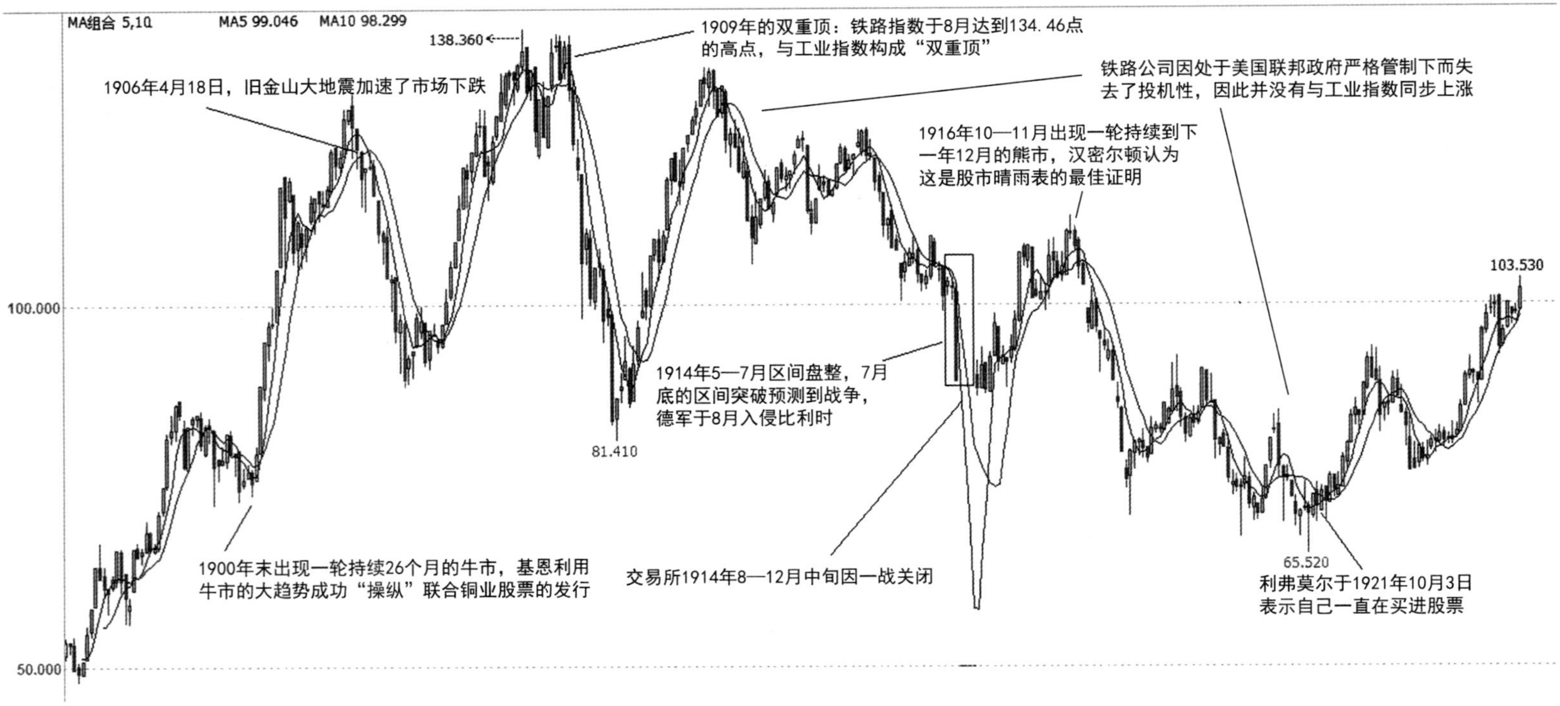

道琼斯工业指数月线图（1897—1925）

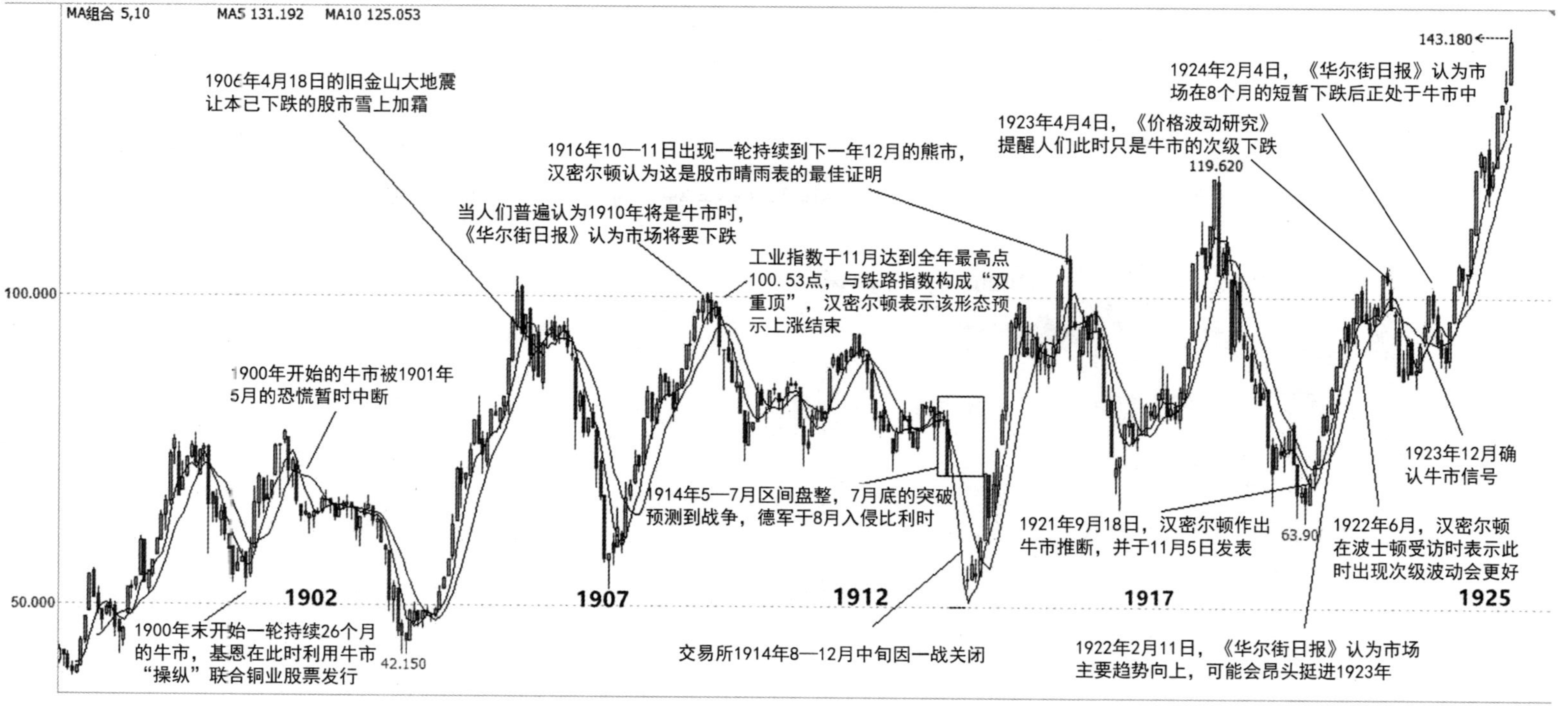

道琼斯工业指数百年走势图

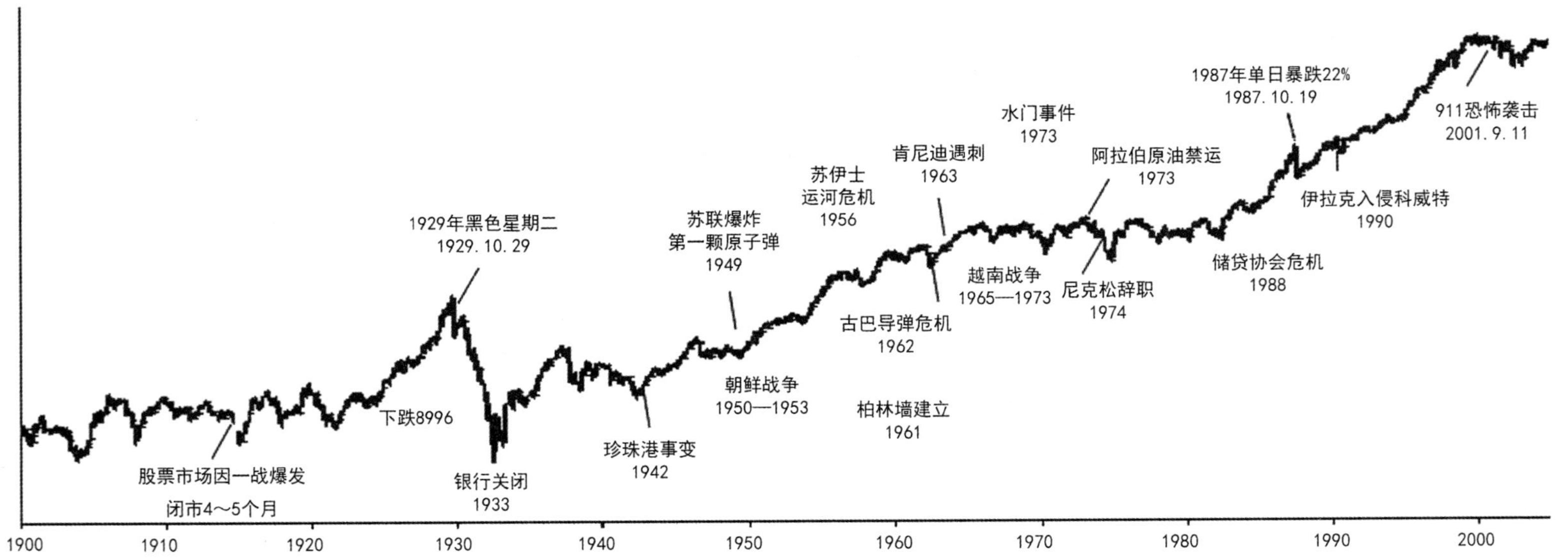

译者序

《股市晴雨表》一书首次出版是在 1922 年。1925 年，作者威廉 · P. 汉密尔顿又在原有基础上增添了后面两章的内容，最终定稿成今天这个样子。道氏理论自此一统江湖，各种技术分析流派也应运而生。

时光荏苒，转眼之间，该书首次出版距今已近百年。这本书在股票交易中的地位无需多言，犹如皇冠上那颗璀璨的明珠，又如一盏明灯，照亮了无数交易者前行的道路。

孔子从没给自己创立的儒家学派著书立说。同样，查尔斯 · H. 道生前也从来没有以图书的形式发表自己的观点。

1882 年，三位年轻的记者查尔斯 · H. 道、爱德华 · 琼斯和查尔斯 · 博格斯特莱斯创立了道琼斯公司。1889 年，道琼斯公司将原来的《致读者下午信》变为报纸发行，并命名为《华尔街日报》。查尔斯 · 道对股市的所有评论文章均发表在《华尔街日报》中，表达其对股票市场研究的观点和看法。

1903 年，查尔斯 · 道逝世一年后，尼尔逊将他的所有评论文章编入《股票投资基础》一书。在该书中，尼尔逊第一次提出“道氏理论”的说法。查尔斯 · 道的助手，后来成为《华尔街日报》主编的威廉 · P. 汉密尔顿重新整理了道的评论文章，第一次以道氏理论思想对股市走势进行分析预测，并以《股市晴雨表》一书于 1922 年结集出版。该书出版后，立刻引起强烈的反响，市场销量惊人，并一举奠定了道氏理论在金融投资界的基础地位。

道氏理论为后来的金融市场开创了技术分析的方法，近年来绝大多数技术分析方法都是基于道氏理论。虽然现在有大量计算机程序化交易，各种技术指标也是不断花样翻新，但是这一切的基础和灵魂都源于道氏理论。

交易，无论是股票、债券还是期货、期权，都要求对技术分析进行深入的学习和研究。

如今技术分析已经是证券交易的主流市场分析方法，相较技术分析刚产生时被当成一种“妖术”，显然不可同日而语。

查尔斯·道百年前关于股市的观察和评论，现在读起来仍然令人倍感振奋，读其文字，想其为人，每每为其深邃的思想、前瞻性的观点深深折服。关于股市操纵，查尔斯·道早就指出，就整体而言，这种行为改变不了市场趋势，因为一切都已经反映在平均价格指数中了。

“人为操纵”一词从股市出现之日起便已存在。每当股市出现一些意外走势，总有人出来指责人为操纵，指责有人恶意做空。

究竟什么是“恶意做空”呢？做空并不违法，又何来恶意一说？如果没有买盘，空单怎么可能成交。

多空相加，结果永远都是“零”，根本不存在所谓的“恶意做空”之说。做空机制与做空者却往往成为市场下跌的罪魁祸首，从证券市场诞生那一天起就是这样。汉密尔顿在书中就常见的对市场的错误看法，诸如人为操纵，做了详细透彻的讲解。

道氏理论如此重要，那么读一读百年经典，放在床头案边，随手翻阅，随时接受道氏的指点，确实是一件快事。

这部作品虽然是一部经典之作，但其毕竟出自国外著者之手，况且书中所述事件距今已超百年，读者阅读难免会有诸多困难。为帮助读者理解文中内容，译文特意对一些历史事件及人物做了必要的注释。

需要说明一点，原书所附道琼斯平均价格指数数据，绝非繁冗无用。有些读者从不研究这些数据，更有甚者，有些版本在出版时就将其删掉，甚是可惜！

这里分享一个研究道琼斯平均价格指数数据的方法：在 A4 纸上画出相应的刻度，横轴代表时间，纵轴代表点位，把数据填写到表格中。对应查尔斯·道和汉密尔顿的评论分析时点，按照道氏理论预测后市波动情况，记下自己的分析结果与理由，然后把后面的点位填入表格中以验证自己的判断。结合查尔斯·道和汉密尔顿的分析，寻找自己的问题所在。这是一个趣味横生的过程，半年后你就会发现自己对市场的分析已经有了质的飞跃。

其实道氏理论的精髓恰在这些数据之中，当年查尔斯·道正是通过这些数据建立起他的道氏理论思想体系的。可以说，全书最有价值的部分就是这些数据图表。从其所占篇幅，也可推知这些数据在汉密尔顿心目中的地位。

兴趣是最好的老师，做自己不喜欢或不感兴趣的事情极其痛苦。交易领域只有 5% 的人是稳定赢家，另外 95% 注定是输家。绝大多数人都是看中金融市场巨大的造富能力才进来的，如果没有兴趣研究市场，如何能够盈利？

如果想跻身前 5% 的赢家之列，就请认真研读书后所附道琼斯平均价格指数这些极为重要的数据吧！

热爱交易的人看到这些数据，其感觉就跟饥饿的人看到面包毫无两样。

不过，这些数据的表现力不如今天大家所熟知的 K 线图，因此多年来并没有很好地发挥其应有的作用。有鉴于此，为了帮助大家领悟道氏理论，本书特将其制作成 K 线图表，供广大读者参考。

前人栽树，后人乘凉。感谢伟大的先行者——查尔斯·道、汉密尔顿。

高山仰止，景行行止。虽不能至，心向往之。

汪雪鹏

2016 年 11 月 29 日

前 言

前言往往只是作者对书中内容的自我辩解，或者充其量是将应该说明的内容予以澄清而已。本书则完全不需要为其做任何辩解。如果没有阐明道氏理论的要义，那完全是作者的责任。

这里，我必须向道琼斯公司董事长克拉伦斯 · W. 巴伦，以及这家杰出财经新闻服务机构的经理约瑟夫 · 卡什曼致以最崇高的敬意，感谢他们允许我使用至关重要的道琼斯股票平均价格指数数据。还要感谢在华尔街从事报业工作的老朋友查尔斯 · F. 任肯，是他编纂了这些平均价格指数并将其制成图表，允许我在本书中引用说明。

威廉 · P. 汉密尔顿

目　录
CONTENTS

第一章　周期和股市记录

已故英国经济学家威廉·S. 杰文斯[①]，其天性率真的品格总是令其作品具有可读性，观点易于理解。他曾经提出商业恐慌和太阳黑子之间存在紧密联系的理论[②]，并列举了17世纪以来的一系列数据，数据显示二者确实存在明显的巧合。

这一理论纯粹就是臆想，也可能是他低估了两个世纪前那场极其严重的经济紧缩[③]，因为当时并没有足够的太阳黑子数目来佐证其理论。

我曾于1905年初在《纽约时报》发表文章，专门评论过杰文斯这一理论。当时我说，尽管华尔街打心底里相信经济上存在恐慌和繁荣周期，但他们并不在意太阳黑子的数量是否能够凑成扑克牌中的一手同花顺。

年轻人总是很鲁莽无礼。如果我当时换种说法，说成“这种偶然性的周期对应其实证明不了什么，就像美国总统选举和闰年的巧合那

① 威廉·S. 杰文斯（William Stanley Jevons，1835—1882），英国著名经济学家，边际效用价值理论和数理经济学奠基人，主要作品有《政治经济学理论》。他曾经发表论文，以太阳黑子活动来解释经济危机的原因和周期性。

② 这就是所说的太阳黑子理论，该理论最早由英国经济学家威廉·S. 杰文斯于1875年提出。太阳黑子理论把经济周期的波动性归因于太阳黑子的周期性变化，认为太阳黑子周期性地造成恶劣的气候，使农业收成不好，农业生产状况又影响到工商业发展，从而使整体经济周期性地出现衰退。太阳黑子的出现是有规律的，大约每10年左右出现一次，因而经济周期大约也是每10年一次，这是经济周期理论中典型的外生经济周期理论。

③ 1715年苏格兰和英格兰爆发战乱，苏格兰扶植斯图亚特王朝重登英国王位，结果引发严重经济萎缩。第三章有详细讲述。

样”，或许会让人觉得更客气一些。

周期与诗人

不少经济学教师和朴实的商人，甚至很多谦和的学者，都笃信人世间的事情存在周期循环。其实人们无须理解爱因斯坦的相对论也会明白，世界发展的轨迹不可能是一条直线。这种运动就像我们生活的这个星球围绕太阳运转，太阳又在所有行星的簇拥下向织女星系行进。

毫无疑问，诗人也相信周期理论。英国诗人拜伦在《恰尔德·哈洛尔德游记》中有一段非常精彩的诗句，诠释了拜伦眼中的周期循环。

> 从人类的所有的故事可找出一个道理，
> 兴亡盛衰，无非是旧事的轮回和循环。
> 先是自由，接着是光荣，光荣消逝，
> 就出现财富、邪恶、腐败，终于野蛮。
> 而历史，固然它的典籍烟海般浩瀚，
> 其实只一页……①

恐慌和繁荣似乎总在周期性地循环。任何一个了解现代历史的人，都可以列举出我们所经历的恐慌年代——1837年、1857年、1866年（伦敦的欧沃伦·格尼恐慌②）、1873年、1884年、1893年和1907年，

① 见《恰尔德·哈洛尔德游记》第四章108节，杨熙龄译，上海译文出版社。

② 1866年英国爆发的金融恐慌影响深远，引爆源头是当时世界最大的贴现银行——欧沃伦·格尼银行。该银行是伦敦一家贴现银行，主要业务是为商业和零售银行提供资金。在其中一位创立者退休之后，这家银行开始投资于铁路和造船等风险更高的投资领域，并且大量减少了支撑其运营需要的短期现金。当几家债权人破产时，该银行的股票骤然暴跌，出现了流动性短缺。为了保证兑付，欧沃伦·格尼银行向英格兰银行求助，但在5月11日被拒绝。当天下午，欧沃伦·格尼银行停止现金支付，宣告倒闭，进入破产清算程序。一石激起千层浪，整个英国金融市场随之出现恐慌，伦敦民众纷纷涌到不同的银行提取现款，造成大量银行出现挤兑现象。这次风暴导致200家英国银行、金融机构和股份公司倒闭。危机还扩散到世界各地，中国也受到了影响。

也许还可以把通货紧缩的 1920 年 ① 也算在内。

从这些年份可以看出，历次恐慌之间的间隔是不同的，从 10 年到 14 年不等，而且间隔有延长的趋势。我们将在接下来的章节分析这种周期理论，验证该理论的实用价值。

周期性

如果不考虑其他因素的话，其实周期理论的现实基础是一种基于人类本性的假设。

繁荣促使人们过度消费，过度消费之后又导致出现萧条。度过充满恐慌的黑暗岁月，人们对其能够获得的一切都会心存感激，他们从微薄的工资中节余一部分，慢慢地积累起来。同时，微薄的利润和快速的回报也在不断地充盈着资本。随后将会出现一个调整时期，如同 1893 年的经济恐慌 ② 之后，美国绝大多数铁路公司进行的重组 ③ 一样。

近来人们已经认识到，如果人们的收入超过了支出，货币就会贬值，那么投机冒险的风气就会甚嚣尘上。此时经济正在从沉闷、萧条的时期复苏，进入到真正的活跃期，而后者又会逐渐过渡到投机泛滥期。这一时期同时伴随着利率上升，工资高涨，以及其他常见的经济过热征兆。

一段美好的时光过后，经济链条已经发展到最脆弱的环节。接下

---

① 一战中，欧洲国家的黄金流入美国，用于购买战争用品。美国联邦储备银行将这些黄金作为法定货币流通，导致出现通货膨胀。从 1914 年到 1920 年，美国的价格水平翻了近一倍。后来美国联邦储备银行决定治理通货膨胀，试图使价格恢复到原来的水平。接下来便是一段通货紧缩时期，价格水平在 1920 年一年内便从 200 降到 140，下降了 30%，这是美国历史上最大的一次通货紧缩。

② 1893 年，美国经历了一次严重的经济衰退，上万家企业破产，超过 600 家银行倒闭。这次经济衰退是由于过度投资修建铁路形成泡沫，泡沫最后破灭引起的。在这次经济衰退中，许多人失去了自己的工作，有工作的人也因为害怕失业而大大提心掉胆。

③ 1893 年开始的经济衰退，使美国 1/3 的铁路公司陷入经营困境。为了挽救美国铁路行业，摩根公司利用庞大的资金和权力，对当时美国铁路包括伊利铁路、俄亥俄铁路、费城铁路和北太平洋铁路等进行了重组，使其重新焕发出活力，但仍有四家主要铁路公司倒闭。

来将要发生的事，就像1907年出现的经济崩溃[①]那样。衰退首先会反映在股票市场和大宗商品价格上[②]，继之而来的是日益严重的失业潮。虽然这一时期商业银行的储蓄存款通常会出现增长，却根本不会有任何资金去冒险投机。

市场需要晴雨表

让我们再读一遍拜伦的诗句，看看字里行间是否能够带给我们某种启发。如果我们连一点儿诗人的想象力都没有，讨论经济还有什么价值呢？然而不幸的是，正是由于人类的想象力过于丰富，危机才屡屡发生。

我们需要不掺杂任何主观意愿的晴雨表——价格指数和平均价格，来告诉我们市场将要走向何方，我们能够期待些什么。

最好的晴雨表就是证券交易所记录下来的平均价格指数，因为这些数据最公正，也最客观。指数由不同的股票构成，当然，早期构成平均价格指数的股票数量非常少。30多年来，道琼斯新闻通讯社一直

---

① 1907年，美国第三大信托公司尼克伯克信托投资公司大肆举债，在股市上收购联合铜业公司的股票。此次股票收购行为失利，引发了华尔街的大恐慌和关于尼克伯克即将破产的传言。随后，贷款给尼克伯克信托投资公司的银行被挤提，其后挤提蔓延到其他银行和信托公司。一个星期之后，尼克伯克信托投资公司倒闭，恐慌也随之扩大到美国各地。尽管像洛克菲勒与摩根这样的财团出手拯救美国银行体系，但是到同年10月，美国信贷机构仍然破产了300多家，还有30多家铁路公司倒闭，2.74万家企业登记破产。在1907年最后几个月里，美国商人被迫大量抛售棉花、小麦以及其他商品，并大量低价抛售有价证券，以获得当时的硬通货黄金。在美国，这次经济危机引起的生产下降比以往任何一次都严重。

② 1907年的经济崩溃中，风暴中心是纽约金融区。尽管当时美国企业盈利连创新高，整体经济持续增长，但美国股市却一泻千里，股价大幅跳水，券商纷纷倒闭，利率一飞冲天。当时纽约市政府无法发行债券，纽约证券交易所差点儿被迫关门，银行挤兑风潮席卷全美。

坚持记录这些平均价格指数[1]。

研究这些数据会让人们收益颇丰，但有时研读数据也让乐观者和悲观者都会感到沮丧。这就好比此刻晴空万里，天空中连一片云彩都没有，晴雨表却预测说将要出现糟糕的天气。如果大雨即将毁掉布朗夫人后院里的卷心菜，即使立即大刀阔斧地采取行动，那也为时已晚了。

过去许多年，我的职责和使命就是在报刊上讨论这些平均价格指数，验证已故《华尔街日报》创始人查尔斯·道的理论。现在也许还不能说，这种价格波动分析每次都能为我们提供有益的帮助。但是任何质疑这种分析方法的人，都会因为没有预测到布朗夫人的遭遇而在内心深深自责，并且将永远铭记这样的教训。

道氏理论

道氏理论的基本原理非常简单。

查尔斯·道指出，股票市场运动过程同时存在着三种趋势，其中

① 这就是所谓的道琼斯指数。该指数是世界上历史最悠久的股票价格指数，全称为道琼斯股票平均价格指数。道琼斯指数以在纽约证券交易所挂牌上市的一部分有代表性的公司股票作为编制对象，由四种平均价格指数构成。这四种平均价格指数分别是：A. 以 30 家著名工业公司股票为对象编制的道琼斯工业股价平均指数。B. 以 20 家著名交通运输业公司股票为对象编制的道琼斯运输业股价平均指数。C. 以 15 家著名公用事业公司股票为对象编制的道琼斯公用事业股价平均指数。D. 以上述三种股价平均指数涉及的 65 家公司股票为对象编制的道琼斯股价综合平均指数。通常人们所说的道琼斯指数是指四组指数中的第一组——道琼斯工业平均指数。道琼斯指数最早是 1884 年由道琼斯公司的创始人查尔斯·H. 道开始编制的，当时根据 11 种具有代表性的铁路公司股票，采用算术平均法计算编制而成，发表在查尔斯·道自己编辑出版的《每日通讯》上。编制该指数的目的在于反映美国股票市场的总体走势，指数涵盖金融、科技、娱乐、零售等多个行业。自 1897 年起，道琼斯股票价格平均指数开始分成工业与运输业两大类，其中工业股票价格平均指数包括 12 种股票，运输业平均指数则包括 20 种股票，并且开始在道琼斯公司出版的《华尔街日报》上公布。1929 年，道琼斯股票价格平均指数又增加了公用事业类股票，使其包含的股票达到 65 种，并一直延续至今。

最重要的是主要波动趋势，比如那场从 1900 年麦金利[①] 再次当选总统开始上涨的牛市，这次牛市一直持续到 1902 年 9 月才达到行情的最高

THE WALL STREET JOURNAL.

VOL. 1—NO. 6. NEW YORK, MONDAY, JULY 8, 1889. PRICE TWO CENTS.

图 1–1　1889 年 7 月 8 日出版的《华尔街日报》

① 威廉·麦金利（William Mckinley，1843—1901），美国第 25 任（第 29 届）总统。他 18 岁从军，南北战争结束后，22 岁的麦金利以少校军衔退伍，先后当过律师、检察官、众议员和州长，1897 年当选为总统。1896 年，麦金利被共和党提名为总统候选人并在竞选中获胜，任总统期间，正值美国垄断资本形成并开始对外大肆扩张的时期，总统的当务之急是复兴美国经济。执政后，他采取提高关税和稳定货币的政策，加上其他措施，美国经济有了很大起色，麦金利因此获得“繁荣总统”的美名。对外，他发动美西战争，打败了西班牙海军，夺取了原本属于西班牙的古巴、波多黎各、菲律宾、关岛，并且吞并了夏威夷。他怂恿列强强制中国实行“门户开放”政策，并派兵参加了“八国联军”，大肆掠夺中国。1900 年麦金利获得连任。1901 年 9 月，在出席布法罗泛美博览会时，威廉·麦金利被一名无政府主义者射伤，不久便身亡，是美国建国后被刺身亡的第三位总统。

点。尽管期间股票市场经历了 1901 年抢购北太平洋铁路股票所引发的股市恐慌[①]，但市场当时仅仅出现了一次调整，并未因此停下牛市上

---

① 抢购北太平洋铁路股票事件，是指 1901 年在华尔街上演的一次争夺北太平洋铁路控制权的大战。这次大战给华尔街带来了一场劫难，很多人在这场战争中被波及并因此倾家荡产。

抢购大战发生在当时美国最为显赫的两大银行巨头 J.P. 摩根（摩根银行创始人）和雅各布·谢弗之间。竞买大战的起因是联合太平洋铁路公司实际控制人 E.H. 哈里曼谋求北太平洋铁路公司控制的一小段对他能够造成威胁的铁路的控制权时遭到了拒绝，于是哈里曼决定通过收购北太平洋铁路公司来解决这个问题，由此引发了两大银行巨头之间的战争。

与哈里曼合作的银行家是雅各布·谢弗，而北太平洋铁路公司控制人希尔是摩根银行的重要客户，因此对希尔的北太平洋铁路公司进行攻击，就是对摩根银行的攻击。

面对强敌，雅各布·谢弗没有丝毫畏惧，他很快悄悄地把北太平洋铁路公司大部分优先股收购到手，并且还持有相当数量的普通股股票，这使哈里曼控制了绝对多数北太平洋铁路公司股票，而对普通股股票的收购还在继续。

摩根银行工作人员发现这个秘密收购计划后，立刻致电远在欧洲度假的摩根，要求他授权摩根银行在 5 月 6 日（星期一）开盘时购买 15 万股北太平洋铁路公司的普通股股票（公司总股本是 80 万股）。留给希尔的最后一线希望就是获得大多数普通股股票，然后再让公司做出回购优先股的决定（法律赋予北太平洋铁路公司这个权利），这样希尔就能够重新获得北太平洋铁路公司的控制权。实施这个计划要花费大量资金，但摩根表示支持。于是摩根和谢弗之间的战争打响了。

星期一早上纽约证券交易所一开盘，北太平洋铁路公司的股票就以 150 美元的价格跳空高开，股票抢购战开始了。这时两个人总共持有北太平洋铁路公司 80 万普通股中的 63 万股。到了星期二收盘的时候，他们掌控的数字就变成了 75.4 万股，市场上只剩下区区 4.6 万股在流通。周三开盘后，一个小时内，北太平洋铁路公司股票的价格就从 350 美元冲到 1 000 美元，抢购大战进入顶峰。

《纽约时报》头版报道这场大战说："华尔街从来没有见过像昨天那样彻底的股票竞买，也没有见过像昨天那样灾难性的股票竞买。"

战争双方就像两只老虎疯狂地争食一只羔羊，他们猛烈的撕咬使其他很多股市投资者都成了受害者，当然也有个别投资者因此获益。股票空头们都在盼望股价下跌，然而从谢弗介入这只股票那一刻开始，股价就注定了要疯狂飙升。当空头们意识到这是摩根和谢弗两个人之间的较量时，一切都太晚了。他们只能抛出自己手中的其他股票，然后以高价购买北太平洋铁路公司的股票，以便在规定时间内平掉手中的空头仓位。

这种恐慌不仅在做空北太平洋铁路公司股票的投机者中传播，也在做多其他股票的投资者中迅速蔓延。由于北太平洋铁路公司股票价格不断上升，空头们不得不大量抛售其他公司的股票来高价买入北太平洋铁路公司股票平仓。所有华尔街的炒家、经纪人、投资人，都不计成本地抛售其他一切股票，把所有资金都投入到了抢买北太平洋铁路公司股票的战役中，导致其他股票价格纷纷下跌，形成北太平洋铁路公司一股冲天而整个股市大崩盘的壮观景象。例如美国钢铁公司的股票，短短几天内就从 54.75 美元跌到 26 美元。

到周四下午，面对股市大崩盘的恐怖景象，银行家 J.P. 摩根和雅各布·谢弗也感到害怕了，于是他们签订紧急停战协定，两家银行宣布不再购买北太平洋铁路公司的股票，同时允许所有空头以 150 美元的价格（当时北太平洋铁路公司的股价在 1 000 多美元）平仓，把很多人又从破产的边缘拉了回来。

战争的挑起者哈里曼虽然没有获得北太平洋铁路公司的控制权，但却如愿以偿获得了他看中的那一小段铁路的控制权。这一小段让很多人经历生死的铁路就叫伯灵顿铁路。

涨的步伐。另一个例子是1919年10月启动的大熊市[①]，这次熊市直到1921年6—8月才真正触底。它们都属于股市中的主要波动趋势。

市场走势表明，主要趋势持续的时间至少是一年，通常情况下持续的时间会更久一些。与主要趋势相伴，或者说在主要趋势发展过程中，还存在着查尔斯·道所说的次级调整趋势，其表现为熊市期间的急速反弹和牛市期间的剧烈回调。1901年5月9日的股市暴跌（见第7页注①），就是最明显的一个实例。

在次级调整趋势中，工业板块（与铁路板块分开来看）可能会先于铁路板块展开急速反弹，也可能由铁路板块带动整个市场出现反弹。在主要趋势中，20种活跃的铁路板块股票和20种工业股票可能会轮番上涨，很难具体说哪个板块引领着主要趋势向纵深发展。

在1919年10月开始的熊市之前那段漫长的股市上涨过程中[②]铁路板块的股票始终在低位徘徊，与工业板块相比交易极不活跃。显然这是由于当时铁路公司收归国有并由政府提供担保造成的，由于铁路公司收归国有，导致铁路公司股票被人们排除在投机领域之外，自然也就不会对指导投机的晴雨表产生任何影响。当铁路股票再次转为私人部门所有之后，必将再振昔日雄风。

道氏理论的含义

正如查尔斯·道指出的那样，在市场的主要趋势和次要趋势中，同时还存在着一种潜藏其间的日常波动。这里必须强调一点，平均价

① 1919年的美国大熊市始于11月3日，直到1921年8月24日才正式结束，整个熊市从高位到新牛市确认持续了26个月，期间跌幅达47%。这次熊市始于第一次世界大战结束之际，主要原因是欧洲战时需求大幅度降低。战时繁荣让美股走牛，股价平均上升了51%。一战结束后，美国国内企业盈利成长性开始放慢和下滑，导致随后持续2年的熊市。从1921年第四季度开始，美股由当时的新科技成长产业领军，进入了史无前例的8年大牛市，让美国经济在整个20年代突飞猛进，取代英国成为世界超级大国。

② 从上次股灾结束的1907年11月15日开始，到1919年11月3日创出本轮股市的历史高点，其间共运行了12年。

格指数用于个股投机具有一定的欺骗性。

根据平均价格指数的预测，如果一位投机者认为1901年5月会出现次级下跌，并据此观点在所有股票中选择卖空北太平洋铁路股票，接下来的结果会是什么呢？事实上，当时的确有一些交易者这么做了。如果他们能在亏损65个点时平掉空头仓位，就已经算是比较幸运的了。

在实际应用的过程中，道氏理论又发展出许多新的观点，其中被验证的最为正确的一个观点，就是两种平均价格指数之间相互验证。如果二者不能保持一致，就绝对不会形成主要趋势，也几乎不会形成次要趋势。

认真观察平均价格指数就会发现，很多时候，平均价格指数在长达几星期的时间内只是在很狭小的区间内波动。比如工业平均价格指数在70点到74点间波动，铁路平均价格指数则维持在73点到77点之间，技术上把这种情况叫做“区间盘整”。经验告诉我们，区间盘整表明市场在这段时期正在派发或者吸筹。

当两种平均价格指数上涨并突破盘整区间的最高点时，就发出了市场走强的牛市信号。在熊市中，这可能意味着一轮次级反弹。在1921年，这样的突破就启动了一轮持续到1922年的牛市。

如果两种指数都跌破了盘整区间的低点，毫无疑问，股市此时已经到了气象学家所说的“临界点”，暴雨随后将至。也就是说，牛市将要出现次级下跌趋势，或者出现像1919年10月启动的那样的熊市。

1914年，证券交易所关闭一段时期以后①，用来代表工业平均价格指数的成份股数量从12只调整为20只②。这样一来，平均价格指数

① 第一次世界大战爆发后不久的1914年7月，纽约证券交易所关闭了一段时期，但是这一年的11月28日又重新开放，目的是使各种债券能够自由交易以支持作战。

② 道琼斯股票价格平均指数最早是1894年根据11种具有代表性的铁路公司的股票，采用算术平均法计算编制而成的，发表在查尔斯·道自己编辑出版的《每日通讯》上。其计算公式为：股票价格平均数＝入选股票的价格之和/入选股票的数量。自1897年起，道琼斯股票价格平均指数开始分成工业和运输业两大类，其中工业股票价格平均指数包括12种股票，运输业平均指数则包括20种股票，并且开始在道琼斯公司出版的《华尔街日报》上公布。1916年10月4日，道琼斯工业指数对指数成份股进行了一次调整，成份股数量从12只增加到20只。

似乎出现了一些混乱。特别是投机气氛浓厚的通用电器股票纳入工业指数后，工业指数的波动变得十分剧烈，远超铁路指数的波动幅度。

平均价格指数的研究者逐日对比 20 只成份股之前几年的波动情况，发现它们的波动情况其实和原来只有 12 只成份股时的波动情况极为类似。

道琼斯平均价格指数是参照标准

尽管道琼斯平均价格指数被广泛模仿，但它仍然是业内重要的参考标准。研读道琼斯平均价格指数的方法有很多，但是没有哪一种方法能像道氏理论那样经得起实践的检验。其他方法的缺陷在于人们总是被表面的假象所迷惑，分析时纳入了太多无关的因素。

许多人试图结合成交量，参考大宗商品价格来研读道琼斯平均价格指数，其实完全没有这个必要。很明显，平均价格指数已经包含了这些因素，就如同晴雨表本身已经反映了影响天气状况的所有因素一样。价格波动包含了华尔街对市场的所有观点和看法。更重要的是，它还反映了华尔街对未来事件的预期。

在华尔街，没有人通晓一切。据我所知，在亨利 · 罗杰斯①时代，有一个被称作“标准石油集团”②的机构，该机构多年以来在股票市场

① 亨利 · H. 罗杰斯（Henry Huttleston Rogers，1840—1909），美国资本家、商人、实业家、金融家和慈善家，1840 年 1 月 29 日生于马萨诸塞州，1909 年 5 月 19 日在纽约故去。罗杰斯晚年与两个著名人物产生过亲密的友谊，这就是马克 · 吐温和布克 · 华盛顿。

② 1870 年 1 月 10 日，洛克菲勒在俄亥俄州创建了股份制的标准石油公司，标榜他们出产的石油是顾客可以信赖的“符合标准的产品”。它使漫无节制的宾夕法尼亚石油狂热造成的混乱得到解决，产生了新的秩序，这种秩序以标准石油公司的形式体现出来。这家公司把支配和主宰世界石油贸易作为发展目标，在 20 年的时间内成为美国最大的原油生产商，垄断了美国 95% 的炼油能力、90% 的输油能力、25% 的原油产量，对美国石油工业的垄断持续到 1911 年。洛克菲勒也因其在石油领域让人难以企及的地位，被誉为“世界石油大王”。1911 年 5 月 15 日，美国最高法院依据 1890 年的《谢尔曼反托拉斯法》，判定标准石油公司是一家垄断机构，应予拆散。根据这一判决，标准石油集团被拆分为约 37 家地区性石油公司。历史上，标准石油集团（Standard Oil Crowd）曾长期投资于股票市场，并以操纵市场广受非议，后文对此有较为详细的介绍。

中一再犯错。拥有“内幕消息”是一回事，懂得股票市场如何对这些信息做出反应则是另外一回事。

市场反映了一切，包括每一个人的认知、希望、信念和预期。所有见解经过市场消化之后，就像美国参议员多利弗在国会引用《华尔街日报》评论所说的那样，“市场最终会做出无情的判决”。

经典解读

股票市场是国民经济的晴雨表，股票平均价格指数则是个天才的创造。永远没有人知道明天的股市会怎么样，股市的运动只有两个方向——向上或向下。道琼斯平均价格指数则能够让人们知道，今天的股市到底发生了什么变化。

在一块电子显示牌上，一串阿拉伯数字不断地跳动。股票市场每天的交易数以亿计，但是交易结果却能以最简单的数字告诉每一个人——这就是道琼斯平均价格指数的全部意义所在。

查尔斯·道理论最早用于股票市场，用以判断股市涨跌，预测经济的兴衰。其后继者将该理论发扬光大，使其成为研判资本市场走势的一种工具。

查尔斯·道提出了一个现代金融理论公理性的命题：任何一个股票市场伴随的风险都包括系统性风险与非系统性风险。其中，系统性风险是指那些会影响全部股票的一般性因素，非系统性风险是指可能会影响某一公司而对于其他公司没有影响或几乎没有影响的特殊因素。

道氏理论反映了资本市场收益与风险的一般规律，近年来越来越多的人将该理论应用于金融市场。在成熟投资市场中验证的结果表明，道氏理论对于价格走势的预测是有效的。

第二章　电影中的华尔街

通过严谨的分析可以证明，经过长时间考验的股市晴雨表是非常精确的。在道氏股价波动理论的指导下，考察股票市场中主要的上涨或下跌趋势，它们持续的时间从不足一年到三年或以上。我们也可以考察股市反弹或下跌中的次级干扰因素，还可以考察那些相对而言无足轻重却时刻都在进行的日常波动。

我们看到，所有这些价格波动都是基于华尔街对经济状况的理解发生的，如同四季更替，价格波动跟道德没有任何关系，而且股市中的人为操纵行为也不会使晴雨表产生实质性的改变。

电影与情节剧

从我的一些往来信件中可以看出，这一点根本没有争论的余地。据说华尔街向来都不会平白无故被告上法庭，市场中总是充斥着内幕信息和市场操纵。世界上每个市场都会发生一些扭曲市场行情走势的突发性丑闻或事件，如果说价格波动几乎不带偏见，不近人情，并且与这些丑闻毫不相关，这在过去是难以让人信服的。

肯动脑筋思考的交易者少之又少，绝大多数交易者更爱意气用事。尽管我坚定地为股市辩解，但是习惯意气用事的交易者如此之多，以至于我不得不向他们妥协，这让我想起了人们对于格林尼治子午线的争论[①]。在此，我引用美国前总统格罗弗·克利夫兰[②]一句广为人知的经典名言：我们面对的是现实，不是理论。

在公众的想象中，华尔街是一幅既让人恐惧又非常精彩的画面——我们称之为“电影”中的华尔街。英国人所说的“电影”，和我们祖父母时期观看的传统情节剧是一样的，只不过是换成了当代的银幕表现形式，剧中人物的表现几乎都是一样的。虽然剧中的恶棍和吸血鬼与现实生活并没有什么联系，但是演员极尽所能地表现出恶棍、吸血鬼应有的样子，这样才能迎合批评家的品味，尽管人们都没有看到过这两类人。

许多年前，杰罗姆·K.杰罗姆[③]曾经写过关于舞台剧创作的一些规则。他指出，在英国舞台剧中，如果丢失了那个价值3先令6便士的结婚证书，婚姻就会失效。在死亡事件中，如果富豪已经立有遗嘱，遗产将由遗嘱指定的人继承。如果富豪死前没有留下遗嘱，那么其财产将会落入与死者关系最亲近的恶棍手中。

在那个时代，舞台上的律师与真正的律师看上去很像，舞台上的侦探看起来是一位目光犀利的探长，舞台上的金融家看上去也很像一位真正的金融家，但这似乎明显是在诋毁金融家的形象。

小说中的金融家

现代银幕展现的金融家，尤其是呈现在特写镜头下的金融家，其

① 地球上的0° 经线（本初子午线）是人为假定的，它不像纬度有自然起讫（赤道和两端）。历史上0° 经线的选择曾经经历过一番激烈的争论。1884年，在华盛顿召开的国际经度学术会议上，正式确定以通过英国伦敦格林尼治天文台旧址的经线作为全球0° 经线，公认为计算经度的起点线。

② 格罗弗·克利夫兰（Stephen Grover Cleveland，1837—1908），美国政治家，第22任和第24任美国总统，是唯一分开任两届的总统，也是内战后第一个当选总统的民主党人。在克利夫兰任期内，他面临着机构改革、关税纷争、工人罢工等难题。面对这些难题，他推行文官制度改革，免去了近10万共和党人的官职并换上了民主党人，勒令铁路公司退出近8 000英亩非法占用的土地，力图维持和制订有利于民主党利益的低关税政策。在后世看来，他是最好的无名总统。

③ 杰罗姆·K.杰罗姆，英国现代著名小说家和剧作家，有许多伟大作品享誉世界，代表作有《三人同舟》（1889）、《懒汉的妄想》（1889）、《舞台上下》（1890）等。

形象就如同前文说的那样，不过，这样的人物形象并不是什么全新的创造。我记得自己20年前曾在一本杂志中读过这样一个故事，故事描述的是一位与詹姆斯·R. 基恩①这种类型的人很相像的“操纵者”是如何左右股市的。

杂志插图极为形象，看着就令人兴奋！其中一张插图夸张地描绘出基恩先生或者是他的原型，画面中他正弯腰靠在联合证券交易所的报价机上。这张图暗示他正在以巨大的交易量冲击着整个市场。只有基恩，或者说只有电影中的基恩才能做到这一点。

故事的作者是埃德温·勒菲弗②先生，当时他正在为纽约《环球》杂志写一些似是而非的财经文章，在虚掷的光阴中挥霍自己的才华。毫无疑问，他觉得自己在艺术创作上很失败，并以撰写这类文章而自鸣得意。

这里有一段他对股市操纵者的描述，摘选自1901年发表的一篇名为《松脂的下跌》③的短文。

> 如今，股市操纵者的天赋是与生俱来的，并不是后天训练而成。操纵股市是一项艺术，难度是最大的，要通过巧妙的伎俩，使被操纵的股票表面上看不到任何被操纵的迹象。
>
> 任何人都可以买进或者卖出，但并不是每个人都能在卖出股票的同时，却能向外传达出自己正在买入股票的假象，从而使股价进一步上涨。

---

① 詹姆斯·R. 基恩，华尔街著名的传奇人物之一，其声名就如同今天的巴菲特一样响亮。他主导过许多股票上市发行的过程，书中对其赚钱的手法和流程有细致的描写。

② 埃得温·勒菲弗，美国著名记者、作家。在其53年的写作生涯中共出版8本书，其主要著作均与华尔街有关。最著名的作品是以杰西·利弗莫尔为原型的小说《股票大作手回忆录》，该书自问世以来便被广大投资者视为“交易圣经”。

③ 这篇文章收录在埃得温·勒菲弗出版的《华尔街1901》一书中。该书的主要观点是，唯有知道自己在做什么的专业投资人才能累积大笔的财富，那些赌徒和贪婪、报明牌、听明牌的人都注定会赔钱。该书重点探讨华尔街专业投资人士与赌徒之间的清楚分界，以及两者之间的反向性格与相反的财务命运。

> 这需要完美的判断力和巨大的魄力，深谙股市结构等方面的技术知识，心思机敏，绝对了解人性并对投机这一特殊心理现象做过周全而仔细的研究，拥有同华尔街各界人士长期相处的经验，对美国民众具有不同寻常的想象力。当然，他们还要熟知各类被雇佣的经纪人，包括他们的能力、弱点和个性，以及他们认可的价格。

表面上看，这是一篇专业性很强的小说。实际上，作为一种艺术，它比情节剧或荧屏上的艺术作品更加真实。

这篇小说没有对股票价值和商业背景进行深层剖析，但那正是确保股市多样性的必要条件，同时也使股市操纵成为可能。虽然对事实的评论会面对各种反驳，但事实真相往往比文学作品更加离奇，也更难以付诸文字。

大礼帽和扭曲的面孔

前不久，一份大众报纸刊登了一封读者来信，该信充斥着“反华尔街”情绪，因而影响极坏。写信者言辞激烈，公开表达了一位西方游客参观华尔街后的印象，抨击的一个焦点就是“大礼帽和扭曲的面孔”。

请允许我描述得再明确一些：在华尔街，我的确曾经看到过戴大礼帽的人，那是在 1901 年赛思·洛市长为证券交易所开业剪彩的时候。我的速记员当时就发出了由衷的赞叹，说那才是真正的时髦装束！

电影里的金融家总是戴着大礼帽，如同情节剧中的英雄一样。就算落魄得一贫如洗，衣衫破旧，他们依然还会穿着黑漆面的皮鞋。荧屏上的金融家如果头上不戴一顶大礼帽，给人的感觉就好像是没有放盐的鸡蛋，食之无味。不过，我们也不能因此断言他是一个“坏蛋”。

回顾困境的漫漫长路

就在几年前，曾经发生了一起非常严重的斯图兹汽车股票局部“垄断囤积”[①]丑闻，原因在于当时股票市场还没有建立起真正意义上的市场机制。在这起事件中，除了一些少量的卖空者外，并没有人因此亏损，后来那些卖空者都毫无怨言地平了仓，付清了所欠股款。

不过，这起事件却为公众抨击华尔街提供了一个强有力的借口。纽约的一家报纸声称，这起事件与“都市运输公司行贿案”“纽黑文市劫掠案”“岩石岛破坏案”，以及“人寿保险行贿案”存在着千丝万缕的联系。其实，这不过是报社夸大渲染历史，为了售卖报纸所做的噱头罢了！

该报并没有告诉读者，都市街道铁路公司最后一次融资是20年前的事情。纽约地面铁路线的全部资产抛售给当时的区际都市公司这件事，愚蠢且经不起推敲，然而那也是15年前的事了。在人寿保险事件的调查中，没有人被控告，也没有被证实的确凿行贿证据，这起事件也已经过去16年了。甚至最近歪曲纽黑文融资的这件小事，至今也足有11个年头了。岩石岛事件，则是在19年前发生的。至于那件常常被用来指责华尔街的芝加哥·艾尔顿公司资产重组事件，也早在1899

---

① 这是美国金融史上非常著名的一起逼仓事件，事件发生于1920年。斯图兹汽车公司（Stutz Motor Company）生产著名的勇士汽车，艾伦·莱恩是美国富豪托马斯·莱恩的儿子，他成为纽约证券交易所的交易员后，开始操纵斯图兹汽车公司的股票。在他的操纵下，这只股票的价格由1920年1月初的100美元上涨到1月底的120美元，并在2月2日冲高到134美元。此时空头入场，莱恩毫不示弱，大胆开始坐庄，并吞进空头抛出的所有股票，斯图兹股票在4月1日涨到了391美元。

由于市场上所有的斯图兹股票几乎都被莱恩收购，空头们此时傻了眼，因为他们必须向莱恩回购这只股票才能平仓。他们的如意算盘是通过卖空把股价砸下去，然后再低价买回，没想到事与愿违。空头大都是在130美元左右的价位卖空的，现在即使用391美元买来平仓，每股也要损失261美元，更何况莱恩绝不会以391美元的价格卖给他们，因为现在只有莱恩手里有斯图兹公司的股票，价格由他说了算。经过一番讨价还价，58个空头以每股550美元的价格从莱恩手里回购斯图兹股票，惨败给莱恩。

后来熊市来临，莱恩还未来得及出货，股票价格即出现暴跌。莱恩手里的斯图兹股票无人接盘，由于坐庄借入了大量资金，此时的他无力还贷，于1922年7月21日宣布破产，为了防止金融市场动荡，纽交所当时中止了该股票交易。

年就已经完成了，并且直到 1907 年再没有发现其中存在什么过失。

为这些事件翻案，或许我把自己描绘成了一个义无反顾的拨乱反正者，不过根据我对事件的全面了解，直到现在也看不出华尔街哪里应当受到谴责。

寡妇与孤儿

尽管北太平洋铁路股票“逼仓”大战惊心动魄，并且引发了一场股市恐慌，但并不能说明市场操纵会使股市晴雨表失灵。那场特别的恐慌发生在牛市期间，它只是引发了一轮较为剧烈的次级下跌，市场很快就恢复了上涨趋势，并在 16 个月后达到最高点。

尽管如此，1901 年的那起事件依旧敏感且容易遭到攻击。直到现在，那些政客们还声称该事件和华尔街有关。有个说法特别有意思，某些政客居然宣称，过去那些事件中受到影响的股票全都由寡妇和孤儿持有。

我倒是真心希望有人娶了那些寡妇，领养了那些孤儿，哪怕在那些孤儿的屁股上打几巴掌也行，这样可以使那些政客的托管人失去最基本的商业头脑，那些政客也就无权再粗鲁地绕着我们转来转去，并不时地指责我们犯下的罪过了。不过，别的地方倒是有赚大钱的机会正在等着他们——电影里。

道氏理论——股票市场的真理

好了，言归正传，回到本书的正题。我们这里阐述的主宰股市的法则虽然形成于美国，但同样适用于伦敦证券交易所、巴黎证券交易所和柏林证券交易所。我们可以证明，即使这些证券交易所都不存在了，蕴含在这一法则下的基本原理依旧发挥作用。只要在任意一个大城市重新建立一个自由交易的证券市场，这些法则都必然自动地再次发挥作用。

据我所知，截至目前，在伦敦任何一家金融出版物中，还没有类似道琼斯平均价格指数这样的数据记录。但是，如果能够获得和道琼斯平均价格指数相似的数据，那么其他股票市场也会如纽约股市那样可以进行有效的预测。

从伦敦证券交易所的上市公司名单中，完全可以选取两个或更多具有代表性的股票板块，编制出相应的指数，并通过该指数呈现出韦敦豪尔①的股票清单及伦敦证券交易所官方上市股票的主要波动趋势、次要波动趋势以及日常波动。

由英国铁路板块股票编制成的平均价格指数，可以很好地验证我们的理论。在伦敦，还有记录时间更久、品类更多的工业类股票可供采用。卡菲尔②市场的南非矿业股票平均价格指数，实际上从 1889 年第一次出现的德兰士瓦淘金热时期③就已经开始编制了，而且将继续以其特有的方式发挥作用。这一指数可以展示出当其他行业出现停滞甚至崩溃时，金矿开采业是如何走向繁荣的。

对经济学家而言，将平均价格指数同固定收益类证券价格的波动进行比较，对于制定交易策略具有很强的指导意义。它会以一种最为生动的方式，揭示出黄金的购买力与投资性债券之间的关系，并最终证明这样一个公理：固定收益类证券的价格和生活成本之间成反比关系。

在接下来的章节中，我们将会提到更多相关的内容。

缺乏真实性的证据是错误的

从内部仔细观察华尔街是困难的，大量观察者的实践已经证明，这是不可能完成的任务。正如下面所说，市场规模要远远大于操纵者

① 韦敦豪尔，人名。

② 卡菲尔是南非民族科萨人的旧称，是具有侮辱性的词语，泛指非洲黑人。

③ 德兰士瓦淘金热：1886 年在南非德兰士瓦发现大型金矿，南非成为世界最大的产金地，各地淘金者纷纷来此淘金。

的规模，而且比所有金融家组合在一起的规模还要大。从某种意义上说，股市晴雨表表达的含义，远比股市走势本身更为丰富。

现代作家 G.K. 切斯特顿曾经说过，缺乏真实性的证据是没有任何效用的，甚至可以说得出的结论是错误的。在查尔斯·道提出他的价格波动理论之前，没有任何人尝试对股市进行深入的探究并阐明其中的内在机理。

如果将某人带进一个飞速旋转的机器中，我们是否还能指望他搞清楚这个机器的动力来源，以及动力产生的方式？很明显，迄今为止，进入公众视野的所谓真相都是被扭曲的，即前面所说的“电影中的华尔街”。

罪恶对美德的赞美

为什么做石油股票欺诈勾当的骗子，总是选择金融区内一些声誉良好的地点，向那里的潜在受骗者发放传单，并且处心积虑地使他们持有的股票能够被著名都市报的金融专栏报道？如果那些收到传单的公众、投机者以及潜在的投资者，都确信华尔街真的如政客描述的那样是罪恶的渊薮，骗子还会这样做吗？如果情况真是这样，那些动机不良的骗子就会去别处行骗了。

那些骗子之所以选择金融区，是因为他们知道那里的声誉和诚信是全世界最好的。从这个意义上来说，虚伪是罪恶对美德的赞美，他们完全没有必要去利用一个像他们自己那样腐烂透顶的华尔街。

如果金融街真的像那些蛊惑人心的政客污蔑的那样腐烂不堪，我们根本就没有必要在这里讨论了，因为美国的金融中心早就由于自身的腐败而土崩瓦解了。

所有这一切都是真实的，即便实际情况与此相反，股市波动理论仍旧是正确和有效的。

罗兹与摩根

如果作家的创作素材大多取自金融街，就如同染匠的双手总是沾满染料一样，那只是他的工作而已，没有人会因此指责这位作家。华尔街从业人员的全部精力，都倾注在那些既严肃又认真的工作上，根本没有闲工夫，也没有那个兴趣去搞什么肮脏的欺诈。

正如我们所知道的那样，没有人能够把握任一时刻影响股价波动的全部因素，事实也的确如此。但是，我们还是可以从自身的经验中得知，总有些人对市场的认知要远远超过一般大众。那些对市场具有真正认知的人，能使你从过分的批评和苛责中摆脱出来。当他们成为富人之后，财富只不过是他们的身外之物。他们最大的乐趣不是财富本身，而是不断地扩大自己的财富。

25 年前，当我在南非工作的时候，我接触到了塞西尔·约翰·罗兹①。他有明确的志向和宏伟的人生蓝图，工作绝不仅仅只是为了挣钱。如果要实现他的想法，金钱是非常必要的，因为他想要修建一条从开普敦到开罗的铁路作为欧洲文明的象征，以此来推广白人文明。从某种程度上说，这条铁路甚至可以作为某种精神象征。

就直觉能力而言，迄今为止，我仅遇到过一个可以与他相媲美的人，那就是已故的约翰·P. 摩根②。他们都思维敏捷，我实在跟不上他们的快节奏。他们身上都有一些神奇的东西，就如同很有数学天赋的孩子，

---

① 塞西尔·约翰·罗兹（1853—1902），英国著名政治家、商人。早年凭借在南非开采钻石积累起巨大的财富，其建立的戴比尔斯钻石帝国，一度统治全球 90% 的钻石生产业务，书写了南非 19 世纪末的历史。1890 年，他担任南非开普敦殖民地总理，开拓了罗得西亚（Rhodesia 津巴布韦旧称，以罗兹命名）殖民地，在自己挑起的第二次布尔战争前死于心脏病。拥有一颗钻石是无数女人一生的梦想，结婚钻戒更是必不可少的物件。“钻石恒久远，一颗永留传”，这句话就是戴比尔斯响誉全球的广告语。

② 约翰·P. 摩根（1837—1913），是美国著名银行家，有“全球债主”之称，商业天才。摩根出生于富商家庭，自幼便显示了超人的判断力，他一手建立的摩根财团是全美十大财团之一。华尔街曾在 20 世纪初流行一个段子：老师问学生，是谁创造了世界？学生回答：“上帝创造了世界，但在 1901 年又被摩根重组了一回。”摩根生活的年代诞生了许多影响全球的巨人，如世界石油大王洛克菲勒、美国钢铁大王卡耐基等。

只需要几秒钟心算，就能告诉你一个千位数的平方根是多少。

按照一位记者的观点，名人的心智或许与我们完全一样。我见过的绝大多数工业巨头，例如詹姆斯·J. 希尔①和爱德华·H. 哈里曼②，他们都拥有一流思想家具备的品质。他们能够排除一切跟主旨不相关的因素，在啰嗦冗长的信息中迅速抓住问题的核心。不过，罗兹与摩根先生更胜一筹，他们总是在你还没有讲完之前，就能够得出令人吃惊但又合乎情理的结论。

绝非无法描述

这些人成为富翁几乎都有一定的偶然性，他们都为自己设定了远大的目标，如果要把这些目标变成现实，就必须拥有一些行之有效的金融方式。这些年来，我们听到了太多的“理念”，并且发现它们大多数并没有什么实际的作用。不过，华尔街的理念却是真实存在的。

在生活中，经常有人在正确的时间以正确和客观的眼光来看待事物，但我真心希望这种情况能够成为常态。

---

① 詹姆斯·J.希尔（1838—1916），加拿大裔美国铁路建筑家、金融家。他出生于加拿大渥太华，约 1870 年在圣保罗定居，最初从事监督蒸汽船运输的职业，企图和太平洋铁路连接，但没有成功。1873 年，他重组了一条破产的铁路，开办了圣保罗—明尼亚波利—马尼托巴铁路公司，1882 年起担任这家公司的总经理。1890 年大北铁路公司吸收圣保罗铁路后，希尔先后成为该公司的总经理（1893—1907）和董事长（1907—1912）。希尔不用联邦投资资助，将圣保罗—太平洋铁路向西延伸，1893 年铁路通达西雅图，成为美国铁路建筑史上的一大壮举。后来控制北太平洋铁路公司和芝加哥—伯灵顿—昆西铁路公司等。1901 年，爱德华·H.哈里曼试图从希尔手里夺取北太平洋铁路公司的控制权，引起了华尔街的恐慌。他继而投资于银行、证券和保险业，担任北方证券公司的总经理，但在 1904 年他的金融活动被宣布违反《谢尔曼反托拉斯法》。1912 年他又控制了圣保罗第一和第二国民银行，并将两行合并。著有《进步之路》一书。

② 爱德华·H.哈里曼（1848—1909），美国金融家和铁路大王，出生于纽约州亨普斯特德。他最初是纽约证券交易所经纪人，后在伊利诺中央铁路公司任高级职务，开始了其铁路管理生涯。1898 年组织财团收购了联合太平洋铁路公司，使联合太平洋铁路公司摆脱破产困境，进而蓬勃发展。他使用了一些不受人喜欢的商业手段，取得其他一些铁路公司的控制权，其中最有名的是南太平洋铁路公司。1901 年他与詹姆斯·J.希尔争购北太平洋铁路公司的控制权失败，引发华尔街空前严重的一次危机。1904 年西奥多·罗斯福当政期间，他与约翰·皮尔庞特·摩根合组的铁路信托公司被最高法院宣布解散。

不久前，我听了一场关于科罗拉多大峡谷的演讲，演讲者用“无法形容”来描述它的壮美。他通过 1 小时 15 分钟的论证，最终得出一个结论，大峡谷的美是无法用语言来形容的，至少他当时是这么认为的。

但是弥尔顿就可以将这种壮美描述出来，赞美诗诗人同样也可以。或许任何一个有才智的人，只要在客观事物面前真实地表达出自己的心灵感受，他就能为你描述出大自然的壮丽美景。

不可改变

我感觉现在说的这些之前曾经都讲过，也许就在那些你今天读过、明天却会忘记的评论里。

人性从来就没有改变过，从诞生人类相关记载时就是这样。“轮回”和人类社会一样古老，我们看到的变化只不过是表象。特别是，在那些聪明、真诚的人通过立法让人们友善、和平地生活在一起之后，更是如此。

然而，人类灵魂的净化和提升才是一切进步的关键所在，所有的变革正是起源于此，而不是立法大厅。

三一教堂的钟声

面朝华尔街的西端街尾，夕阳余晖下，三一教堂塔尖的影子投向这个伟大国家最受批评、最不被理解的地段。我们常能听到它敲响古老而又熟悉的钟声，就像我们经常听到的圣诞赞美诗。牧羊人注视着趴在地上的羊群，聆听着钟声，上帝神秘的荣光笼罩着我们，这一切美妙极了！

法律无法带来这种美妙的感觉，不会让人们更快乐、更富有或者更满足。过去并没有今天的政府形式，也没有类似的组织，那时只有正义激励着整个国家前进。华尔街的人，以及那些对其无私批评的人知道，善良、正义、奉献和爱，是所有优秀政府的基石。只有在这种精神状态下，我们才能很好地管理自己。

我们曾经说过，今天所学的法律条文都是基本的，公理性的，不证自明的。在更高层面的真理中，一定存在着某种永恒的东西，它将会一直存在下去。

未来的某一天，假如美国宪法中的文字已经变成了考古学家感兴趣的研究对象，今天的文字记录也将成为某种意义上的经典作品，这一点就连其作者也绝对不会想到。

图 2–1　三一教堂

这种基础是永恒的，因为真理就蕴含在这神圣之中。

经典解读

性、毒品、暴利、操纵是大众眼中的华尔街形象。有关华尔街的电影，也一再以此为切入点，如《华尔街之狼》《华尔街：金钱永不眠》等，这些电影都获得了令人满意的票房。显然，大众对此也是饶有兴趣的。

华尔街是最不被理解和饱受批评的地方，汉密尔顿对政府带有偏见的华尔街政策显然持否定态度。投资者认为，是华尔街洗劫了自己的财富，如此强大的声音政府不可能视而不见。“人民”是政府执政的基础，人民群众的态度是任何政府都不能忽视的。

华尔街并不能操纵市场价格，只不过依靠交易手续费得以生存，那里的金融家也生活在盈亏不定的世界里。如果有兴趣，不妨统计一下全球或者国内基金经理的业绩表现，其实与广大散户并无二致！华尔街根本没有操纵市场的本事，得此恶名实在是冤枉！

饱受责难的不只是华尔街，中国证监会和华尔街一样，就像是一对同命兄弟！“操纵”“内幕交易”等指责从来就没有断绝过。

一百多年前，查尔斯·道和汉密尔顿就坚定地认为：操纵改变不了市场趋势，指责操纵只不过是给自己的亏损找个理由罢了。

金融交易可以说是这个世界上最公平、最自由、最开放的领域。任何人只要有本事，都可以在这里找到属于自己的位置。

当你准备将自己辛苦积攒的资金投进股票市场时，首先要清楚交易规则。“顺势而为”是句老生常谈，顺势的前提是知道何为势，顺从的势究竟是哪种势。

最重要的是，政府制定的政策会影响交易规则。规则是用来遵守的，永远不要违背交易规则。

与其抱怨、咒骂市场操纵，不如把时间放在了解规则上。莫斯科不相信眼泪，抱怨、咒骂是懦夫行为。在交易的世界里，真正稳定盈利的人只有5%，剩下的注定是亏家。

最响亮的声音，永远都是亏家发出来的，因为这是社会上最大的群体。按照概率计算，每一位交易者都有可能落入95%的行列。

第三章　查尔斯·H. 道及其理论

在大量的读者来信中，人们认真讨论了道氏平均价格指数理论、恐慌与繁荣周期循环，一致认为道氏理论在华尔街用来赚钱还是比较有效的。

有一点必须马上澄清，道氏理论虽然有效，却和任何击溃银行家的手法或“马丁格尔策略”① 没有相似性。一些读者的提问更有智慧，其中一些问题还需进一步地给予解答。

查尔斯·道不仅是一位办报人

“查尔斯·道是谁，我在哪里能够读到他的理论？”查尔斯·H. 道是纽约道琼斯金融新闻服务机构的创始人，也是《华尔街日报》的创办人和首任编辑。他卒于 1902 年 12 月，享年 52 岁。查尔斯·道是位经验非常丰富的新闻记者，早年得到了《斯普林菲尔德共和党人》著名编辑塞缪尔·鲍尔斯的指导。

---

① 马丁格尔策略（martingale）是一种赌博策略，18 世纪发源于法国，不久就在欧洲广为人知。理论上来说，这种策略绝对不会输钱，因此是赌场游戏系统中最著名的策略。该策略以 1 单位赌注开始下注，每次赔钱后都将赌注加倍，任何一次赢钱之后，下一次又回归到 1 单位赌注。马丁格尔策略的优点和诱惑力是每一次赔钱后加码双倍，因此下一次赢钱时，总能赢回之前所有的损失外加 1 单位赌注。但是这个方法绝对不是稳赢不赔和毫无风险的，它的风险在于当一连串的损失发生时，赌注规模会增加得非常迅速，在赌赢之前赌徒很可能就已经破产了。为了避免资金雄厚的赌徒成功运用这一策略，所有赌场都对最大赌注设限。

图 3–1　查尔斯·H. 道

查尔斯·道是新英格兰人，他智慧，富有节制力，极端保守。精通新闻业务，有关任何问题的讨论，他几乎都能采取冷静、公正的态度，而且不论是哪种热烈的讨论，都能做到前后一致。我不仅从没见过他发怒，甚至都没见到他激动过。

在一个鲜有称职的金融专业新闻记者的时代，掌握高深金融知识的记者更是凤毛麟角。查尔斯·道凭借近乎完美的诚信品质和良好的判断力，赢得了华尔街每个人的信任。

查尔斯·道还有一个优势，那就是他曾有数年在证券交易所场内工作的经历。说起如何获得这项工作，颇有一些传奇色彩。已故爱尔兰人罗伯特·古德博迪是贵格会[①]成员，他是华尔街的骄傲。当年他从都柏林[②]来到美国，由于纽约证券交易所要求所有会员都必须是美国公民，于是查尔斯·道就成了他的搭档。

在罗伯特·古德博迪申请加入美国国籍的那段时间，查尔斯·道就拥有了证券交易所的一个席位，工作内容是负责为罗伯特执行场内交易指令。罗伯特获得美国公民身份后，查尔斯·道便退出了证券交易所，重新回到更适合他的报社工作中。

查尔斯·道的警告与他的理论

在查尔斯·道生命的最后几年，我有幸和他一起工作。我非常了解他，也十分喜欢他。就像查尔斯·道的许多朋友一样，我也常常因为他的过分保守而气恼，这一特点在他为《华尔街日报》撰写的评论文章里表现得特别明显。

非常有必要提及这些文章，因为它们是道氏价格波动理论唯一的文字记载。在影响金融和商业的问题上，他会写些言辞激烈、容易阅读又具有说服力的评论文章。文章的最后，他会添加一些自我保护性的文字，以便他的文字不会刺痛或攻击到别人。用拳击场上的话来说，就是他收回了正在进攻的拳头。

查尔斯·道过于谨慎，不论他的理论多么合情合理，推理如何严谨缜密，他都不会直截了当地下结论。1901 年到 1902 年上半年，他撰写了大量评论股票投机交易的文章。在这些评论中，道氏理论只是其

① 贵格会由英文 Quakers 音译而来，又名教友派、公谊会，是 17 世纪中期发端于英国及其美洲殖民地的宗教组织，宽容是该组织的主要特点。该组织没有成文教义，最初也没有专职的牧师，无圣礼与节日，主要依靠圣灵启示指导教众参与社会生活。因外界对其了解不多，故始终披着一层神秘的外纱。quakers 的意思是颤抖，一说它是因其创始人乔治·福克斯在一次宗教裁判时警告法官要在上帝面前颤抖得名，一说是因为聚会时常有人因激动颤抖而得名。全球目前拥有信徒 30 万人，主要集中在美国。

② 爱尔兰共和国首都及最大城市，靠近爱尔兰岛东岸中心点，地处都柏林郡丽妃河河口和都柏林地区中心，是爱尔兰最大港口和经济中心。

中起到说明作用的附带内容，从来都不是讨论的主题，要想弄清楚道氏理论的内容，我们必须从中加以挖掘和提炼。

耐人寻味的是，在关于价格波动理论的早期论述中，他却提出了一个站不住脚的说法。1902 年 1 月 4 日，在《华尔街日报》的“回顾与展望”专栏中，查尔斯·道发表了一篇题为《波动中的波动》的文章，文章中这样写道：

> 没有什么比这个更加确定，那就是股市中存在三种区分明确的波动趋势，并且这三种趋势相互影响，同时并存。第一种是由局部原因和某一时点买方与卖方的博弈引起的各种日常波动。第二种波动为期 10 ~ 60 天，平均大约在 30 ~ 40 天。第三种规模最大，历时 4 ~ 6 年。

查尔斯·道错在哪里

别忘了，查尔斯·道写这篇文章可是在 20 年前。如今能够轻易获取的股市数据，那时他根本得不到。根据后来的经验判断，在查尔斯·道撰写的这段评论中，主要波动的时间跨度明显太长了。

仔细研究便会发现，在查尔斯·道写下该评论之前，市场从未出现过为期 4 ~ 6 年的主要波动趋势，甚至持续 3 年的情况都很少见，最常见的是不到 2 年。

但是查尔斯·道持有这样的观点，总有他的理由。道在知识方面有着很强的求实精神，他笃信经济危机总是周期性地出现，所有了解他的人认为至少这个观点可以讨论。

正如金融史上记载的那样，金融危机的间隔周期一般略长于 10 年。道假定在这一周期中会出现一轮牛市和一轮熊市，因此将 10 年一分为二。这种做法非常类似你要求一个小男孩叫出 10 种北极动物的名字，他会不加思索地随口说出“5 只海豹和 5 只北极熊”。

杰文斯的恐慌时期

本书开篇提到过一些历史上曾经发生的恐慌事件，也提到了斯坦利·杰文斯教授和他的太阳黑子理论。杰文斯认为，经济恐慌与太阳黑子周期性出现存在关系，并且会影响到天气和农作物生产。

我当时说，这种说法就相当于将总统选举年份和闰年联系起来，这种联系极为牵强。不过说句公道话，杰文斯记录的下面这些英国商业危机日期，给人的印象还是相当深刻的。

这些年份依次是：1701 年、1711 年、1712 年、1731—1732 年、1742 年、1752 年、1763 年、1772—1773 年、1783 年、1793 年、1804—1805 年、1815 年、1825 年、1836 年、1847 年、1857 年、1866 年和 1873 年。

1902 年 7 月 9 日出版的《华尔街日报》上，查尔斯·道在评论中也引用了这些日期：

> 它们很好地诠释了 10 年周期理论，并且美国过去一个世纪里发生的事件，也在很大程度上支持这一理论。

美国发生的经济危机，查尔斯·道自己就亲身经历了三次，分别发生在 1873 年、1884 年和 1893 年。道对这些危机的记录太棒了，也非常有趣，这里非常有必要引用。

请观察杰文斯记录的年份。奇怪的是，他在开头部分遗漏了一次非常严重的危机。那次危机发生在 1715 年，当时苏格兰入侵英格兰，扶植斯图亚特王朝重登英国王位，结果引发了这场危机。

据我猜测，那一年的太阳黑子数目不够多，导致他的理论无法自圆其说。从这个角度推测，杰文斯漏记这个日期也就不难理解了。

查尔斯·道记载的美国商业危机

下面是查尔斯·道对美国商业危机的相关记载。

19世纪，美国第一次商业危机发生在1814年，起因是这一年的8月24日，华盛顿被英军占领[①]。当时费城和纽约的银行停止兑付货币，危机一度十分严重。

导致这一时期困难的原因有：1808年实行的禁运和海上封锁法案[②]，致使美国对外贸易大幅下滑，公共支出远远超过公共收入，州立银行大量兴起并取代了之前的美国联邦银行。许多州立银行资本不足，发行的货币没有充足的储备保障。

1819年、1825年和1837年

由于银行货币流通大幅紧缩，1819年险些发生一次危机。之前银行货币发行量的增加助推了投机活动，随后的紧缩又使得商品和房地产价格大幅下跌。但就其中的原因来看，这完全是一场货币恐慌。

1825年的欧洲危机[③]减少了欧洲对美国商品的需求，直接导致了美国商品价格下跌和1826年的货币紧缩。然而，这次危机并没有发展得很严重，本质上不过是经济发展过程中的一次中断，并不

---

① 美国独立战争结束后，英美之间的主权之争并未停止。1812年6月18日，美国向英国宣战，美国第二次独立战争开始。1814年8月24日，英军攻占了美国首都华盛顿特区，并且焚烧了总统官邸白宫，史称“华盛顿大火”。除了白宫，大火也遍及大部分华盛顿市。

② 1807年12月18日，杰斐逊总统请求国会制定《禁运法案》，12月22日，国会通过该法案。法案主要内容是：禁止美国船只驶往外国港口；船主只有在交给政府两倍于所运货物价值的债券以后，才能进行沿海贸易，货物必须运往美国领土。《禁运法案》的颁布及执行，给美国的对外贸易带来了灾难性的打击，美国农业也遭受了一定的损失。但该法案也促使新英格兰地区工业化开始萌芽，为19世纪60年代工业化在北部率先完成打下了坚实的基础。

③ 1825年7月，英国爆发了第一次周期性普遍生产过剩的经济危机。这次危机是从货币危机开始的，当时股票行情猛烈下跌，到1826年初，股票跌价造成的损失约达1 400万英镑。这次经济危机使信用关系遭到破坏，银行纷纷倒闭，1825—1826年间，英国有70多家银行破产。1825年底，英格兰银行的黄金储备从1824年底的1 070万镑降至120万镑。1826年工业危机达到高潮，大量商品卖不出去，物价暴跌，大量工商企业破产。据统计，1825年10月至1826年10月，破产的工商企业达到3 500多家。1824—1826年间，英国当时重要的出口产品棉布出口从3.45亿码降为2.67亿码，即减少了23%。机器制造业、建筑业以及其他几乎所有的行业都遭到了经济危机的沉重打击，整个社会经济处于极度恐慌和混乱之中。

是发展趋势发生逆转。

1837 年爆发了一次非常严重的商业恐慌，当然引发恐慌的原因有很多。伴随着大量企业的超前成立，工业和商业企业迅速增长。由于庄稼歉收，这时面包原料要依靠进口。政府拒绝延长美国银行经营许可证期限，使美国银行业迅速出现变化，公众存款纷纷撤出州立银行，这为不正常的投机提供了土壤。

1847 年、1857 年和 1866 年

尽管贵金属货币遭受了巨大损失，墨西哥战争[①]也在一定程度上制约了企业发展，但欧洲 1847 年危机对美国几乎没有影响。然而，以上两点随后都因大量出口谷物以及 1848—1849 年加利福尼亚发现金矿[②]而得到一定程度的化解。

随着 1857 年 8 月俄亥俄人寿保险和信托公司倒闭[③]，美国爆发了一场严重的经济恐慌。尽管当时物价已经下跌了数月，这次恐慌的到来还是出人意料。这时铁路建设工程巨大，但是由银行持有

① 墨西哥战争是指美国与墨西哥之间于 1846—1848 年爆发的一场战争。美国通过这场规模不算很大的战争夺取了 230 万平方公里的土地，一跃成为地跨大西洋和太平洋的大国，世所罕见。墨西哥丧失了大半国土，元气大伤，美国从此获得在美洲的主宰地位。

② 19 世纪初，美国开始了势不可当的西进运动，使美国的边疆从密西西比河不断向太平洋西岸推进。1848—1849 年，前进到加利福尼亚的人们在这里发现了金矿，立刻引起世界的轰动，迅速形成规模空前的淘金热，并对西进运动和美国西部开发产生了极大的刺激。淘金热对于美国的影响在于增加了美国的社会财富，带动了加利福尼亚地区工业及相关产业的发展。人员的涌入加快了农牧业的发展，同时，采矿业还带动了西部交通运输业的发展。

③ 1857 年 8 月，俄亥俄人寿保险和信托公司宣布破产，这是由该公司一位职员挪用其全部资金引起的。由于“蝴蝶效应”，纽约的银行家迅速对此作出反应，对各种交易实行了限制。到 10 月中旬，货币危机达到顶点，当时纽约 63 家银行中有 62 家停止了支付，贴现率竟然超过 60%。股票市场行情则下跌了 20% ~ 50%，许多铁路公司的股票跌幅达到 80% 以上。更为糟糕的是，华尔街恐慌发生几个月之后，美国一艘满载黄金的客货轮遭遇飓风沉没，使货币危机迅速蔓延，英国资本从美国大量撤出，俄罗斯也大量抛售美国棉花。在这种情况下，美国制造品出现过剩，1 415 家银行被迫停业，近 5 000 家企业破产，失业大量出现，土地开发也陷入停顿。同时，美国粮食生产过剩，粮食价格和出口下降。美国的经济危机迅速蔓延到英国和欧洲大陆，引发了一阵又一阵的破产浪潮。

的贵金属货币[①]与其贷款和存款相比却小得多。这个时期的一个特点就是为数众多的各类企业纷纷破产，银行在10月份基本停止了支付。

1866年发生在伦敦的经济恐慌，由欧沃伦·格尼银行的破产引发（见第2页注②），随后导致证券交易所股价大幅下跌。4月发生的针对密歇根南方铁路股票的疯狂逼仓事件，标志着投机活动卷土重来，其猖獗程度已经超出了常态。

1873年、1884年和1893年

1873年9月爆发的恐慌既是一场商业恐慌，也是一场证券市场恐慌[②]，这场恐慌由流动资本大量转化为固定资本所引发。当时商业大规模扩张，货币供给无法满足相应的需求，导致信贷体系崩溃，随后出现了极其严重的萧条。

1884年的恐慌严重打击了证券交易，但没有引发商业危机。当年5月，海运银行、都市银行和格兰特－沃德公司相继破产，随之而来的就是股价大幅下跌，并且全年都在低位徘徊。持续了数年的铁路干线之争，也是这个时期商业恐慌的一个诱发因素。

1893年的恐慌由大量因素共同诱发——货币形势面临不确定性[③]，国外投资撤出，以及对偏激性关税立法的担忧。维护金本位的焦虑毫无疑问是这次恐慌的主要因素，因为它将带来许多其他问题。

---

① 美国在南北战争（1861—1865）时才开始发行最早的纸币，在此之前实行的是金银复本位货币制度，即金银都是货币。复本位制要求有一定比例的比价，但是金银矿的发现和开采技术等都会影响金银比价，这为后来的金银之争埋下了伏笔。1900年美国会废止银本位，进入金本位时代。

② 由于铁路建设成本高涨，预期收益下降，1872年，美国铁路建设速度开始放慢，机车及铁轨订货开始减少，铁路股票价格开始下跌。股市从下跌转为暴跌首先出现在奥地利首都维也纳，24小时内股票贬值达几亿盾。维也纳交易所的危机，在伦敦、巴黎、法兰克福、纽约金融市场引发一片恐慌，铁路股票纷纷下挫。1873年9月，美国最殷实银行之一杰依－库克金融公司因铁路投机导致破产，引发纽约股市狂泻，5 000家商业公司和57家证券交易公司相继倒闭，纽约证券交易所因此关门10天。

③ 这里指复本位货币制度下的金本位与银本位的金银之争。美国国会1900年废止了银本位，从而结束了美国最漫长的通货紧缩。

一次试探性的预测

查尔斯·道在预测时表现出来的谨慎，不仅类似新英格兰人，而且更像苏格兰人。他在风格一贯的结尾处写道：

> 从过去和最近6年的发展情况判断，我们可以预测，在接下来的几年里，至少会发生一次股市混乱。

这种说法不但合理，甚至都算不上是大胆的预测。5年后，也就是1907年发生的危机，就不仅仅是一场“股市混乱”。当时纽约各家银行被迫动用清算所[①]票据作为流通货币，股市离恐慌只差5分钟[②]。这次预测是在股市的一次主要上升趋势中做出的，本轮趋势在查尔斯·道去世前3个月，也就是1902年9月到达了最高点。

随后发生的事实表明，通过把假定的10年周期一分为二，查尔斯·道认为主要趋势持续5年的观点是错误的。始于1902年9月的一轮主要熊市行情，仅仅持续了1年的时间。1903年9月，股市显露出牛市迹象，1904年6月牛市趋势基本确立，并于1907年1月达到市场最高点——一共持续了3年零4个月。随后的熊市从1907年经济危机

---

① 清算所是由同城数家私人银行自发结成的自我调控机构。1853年，纽约银行家借鉴伦敦清算所的成功经验，组建了纽约清算所并建立了纽约清算协会（New York Clearing House Association），目的是消除银行间的清算成本，提供银行业风险管理和反危机职能，统一调配各银行储备金，为危机银行提供贷款。如果清算所储备金不足，可以发行清算所贷款凭证，作为一种应急货币在会员间流通。清算所贷款凭证就是这里所说的“票据”。

② 美国财政部作为官方金融机构并没有货币发行职能，因此清算所更多时候行使了中央银行的职能并成功化解了数次金融危机。1907年美国银行业危机，在美国金融史上是一件具有里程碑意义的事件，这一事件直接导致了美联储诞生。1907年10月，一位名叫海因客的投机者炒作联合铜业公司股票，10月16日联合铜业股价突然暴跌，从60美元跌到10美元，联合铜业破产，持有该股的投资者损失惨重。美国第三大信托公司尼克博克信托也参与了这起事件，随后该公司在恐慌下被挤兑破产，恐慌迅速蔓延，大批银行、信托公司都面临着挤兑的压力，如不化解危机，美国金融业将遭血洗。为了应对这一危机，70岁高龄的摩根迅速组织一批银行家发放贷款，最后通过纽约清算所发放贷款凭证作为临时货币在会员间流通，最终化解了这场危机。在这场危机中，作为田纳西矿业和制铁公司的主要债权人，摩尔斯莱濒临倒闭，一旦倒闭，纽约股市将出现崩溃。为挽救危局，顺利兼并这家公司，摩根必须获得一向以反垄断著称的老罗斯福总统的许可。等到摩根拿到总统的批准文件时，距离周一纽约股市开盘仅5分钟！

一直持续到第二年的 12 月份——共 11 个月。

纳尔逊关于投机的著作

查尔斯·道所有的论述都刊印在《华尔街日报》上，我们只有仔细研究这些华尔街圣经，才能重现他的股价波动理论。

1902 年底，已故的 S.A. 纳尔逊撰写并出版了一本名为《股票投机基础》的书，该书讲解客观，毫不夸张做作。不过这本书早已绝版，或许偶尔会出现在二手书商那里。纳尔逊曾努力说服查尔斯·道亲自撰写一本图书，可惜未能如愿，于是他搜集了查尔斯·道发表在《华尔街日报》上的所有股市评论文章，将其全部编进了该书。

该书共 35 章，其中有 15 章（第 5—19 章）是道在《华尔街日报》中的评论，有些略作删节，包括“科学投机”“解读市场的方法”“交易方法”以及市场波动大趋势——所有这些内容都充满了趣味。尽管我会在接下来的章节中多次引用该书内容，但不适合在这里全部拷贝。

纳尔逊的这本小册子写得非常认真，并且切合实际，他本身就是一个很认真和实际的人，只是个头有些矮小，我们都很喜欢他。不过年轻记者并不会像他本人那样严肃地对待他，所以时常跟他开玩笑。

当我撰写本书时，我面前就放了一本纳尔逊亲笔签名的著作。当我读到他对投机道德问题的传统式讨论时，仿佛看到了他那可怜的身影，真诚而扭曲的脸——他死于肺结核。

他刚去世不久，尽管远离了他深爱的华尔街，但正是他确定了“道氏理论”这一名字。查尔斯·道获此殊荣实至名归，他也完全有这个资格。假如很多人意识到股市中这些可以追溯的波动的意义——了不起的、有效的股市晴雨表，正是查尔斯·道最初的探索从实际上构建了这些观点。

经典解读

查尔斯·道（1851—1902）创建了美国同时也是世界上最伟大的财经资讯公司——道琼斯公司。旗下拥有《华尔街日报》《巴伦周刊》及道琼斯通讯社，其业务至今仍具有全球影响力。道琼斯制定的股票价格指数更是被看作全球经济冷暖的晴雨表。

查尔斯·道是世界金融史上一位了不起的人物。1882 年，查尔斯·道和爱德华·琼斯以两人的名字共同缔造了道琼斯公司，公司最初的办公地点是在一间地下室，通过为华尔街订阅者编写财经资讯谋生。查尔斯·道出色的金融素养，得到了华尔街人士的认同，公司业务很快便有了突飞猛进的增长，公司员工迅速超过 50 人，之前的金融简讯更名为《华尔街日报》出版发行。查尔斯·道 1902 年离世后，在道琼斯工作多年的克莱伦斯·巴伦收购了道琼斯公司。

查尔斯·道于 1895 年创建股票平均价格指数——道琼斯工业平均价格指数。该指数最初只有 11 种股票，其中 9 家是铁路股。1897 年，该指数一分为二，即道琼斯铁路平均价格指数和道琼斯工业平均价格指数。

1902 年，查尔斯·道离开人世，他所有关于经济的评论文章都发表在《华尔街日报》上，但是他从来没有用该指数预测过股价波动。查尔斯·道离世以后，汉密尔顿继承了他的衣钵，并大胆依据他的思想就未来经济形势及股价波动进行预测，取得了非常了不起的成就。

1903 年，查尔斯·道逝世 1 年后，他的所有评论文章被编入由纳尔逊所著的《股票投机基础》一书中。在这本书中，纳尔逊第一次提出“道氏理论”这一说法。

查尔斯·道的助手，后来的《华尔街日报》主编汉密尔顿重新整理了查尔斯·道的评论文章，继承查尔斯·道的衣钵，以《股市晴雨表》这一书名在 1922 年出版。该书出版后，立刻引起强烈反响，市场销量惊人，一举奠定了道氏理论在金融投资界的基础地位。

“道氏理论”这个名字虽然不是查尔斯·道提出的，但却代表了他的思想。汉密尔顿对股市走势的分析预测，为后来的技术分析开创了先河。道氏理论是具有划时代意义的股市技术分析理论，没有道氏理论，就没有后世的技术分析。

第四章　道氏理论在投机中的应用

道氏理论的核心思想可以总结为三句话。在发表于 1900 年 12 月 19 日《华尔街日报》的一篇评论中，道氏这样写道：

> 通常认为，市场有三种波动趋势，它们同时并存。第一种是日常的窄幅波动，第二种是持续 2 周到 1 个月或者更久的短期波动，第三种是主要波动，至少持续 4 年。

事实上，查尔斯·道所说的第三种波动，持续时间比他所说的 4 年要短得多。另外，将 10 年的萧条与繁荣周期一分为二，分成一个牛市和一个熊市各持续约 5 年的做法，也让人感觉多少有些夸张。

然而这并不重要，查尔斯·道已经成功构建了最具价值的股市波动理论，并且指出这三种波动同时存在。在此基础上，任何跟随查尔斯·道脚步的人，都可以构建一个商业晴雨表。

隐藏在投机中的真相

这就是道氏理论的精髓所在，没必要说查尔斯·道不清楚这一点，或者说他活着的时候没有看到该理论的全部意义。他从来都没有单独为这一理论写过评论，只是在讨论股票投机交易时才有所涉及。那些潜藏在表象下的事实和真相不仅是投机（这个词具有最好和最有用的意思）的真谛，就市场本身来说也同样如此。

基于道氏理论的大前提，《华尔街日报》有时会做出一些假设，也常常收到许多读者的质询，当然这并不奇怪。1902 年 1 月 4 日，道就其中一个问题做了答复，其实任何一个看过专栏且善于思考的读者，都能回答这个问题。

这位读者在信中向查尔斯·道提问："一段时间以来，你在文章中表示当前的牛市走势相当强劲，然而从更大的范围来看，市场表现得又有些疲弱。你怎样让这种说法看起来没有矛盾呢？"

查尔斯·道的回答是，当然，在次级调整之后，他仍然看涨市场，但是从股价的收益记录来看，他并不认为已经持续了 16 个月的牛市还会继续下去。

顺便提一句，查尔斯·道的这次回答较他以前所说主要趋势至少持续 4 年的预期明显缩短了，这很奇怪。不过从事实来看，这次主要的上涨趋势持续到了第二年的 9 月。

可以说，这样的市场波动经常导致股票价格超出其内在价值。到了市场波动的最后阶段，在各种可能的走势中，唯一的可能就是价格下跌，市场向自身价值回归。

一个有用的定义

查尔斯·道在同一篇评论中给出了一个非常有用的定义，从中可以做出一些合理的推论。他写道：

> 只要一个高点的平均价格指数超过了前一个高点，股市就进入牛市阶段。同理，只要一个低点较前一个低点更低，股市便进入了熊市阶段。
>
> 通常很难判断股市的主要趋势是否已经结束，因为主要趋势发生变化时，价格会发生剧烈波动。然而，这种波动也可能只是一轮不同寻常的、看起来很明显的次级波动。

这段话其实含蓄地表达出了“双重顶”和“双重底”[①]形态。坦白地说，我并没有发现这两个形态有什么重要价值，也没有看到有什么实用性！同时，这段话还提出了“区间盘整”这个概念。

正如特定时间段平均价格指数小幅波动所显示的那样，区间盘整表明市场正在进行必要的吸筹或者派发。这种区间盘整对于研判主要趋势是否持续，或者次要趋势是否结束有极大的帮助。正因如此，投资者很容易将其误判为一个新趋势的开始。

在接下来的章节中，我将分析 1914 年股市中形成的“区间盘整”走势。

成功的预测

在接下来的讨论中，我们将从 1902 年以来的股价波动（以《华尔街日报》记载的价格数据为基础）中轻易地发现，道氏理论提供了一种有效的预测主要趋势，以及准确辨别主要趋势和次要趋势的方法，这在实际运用中极为准确。

预言家，尤其是身在华尔街的预言家，预测市场是极其冒险的行为。不论未来走势如何，总是唱赞歌，这样做的最坏结果也只是被称作一个傻瓜。如果看到繁荣已经透支，并如实地指出真相，情况则会更糟，因为人们将会毫不留情地指责他。如果预测市场将要下跌，随后市场果然出现下跌，他就会被认为动机不良，甚至要为自己预测到的市场下跌负责。纵然他预测的动机极为高尚，并且没有因此赚到 1 分钱，人们还是会怪罪他，认为是他的预测助推了经济萧条和市场下跌。

---

① 双重顶又称 M 顶，是技术分析中较常见的顶部反转形态。因价格在上涨过程中出现两个高点，顶部价格轨迹非常类似于英文字母“M”得名。类似地，双重底则非常类似于英文字母“W”，所以又称 W 底。按照道氏理论的说法，其实这是一种典型的错误归类，这两种形态实际上并不具备任何反转意义。

“罢免”预言家

美国民众对迈凯亚和卡桑德拉[1]真的这么不领情吗？是的，确实如此，甚至更加严重！因为人们并不把这当做什么糟糕的事。

1912 年，一位拥有耀眼记录的军人，美国工程集团的 C.McD. 汤森上校时任密西西比河流域委员会主席，他根据上游水位的变化情况，预测到密西西比河将会发生一场特大洪水。于是他警告新奥尔良市民众，洪水将在一个月后出现，并建议迅速采取有效措施，以减少洪水可能造成的损失。

新奥尔良的民众感激他了吗？非但没有，市民甚至愤怒地召开大会，要求塔夫脱总统罢免这个“悲观论者”“危险的杞人忧天者”。塔夫脱总统保持了自己一贯的冷静，并没有调离汤森上校，但密西西比河流域的大量财产却突然消失了。不用说，新奥尔良市也未能逃脱厄运。那些可能受洪水影响区域的铁路和工业企业，由于认真接纳了汤森上校的这一警告，有效地保护了自己的财产免受损失。

新奥尔良市长随后收回了民众的罢免提议，并代表市民向汤森上校做了道歉。任何了解美国军队那些最有才能和最低调工程师的人都会明白，汤森对市长的道歉以及市民之前的反对集会其实根本不放在心上。

追踪价格运动

道氏理论并不是赌徒用来赢得游戏胜利的赌博系统，之前我就表明过这一立场。但任何交易员都会漠视这一提醒，不惜以身涉险。查尔斯·道从来都没有这么想过，这一点可以从我跟他的多次讨论来证明。

我当时正在为道琼斯通讯社和《华尔街日报》撰写有关股票市场的评论文章。查尔斯·道同步追踪股市运动的方法这样科学，我自然

① 希腊神话中特洛伊城的一位公主，拥有出色的预测能力，但她的预言总是不被人相信。

有必要对该方法做彻底的了解。华尔街很多人都了解查尔斯·道，经常到他的通讯社交流经验。

道的思想虽然过于谨慎，却忠于事实，符合逻辑。我并不总是同意他的观点，不过往往都是他正确。假如他错了，很明显是因为查尔斯·道没有获得准确的股市数据，今天得到这些数据却很容易！

必要的知识

我在此重点强调一下，任何资本化运营的大型企业，如果想要成功发行股票，掌握市场上涨或下跌等主要趋势的相关知识都是十分必要的。为了便于将来的讨论，先来说一件特别有趣的事。

尽管当时久负盛名的波士顿新闻通讯社警告过新英格兰的投资者们，不要理会联合铜业公司的股票，不要被它每季度1.5%的股利和0.5%的额外股息欺骗而冲动地买入。我们依然能够从詹姆斯·R.基恩自己承认的情况中得知，他是如何在此情况下向过于乐观的大众推销联合铜业公司股票的。

虽然《华尔街日报》公开声明这家公司是一个“盲资公司”①，正如波士顿新闻通讯社所指出的那样，无论是铜贸易情况还是该公司自身的市值，都支撑不了这个发行价格，但联合铜业公司承诺的高股息还是维持了一段时间。如果不是赶上疯狂牛市的主要趋势，基恩是绝对不可能把这只股票推销出去的。

在近乎相同的情况下，基恩还完成了其他更加艰巨的任务，这为基恩带来了无上荣誉，那就是发行巨额美国钢铁公司股票。如果在1903年的熊市中发行这些股票，那么这些股票根本就卖不出去，甚至连尝试的机会都没有。

① 盲资公司（blind pool）：指向无特定标的物投资的资产公司。

一篇具有指导意义的评论

读者若不能从道氏理论的实际应用中获得启示，甚至不能在他的评论文章中感知他的思想内核，仅仅根据他在评论中的某种观点去做投机，实在是有负于查尔斯·道的努力。

有一篇发表于1901年7月20日，也就是北太平洋铁路股票逼仓[①]事件10周之后的评论，下面对此全文引用。查尔斯·道在撰写这篇评论文章时，没有看出这并不是一次主要趋势的最高点，而是发生在牛市主要趋势中的一轮特别剧烈的次级下跌。他首先谈到了个股：

> 有一种价格记录方法，每产生一个新价格便标出一个点，这样就会形成一条整体横向前进的线，但是它会随着市场的上下波动而倾斜。有时，一只比较活跃的股票，其价格会在很狭窄的区间内波动，例如在两个点之内。最后这些价格点会沿水平方向形成一条相当长的线，形成这条线常常表明股票已经完成了吸筹或派发，此时人们可以根据该线的指导来买进或卖出。从过去15年保存的价格记录来看，囤积股票的操纵行为通过这种方式可以很轻松地被发现。
>
> 另一种方法就是“双顶理论”。交易记录会显示，在大多数情况下，当股票价格涨到顶点之后，便会出现一轮缓慢的下跌，然后价格会继续反弹并接近最高点。此后，如果股价再次下跌，就很可能会再跌下一段较大的幅度。
>
> 然而，对于那些仅凭这一理论进行交易的人会发现，市场上总是有很多的例外，很多时候市场根本不会发出任何信号。

① 逼仓是指交易一方利用资金优势或者仓单优势主导行情向利于自己的方向波动，致使另一方不断亏损并最终被迫出局的方法。根据逼仓形式，可以分为多逼空和空逼多两种。北太平洋铁路股票逼仓事件源起于联合太平洋铁路公司控制人哈里曼和北太平洋铁路实际控制人希尔之间为争夺北太平洋铁路控制权，在股票市场引发了一场多空大战。逼仓事件导致北太洋铁路股价一路上扬，市场空头损失惨重，无数散户因此成了被宰的羔羊。最后两大银行家摩根和谢弗握手言和，这场危机才宣告结束。

根据平均价格指数交易

有些人会根据平均价格指数来做交易。事实上，在相当长的一段时期内，市场上涨和下跌的天数基本相等。如果数天上涨，几乎一定会出现相等的对应下跌天数。

这一方法体系的问题在于，小幅波动总是处在大幅波动之中，各种事件的发生倾向总是趋于相同。事实上，每种可能出现的趋势组合也的确会发生。同时，还常常会出现长期性波动，或者在交易中上涨与下跌的天数惊人的相同。从足够长的时间范围内考察，这符合理论。但是如果基于短期波动进行操作的话，就会干扰交易。

更为实用的理论则是建立在作用力与反作用力定律之上。事实上，一轮主要波动往往会有一个至少是主要趋势3/8幅度的反向次级波动。如果一只股票上涨了10点，很有可能会在反向次级波动中下跌4点或者更多。无论上涨幅度有多大，这条定律似乎都很有效。一次20点的上涨常常会出现8个点或者更大幅度的下跌。

我们不可能提前识别任何主要波动趋势的长度，但是波动持续得越久，反向波动的强度就会越大。因此，根据反向波动规律，交易成功的可能性就会增加。

还有一种由经验丰富的交易者根据市场反应来操作的方法。该理论的内容是：市场总是或多或少地被人为操纵。一个资金雄厚的交易者若想要推涨股市，他并不会买进所有股票，但会通过合理的买进方法或市场操纵手段来推高2只或3只龙头股的价格。然后再观察其他股票的反应。

如果市场行情看涨，那些看到这两三只上涨股票的大众，就会开始疯狂抢进其他股票，市场便会涨得更高，这就是大众反应。这说明龙头股会带来另一次抬升，并且大盘会跟随龙头股运行。

如果龙头股价格上涨，其他股票并没有跟随，这就证明大众并不想买进。一旦清楚地看到这一点，推涨股价的企图通常就会被搁置。这个方法特别适合那些紧盯股价记录的交易者。股市收盘后，要观察交易记录中哪些股票在指定的时间段内被哄抬以及大盘是否跟随，并以此为基础判断股市接下来的走势是上涨还是下跌。

解读市场最好的方法，是从大众对其价值的认识和观点入手。市场并不像风中乱飘的气球。总体上来说，股市充分反映了那些富有远见、博学多识的人对于价格走势的判断以及未来价值的预期。优秀的操盘者并不在意股价是否在上涨，而是他们想要买进的股票价格是否能够吸引投资者或者投机者持有 6 个月，并推动股价再上涨 10 ~ 20 个点。

因此，解读市场最重要的一点，就是发现一只股票 3 个月后的价值，然后观察操纵者或投机者是否正在推动该股价格向着目标前进。通过这种方法，我们经常可以清楚地分析出市场的波动。了解了股票的内在价值，也就理解了市场波动的要义。

有些假设或许可以作修正，但没有这个必要。除非研究至少半个世纪的交易记录，否则不可能展示出上涨与下跌具有相同的天数。其实，即便真的做完了这项研究，也没有什么价值。这等于说，如果把一枚硬币抛掷足够多的次数，正反两面朝上的次数将相同。

值得称赞的是查尔斯·道清晰的头脑和敏锐的感觉，他只说那些值得说的话，并且之后便不会再说，这是撰写评论时一种极其难能可贵的品质。他只探究必要的事实和潜藏的真相，忽略那些肤浅、荒谬的东西。他实事求是地研究投机，不带任何说教却仍然能够揭示真相，也不会将投机交易混同于赌博。

关于查尔斯·道的理论及其对于股市的重大意义，我们将仿效他的作风深入讨论。

经典解读

在本章，汉密尔顿对道氏理论在投机中的运用作了详尽的阐述，列出一条有用的定义，同时对“双重顶”和“双重底”这两个典型的流行错误观点重点作了说明。汉密尔顿强调这两个技术形态没有参考价值，这点读者一定要高度重视。

这两个技术形态在现代技术分析中被当作典型的反转形态，这是一种错误观点的错误传播！“双重顶”和“双重底”不具备任何反转意义，读者可以结合实际图表进行考察。

“双重顶”和“双重底”只是主要波动趋势的暂时休整，如果以此作为趋势反转的信号入场交易，亏损面会很严重。

汉密尔顿在介绍查尔斯·道给出的一条有用的定义之前，先对大家认为重要的“双重顶”和“双重底”形态进行了澄清。可见，这两个技术形态一百年以前的错误影响就很广泛，以至于不得不单独列出来加以强调。

查尔斯·道给出的一条有用定义就是：指数创新高就会进入牛市，指数创新低就会进入熊市。这实际上是突破重要的支撑位或者阻力位，也就是突破盘整的区间。盘整区间后面有专门的讨论。

价格波动背后的供求关系，会直接反应在市场的波动上，这一点从指数上便可以直接观察到。价格创新高或者创新低的背后，一定有一股不可抗拒的力量在推动，这个力量就是已经失衡的供求关系。

既然供求关系已经失衡，价格的突破就为我们指明了方向，我们所要做的就是顺着突破的方向建仓。

卖在跌停板上是最安全的做空点位。同理，买在涨停板是最安全的多头入市时机。许多朋友不敢卖在跌停板，也不敢买在涨停板，这是一种正常的心理，经过一定的训练可以克服掉。

在实践中，首先数一下图表上显示的所有涨停或者跌停的位置，然后观察接下来的价格波动方向，你会发现涨停以后会继续上涨，跌停以后会继续下跌。

最后，汉密尔顿用一句话概括了道氏理论在投机中的应用法则：根据平均价格指数交易。前面几小节甚至前面几章的内容，都是为这个结论做铺垫。

这是道氏理论的精华，已经经过百年的交易检验。

应用在实际交易中，就是根据平均价格指数进行交易。没有必要把自己陷入各种消息和传闻中。需要以同等态度对待的还有各种行业数据和统计数据等，所有这些以及无法知道的市场信息，都已经全部反映在指数的波动中，只要仔细研究和观察指数走势就可以了。

独立的个体性质多变难测，许多人组成某种群体时，就会呈现出群体特征，这一点非常明显。市场类似于这种群体，所以根据道氏理论操作就有实际的意义。另外，投资者还必须考虑到意外情况，无论从理论层面还是实践层面，止损都是一道安全保险。

第五章　市场的主要波动

针对股市中著名的道氏理论，我们对查尔斯·H.道在《华尔街日报》专栏发表的文章做了持续的讨论。这里必须要强调，观察平均价格指数，可以发现查尔斯·道是在有意识地为实践设计科学的股市晴雨表。

请注意温度计与晴雨表的区别：温度计只是记录当时的实际温度，就如同股价收报机只是记录实时股价一样。但是商业晴雨表却具备不可或缺的预测性，这就是它的巨大价值，也是道氏理论的灵魂。股市是国家经济的晴雨表，甚至是全球经济的晴雨表，道氏理论会指导我们科学解读这些数据。

平均价格指数就足够了

股市能够反映国家经济的发展状况，道氏理论在这方面的表现出类拔萃，因为有足够的理由支持这一观点。华尔街曾被称作“国家繁荣的肮脏根源”，我们不必在意这些容易引发争议的词汇。

证券交易所的全部交易和趋势，反映了华尔街对过去、现在和未来的一切认知，是对将来经济走势的判断。根本没有必要像统计学家那样，在平均价格指数中加入商品价格指数、银行间清算[①]数据、汇率波动、国内外贸易量以及其他指标，华尔街早已考虑到所有这些因素。预测未来时，这些数据只是过去的结果，也可能包括刚刚发生的事件，

① 银行间清算，是指银行机构之间的资金结算。

就如同天气预报只不过是根据气象的成因作出判断。

有一种流行的迷信说法，认为华尔街存在“强大的利益集团”，它们垄断着某种信息，以便用来实现他们的邪恶目的。普约委员会[①]曾调查一些所谓的银行业和金融业超级势力事件，就是最好的证明。

股票市场的规模比所有这一切都要大，而且华尔街上的金融集团极少联手，除非是为了尽快阻止一场如1907年发生的那种恐慌。单独考虑某一家金融机构，甚至在其结成暂时的利益同盟时，他们对股票市场的预测也常常是错误或者对立的。

即使在亨利·H.罗杰斯和被认为具有强大运作能力的标准石油集团时代，我看到这一集团对股市的预测也是常年累月地犯错。在判定商业环境对大企业的影响方面，没有人能比亨利·H.罗杰斯更精明的了，但是我听说他曾很严肃地为自己辩解，说犯错的并不是他，而是股票市场和那些顽固的大众。

比任何操纵力量都要强大

正如查尔斯·道看到的那样，在股价波动中，华尔街能得到的所有细微认知，都已经反映在未来的市场走势中。市场并不反映今天的商业情况，而是提前反映几个月后的情形。

即使不是操纵一只龙头股，而是操纵多只，股市表现出的走势也是相同的，市场比任何操纵力量都要强大。操纵者只不过是预见到他所期盼的价格，而且操纵者也会犯错，但是大众却只能在很长时间之后才会醒悟。

在熊市中操纵股市上涨是完全不可能的，那些经过精心设计且为数不多的经典股市操纵案例，都发生在牛市期间，因为市场了解的信息要远远多于操纵者。

---

① 普约委员会（Pujo），是美国国会众议院银行与通货委员会的一个分支机构，根据国会授权对银行业的垄断和不正当竞争事件进行调查。

实际上，华尔街和其他主要市场的经验告诉我，在下跌的市场中，并不存在所谓的市场操纵，否则就会搬起石头砸自己的脚。

一轮主要的下跌趋势总能被未来的事件充分验证，但 1917 年的下跌是一个例外，那是人们对未来的恐惧导致的。

写在牛市期间

1900 年 6 月末，也就是在麦金利连任总统前 4 个月，市场从极小的交易量逐渐发展成一轮长达 26 个多月的牛市。期间曾被 1901 年 5 月发生的恐慌暂时打断，起因是针对北太平洋铁路公司股票的逼仓事件。尽管当时跌势迅猛，但后来证明这只是一轮典型的次级下跌。

正是在这轮牛市期间，查尔斯·道在《华尔街日报》撰写了许多评论文章，也就是本书引用的文章，这些文章蕴含了道氏理论的精髓。查尔斯·道设计了可用于指导实际操作的股市晴雨表，并以他独有的特质加以应用，从而确定其是否具备准确预测应有的特质。令人惋惜的是，查尔斯·道却没有活到 12 个月后的熊市。市场接下来的所有涨跌波动，都已经证明了道氏理论的预测价值。

查尔斯·道在那轮牛市中的预测相当准确。如果一定要说得再具体一些，准确指的是针对大盘而言，而不是针对特定的股票或者小的板块。查尔斯·道对价格向价值回归的核心问题分析得完全正确，这些结论性文章发表于其去世前不久的 1902 年 7 月。

在这些文章中，他预见股价已经远远超出了自身价值，进而预测几个月后铁路股票的获利就会逐渐降低，至少工业板块的涨势会减慢，其他行业的交易量也会萎缩。

主要趋势

为了更好地阐述道氏理论，这里列出从查尔斯·道开始撰写相关评论开始，到 1921 年达到最低点即熊市结束为止的主要市场波动。具体如下：

1. 上涨　1900 年 6 月至 1902 年 9 月
2. 下跌　1902 年 9 月至 1903 年 9 月
3. 上涨　1903 年 9 月至 1907 年 1 月
4. 下跌　1907 年 1 月至 1907 年 12 月
5. 上涨　1907 年 12 月至 1909 年 8 月
6. 下跌　1909 年 8 月至 1910 年 7 月
7. 上涨　1910 年 7 月至 1912 年 10 月
8. 下跌　1912 年 10 月至 1914 年 12 月
9. 上涨　1914 年 12 月至 1916 年 10 月
10. 下跌　1916 年 10 月至 1917 年 12 月
11. 上涨　1917 年 12 月至 1919 年 10—11 月
12. 下跌　1919 年 11 月至 1921 年 6—8 月
13. 上涨　1921 年 8 月至 1923 年 3 月
14. 下跌　1923 年 3 月至 1923 年 10 月
15. 上涨　1923 年 10 月至

如果已故的约翰·P. 摩根曾说过他是“美国的一头公牛”，那么这里呈现的数据可以证实他的判断。在那 23 年期间，牛市持续的时间差不多等于熊市的两倍。7 轮牛市的平均持续时间是 25 个月，而 7 轮熊市则是 15 个月。

请注意上面的数据，持续时间最长的上涨趋势是从 1903 年 9 月 22 日持续到 1907 年 1 月 5 日，平均价格指数的实际最高点出现在 1906 年 1 月 22 日，随后出现了持续数月的不规则下跌和不规则反弹，最终反弹到接近前期高点，下跌和反弹都发生在 1906 年。尽管 1906 年的次级波动趋势是有史以来持续时间最长的一次，但指数反弹到前期高点附近时，就可以认为主要波动趋势实际上已经结束了。

1906 年，这是一个非同寻常的年份，这一年发生了旧金山大地震[①]，这一影响将在接下来的章节详细讨论。其他 5 轮牛市持续的时间，则从 19 个月到 27 个月（只差几天）不等。

惊人的预测

这里介绍的 6 轮熊市，持续最久的一次用时将近 27 个月，期间爆发了第一次世界大战[②]，经历了纽约证券交易所百日关门，并于 1914 年圣诞节前跌到了最低点。

或许有人还依稀记得，那是一个黑色的圣诞节，但接下来的 1915 年，军工用品的生产却极度繁荣，美国当时并未参战。在美国商界还没有意识到其中的含义时，股票市场就已经精准地预测到了这一点。

这 6 轮熊市，有两轮持续时间接近 1 年，一轮持续了不到 13 个月，还有一轮不足 15 个月。这些材料足以表明，熊市的持续时间通常要比牛市短得多。或许这是因为牛市中的次级下跌短暂而强烈，缓慢恢复要比下跌消耗更长的时间。

市场永远正确

在股市的大幅波动中，根据股市晴雨表预测国家未来的商业发展情况完全是可能的，我们能够据此提前获知信息，这一点极具价值。

---

① 1906 年旧金山大地震发生于 1906 年 4 月 18 日清晨 5 点 12 分左右，地震规模后来调整为 7.8 级，震中位于接近旧金山的圣安地列斯断层上。这场地震及随之而来的大火，对旧金山造成了严重的破坏。火灾原因一是地震导致供气管道破裂，还有人为纵火，有的则是临时帐篷中的篝火引发。因为保险公司只对火灾进行赔偿，对地震不可抗力则不赔偿，所以许多人索性自己纵火索赔。干燥的天气导致大火连烧 3 天，全市 5.3 万座房屋中 2.8 万座被摧毁，全市近 40 万居民中 22.5 万人失去家园，估计损失约 4 亿美元。政府为避免造成恐慌，官方当时公布地震死亡人数只有 478 人，后来保守估计死亡人数在 3 000 人以上，更有人估计高达 6 000 人。

② 起初美国并未参加第一次世界大战，仅以中立国身份向参战双方出售军火，从中大发了一笔战争财。随着形势的发展，出于政治、经济方面的考虑，美国加入了战争，并于战后跃升为世界头号强国。

当然，也可以从之后的发展情况得到验证。如果不能向金融门外汉（对金融有兴趣，有生之年却从来没有买过一张投机股票的人）做清晰的阐述，那就太失败了！

晴雨表对于海上航行的任何船只都是必要的，不论是最小的滑行帆船，还是“阿奎塔尼亚”号巨轮①。也许对于吉普林②叙事诗中的“玻利瓦尔”来说，晴雨表具有更大的意义。如果没有晴雨表，他就会“淹没在茫茫大海中”，只能绝望地注视着：

“一些该死的客轮的灯光从其身边扫过，就像一座豪华大酒店。”

其实，班轮上的船长也会有同样的感受。没有哪个企业小到不需要理会股市晴雨表，当然也没有哪个企业大到敢于漠视股市晴雨表的存在。事实上，大型企业经营中犯下的最严重错误，就是最为客观公正的晴雨表已经预先提醒他们要注意糟糕的天气，但那些商海中的巨轮船长并未予以充分的重视。

绝不感激

在美国参议院，当已故参议员多利弗读到《华尔街日报》上的一篇评论时说道：“市场最终会做出无情的判决！”他看到了市场无情判决的准确性，因为这基于所有的证据，这些证据甚至来自那些不自觉又不情愿的证人。

怪不得某位乡下来的政客如此易如反掌地就让华尔街成了经济萧条的替罪羊，这位政客所能影响的农民选民数量并不比别人多。华尔街在他们眼中是罪恶的，他们认为华尔街应当为预测到的糟糕的经济

① 阿奎坦尼亚号邮船隶属于英国冠达轮船公司，建造于 1914 年，载重 45 647 吨，航速 23 节，乘客 3 230 人。该邮轮是为了同白星公司 45 000 吨的奥林匹克号和泰坦尼克号竞争而建造的，并一举击败奥林匹克号取得了“最大邮轮”称号。该邮船不仅速度快，豪华程度也不输给它的对手。船上有古罗马装饰的浴室、洛可可风格的沙龙和豪华餐厅。阿奎坦尼亚号刚下水不久就遇上了一战，在战争期间作为医院船使用。

② 吉普林（1865—1936），英国文学家，1907 年获诺贝尔文学奖。

状况负责。

前面曾经说过，预见到灾祸的预言家，无论如何都会被人们憎恨，并且一旦预言成真，就会遭到更多的仇视。但是华尔街对于经济繁荣的预言，正如我们所看到的那样，居然被遗忘了。预言家对灾难的预测总是被牢牢铭记，忽视那些预测的人无处发泄，只好找个人来发泄怨气，却从来都不会反思自己。

华尔街是农民的朋友

华尔街是国家必不可少的金融中心，却常被政客和那些怀有狭隘嫉妒心理的人称为“乡下”。国家拥有而且也只能有一个这样的中心，尽管《联邦储备法案》的制定者给华尔街赋予了区域政治中心的意味，并努力在全国再建 12 个这样的中心①。

农民，或是他们的政治代言人说：“华尔街究竟对农业了解些什么呢？”华尔街对农业的了解比所有农民还要多，甚至包括那些已经被农民遗忘的。另外，华尔街能够随时唤醒所有的记忆。华尔街雇佣最精明能干的农民，华尔街的专家甚至比那些我们钦佩却并不了解的农业部专家更为出色。农业部专家的出版物即使农民不读，华尔街也会认真研读。

1919 年 10 月末到 11 月初，股市突然下跌，当时农民们正在以每蒲式耳 3 美金和每磅 40 美分的价格疯狂囤积小麦和棉花。华尔街远比农民更了解小麦和棉花的市场走势，晴雨表此时已经提示农民该住手了，应该趁着还有时间，尽快以市场价卖出所有的小麦和棉花以保护自己。可是农民们却责怪华尔街、联邦储备银行和其他所有的人，唯独不责怪迷惑且带有偏见的自己。他们以为只要让国会议员废除股市晴雨表就能改变一切，他们正试图打碎芝加哥和明尼阿波利斯的谷物

① 12 个这样的中心指的是联邦储备系统（美联储），由位于华盛顿的联邦储备委员会和分布在全美各地的 12 家地区性联邦储备银行组成。

交易晴雨表，以及新奥尔良和纽约的棉花交易晴雨表。

20 年前，在本国农民的强烈要求下，德国通过破坏性立法打碎了谷物交易“晴雨表”，结果怎样呢？德国不得不在“旧晴雨表”的基础上再建一个“新的晴雨表”，而且也正是由那些农民掏腰包为此买单。如今德国人已经学会了让市场自由运行。

英国对这件事始终都抱有清醒的认识。正是基于这种认知，英国开拓出了人类有史以来最广阔的商业版图，并且建起了最伟大的帝国。

经典解读

“股票市场是经济的晴雨表”，这个观点虽然现在已经成为定论，但在当时却是一个全新的观点。《股市晴雨表》一书出版后，在美国金融界引起了一场旷日持久的大讨论，质疑的声音在华尔街尤其强烈，特别是那些认为可以用复杂的测算技术预测未来的人对此表示强烈反对。

时至今日，道氏理论早已经成了金融界的共识，股票市场作为经济发展的晴雨表也不再是争论的焦点。当前的问题是，怎样通过道氏理论来解读繁杂的金融世界。查尔斯·道、汉密尔顿及雷亚相继过世后，便再也没有人能够理解、掌握道氏理论的核心本质。

探本寻源正是仔细研究这本让道氏理论确立市场地位之巨著的目的。道氏理论并不复杂，就如同交易一样。

金融是服务实体经济的，没有服务于实体的金融市场，实体经济风险就会像洪水猛兽一样。

作为第一产业的农业，自古以来就是靠天吃饭，一切收成都要指望风调雨顺。今年丰收，明年受灾，不但农作物产量不稳定，农业收入、农产品价格也经常大幅波动，这直接影响农业生产和供给。工业受困于上游原材料价格的起伏，下游产品价格不断波动，收益也得不到保障。工人的工资不够日常开销，甚至发不出来。全社会各个产业链都面临着这样的风险，想想都可怕。

我国北方黑土地生产品质纯正的东北大豆，东北也是我国大豆主产区。非常不幸的是，我国大豆整个产业链却受制于外资企业。纵横国际农产品市场的A、B、C、D四大粮商（A是ADM，B是邦吉，C是嘉吉，D为路易浮达）主宰着国内的大豆产业，国内七成以上的榨油企业被国际粮商控股或参股。

说来这是一段相当痛心的故事。

2004年的一场大豆危机，先是美国芝加哥期货交易所大豆价格疯狂上涨，从2003年8月份的540美分每蒲式耳一路上涨到2004年4月的1 060美分每蒲式耳，这一价格为近30年的最高点。

高价之下，以大豆为生产原料的榨油企业面临经营困局。如果大豆再这样涨下去，企业怕是要亏本经营甚至破产倒闭。为了避免企业陷入危局，国内榨油企业的管理者纷纷抢购囤货，在4 300元每吨的高价上抢进800多万吨大豆，以为这样自己便可稳居江湖了。殊不知“螳螂捕蝉，黄雀在后”，死亡之手已经扼住了他们的脖子。

囤积这么多大豆以后，这些企业却没有足够的风险意识，不知道在期货市场通过套期保值把价格下跌的风险规避掉。市场说变就变，近30年的高价转眼一路下跌，导致国内榨油企业全行业集体亏损。

外资企业对国内大豆产业链觊觎已久，只是苦于没有机会下手。天赐良机，怎么可能错过！外资趁火打劫，从此我国大豆产业链就被外资牢牢握在了手中。

其实，华尔街不只是农民的朋友，也是全世界人民的朋友。

第六章　独一无二的预测能力

世间存在两个华尔街：一个是现实中的华尔街，它在纷繁而混沌的误解中逐渐变得清晰；另一个则存在于人们的想象中，它常常出现在耸人听闻的报纸上，以及沽名钓誉的政客口中。

那种虚假而富有戏剧性的华尔街形象，并不比50多年前旧式音乐剧里的角色更真实——滑稽又缺乏理智，像漫画一样在银幕上再次复活。本书第二章“电影中的华尔街”，对这种流行的错误观念已经做了很好的诠释。

主要趋势无法操纵

对华尔街最大的误解就是认为操纵能够改变股市波动的权威性和指导性，这种看法已经严重影响了股市晴雨表的有效性。我敢断言，没有人比我更权威。我在华尔街浸淫长达26年，此前还对伦敦证券交易所、巴黎证券交易所做过深入实地的了解，甚至包括那场1895年发生在约翰内斯堡疯狂的金矿投机①，这一系列事件我都曾经身处其中。

以上所有经历，也许还可以算得上有点儿价值的，可是我却想不起哪轮主要的市场波动趋势是由操纵推动或引起的。我所为之辩护的所有牛市和熊市的形成与结束，都是由基本经济运行状况决定的，尽

① 约翰内斯保是南非最大城市，世界最大的产金中心，被称为“世界黄金之城”。1886年，一个名叫乔治·哈里森的年轻人在散步过程中，无意间被地面的一块石头绊倒，他俯身发现这是一块黄金。此后，淘金者从世界各地涌来，掀起了淘金狂潮。

管市场上存在过度投机与过度套现——实际情况经常如此，就如上次那轮主要波动所呈现的样子，假若不能阐明该问题，这些讨论将徒劳无益。

金融体系中不可能的事

这是一个肯定的表述，不过我确信基本事实是正确的。当詹姆斯·R.基恩接下 22 万股联合铜业公司的股票发行任务时，联合铜业虽然已经完成了企业合并，却没有能力发行股票。据估算，为了将这 22 万股新股发行出去，基恩必须至少交易 70 万股该股股票。他还努力把股价抬高到票面价值之上，以便为他的雇主实现每股 90 ~ 96 美金的净收入。相对而言，这只是一次小规模的股票融资活动。

我们可以设想某个企业集团，在股市中拥有雄厚的财力，这种股票发行活动一定会涉及所有大型银行金融机构。该集团承诺制造出一轮大牛市，如果没有这样的牛市，基恩的努力也就付之东流了，甚至情况可能会更糟。

这家超级企业集团可以对选入的铁路和工业指数 40 只股票以外的大量活跃股票置之不理，而且能够不受任何专业舆论的影响。假设他们为了吸筹拉升股价，违背自己之前所有的交易规则和理念，在没有引起公众怀疑的情况下，居然奇迹般地吸进了 22 万股的 100 倍，而不是 22 万股。任何在小学学过“二加二等于四”的人都会明白，他们把自己带进了一个不可能的数学死角。这个企业集团估计不会满足于每股 40 点以下的净利润，在构建一个全面而广阔的市场之前，其规模甚至与基恩为联合铜业所构建的规模相同，它的实际交易量也会达到 1.2 亿股。

按照票面价值计算，融资规模达到数百亿美元——实际上，如此规模的融资已经足以让所有大型金融机构放弃全部其他业务，单独服务该企业集团这次融资操作。在我们国家的银行体系下，任何时候这样的金融集团都不可能完成这样的操作，甚至1/10也不可能，难道还会有人认为制造这种引发恐慌的市场操作是在联邦储备系统的帮助下完成的吗?

操纵可能存在之处

该企业集团的每一位富有成员肯定持有大量股票、债券，并拥有不动产和工业企业，如果要在熊市中操纵市场，等于他们放弃了自己所有的财产，这简直太荒谬了！我绝对不会这么做。

在一片广阔的牛市中，基恩要推销美国钢铁公司普通股数额的1/25，其背后是强大的美国标准石油集团全部财富和势力。当基恩发行美国钢铁公司普通股和优先股时，他身后的支持者不仅有摩根银行中有影响力的显要人物，还有来自这个钢铁企业集团的每一位员工，以及公众的普遍认可。此时人们就会意识到，这将是生产和贸易领域一次激动人心的空前扩张。

有了如此强大的后盾，他就真的能将自己的能力扩大100倍吗?所有在股市晴雨表中研究这轮主要波动的商人、银行家和制造商，完全可以放弃这轮趋势是由操纵所形成的想法。

罗格·W.巴布森的理论

但是，市场操纵依旧是大众普遍持有的观点。此处绝对无意蓄意制造或鼓动论战，如果我以巴布森①先生及其著作《商业晴雨表》为例进行说明，我确信他本人也深知我无意批评或者贬低他如此真挚的著作。

① 巴布森（1875—1967）生于美国马萨诸塞州，1898年毕业后做了一名证券经纪商，后由于染上肺结核失业。在肺结核被视为绝症的年代，没有雇主敢接纳他，因此巴布森只得自谋出路，开了一间自己的公司，主要业务是做金融分析。1910年他出版了《商业晴雨表在货币积累中的应用》一书，里面有大量的数据图表。巴布森在书中分析了股票市场和经济活动的关系，首先提出股票市场是经济的晴雨表。

为公平起见，必须指出以下摘录节选自巴布森先生 1909 年出版并于次年修订再版的《商业晴雨表在货币积累中的应用》一书：

> 缓慢下跌中的市场通常意味着，那些最杰出的投机者们预期在不久的将来商业将会进入萧条期。缓慢上涨中的市场则通常意味着人们预期未来可能出现商业繁荣，除非市场的下跌或上涨是由人为操纵引起的。
>
> 事实上，如果不是因为人为操纵，商人完全可以把股票市场本身看作是晴雨表，让那些股市大操纵者自己承担为决定基本经济情况采集必要信息的费用。然而不幸的是，仅仅通过研究股市本身来区分人为波动和市场自然波动是不可能的。因此，尽管银行家和商人可能会将股票市场本身视为一种晴雨表，但他们仍然需要给出一个公正和恰当的权衡。

巴布森先生的图表

考虑到温度计的水银柱太短，空盒气压计的机制又缺少灵敏度和精确性，我们要选择哪种晴雨表呢？股市晴雨表也不是完美的，或者更准确地说，解读股市晴雨表的技术尚处在青涩的发展期，距离完美相差甚远。但是巴布森先生并不是强调晴雨表的不完美，从任何一个合理的时间段来考察，股市晴雨表确实很好地展示了股市预测的功能，并具有神奇的精确性。

让我们从巴布森先生自己绘制的图表中举几个例子。分布在一条连续上升直线的上方或者下方的复合图代表着国家财富稳定增长。我们会看到，巴布森先生在他那十分引人注目而又具有指导意义的表格中填入相应的数据前，股市晴雨表是如何对其进行预测的。

可能有些读者还不太熟悉巴布森先生这本很有趣的书，在这里我简单介绍一下。巴布森先生首先将他的图表分为纵列，每一列对应一个月，然后再画出数条编过号的横线，这样就画好了他的方格，每一方格内的区域表示的是全部商业因素所覆盖的范围。图上还有一条贯穿方格逐渐上升的线，代表国家正在增长的财富。

如何预测股票市场

我们能够观察到，随着时间的推移，巴布森图表中浅色的区域会逐渐变宽。完成该区域时所用时间越短，就表示经济萧条或扩张的势头越强劲。实际情况是，处于中线上方或下方的深浅区域相互对称，表明市场处于一种平衡状态，至少是相互接近。

巴布森图表中一块表示经济萧条的黑色区域开始于 1903 年，在这一年的下半年才发展成为一块明显的区域并贯穿 1904 年，直到 1905 年初才出现在财富增长曲线的上方。股市早已预测到了这个经济萧条区域，因为 1902 年 9 月就出现了一个基本的熊市走势，并且一直持续到 1903 年 9 月份。

当股市在 1903 年 9 月开始上扬并于次年 6 月显示出强劲的牛市氛围时，巴布森的图表萧条区域仍然在波动起伏，直到 1904 年底才结束。尽管股市在 1905 年 9 月就已经提前预测到了这次经济扩张，但巴布森图表在 1906 年之前并没有显示出任何明显的经济扩张迹象。

股市晴雨表预测到了巴布森记录的所有经济扩张现象，以及那轮一直持续到 1907 年 1 月份的漫长牛市。这轮牛市的波幅超过了其本身限度——牛市或熊市都有可能出现透支这种情况。

真正的晴雨表

巴布森先生图表的扩张区域在 1907 年达到了最高点，此时熊市已经确立。这次熊市持续了 11 个月，一直到那年的 12 月初才结束。在巴布森先生图表相应区域完成之前，股市晴雨表便预测到了这轮波动持续的时间。好在这次经济萧条尽管很严重，但持续的时间并不长，只持续到1908年底。

接下来的扩张区域出现在财富增长线的上方，并且直到1908年7月底才开始显示出一定的强度。股市晴雨表再一次提前预测到这轮牛市繁荣的到来，这轮牛市从1907年12月开始，1909年8月达到最高点。之后，股市晴雨表又同样准确地预测到了巴布森先生记录的下一次萧条时期。

这一切都确切地表明，股票市场本身就是一种晴雨表，而巴布森先生的图表更像是严谨的记录。当然，任何同这些数据编纂者一样聪明的人，都可以从图表中得到对未来有益的指导。用一个被滥用的词来说，股市晴雨表是独一无二的。你要记住，此处的“独一无二”无需任何词来修饰。我们的晴雨表不是“相当独一无二”“几乎独一无二”或“确实独一无二”，它就是独一无二，并且无法复制。

正如这个简要说明所显示的，股市晴雨表的确能提前几个月预测出未来的商业情况，而且没有任何其他指标或者指数组合可以做到这一点。我们那高度科学且有能力的气象局，经常会因一些突发情况导致预报错误，但它们不会谎称我们回到了冰川时代。气象局只是告诉我们以前曾出现过旱灾和难耐的寒冬，但何时到来并不确定，也无法计算其持续的时间。

当气象局要做出某个具体的预测时——从无数的天气情况组合中抽出一种，那种做法纯粹就是猜测。那些在塔夫脱总统就职时恰巧就在华盛顿的人，还记得当天的天气预报中所讲的“晴朗温和”的好天气吗？当我第二天经过宾夕法尼亚铁路时，暴风雪已经摧毁并掩埋了从纽约到费城之间的每一根电线杆。我甚至还听说，当时有一些专列因为没有及时赶到华盛顿而错过了那场就职典礼。即使空盒气压计，也只能根据气压来预测有限的几个小时以后的情况。

被高估的周期

哈佛大学做的其他汇编，以后会进行讨论。我认为周期理论被赋予了太多的效力，就像我们所看到的那样。查尔斯·H. 道把 10 年周期分成并不存在的 5 年熊市和类似的 5 年牛市便是如此。但是巴布森图表显示，他的经济扩张区域甚至通货膨胀区域其实持续不了 5 年，而是持续 2 年或者不到 3 年，没有必要将爆发处的高点砍掉，最低点也不会掉落在萧条区域之下。

股市危机可能会出现在一轮主要牛市中期，就像 1901 年北太平洋铁路股票引发的那场恐慌。股票市场的“类似恐慌”现象可能发生在空头市场形成期间，或由于发展得过于激进，在熊市期间也可能出现类似的恐慌状况，1907 年那次就是如此。巴布森先生正确指出，同后一种情况相继而来的是一场经济萧条，而且股票市场的下跌波动已经预示了这一点。

如果所有的恐慌和工业危机都是由同样的原因引起的，并且能够用周期理论的节奏去预测，那么恐慌和危机根本就不会发生，因为它们总能被提前预测到。这听起来有点儿像爱尔兰人所说的“公牛”，但这也恰好代表了事实的真相。这难道不是爱尔兰人所说的爱尔兰公牛和其他公牛的区别在于它总能让母牛怀孕吗?

关于周期，这里我就不再做深入探讨了，因为股市根本不可能被任何这样的想法推动，这是十分清楚明确的。

规则是宇宙的首要法则

如果说华尔街是一个储存全国流动资本的蓄水池，那么它实际上是所有影响商业因素的清算中心。以下事实着重强调，股票市场的波动反映了所有事实综合作用的结果，包括建筑业和房地产状况、银行清算、商业破产、货币状况、对外贸易、金价波动、商品价格、投资市场、农业状况、铁路盈利、政治因素以及社会状况等，所有这些以及其他没有列举出来的诸多因素，都会对股票市场产生细微的影响。

这一点可以证明之前讨论的假设是多么正确，华尔街没有人知道全部事实，更不要说这些事实的含义了！但是客观公正的股市晴雨表却可以把它们准确地记录下来，就像气压表里的水银柱可以准确地记录气压一样。

股票市场的波动不是偶然发生的，我想我已经清楚地阐明了这一点。任何人都不可能通过自始至终的欺骗获利，一定存在着某些规则掌控着市场的一切，现在就看我们能否有效地将这些规则构建出来。

许多年前，乔治·W.凯布尔①曾说过："规则在如此巨大浩瀚的空间轨道中运行，而我们所说的机会，只不过是一生中偶尔一两次与其轨道相交的结果。"完全没必要把自己迷失在宿命与天数的迷宫中，或者尽量少去威斯敏斯特教堂做一些荒唐的忏悔，说什么人生就是一件件糟糕透顶的事接踵而至的过程。但是所有人都必须承认，规则是宇宙的首要法则，是社会的首要法则。证券交易所或任何其他地方都不例外，再聪明的独立个体也不可能摆脱规则的约束。

经典解读

规则是宇宙的首要法则。这里汉密尔顿既没有谈及空泛的道德，也没有提及严谨的法律。规则是一个中性词，一个不带任何感情色彩的词，它把宇宙的全部内容都概括进去了。

这里面既有大众对操纵的情绪，也有对市场波动的定性描述。当放下一切"道德"的包袱之后，用"规则"的眼睛去审视这个世界，世界便会变得可爱起来。华尔街没有操纵市场的本事，道氏理论就是研究金融世界规则的金钥匙。

---

① 乔治·W.凯布尔（George Washington Cable，1844—1925）生于弗吉尼亚，美国著名小说家。年轻时曾参加过南北战争，对黑人问题格外关注。以短篇小说开始进入文坛，作品充满传奇色彩。主要作品有短篇小说集《克里奥尔人和过去的年代》（1879），长篇小说《格兰迪希姆的一家》（1880）和《黑人问题》（1888）等。

第七章　操纵与专业交易

读者可以在这里先停顿一下，想一想前面讨论的内容。从道氏理论这一合理的股票市场准则开始，我们已经做出了多少推论，又证实了多少推论。

我们已经欣然接受了查尔斯·道的说法，市场在运行中存在三种明确的波动形式——上涨或下跌的主要趋势；主要趋势被暂时打断后的次级下跌或反弹，具体是哪种要视情况而定；以及无法估算的日常波动，就我们的讨论目的而言，这种波动形式完全可以忽略不计。

从实例中大家也会满意地看到，在一段时间内，股价会在一个很窄的范围内波动——我们称之为“区间盘整”。随着交易日的增加，区间盘整会逐渐显露出它蕴藏的意义，这表明市场正处在吸筹或派发过程中。盘整区间突破之后，会显示出股票供应情况，或者供应充足，市场向下突破；或者供应稀缺，市场向上突破。

一如既往

除了这三种波动形式外，我们还可以再做进一步的探讨。仅依据前面这一章就可以看出，每一轮主要的市场波动都能够由随后的国家整体商业形势所证实。主要波动趋势既不需要也不可能被操纵，因此市场看起来似乎总是与商业情况背道而驰，但正是这个原因，才体现出市场最了不起的有效性，然后才能展现真实的预测功能。

股票市场告诉我们的并不是今天的商业情况，它反映的是未来的商业发展进程。已知的新闻不是新闻，所有人都知道的消息就不再是影响市场的因素了，除非在股市遭受到意外重创的恐慌时期，但那种情况非常少见。

当这些文章以系列形式在全国性金融周刊——《巴伦周刊》上连载时，通过研讨晴雨表，我在 1921 年 9 月 18 日做出了下面的推论。我所引用的这段就是写于当天，这一评论在 1921 年 11 月 5 日正式发表。这些结论绝非猜测，而是基于合理的前提做出的科学推断，正确预告了市场主要波动方向的转变。

> 有一个恰当的例子可以用来检验当前市场。一直以来都有人挑战我的观点，要求我提供能够证明股市晴雨表具有预测价值的证据。欧洲金融市场状况正处于低迷状态，棉花作物遭到毁灭性打击，通货紧缩引起的不确定性，美国立法者与征税官肆无忌惮的投机主义，以及战后通货膨胀带来的种种后果——失业，煤矿开采业与铁路运输业的工资不足以养家糊口——虽然所有这些都威胁着当前国家的商业发展，但从股市中却可以看到一些好的迹象。
>
> 我一直都在说，1919 年 10 月底 11 月初开始的熊市，已经在 1921 年 6 月 20 日跌到了最低点，而此时 20 只工业股票指数是 64.90 点，20 只铁路股票指数是 65.52 点。

一个当代案例

1921 年 8 月最后一周刚刚开始，熊市似乎要再次启动，此时两大指数再创新低。但是请记住，两种平均价格指数必须要互相验证。8 月 25 日的《华尔街日报》这样评论道：

> 就当前的平均价格指数而言，现在距离牛市还非常遥远，但两种指数也没有明确显示这轮熊市会继续下去。

当时，铁路指数正在区间内盘整，仅在盘整区间底部出现了 1 个点的微小技术性突破，随后沿盘整区间底部继续运行，并没有出现新的低点——熊市若持续，必须再创新低。此后，铁路指数就一直在非常明显的区间内盘整。在这个过程中，铁路板块股票可能是在吸筹，而工业指数则出现了一轮非常明显的反弹。

9月21日的《华尔街日报》发表了一篇名为《股价波动研究》的文章：

> 说我们正面临一个严冬，这有点离谱了。如果无法忽略这样的意外情况去展望未来，那么我们的股票市场就没有任何意义。股市现在的迹象预示，它正在为春天的经济回暖打下坚实的基础。也可以说，一轮牛市正在酝酿之中。

到那时为止，工业和铁路指数在盘整区间已经全部完成了吸筹，而且工业指数最近的高点明显已经超过了前一波反弹高点。

10月4日的《华尔街日报》如此评论：

> 通过股市指数行之有效的解读方法，我们发现，只有当工业指数下降8点，铁路指数下降9点，或者低于这轮熊市在6月20日创下的最低点时，才能表明熊市将持续下去。
>
> 另一方面，铁路指数只需再上涨不到1个点就可以创出新高，这就意味着一轮牛市将要到来。工业指数已经波动到这个点位了，并且两类指数都已经显示出一个清晰而又明确的吸筹盘整区间，随时都有可能暴露出市场流动性缺乏。

这篇评论文章分析严谨，有理有据。文章最后一段说：

> 股票价格之所以在低位徘徊，是因为我们的批评家们将所有利空因素都已经折算到了股价中。当股市遭到意外冲击时，就会产生恐慌。不过从历史记录来看，这种意外冲击极少出现。当前，所有利空因素都已经被消化了，市场表现也确实很低迷。但股票交易并不是基于大家今天的认知，而是那些能够提前几个月预测并作用于经济环境的专业投资知识。

亨利·H. 罗杰斯和他的评论

这就是道氏理论的实际应用，读者可以在接下来的市场发展中判断股市晴雨表的价值。基于相同的假设，遵循合理的推导，你甚至也可以自己做同样的分析。

专业的投机者会鼓动公众相信他是无懈可击和战无不胜的。无知的公众只能看到叠加在一起的牌，而专业投机者却能够同时看到牌的正面和背面。

已故的亨利·H. 罗杰斯从不公开发表他的观点。很多年前他曾经对我说："那些喜欢哗众取宠的报纸，总是指责约翰·D. 洛克菲勒和他的合伙人拥有太多的财富，可正是他们自己亲手将数百万美元的财富送给了标准石油公司。其实你我都知道，我们绝非无所不知，也并非全能。但是，那些含沙射影的评论和暗讽的漫画，却将我们塑造成了那样的形象，把我们置于大众的嫉妒和憎恨之中。当每一个需要和我们进行贸易往来的人都认为我们可以掌控自己的一切时，我们便拥有了一笔无价的商业资产。"

正是这些类似的煽动性言论，使标准石油公司被分解成了 33 个独立的小公司。这一做法实际上将标准石油公司的股票价值变成了原来的 3 倍，也顺带提升了汽油的价格。也许这些报纸的拥有者持有标准石油公司的股票。

这是发生在福特汽车时代之前的事情，也许他们认为，让拥有小汽车的富有车主们多花点钱买汽油，是一件为人民造福的事。

一位投机者的推理

总有人认为专业投机者拥有某种不公平的优势，这完全是凭空猜测，毫无根据！像杰西·利弗莫尔[①]这样的专家，也只是以整体商业情况作为研究点，通过我们在这里及前面几章中的方法进行推理而已。

杰西·利弗莫尔曾在1921年10月3日说过，他一直在买进股票，我们姑且相信他。非常明确的是，他一定在尽其所能地揣测那些投资和投机大众对未来的判断。

这可不是操纵行为。这些投机者并没有制造市场假象，用欺骗性的交易活动表象去诱骗公众进入到游戏中，就像那些在演出中停在娱乐场所外吆喝着招揽顾客的人那样。

10月3日的《巴伦周刊》专栏引用了杰西·利弗莫尔的话："所有的市场波动都有合理的原因。除非他能够预测未来，否则其成功投机的能力一定是有限的。"

他接着又补充道："投机是一项事业。它既不是猜测，也不是赌博，而是一项艰苦的工作，其中充满了艰辛。"

查尔斯·道的明确定义

让我们将杰西·利弗莫尔的这段话与查尔斯·H.道20年前发表在《华尔街日报》的文章做一下比较。在1901年7月20日的评论文章中，查尔斯·道曾经这样说：

> 市场并不像在风中飘来飘去的气球。总体上来说，股市充分反映了那些富有远见卓识的人对于价格的判断以及未来的价格预期。优秀的操盘手并不在意股价是否能上涨，而是在意他们想要买进的股票价格是否能够吸引投资者或者投机者持有6个月，并推动股价再上涨10～20个点。

① 杰西·利弗莫尔（1877—1940）被认为是华尔街历史上最大的个人投机者。1929年美国股市崩盘时，他大量做空，身家迅速达到1亿美元，成为当时世界上为数不多的亿万富翁。他一生数次破产，并一次次东山再起，成为华尔街永远的传奇和不朽的神话。晚年的利弗莫尔受抑郁症的困扰，1940年开枪自杀，结束了自己63岁的生命。他著有《如何做股票交易》一书，金融投资名著《股票大作手回忆录》描写的主人公就是杰西·利弗莫尔。

不难看出，杰西·利弗莫尔巧妙表达的观点与超然又不带偏见的查尔斯·道表述的完美定义并无区别。

第一次世界大战后，伯纳德·M. 巴鲁克[①]曾在国会委员会为他获利颇丰的一次交易做证。通过最简单的方式，他证明自己只不过是分析了一条公众已知的因素，并且清晰地预测了可能造成的市场影响。他证明自己并没有所谓的“内幕信息”，也没有华盛顿政府部门的雇员向他出售过任何机密。

了解他的人都不会怀疑这一点，华尔街认为那些机密根本就没有什么价值。就个股而言，它们或许能带来一些不公平的优势。不过，即使这些机密具有一定的价值，如果忽略它们，损失也是微不足道的。

优秀的输家

詹姆斯·R. 基恩、杰伊·古尔德、爱迪生·柯马克和其他一些市场风云人物，他们究竟曾在市场做过些什么呢？有些人同他们一样具有相同的头脑和智慧，愿意付出艰苦的努力去钻研成功所必需的知识，并通过最公平的方式来竞争，但无论如何也无法取得和他们一样的成就。

杰西·利弗莫尔和伯纳德·M. 巴鲁克到底做了什么而受到公开批评呢？他们把自己的价格报给卖家，但他们绝不接受“附带条件”出售的股票。卖家在出售他们的股票时，既要考虑到自己出售的理由，又要考虑买家买进的理由。如果从事羊毛交易，他会投资美国羊毛公司的股票。如果是一个银行家，并且预测到激烈的国外竞争，他就会出售美国钢铁公司的普通股票，因为他认为自己的信息来源比那些投

① 伯纳德·M. 巴鲁克（1870—1965），美国著名股票投机大师，从华尔街证券经纪学徒成长为叱咤美国的投资家，曾做过美国总统威尔逊和罗斯福的经济顾问。1897 年美国炼糖公司股票暴跌，人们在悲观情绪下疯狂抛售。当时参议院正在讨论通过一项降低国外糖进口税的提案，股市也在猜测政策的走向。巴鲁克坚信该提案不可能通过，于是买进 30 000 美元美国炼糖公司股票，参议院表决结果和巴鲁克判断一致。提案被否决后，美国炼糖公司股票暴涨，巴鲁克也因此一战成名。

机者更可靠。

他们其实承担了同样的风险，而且也经常会犯错，但是他们绝不会因此而抱怨。我认识很多这样的投机者，但从来没有听到过他们抱怨亏损，或者盈利时自吹自擂。

低劣的输家

那些小赌徒却对华尔街有着极为粗鄙的想法，他们企图以自己的小聪明与那些训练有素的头脑抗衡。他们的对手不仅包括投机者和证券交易所内的职业交易员，还包括那些出于商业目的而必须研究商业情况的人。这种赌徒当然是很低劣的输家，他们的共同点是都拥有极好的口才。

如果在第一次做股票交易的冒险活动中他们就一败涂地，并公开指责华尔街简直就是个赌博盛行的地狱，从此自己将彻底与华尔街断绝关系，那么对于他们或者依赖他们的人来说，这还真是万幸！这样的人注定会在华尔街吃尽苦头，对于他们来说，早一天离开就等于少一分损失。

股票市场若是由他们或类似的人组成，那真是一个可怕的赌场和地狱！根据美国常盛不衰的声誉，我们可以确信那种情况绝对不可能出现。

拒绝与杰伊·古尔德搭档

和同时代的任何新闻记者一样，查尔斯·H. 道非常了解并极其欣赏杰伊·古尔德①的自信，因为他不仅诚实，而且具有很强的独立性。

① 杰伊·古尔德（1836—1932）是美国铁路公司总经理，美国19世纪铁路和电报业巨头，是和摩根齐名的金融大亨和商业天才。他起初通过买卖铁路股票获利，1867年成为美国伊利铁路公司董事，1874年取得联合太平洋铁路公司的控制权，1881年全美铁路15%的股份握在古尔德手中。在媒体眼中，古尔德是一位冷血无情的市场操纵者，是那个时代的金融恶魔。

正如查尔斯·道曾经在一篇评论中所说的那样，古尔德因其专注于股票内在价值而确定了自己在股市中的地位。

古尔德会分批买进足量的股票来试探公众的反应，以判断自己的预测是否正确。如果得到的反馈和预期不一致，他会毫不犹豫地在损失1个点左右后马上止损离场，以超然的态度在场外重新评估他的头寸。

几年前，在新街这样一个肮脏的边缘投机市场，曾有一位可怜的流浪汉，他总是很真诚地对别人讲述自己曾经有一次收到过杰伊·古尔德的合伙邀请。近几年来我已经忘记他长什么样子了，但就在若干年前，他还是华尔街证券交易所一位大有前途的年轻人呢！他在场内执行交易指令，工作极为出色。从事场内交易是一项艰巨又很细致的任务，需要将瞬间的判断与反应完美结合在一起，就像棒球联赛中的那些明星球员一样。杰伊·古尔德很多交易指令都委托给这位经纪人。

无须多言，杰伊·古尔德肯定不会让任何经纪人看到他的全部交易指令，很可惜这个年轻人不明白这一点。杰伊·古尔德对他的工作非常满意，因此向他发出邀请，想让这位年轻人成为自己的有限合伙人。出乎意料的是，杰伊·古尔德遭到了拒绝。这位经纪人直截了当地说："古尔德先生，我执行过你大量的交易指令，在我看来你亏多赚少，我可不想参与这样的生意。"他并不知道自己的工作只是古尔德诸多交易的一小部分。

机会来敲他的门，并试图破门而入，但是这位年轻人却表现出他只能把一件事做好的能力，因此他的执行力和判断力也不会有任何价值。事实上，从之后发生的事情可以证明，他从华尔街的证券交易所沦落到了新街，我猜想他今后就在那里自生自灭了。

的确，机会叩响过很多人的门，但只有非常少的人抓住了机会。

聪明的交易者

任何罕见的才能都会获得巨额回报，因为这种才能非常稀缺。那些将股市看成赌场的门外汉，他们从一开始就错了。亏损时，他们会固执地持有，不愿卖出。遗憾的是，市场一旦沿着他预测的趋势运行，他很快就会平仓，带着一点微薄的利润离开了。他们嫉恨投机者，指责他们在掷骰子时使诈，在牌上做记号。

其实，投机者的交易过程恰好和他们相反。不论投机商对自己的看法多么坚定，只要市场走势与自己的判断相反，他们就会迅速离开市场。就像古尔德那样，这些精明的投机商总是抢在市场前面行动。

我在华尔街遇到一位极其聪明的人，他刚刚过世，之前是一名教师，又是一位优秀的学者。他的业余爱好是搜集稀有钱币，但他的事业却是一种投机。他不会申请成为证券交易所会员而享有市场价差或节省交易佣金，他只是一位普通的投机者，每天坐在客户服务柜台前或股票价格收报机旁边的投机者。然而就是这样一个人，每年从股市获得的收益从来没有少于 3 万美元。

他懂得判断和研究股市行情，并且行事谨慎。最重要的是，他能够随时发现自己的错误。他在自己投机事业的黄金期离开人世，身后留下了一笔可观的财富和价值不菲的稀有钱币藏品。

他根据价值分析来选择股票，研究市场波动，买入股票时信心满满，并且总是以恰当的比例设置仓位。一旦市场波动与预期相左，他会毫不犹豫地止损离场，坦然接受一千股损失 2 个点的亏损。

他说，一旦发生这种令人沮丧的情况，只有退出市场，对其进行客观的观察和分析，才能得出正确的判断。他的初始资金也就只够支付一名医生或律师的教育费用，或者开始执业的费用。他全神贯注于自己的投机事业，从不怀有贪婪的念头。他总是在牛市早期买入股票并长期持有，在牛市的最后阶段卖出离场，之后通常会到欧洲旅行，以便搜集稀有钱币。

他并不是唯一的例子，还有很多这样的人。我并非建议任何人都去投机，即便你的毅力能够适应那种苛刻的要求。如果你现在有一份自己喜欢的事业，并且这份事业能够让你过得很舒适，同时还能为无法预料的突发事件留有足够的备用金，那么为什么还要去做股票投机呢？反正我不会这么做。

锅炉上的标度盘

自从通过市场行为对道氏理论进行讨论，到现在为止，人们提出了一些很有意义的问题，也提出了许多不相关的问题。两者之间的共同点，是争论专业投机者在经济运行中是否有存在的必要。我不会讨论经济学领域的学术问题，也很少涉及空泛的道德问题。我只是如实地描述股市晴雨表，以及它表现出来的巨大实用性。

这里有必要解释一下道氏理论并不复杂的原理。它既不像粗糙的三角水银气压计那样简单，也不像高度精密的空盒气压计那么复杂。至于我是否会把自己变成一名职业投机者，这不是本书的主题。我们根本没必要非得回到2400年前的古希腊形式逻辑时代①才能明白这个道理，因为每个人都有自己的喜好。

分配和生产具有同等重要性，华尔街最大的功能就是分配资产。职业投机者就像家里地下室中的锅炉压力表一样必不可少。华尔街是国家强大无比的金融动力中心，了解何时蒸汽压力将超出锅炉可以承受的范围是非常必要的。千万不要混淆我的比喻，因为其安全性关乎你我每一个人。

股票市场如同那个标度盘，而且远不止于此。专业投机者，不论他们的动机多么卑劣或者功利，他们都是这个仪器上不可缺少的组成部分。他们可能会在股票交易中变得富有，但这并不是我们讨论的目的。只要证券交易所还存在，我们就必须去了解它。在认识它的过程中，

---

① 古希腊形式逻辑体系是研究演绎推理及其规律的科学，已经具有2000多年的发展历史。古希腊形式逻辑体系在总结人类思维经验的基础上，用一系列规则和方法帮助思考问题，表达思想，是人类意识和思维发展到一定阶段后的产物。在欧洲的创始人是古希腊的亚里士多德，代表作有《形而上学》《工具论》。同一时期，中国也产生了类似的形式逻辑，代表流派有墨家和名家。

或许我们可以找到可行的方法改进它，并进一步提高它的有效性。

经典解读

眼见不一定为真！流浪汉的例子生动地演绎了这一点。世界有太多的假象，不要被表象迷惑！

当我们终日疲惫地游走于日内交易和短线投机时，就会被眼前的假象蒙蔽。避免这种现象的方法就是拒绝短线投机！

眼见不一定为实，也许只是假象，我们需要做的是探究现象后面的真相！

股票市场反映的是人们对未来的预期。尽管眼前乌云密布，但火热的太阳马上就会重现人间。

熊市盈利的方法不外乎两种：要么顺势而为，要么逆势抄底。是顺势做空，还是逆势抄底，汉密尔顿给我们提出了一个建议：盘整区间突破。

任何无法理解的社会现象，背后一定有经济力量在推动。金融是服务实体经济的，要实现这一目的，必然有大量的投机者参与其中，否则市场就会失去流动性。金融市场是零和市场，有人盈利就一定有人亏损。只有有人亏损，才会有人盈利，因此股票投机永远都是少数人赚多数人钱的游戏。

汉密尔顿对于人为操纵和内幕消息之类的说法无比鄙视，不屑一顾。

一百年前的市场尚且如此，何况百年之后！

抛弃一切虚无缥缈的市场偏见，回归到对平均价格指数的观察与分析，这才是投机的正道。

第八章　市场机制

前面已经阐明，操纵不会对股票市场的主要波动趋势产生任何实质性的影响，这一点从指数走势上就可以看出来。

在牛市或熊市期间，市场自身的驱动力远远超过人为操纵的力量。但是对于其他波动趋势而言，如牛市中的次级下跌，或者熊市中的次级反弹，亦或始终都在进行的市场波动——日常波动，这里面确实存在人为操纵的空间，只不过操纵只对一些个股或者小板块中的领头股有效果。

当石油板块或者其中的空头账户遭到袭击时，特别是针对墨西哥石油这样的股票，很容易在短时间创造出惊人的效果。就这个实例而言，操纵行为很容易清洗掉一些意志不坚定的持仓者，也可以迫使一些空头补仓，这种专业的“抢帽子”[①]交易在次级波动中随处可见。

交易者与赌徒

主流市场，不论牛市还是熊市，趋势最终都会透支，也就是发展得过了头。正如交易者所说，牛市总是催生太多的看涨者，熊市总有更多的看空者。“融股集团”的存在说明有太多的空头在借入股票。

① 抢帽子是日内超短线交易的一种。早期证券和期货交易都是交易员在交易池内喊价交易，用手势加上高声喊叫来报价。那些在日内短线炒作的交易员要不停地举手报价，情形就像一群人在伸手抢帽子，所以把日内短线交易手法称为“抢帽子”。日内的市场波动没有任何规律可循，因此日内的超短线交易无异于赌博，抢帽子交易者往往损失惨重。

股票经纪人把股票借给卖空的客户时，还会收取一笔相应的费用，在伦敦，这种费用叫“延期交割费”。不过，这只是职业玩家获利的机会。他们会在超卖市场中买进股票以试探市场强弱，这种买法虽然并不明智，但效果很好。反之，在超买市场卖出亦然。

小的投机者，尤其是那些小赌徒，被职业玩家的这种手法摧残得吃尽了苦头。他们是“直觉”的奴隶，职业玩家给点“小道消息”，他们就会着了道。他们对自己交易的股票从来没有做过真正的研究，而且对信息的接受统统不进行思考和过滤，也缺乏区分好坏的能力。

首先，他们把交易当做是盲目而又随便的游戏，并没有当做一项事业来看待。即使没有他们，市场照样会运转得很好。如果认为正是他们或者类似的人使证券交易所正常运行，那可真是荒谬至极！

交易所里的每个人都会告诉你，他的客户始终都在获取更加完善的信息。愚昧无知的人非要在这种需要专业知识的游戏中，与那些深谙游戏之道的人博弈，亏损也只能怪自己了！事实上，他们亏损后就会破口大骂华尔街。

大部分经纪人都会把更多的时间用在保护投资者身上，避免自身原因给客户造成损失。不过，这真是一项费力不讨好的工作，那些蠢货很快就会在市场中亏光自己的资金。

欲加之罪，何患无辞

职业玩家的这种操作手法绝对不是投机交易的主流，投机行为与主流交易行为之间的关系，就像市场中的日常波动和主要趋势。每个人对市场的认知都处于不同的层次，但认为股票投机（至少在上涨期）就是一种赌博，在股市运行过程中有人赢钱就会有人输掉相应的钱，这种想法绝对是错误的。

牛市行情中，没必要非得有人亏损。那些在次级波动中被清洗出局的持仓者，只是因为意志不坚定而损失了部分利润。在趋势的顶点，绝大多数人都会丧失对价值的正确判断，此时他们只是根据潜意识中的希望去买进，并期盼会有比自己更贪婪的人在高位接盘。恰恰是怀有这种想法的人更容易受到伤害。

指责华尔街，用一句话形容就是“欲加之罪，何患无辞”。那些失职的银行雇员就常常用这句话为自己辩解。他们所有的交易与合同都有案可查，但法庭却极少要求他们提供投机账户的详细情况。对于自己如何沉迷在荡妇与毒品中，或者将别人的钱挥霍在其他不正当的地方，他们只字不提。

他们以“被华尔街洗劫”为借口替自己辩护，感情脆弱和敏感的人往往易受蛊惑，对他们的遭遇抱以同情之心，并将这一切诱惑都归在罪恶的金融街身上，却不愿动脑了解华尔街最基本的功能。

失败的小投机者，对于自己不能在股市中赚到钱懊恼不已，但又不能理解其中的真正原因。于是，他们便捡起一些技术性词汇，欺骗那些比他们更不了解股市的人。这些人热衷于公开指责“专营商”[①]和“场内交易商”[②]，并将他们和赌场里负责收取赌资的人划为一类人，认为他们甚至还不如自己值得尊敬，因为他们坐庄的机会实在是太多了。

我们先说场内交易商。那些新手仅凭猜测，就试图在活跃的市场中获得利润。只有同这些新手打交道时，场内交易商才真正拥有一些小的优势，这一点必须要强调一下。没有哪个称职的经纪人会鼓励场外交易者这么做，可以说，我在华尔街熟知的经纪人，都会尽全力摆脱这样的客户，因为他们极易成为负担而不是带来财富，并且总是惹人生厌。

---

① 专营商（specialist）是纽约证券交易所的特殊会员，它们具有三种功能：兼有自营交易商；经纪商；做市商。

② 场内交易商（floor trader）是指在交易所场内专为自身客户执行交易指令的交易所成员，又称出市代表。

场内交易商和市场价差

我并不准备将本书写成一本关于华尔街和证券交易所运作原理的教科书，这个领域的优秀著作已经很多了。最重要的是充分阐明我们所说的晴雨表的机制，尤其是那些认为可以影响晴雨表对错的因素。

我们有足够理由说，场内交易商是证券交易所的必要成员，他们通常也是证券经纪公司的合伙人。他们不受外界影响，自行操作，也不用给自己支付佣金。与场外投机商相比，他们的优势就在于可以省去买卖价差，即市场中买价与卖价之差。

股市交易越活跃，买卖价差就越小，但是平均价差大概为 0.25 点。假设美国钢铁公司普通股的买方开价是 90.25 点，卖方开价是 90.50 点，想要卖出的客户就不要指望卖价会高于 90.25 点。反之，如果他想买入，就必须支付 90.50 点。场内交易商通常会省下价差的全部或部分——当然，这并不损害客户的利益。他们也许会以 90.375 点的价位成交，甚至直接以卖方开价成交。

场内交易商的这种操作，会对股市的日常波动产生影响。事实上，这意味着场内交易商可以根据买卖价差迅速成交，而场外交易商却做不到这一点。从日常习惯来看，这些场内交易商通常结清账目后才回家，偶尔出现亏损，他们也会欣然接受。如果收支平衡，他们当然会很高兴。

对赌①

显然，场内交易商可以通过买卖价差获得 1 个点左右的利润，从

① 对赌（bucket）指的是客户的交易指令并没有被执行到证券交易市场中，交易者仅是和经纪公司做交易，你做空单，经纪公司就对应为多单。你亏损了，经纪公司就盈利了。你亏多少，经纪公司就盈利多少。除此之外，下单指令上的价差同样也是经纪公司的利润。从总体统计上来看，稳定盈利的交易者只占 5%，也就是说你的账户资金不但全是经纪公司的未进账财富，而且对赌的胜算永远在经纪公司一方，当然，这个经纪公司是“对赌经纪公司”。对赌经纪公司近些年在国内随处可见，如地下炒金、炒外汇、炒白银、炒现货原油，或者改头换面的假二元期权等，都属于与经纪公司对赌这一类。

这一方面来看，他们确实占据一定的优势。如果客户想要省下这 0.25 点的市场价差，那么他必须按规定向经纪人支付 0.125 点的交易佣金，以便经纪人在场内替他完成买卖交易。

这简直就是赌博了，就像在一场双数赢钱的赌局中，在奇数上押下重注。那些“对赌经纪公司”经常劝客户这么做，只要有机会，他们就会尽可能地诈取客户的资金。

在对赌交易中，由于客户的所有交易指令都不会在市场中被真正执行，这样一来，他们就会有更多机会来利用客户资金为自己谋利。但是，我们始终把证券交易所及其投机市场当做交易的晴雨表。“对赌”并不是证券交易的组成部分，只要报警，警察就会出面制止这种行为。

满意的老客户

如果客户拥有充足的保证金并根据价值判断购买股票，或者有能力一次性付清所有款项，而且认为买进的股票会在此价位上涨很多，那么双倍交易佣金和市场价差根本算不了什么！证券经纪公司积极服务的正是这样的客户。

有一家经纪公司成立于 1870 年，最近刚刚变更名字。这家经纪公司至少拥有一位服务了 50 年的老客户，还有很多 20 多年甚至更久的客户。这样看来，场外交易者在华尔街也并不总是赔钱，或者说经纪商并不一定要让客户赔钱才能盈利。

证券经纪公司像其他公司一样，始终都在不断地招募新客户，就像报纸和杂志不断获取新的订阅者。有经验的经纪人会告诉你，广告营销虽然能够带来新客户，但是只有专业的服务才能留住他们。

我经常注意到，华尔街真正的成功人士大都不善于表达，这一点我曾经非常好奇。后来终于明白，经历已经教会他们要保持沉默，而且他们也根本不会去表达什么。

那些不成功的人似乎无法将失败归于自己，大多数情况下，他们说的话只是基于其固有的性格缺陷。他们总是说得太多，思考得太少。

市场无需辩护

这里并不是要为股票市场辩护。我们的老朋友，并不讨人喜欢的教父乔治三世[①]，并非因为智慧而著名。不过当他听到沃森主教著名的《圣经的辩护》献词时，反问道："圣经需要辩护吗？"

股票市场作为国家经济的晴雨表，如果能够充分理解其本质和有效性，解释清楚这部分机制，我们就应该感到满足了。

从事特定股票交易的专营商，某种程度上类似于股票经纪商，或者更接近于伦敦证券交易所里的交易商。这些在场内进行交易的经纪人只交易一两种活跃的股票，但也执行其他经纪公司相应的交易指令。他们鲜为公众理解，却经常被严重诽谤和恶意中伤。

在大众的想象中，专营商会习惯性地，或者说至少偶尔会滥用他们被信赖的有利条件。一旦市场出现预料之外的下跌，专营商就会在市价以下 1 个点左右的位置对大量股票执行止损指令。正是利用自身的这种有利地位，专营商被认为是引发市场下跌的罪魁祸首。仅仅这样的怀疑，就足以毁掉他们的事业及荣誉。最近就有一位专营商因此失去了证券交易所的席位，不过这是我记忆中仅有的一例。

场内交易都是通过口头传达完成的，而不是通过书面合同，甚至都没有证人，但是交易双方绝对信守承诺。到目前为止，我实在想不出任何一次指令交易被质疑的情况。偶尔的失误在所难免，出现这种情况时，都会按照惯常的方式进行协商。

专营商如果不像其他在这个位子上的人那样，为雇佣他们的人全

---

① 乔治三世（1738—1820）是英国国王，1760 年从其祖父乔治二世手中接过权力，成为大不列颠及爱尔兰王国国王。上台初便大刀阔斧地对内政外交进行改革，曾组织欧洲反法同盟击败拿破仑一世。1810 年后，乔治三世精神失常。屋漏偏逢连阴雨，严重的白内障和近乎失明随后又再次袭击了老年的乔治三世。乔治三世在位期间，美国爆发独立战争，大不列颠失去了在北美的殖民地。脱离英国统治的北美殖民地正式建立起现代最强大的国家——美利坚合众国。

心全意服务，那么他就无法完成场内交易，也无法获得应有的回报。专营商的生存和事业发展取决于自身的服务态度和质量。

职业交易者的有限影响

活跃的空头交易者会给平均价格指数带来哪些影响呢？目前来看，在主要趋势中，这种影响可以忽略；在次级波动中，影响非常小；在最不重要的日常波动中，它却可能成为重要的影响因素。

空头交易者的操作对股市晴雨表并无影响，我们也没有必要做相关讨论。请记住构成两种价格平均指数的 20 只铁路股票和 20 只工业股票的特征，每只股票都符合纽约证券交易所严格的上市条件，每家公司都要定期披露公司经营情况的详细数据，没有任何具有市场价值的“内部秘密”能够影响到 40 只股票中的任何一只。

可能会出现这样的情况，其中某一只股票出乎意料地宣布取消分红或者增加红利。如果确实出现这种突发性（对此高度怀疑）事件，其影响分散到相同板块中其余 19 只股票以后，基本上也可以忽略不计了。

我想不起任何有力的案例来说明这一点。这里可以假设上述意外分红方案对个股造成了 10 个点的波动，那么充其量也就能对指数造成 0.5 个点的影响。如果该分红方案并不代表商业状况的普遍性变动，那么指数 0.5 个点的波动马上就能被市场平复。不管发生什么事件，我们都可以确定该事件已经在股市中得到了反应。总之，市场比任何董事会的董事知道的都要多。

做空必要且有益

卖空是否道德，完全不是我们这里讨论的主题。不过这倒是真的：除非别人亏损，否则空头就无法盈利。即便在最坏的情况下，只要多头专注于自己的交易，仍然可以获得一定的利润。交易是零和的，赢家的利润和输家的亏损相加为零，一方的盈利一定来自他人的损失。

有空头倾向的交易者，对于任何自由市场带来的益处都要大于害处。实际上，如果不允许自由做空，市场将会变得十分危险，甚至随时都有可能因为失去支撑而出现恐慌性暴跌。伏尔泰曾经说过，如果没有上帝，有必要创造一个上帝。很久以前，当乔纳森咖啡馆①的股票交易活动走出柴思胡同时，做空机制就已经产生了。当年的咖啡馆，如今已经发展成了伦敦证券交易所。

从那以后，做空很快就成为一种必要的交易行为。奇怪的是，伦敦市场的几次严重暴跌并不是因为那些疯狂的证券投机活动，而是因为英国法律禁止做空银行股。银行股在抛压下失去支撑，也正是这种压力，才使得1890年的巴林银行危机②变得如此严峻。

其实，对于下跌市场来说，没有什么措施比空头账户更能为市场提供支撑了。在上面的例子中，正是由于缺乏卖空行为，最后只能依靠匆匆组建起来的临时性银行家联盟出面阻止这场毁灭性的市场下跌。

1922年，伦敦证券交易所在原有基础上重新改组，在没有政府的进一步管制和干预下，英国国会废除了原有的禁止卖空银行股的法律，也修改了相应的银行股保护条例。作为银行股的保护措施，切实实行并持续宣传卖空机制，是对公众最好的保护。

上市要求的保护

当查尔斯·H. 道在20年前写下这些有关投机的一般性评论时，文

① 随着英国的崛起，欧洲的经济中心转移到了英国伦敦。当时，咖啡馆是英国最受欢迎的聚会场所，咖啡馆也成了交流股票信息最便利的地方。1698年，英国人约翰·卡斯塔因在伦敦柴思胡同的乔纳森咖啡馆开始交易股票，并发行名为“交易所和其他事项程序”的股票清单，即股份挂牌交易，形成了伦敦早期的证券交易活动，乔纳森咖啡馆也成了伦敦证券交易所的前身。

② 1890年10月纽约爆发金融危机，伦敦企业大面积倒闭，伦敦巴林银行对阿根廷债权发生支付危机，巴林银行在11月份几近倒闭，幸得英格兰银行行长威廉·利德代尔发起的银团担保基金提供帮助，巴林银行才度过这场危机。

章也顺便提到了他的市场波动理论。现在那些已经是道琼斯平均价格指数成份股的股票，有一部分还在交易所场内自由交易，由非上市证券部管理。很难想象《华尔街日报》会说道琼斯平均价格指数中的某只股票由一家盲资公司发行。不过在亨利·O.哈维梅尔生活的时代，《华尔街日报》的编辑就毫不犹豫地发表文章这么称呼美国糖业公司为盲资公司。

纽约证券交易所非上市证券部的撤销是最值得称赞的内部改革之一，但却遭到了证券交易所那些保守成员的强烈抵制，他们大都是通过不正当手段捞取好处的既得利益者。该机构的一位前任主席现已离世，他就曾因我支持这次改革的言论而在他的客户面前大声地痛斥我。他说像我这种煽动改革的人，会夺走他们在华尔街的生意，而他们的饭碗全依赖这门生意。他把我任职的这家报纸以及与我有关的金融通讯，全都扔出了他的办公室。不过，很快他就受到了羞辱，因为他的客户马上让他重新捡回了那些报纸和通讯。

美国糖业、联合铜业和其他一些先前非上市证券部管理的股票还在交易所进行场内交易。那些公司明白，如果他们不遵守其他声誉良好的公司都要执行的公开披露条款，他们的管理就会受到严重的质疑。证券交易所对于外界提倡的改革自然是反应冷淡的，但我还从未听说过他们中有人建议恢复“非上市证券部”。

联邦政府的介入

前面的讨论中说起过，应该采取进一步措施以保护公众利益，但绝不是制定如《蓝天法》[①]之类不切实际的法律。这样的法律只会妨碍诚信经营的公司，却无法限制骗子们的诈骗行径。

在这部分讨论中，我将简要介绍一下英国在保护投机商和投资者

① 蓝天法（Blue sky laws）是美国各州制定的保护公众投资利益不受欺诈的法律，这部法律的核心是在公司公开发行股票、债券等有价证券时，必须向公众充分披露相关信息。

方面明智而成功的做法。根据1908年《公司法（总则）》，只要公司在伦敦萨默塞特事务所登记注册后，其股票就可以在伦敦证券交易所进行交易。只有详尽披露了公司的计划、合同、手续费以及其他相关条款，才算完成在萨默塞特事务所的注册。

无论这家公司的目标计划风险有多大，投机者从开始便已经充分了解了一切。完成这些程序以后，在该法规框架下，原有的“敬告买者”普通法规则——提醒买者注意风险——便开始生效。如果投资者愿意，他可以花费1先令在伦敦萨默塞特事务所查清公司财产来源和现状的全部信息，这样他就能够很好地保护自己。

联邦政府强制执行该法案并通过限制公司邮件来保护公众利益，毫无疑问，联邦政府的这种做法会招来各种无知的反对。但我确信这个法案将会得到很好的实施，当然也应该严格以非党派的公众精神加以贯彻。

纽约证券交易所竭尽全力来保护其成员和客户的利益，不过纽约股票证券交易场外市场联盟[①]本身是一个未上市的组织，我没有明确的理由认为它的管理能力不足或是缺乏诚信，我对它的会员也没有任何反感，但迟早会证明它是危险和丑闻的根源。

如果场外市场联盟成员觉得详尽公布他们交易中的每一件事会给其带来损失的话，他们就与纽约证券交易所中不明智的会员犯了相同的错误。当时纽交所的这些会员极力逃避让大量工业企业服从上市要求这项令人讨厌的工作，结果却因不遵守上市规则而受到了制裁。

真正的内部改革

近年来进行了一些愚蠢的改革，无论改革的目的是什么，我看还

① 纽约股票证券交易场外市场联盟，即现在的全美证券交易所，主要交易建国初期美国政府发行的债券和新成立企业发行的股票，后来逐渐形成了完善的交易规则，1921年由场外交易改变为场内交易。1953年，该联盟正式改名为全美证券交易所，且沿用至今。其业务包括股票业务、期权业务、交易所交易基金（ETFs）业务等。

是放弃吧，这些年来我们已经付出了昂贵的代价！以我个人的感受判断，证券交易所的监管标准正在稳步提高，目的是为了保护投资者和小投机商的长久利益，尤其是那些小投机商，毕竟他们还只是处于成长和萌芽阶段的投资者。

查尔斯·道时代常见的操作手法，今天看来已经行不通了。未来，任何牛市中再出现类似于基恩抛售联合铜业股票那样大规模的操纵行为，都是不可想象的，因为在专业和严格的审核下，证券交易所要求公司要披露账户的详细信息。在这种情况下，无法让那些鲁莽的个人投机者相信，新重组公司股票的预期价值是票面价值的 4 倍。

即使在那个年代，“虚假交易”①在很大程度上也不过是公众的凭空想象而已。任何一家声誉良好的经纪公司，如果怀疑其某些交易具有“对敲”②的性质，都会拒绝执行交易。如今，无论是口头还是实际行动中，人们都会遵守证券交易所那些反虚假交易的规则。纵然是 40 年前，新生的美国工业巨头刚刚苏醒并开始意识到自己的强大力量时，这些规则也绝不仅仅是一纸空文。

经典解读

至此，我们可以彻底放弃诸如操纵之类的想象了！

汉密尔顿用大量笔墨探讨此事的目的，就是要表达“没人能够操纵市场”这一观点。

华尔街的成功人士之所以不去表达自己的观点，是因为它们知道自己所说的在大多数情况下都是错误的！

盈利和市场判断正确与否没有关系，靠的是概率和止损。

交易与赌博完全不同，且不谈法律层面上的规定。金融是服务实体经济的，

---

① 虚假交易(wash sales)，顾名思义，指不存在、不真实的买卖行为，如对敲这样的自买自卖行为。

② 对敲（matched orders）也称为相对委托或合谋，是指行为人意图影响证券市场行情，与他人通谋，双方分别扮演卖方和买方角色，各自按照约定的交易券种、价格、数量，向相同或不同的证券经纪商发出交易委托指令并达成交易的行为，即一方做出交易委托，另一方做出相反的交易委托，依事先通谋的内容达成交易。对敲的目的是操纵价格和虚构交易量，制造市场活跃的假象。

股票市场是实体经济直接融资的渠道。企业上市后可以向社会公开募集资金，用以扩大生产规模，维护升级设备，实现产业发展。如果没有股票市场，我们的生活可能还停留在一百年前的落后状态！投机者进入股市完全是利益驱动，但他们也是经济发展的建设性力量！

期市和股市都是实体经济的守护者与建设者！市场不是赌场，所以投机与赌博完全不同！

投机者和经纪公司之间的对赌，实际上交易者的亏损就是经纪公司的盈利；相反，交易者的盈利就是经纪公司的亏损。早期美国对赌经纪公司极为盛行，从《股票大作手回忆录》中可以了解到当时的盛况。不过那时的对赌交易，也是依据真实交易数据开展的。

第九章　晴雨表中的“水分”

我竭尽所能地简化讨论，却受到了强烈的排斥，并招致一系列批评与非议，其中有些批评的确深具启迪意义，但是偏见和先入为主的观念依旧存在。一位评论员对此了解甚少，似乎仅读过一两篇相关文章便讲道：

> 如果我们连证券交易所里交易的股票都不相信，我们又怎能相信你的晴雨表呢？你并没有谈到估值过高的问题，这其中又有多少“水分”？

掺水的劳动

在现在的美国，“水分”一词比以往更加不受欢迎。但是美国金融中心的人们在观察全国的商业状况时，对掺水劳动的关心要远胜于掺水的资本。耗资 100 万美元建成的工厂或公寓，真正价值只有 50 万美元，唯一一种能够挤出水分的方法就是让其破产。

早在第一次世界大战开始之前的高工资和“蓄意怠工”时期，纽约就建造了大量公寓。由于建设中存在大量的“掺水劳动”，这些公寓在房租开始上涨之前的金融重组时期，大多数都经历过重组。股票市场确实有一种简便快捷的方法来挤出股价中的水分，那就是下跌。下跌的目的就是要把水分挤出去，但这个挤水分的过程并不包括破产清算。

“水分”这个词回避了问题的实质。你可能因为没有看到一家具有创新力的伟大公司的潜在价值，就说其股票上市发行的资产证券化过程含有“水分”。但基于公正的眼光和良好的认知，已故的约翰·P.摩根会称这样的溢价行为很好地反映了公司成长的未来预期。

不管“水分”究竟指的是什么，我都会从最显著的情况中挑出一个例子，比如美国钢铁公司的资产证券化过程，该案例就能够证明股票市场永远都会调节价格以回归其价值，也就是说水分其实自己会蒸发掉。

挤出水分

我们一直在研究股市晴雨表，这里先做一个总结：市场波动包含三种有序的趋势——持续时间较长的主要波动趋势，次级下跌或反弹趋势，以及日常波动。为了完成这一研究，我们以两个股票板块指数，即由20只活跃的工业股票构成的工业平均价格指数和由20只活跃的铁路股票构成的铁路平均价格指数作为研究市场的工具。研究结论显示，所有个股的价格都围绕其价值波动。

实际上，证券交易所是一个开放的市场，其作用就是将人们对股票价格相互矛盾的判断调整到一个共同的基础上，最终通过价格反映出来。

20年前，詹姆斯·R.基恩通过人为操纵，将联合铜业公司的股票价格推到了130美元的高点。很明显，那些以初始票面价格发行却没有成功的金融家们认为，这些股票最多只值100美元。股票市场不会在一天之内完成价格调整，简单地回顾一下那段时期，没过多久，联合铜业公司的股价就从牛市期间的最高点跌到了100美元。

这就是股票市场的作用，它既要考虑到现在的基本价值，又要考虑未来的发展前景。在熊市下跌波段即将结束时，股价将跌破其内在价值。由于此时人们斩仓抛售的动机非常强烈，即使持有的股票价格已经非常低，人们也会将其持有的股票卖出变现。有时价格甚至会低于其账面价值——公司的净资产价值，即不包括生产能力和商誉价值。

场内交易的标准股票价格，也会受到场外交易市场“垃圾股票”的严重冲击。大多数这样的低价股票在申请银行质押贷款时都会被拒绝。当银行被迫收回以证券作为质押物的贷款时，那些经过价值评估且管理规范的股票，将首先受到冲击，因为充作银行质押物的正是这些股票。

场外交易市场的股票种类经常更新，因此充满了投机性，但场外市场交易经常受到限制。买入场外市场交易的股票需要缴纳极高的保证金，因此在场外市场进行交易，安全还是有一定保障的。

股票收益与所得税

与熊市恰恰相反，牛市会从股价远低于内在价值开始起步。国家商业状况的普遍提升，可以在股票市场中体现出来，这在一定程度上有助于对牛市走势进行预测。

在漫长的牛市价格上涨期间，股价将远超其内在价值。牛市末期，不明真相的大众对未来的判断已经趋于一致，忘记了牛市开始时这些股票是多么廉价，现在则仅仅依靠对未来的美好预期而大量买入。华尔街有经验的交易者曾经说过，当那些值守电梯的男孩和擦皮鞋的人都开始向你咨询股市消息的时候，你就可以卖出股票去钓鱼了。

1919 年 10 月初，为了报道英国和德国的金融形势，我乘船前往欧洲，当时市场正处在漫长牛市最后的繁荣阶段。那时关于牛市将继续、暴涨将继续的讨论很有意思。已经获利丰厚的人既不愿意也不会卖出他们持有的股票，因为一旦将账面利润转换为现金，收税官就会因其当年过高的收入而收取高额所得税。

在毛里塔尼亚号轮船上，我们在一个烟雾缭绕的酒吧里分析了这个错误的看法，但船上至少有一部分商人已经决定继续持股，同山姆大叔[①]一起分享这场牛市的盛宴。

这场讨论本身就十分荒谬可笑，因为它讨论的其实是牛市中那些最容易受到攻击的多头。这种多头账户很容易被攻击，即使是水平最差的射手，都能把它们射得千疮百孔。

在旅途的最后三天，汹涌的海浪吞噬了毛里塔尼亚号的5只救生船，船上的无线通信设备也被报废掉，轮船与外界彻底失去了联系。当我们到达法国瑟堡时，获悉股市已经开始下跌。股市的连续下跌，帮助那些担心缴纳高额所得税的人摆脱了烦恼。到了那年年底，他们更不必担心缴纳所得税了，因为那些曾经获得的账面利润早就蒸发贻尽了。

均衡持股

在超买市场人为推高股价的行为是不可持续的。对普通投资者来说，牛市中最好的一种保护措施就是持有那些股权高度分散的股票。如果华尔街某一集团绝对控股某只股票时，如斯图兹汽车股票，控股方就能随意决定该股票的价格，这样股价就不是“市场价格”了，因为这并不是真正的市场。亚伯拉罕·林肯很久以前就说过，你不能因为自己把狗尾巴也算进去，就硬说狗有5条腿。

平均价格指数里，每一只成份股的股权都是高度分散且健康安全的。以铁路指数成份股中市值最大的宾夕法尼亚铁路公司或者拥有550万普通股的美国钢铁公司为例，每一位持股人拥有的股票数量平均不

---

① 山姆大叔指美国政府，这一绰号源于1812年英美战争时期。纽约有位叫塞缪尔·威尔逊的肉类包装商，当地人亲切地称其为“山姆大叔”。战时威尔逊担任纽约军需检验员，其工作是把印戳打在军队牛肉桶与酒桶上。1812年纽约州长参观工厂时，发现桶盖上都标有E.A.-U.S.符号。工作人员告诉州长E.A.是军火承包商的名字，U.S.是美国的缩写。巧合的是“山姆大叔”威尔逊名字的缩写也是U.S.，人们便开玩笑说U.S.就是山姆大叔（Uncle Sam），军队戏称是山姆大叔送来的食物。山姆大叔勤劳、诚实、爱国的精神被视为民族品质深入人心，一战时甚至出现以“山姆大叔”为主题号召青年参军的宣传画。1961年，美国国会将“山姆大叔”作为民族象征对外宣传，于是“山姆大叔”就成了美国政府的象征。

超过 100 股，公众持有这只股票确实很安全。

“定价”与市场价格

本章开头引用的那位读者提问：这其中有多少“水分”？现在我们可能这样回答：好吧，你怎么看呢？其实这位读者无法证明平均价格指数中存在水分。我们可以进一步告诉他，在证券交易所全部上市的股票中，不管票面价格，单看股票市场价格，你不可能证明其中存在水分。

以铁路股为例，在任何正常年度的正常月份中，股票市场价格都要优于国会制定并由州际商务委员会执行的任何定价，市场价格既没有因为过于乐观而虚高，也没有因为人们的套现而缩水，这在很大程度上可以确保铁路股票和标准工业股不受证券滞销和畅销的影响。

人为操纵无法对市场产生实质性的影响，任何细微信息都已经在市场价格的调节过程中被消化了。自由市场在价格调节的过程中，已经充分考虑到了再生产价值、不动产价值、特许经营权价值、通行权价值、良好商誉等诸多因素，国会指定的估值委员会丝毫不会影响到实际交易价格。

如果说州际商务委员会对铁路股票价格的估值有价值的话，那肯定是历史价值。作为一项有效的资产估值方法，如果其价格估算恰如其分，那么价格一被评估出来，其实就已经过时了，甚至在评估出来前几个月就已经过时了。

证券交易所的价格记录则包含了日复一日、月复一月、年复一年的价值变化，从牛市到熊市，从杰文斯周期中的一个周期到下一个周期，其间从未中断过。美国以及任何文明国度的银行家，都接受市场对内在价值的自动调整，并据此进行投资，很少理会州际委员会对股票价值的武断评估。

对股票掺水的迷信

认为凡是股票就会掺水的迷信弥漫整个美国，这种愚蠢至极的说法令人惊讶。要是一英里一英里地计算，美国铁路的股票和资产证券化程度还不及英国的1/5，也低于任何欧洲国家或者英属自治殖民地私人所有铁路的资产证券化程度。即便如此，美国铁路股票仍然被认为是典型的掺水股票。

在这里，我要坚定地表明立场，美国铁路股票的真实价值被严重低估了，指责上市工业公司股票掺水的说法相当荒谬！就1921年的当前价格来看，证券交易所里这些资产证券化程度不足的股票挤出来的不仅有水，连血都已经给挤出来了。

写到此处，美国钢铁公司普通股的售价还不到80美元。若要根据世界上任何一家提供了详尽数据的上市工业公司进行严格的对比分析，那么美国钢铁公司普通股的账面价值应该是每股261美元。在过去长达20年的经营中，美国钢铁公司共投入了10亿美元以扩大经营规模，但新建资产收益结转的投资额只有2.75亿美元，由此可以看出，其资产中的水分真是少之又少。

仅仅速动资产①一项，美国钢铁公司拥有的巨额现金超过了6亿美元，把这些因素全部算进来，其价格应该是每股120美元，那么水分在哪儿呢？

5.5亿美元的普通股股本规模看起来非常巨大，但这只是相对的。摩根曾经将这一价格称为“明智的预期增长”，难道他的这个说法不对吗？如果他的灵魂能够重返人间，透过朦胧的月光看一眼他的钢铁王国，他一定会为自己当年的克制感到吃惊。

美国钢铁公司发行普通股和优先股，是在那轮牛市的主要波动趋势中进行的，并由已故的詹姆斯·基恩操作完成，其操纵程度看起来

① 速动资产指可以迅速转为现金的资产，等于流动资产减去库存。

可以说是市场有史以来之最，那么这次操纵的最后结果怎么样呢？结果是普通股以每股 50 美元的价位卖出，优先股则以票面价格卖出。

如果有人以这样的价格买进美国钢铁公司的普通股或优先股，然后将它们放在一边不予理会，即使经历熊市的漫长下跌，在 1921 年 8 月股市达到最低点时，持有该股也依然是盈利的，买入并持有美国钢铁公司的股票又有什么遗憾呢？

按价值购买

或许某些人会指责我对美国钢铁公司股票维持高价合理性的这些辩护，原因是我只是把简单的事实向公众作了点说明。看看，对华尔街根深蒂固的偏见再一次出现了。不过，我所说的事实全都是白纸黑字，任何人都可以查到，至少那些在 1921 年卖出过美国钢铁公司股票的人完全可以查到。当时他们卖出股票是因为他们急需用钱，恰好我们中的大部分人也都急需用钱。

滑铁卢战役①期间，罗斯柴尔德②在战争结果出来前一周就以 54 英镑的价格买进英国公债。一个朋友问他，为什么在情况如此不确定的情况下买入英国公债？他回答说，如果情况明朗了，英国公债的价格可能就不是 54 英镑了。他知道在那种不确定的形势下，英国公债的交易价格低于其内在价值。当每个人都需要钱的时候，此时只有极少数的人有钱，而罗斯柴尔德正是这为数不多的有钱人之一。

---

① 欧洲第七次反法联盟对法战争期间，1815 年 6 月 18 日，英普联军与法军在布鲁塞尔以南滑铁卢展开了决定性的会战。战役结局是反法联军获得了决定性胜利，拿破仑帝国被终结，此战役也是拿破仑一世的最后一战。拿破仑战败后被放逐至圣赫勒拿岛，自此退出历史舞台。

② 罗斯柴尔德家族是欧洲具有世界影响力的金融家族，创始人梅耶·罗斯柴尔德最早通过买卖货币起家，随后与他的五个儿子在欧洲各地如巴黎、伦敦、法兰克福等地开设银行。该家族旗下的罗斯柴尔德银行拥有 200 多年的发展历史，为世界排名前 20 的投资银行，在世界 30 多个国家设有分支机构。

我猜测没人知道拉塞尔·塞奇[①]是怎样聚敛财富的，在恐慌期间，他赚到的真金白银比华尔街任何人都要多。他始终对各种可以变现的资产情有独钟，如速动资产、流动资产、短期商业票据、活期存贷款等一切可以变现的资产。他这样做并不是为了囤积，而是当人们丧失价值判断的时候，他能够快速回笼资金，买入人们抛售的廉价资产。

拉塞尔·塞奇的故事

关于拉塞尔·塞奇，各种故事都把他描述为一个格外节俭的人，那可不是我使用的词。我也不会称他为吝啬，因为他并不是一个守财奴。记得最后一次见到他时，我还是一名年轻的记者，至少还是一名资历尚浅的记者。

我当时正在极力打听一家铁路公司的内幕消息，恰好这家公司由拉塞尔·塞奇和另一位金融家控制，后者在美国国内毁誉参半。“撒谎”这个词在华尔街极少使用或者说不需要使用，所以我只好在这里直说。这位金融家故意向我透露了一些消息，要不是我特别警惕，可能真的就被他给蒙骗了。

为了查清拉塞尔·塞奇的谎言和他的盟友有什么不同，以便从他们不同的说法中推断出一些有意义的线索，我直接去拜见了拉塞尔·塞奇。他的大门始终都对记者敞开。

他用最友好的方式向我打招呼，实际上只要不涉及钱，对于任何访客他都会如此热情。我抛出我的问题，他很快就把话题岔开了。他说：

---

① 拉塞尔·塞奇（1816—1906）是美国历史上的巨富之一，早年当过杂货铺伙计，以批发杂货起家，一度从政，当选为国会议员，后在纽约推销铁路股票，并以房地产和高利贷致富。塞奇开创的期权交易——以预定价格买卖股票，成为日后华尔街的一大金融衍生工具。塞奇与铁路大亨、金融家和投机家古尔德是好朋友，以经常狼狈为奸操纵股价负有恶名，后者还被认为是美国历史上最不要脸的生意人。塞奇是有名的守财奴，但他的财产继承人玛格丽特·塞奇夫人却是著名慈善家。塞奇夫人1907年创立的拉塞尔·塞奇基金会是20世纪美国最早的私人基金会，也是现代慈善基金会的开山之祖，该基金会经常发起社会调查和分析，推动了20世纪社会科学的进步和发展。

“你了解吊带裤吗？”我很恼火，但还是有礼貌地做了回答，告诉他我自己对吊带裤的了解并不比其他人知道得更多。

“你觉得这条怎么样？”拉塞尔大叔说着便递过来一条比记者穿的质量还差的吊带裤。记者通常不会在服装上过分奢侈，起码当时我肯定不会。

“这条裤子怎么了？”我问道。

“嗯，你觉得怎么样？”拉塞尔·塞奇说道，“我买这条裤子花了 35 美分。”

本来我是来打探消息的，结果却连最差的消息都没弄到。

或许是带有一点儿报复心理吧，我对他说：“你被宰了，在赫斯特大街，你只要花 25 美分就能买到比这更好的。”

拉塞尔·塞奇满脸狐疑地看着我说：“我不相信。”

我从没去过赫斯特大街，也不了解吊带裤的价格行情，但当时能看出他很苦恼。这倒不是因为 10 美分差价的事儿，而是涉及一个原则问题——他发现自己的价值判断受到了挑战。

价值与平均价格指数

现在你明白了吧，拉塞尔·塞奇交易的对象都是有价值的。他总是试图了解事物的真实价值，特别是当这些事物的真实价值很隐蔽，一般人难以察觉的时候。正是这一点，使得他死后留下了超过 7 000 万美元的财产。

股市晴雨表能显示出当前和预期的价值，在研读它的时候，有必要判断出股市的长期趋势是将平均价格指数带到盘整区间之上还是盘整区间之下。自从查尔斯·道 1902 年底去世以后，《华尔街日报》便发表了各种分析股市的文章，所有文章都把股市看作是经济发展状况的试金石。

> 再翻阅这些文章，我发现了平均价格指数的一个典型应用。尽管我认为这只是一个常识，但对于读者来说意义非凡！绝对没有比总说“早就告诉过你是这样”的那些家伙那样招人厌烦，因为我的分析是非常客观的。

一次谨慎却正确的预测

熊市向牛市过渡时，平均价格指数的诠释作用将会接受最为严格的检验。从1902年9月开始的熊市，在第二年9月创下最低点，之后在市场主要趋势被确认以前，波动持续了几周甚至数月。通过对最近几年基本商业趋势的回顾和分析，《华尔街日报》1903年12月5日在评论中写道：

> 考虑到那段时期美国财富的惊人增长，考虑到铁路里程的增长率在任何方面都比不上盈余的增长率，再考虑到能够用于发放红利的盈余增长速度大大超过市场价格的上涨速度，以及现在盈余在市场价格中所占的比例远高于以前的任一繁荣时期，这便提出一个很好的问题，目前的股市下跌是否已经触底？至少目前已经有一些证据倾向于对这个问题做出肯定的回答。

得到证实的牛市

可能有人会说，就算没有平均价格指数，我们也可以轻松得出那样的结论。但这是通过观察价格波动做出的判断，并且当时市场正处于熊市触底企稳的时期。这一分析准确地预测到了牛市的到来，并且预测也保持了应有的谨慎。其实当时对市场波动趋势进行分析时，牛市还处在发展起步的萌芽期。

这次预测到的牛市贯穿了整个1904年，直至1907年1月才宣告结束。在这篇通过研究商业情况预测指数将上涨的评论文章发表9个多月以后，《华尔街日报》又一次遇到了几乎具有同样难度的问题，就是当时已经全面进入上涨的牛市能否按预期的那样继续发展下去。记住，当时的市场上涨比较温和，但 12 个月以来上涨的力度一直在增强。从价值方面估算，也许至少应该允许价格出现一些回调下跌。

1904 年 9 月 17 日，《华尔街日报》发文写道：

> 目前没有什么能让人相信，铁路股票的价值整体上还没有达到最高点，而且随着时间推进，会带动市场进一步上涨。上涨幅度取决于接下来的冬天，届时市场所有情形都将清晰地勾勒出价值变动的趋势。
>
> 市场的长期波动中，价值决定其价格。可以非常有把握地说，如果目前的股价能够保持现有水平，那么当前的价格并不是它的平均高点。
>
> 我们有必要进一步指出，持续增长的黄金产量将是一个强有力的影响因素，将来我们一定会感觉到它会把股票价格推得更高，而对固定收益债券则影响较小。

对道氏理论的辩护

仔细研究上面引文的最后一段，我们可以确信，当生活成本上升的时候，固定收益债券的价格就会下跌。由于黄金是世界普遍接受的价值标准，市场上黄金太多，就意味着金币的购买力将会下降，这将刺激投机行为，1904 年的股市就是见证。当我这么写的时候，销售债券的经纪公司甚至认为任何妨碍他们业务的说法都是“不友好的”。

当然，这些言论并非是说教，因为道氏理论才刚刚被人们了解。再过几年，我们就可以看到道氏理论会对股市现状和前景给出更为清晰的判断。这足以表明，查尔斯·道解读市场的研究方法一旦确立，股市晴雨表很快就可以证明自己的实用价值。

经典解读

早期《华尔街日报》的分析思想构建了道氏理论的基石，我们从这些穿越百年的只言片语中，能够感受到这一伟大理论诞生的来龙去脉。理解了这个过程，再来反观当前的金融市场局势，就不会茫然不知所措！

认为股价掺水，是由于当时一些机构觉得股价太高了。汉密尔顿通过自己的分析得出结论：股价非但没有被高估，反而是被低估了！显然汉密尔顿对股票掺水的说法是不认同的。

市场是最公正的裁判，一切信息通过市场的调节作用传递出了最佳估值。含水的是州际商业委员会估算出的价格，但他们的估价并不被大众接受，价格是市场日复一日不断动态调整的结果。

挤出水分的过程就是投机者盈利的过程。市场通过股价三种趋势波动，将蕴含在股价里的水分挤出去，这个过程即价格向内在价值回归的过程。

就像被群体乐观情绪推升起来的中国A股，2015年上半年短暂的飙升后，股价自然要向真实价值回归。萧条的经济基本面无法支撑5 000点的高度，是泡沫总会破裂的！

为什么专业评估机构对股价的评估会有这么差的表现？是专业机构水平实在太差，还是一时疏忽！

纵观百年金融史，国际顶级投行对经济的分析基本上都是废纸一张，正确的时候少之又少！就如同85%的基金经理，他们的操盘业绩表现和散户并没有什么区别。

国债的收益率一直在下降，我们的生活成本一直在上升。投机盛行，货币购买力下降，这将会刺激投机，2015年上半年的中国A股走势，再次完美阐释了道氏理论百年前的分析。

汉密尔顿写作本书时，道氏理论并不被世人熟知，更不被认可！书中内容和观点在当时看来是破天荒的！

当回顾道氏理论最初发展的过程时，大家会惊讶地发现，一切都是那么熟悉！道所处时代取得交易数据极为困难，如今大家可以轻易调取过去数年的精确数据，虽然市场经历了百年沧桑，但市场变化的内因始终稳定如一！

道氏理论让我们更加深刻地认识到复杂的金融市场，汉密尔顿的《股市晴雨表》则给我们提供了一把开启财富大门的钥匙！

第十章 “一小片云从海里上来，不过如人手那样大”：1906年[1]

关于平均价格指数的讨论，必须提前考虑到一些异议，并解释其中明显的矛盾。没有什么比一个天衣无缝的假说更具有迷惑性和欺骗性，这些假说发展出一些固执的教条，即便时间已经证明这些理论不合理或者不充分，但它们似乎依然能够继续存在。

我们已经建立了关于价格波动的道氏理论，其中包括主要趋势、次级下跌或反弹以及日常波动三种价格运动方式，据此还衍生出了一套研读股市晴雨表的方法，并且这些方法在实践中被证明行之有效。不过我们还是要高度警惕，绝对不能过分自信，要知道凡事都有例外，但任何例外也都可以用于反证规律。

旧金山大地震

1906年以这样的方式向我们抛出了这个有趣的问题：这是一轮前进受阻的牛市，还是一次被加强的次级反弹？答案完全取决于你怎么看待当时的股市走势。

前面曾经说过，大牛市或大熊市都容易出现走过头的情况。如果股票市场能够无所不知，它将会保护自身免受这种过度暴涨或过度深

① 引自《圣经·列王纪上》。第七次仆人说：“我看见有一小片云从海里上来，不过如人手那样大。”以利亚说：“你上去告诉亚哈，当套车下去，免得被雨阻挡。”霎时间天因风云黑暗，降下大雨。

跌的伤害，就如同它常常保护自己免受任何可以预见的情况影响一样。

但是我们必须承认，即使股票市场已经反映了影响商业状况的所有因素，它也无法保护自己免受突发事件的伤害。1906 年 4 月 18 日发生的旧金山大地震，还有震后发生的具有毁灭性的大火灾，股票市场就无法做出预测。

姑且称之为一场火灾

加利福尼亚当地人说话声音尖锐刺耳，若想让他们喜欢你，千万不要提及那场旧金山大地震。在加利福尼亚，任何类似的行为都会被认为是粗鲁的，他们只承认发生了火灾。

对于我们来讲，那就是一场地震，这根本没有任何争论的余地。但对于那些一贯热爱加利福尼亚的人来说，绝不允许人们产生这样的印象，诸如这里还将发生像上次一样规模的大地震。

从另一方面来说，火灾在任何城市、任何地方都可能发生，这丝毫不会有损加利福尼亚引以为豪的气候和其他自然条件方面的优势。没有比洛杉矶当地人更可爱的了，他们会说："如果我说今天天气不错，那我打心底里就是这么认为的。"然而地震则完全不同，它按照自己的意愿改变了太平洋海岸的模样，这种改变根本不符合当地居民的审美情趣。

19 世纪初，一位著名的英国花花公子博·布鲁摩尔说过："任何绅士的衣服都有可能因为一次意外而刮出破洞，但是如果打上补丁，那就意味着贫穷。"

对股票市场的影响

旧金山大地震可以称得上晴天霹雳，这给已经下跌的股票市场打了一个措手不及。你一定会记起劳埃德保险公司[①]的船运保险政策已经排除了“自然灾害与战争等不可抗力”的赔偿条件。大自然的这次反常行为，将进一步解释股市晴雨表记录的这一特殊年份。

毫无疑问，从 1903 年 9 月开始出现了一轮大牛市，这轮牛市在 1906 年 1 月达到高点。在经济没有出现衰退的情况下，股市却没能守住这一高点。按照一般规律，牛市顶部通常不会产生明显的盘整派发区间，尤其当市场已经处于超买状态时更是如此，1919 年的市场就是这样。

股市在 1906 年春季开始下跌，但下跌过程并不剧烈，因此也不排除牛市可能重新恢复，甚至出现震后超买的现象。

我们一定还记得地震带来的损失是多么惨重，无数房屋在剧烈震动下倒塌，成片的房屋摇摇欲坠，还引发了一场火灾。这场大火很快就达到了保险公司所称的“重大火灾”的程度，尽管保险公司完全可以将地震作为拒绝赔付的理由，但是美国和英国的保险公司无一例外地迅速做出了赔偿以帮助受灾者。

从汉堡的保险公司表现出来的行为中，我们可以了解一些德国人做事的风格，这些公司采取了相反的政策，拒绝承担理赔责任。在德国的战争和外交以及德国人对商业合同与体育运动的态度中，我们也许能够了解德国人的处事风格。至少从那以后，汉堡的火灾保险公司很少能在美国再签单了。

---

① 劳埃德保险公司是当今世界保险业中信誉最高、名气最大、资金最雄厚、利润最多的一家英国保险公司，迄今已有 300 多年的历史。1688 年，爱德华·劳埃德在一家小小的咖啡馆里以自己的姓氏命名创立了一家保险行，当时这个咖啡馆是船主和商人们经常聚会的地方。从事海外贸易的船主希望有人为他们的船只和财物保险，富商们则愿意通过承担保险来赌一下财运，于是双方一拍即合，劳埃德保险行成了一个由许多自负盈亏的个人保险商和投资者结合成的大联合体。目前劳埃德拥有 6 000 多个有业务关系的保险商，分属 430 个结合体（或称辛迪加），拥有无比雄厚的财力，使世界上任何保险公司都无法与之抗衡。1906 年美国旧金山大地震引起严重火灾，劳埃德保险公司为此赔偿了 1 亿美元的保险费。1912 年英国巨型客轮泰坦尼克号触冰山沉没，近 2 000 人丧生，劳埃德保险公司为此付出了 250 万美元的赔款，这在当时都是令人咋舌的数字。1937 年，德国兴登堡号飞艇在空中发生爆炸，也是由劳埃德保险公司承保并付出了近千万美元的赔偿费。

困难下的合理预测

股票市场遭此突然打击之后，出现了类似于经济恐慌背景下的剧烈下跌，分析恐慌的原因肯定令人吃惊。绝不能说股票市场在 1906 年 4 月的最后几天里失去了控制，但市场下跌幅度已经相当严峻。20 只铁路股票构成的铁路指数在 1906 年 1 月 22 日是 138.36 点，而到这年的 5 月 3 日就已经下跌了超过 18 点。由 12 只工业股票构成的工业指数，也从 1 月 19 日的 103 点下跌到了后来的 86.45 点。

在类似的暴跌中，似乎存在着某种相通之处。历史数据表明，恐慌性下跌之后通常会出现一定幅度的反弹修复走势，然后再继续更为缓慢的下跌。也就是说，反弹是对市场强度的真正检验。事实上，从平均价格指数的波动情况中，1906 年 7 月 6 日的《华尔街日报》就预测到市场会出现反弹，并呼吁公众关注以下事实，其内容如下：

> 平均价格指数多年记载的数据表明，恐慌性下跌之后，常常会出现一轮幅度达 40% ~ 60% 的反弹，然后再出现不规则下跌，并跌到之前的低点位置。似乎只有这样，才能让那些意志不坚定的持股者产生恐慌，最终将其清理出局。
>
> 很难说旧金山灾难中出现的股市下跌属于真正意义上的恐慌性下跌，市场下跌后的反弹中，铁路板块平均价格指数反弹到了 131.05 点，仅比地震之前低 1.61 点。从 1 月 22 日算起，这次反弹的幅度刚好为 60%。之后股市的运行过程和经济恐慌后市场出现的反弹情况类似。据此可以推断，恐慌之后，抛售股票变现的行为肯定会发生。

灾难的严重性

时间过去了这么久，我们很容易忘记那场地震造成的严重损失——

直接损失高达6亿美元。安泰火灾保险公司[①]也承认，这场重大火灾的理赔金额已经耗光了公司40年的积蓄。安泰公司是全美实力最强，也是世界最大的火灾保险公司，如果说这场火灾对它都产生了这么大的影响，那么对其他公司的影响该是多么惨烈！

那些浅薄的乐观派可能会说，玻璃碎了，正好玻璃安装工人有活干了，玻璃厂也可以提高产量了。但是安装一片新玻璃总是要花钱的，而花在窗户上的钱完全可以用到其他地方。正如巴师夏[②]所说，这只不过是再次拥有自己的窗户而已。如果这种说法是合理的，那么促使国家繁荣的最快捷径就是摧毁美国的所有城市。

我们看到铁路股票遭受的损失要远甚于工业股票，无论是从相对价格来说，还是从绝对价格上看，灾难发生之前铁路股票都处于更高的价位。但是在突如其来的、绝望的股市下跌中，人们首先会选择卖出那些尚能抛出的股票，继续持有那些没有市场接盘的股票。这就像《华尔街日报》当时所写的那样：“恐慌中的第一次下跌是出于恐惧，第二次下跌则表明市场信心已经受到了严重打击。”

在谈到7月2日的市场情况时，文章继续写道，股价当前的波动已经严重低于其价值，这就释放出了市场继续走牛的信号。

牛市暴跌后的反弹

该结论后来证明完全正确，通过这些章节的讨论，这种判断已经成为惯例。大家可能认为1903年9月出现的那轮牛市并不是在1906年1月结束并转向熊市的，而是同年的12月。

---

① 安泰火灾保险公司是位居世界500强的一家美国健康保险公司，1819年在康涅尼格洲成立，以西西里岛的一座火山“etna”命名，起初以火灾业务为主，如今在医疗、牙科、药物及人寿保险领域均居美国前列。

② 巴师夏（1801—1879），法国经济学家，出生于商人家庭，后继承祖上产业经营酒类生意，1830年法国大革命后成为当地法官。他认为经济社会才是人类和谐的社会，社会组织建立在人类本性之上，是著名的自由贸易理论倡导者。

当提示牛市持续的那篇评论文章发表的时候，市场正在区间内盘整。正如分析人士所做的预测，这证明市场是在吸筹。该预测很快就得到了证实。

8 月 21 日，《华尔街日报》再次从平均价格指数的角度对市场形势做出判断：当时市场表现极为活跃，设想一个利益集团在星期六两个小时的交易时间内就能操纵 160 万股股票，这是多么荒谬的想法！

这是 15 年前做出的非常有用的判断，也是我们在论证人为操纵相对不重要时得出的结论。《华尔街日报》在那篇评论文章中还进一步写道："1 月 22 日到 7 月 2 日的股市下跌，我们只是将其看作牛市过程中持续时间加长的一次次级回调而已。"

平均价格指数的推论始终正确

请注意，这个推论是在当时做出的，而不是事后。自从查尔斯·道 20 多年前提出他的理论以来，我可以轻松地回顾这些年的市场状况，并向你证明道氏理论作出的推断是多么正确和有效。

但是认为道氏理论可以准确地分辨出市场主要趋势的转折点，那就太荒唐了！尽管如此，对于那些每日都要使用股市晴雨表的人，用道氏理论分析价格波动还是非常有用的：在判断仍处于主要趋势中的市场时，该理论总是正确的，即便在市场中出现带有欺骗性的次级波动。肤浅的观察者往往把牛市中的次级调整看成是熊市来临，或是把熊市中的次级反弹看成牛市的开始。

有一个关于詹姆斯·R. 基恩的故事，这个故事也许是人为编造的。故事中，基恩说他的判断要是能达到 51% 的正确率就很满意了。我不相信他会那么说，他一定会有更高的判断准确性。要是仅有 51% 的正确率，估计还不够支付他的交易成本，更不用说在这样的博弈中长期保持盈亏平衡了。

大多数时候，依据股价波动作出的推断都是正确的，这一点通过附录中的数据可以证明。认真查阅历史走势，可以问心无愧地说，我并没有发现一个与股市晴雨表不符的例子。

这一结论基于股市晴雨表的研究，能在公众意识到自己的想法之前，便预测到人们对于商业状况的判断。如果预测出错，主要是因为企图预测市场中的次级波动造成的，正确预测次级波动几乎是不可能的。

相对于解释主要趋势的成因，对次级波动的预测的确困难得多。这就好比气象局很容易预测大区域的天气状况，但是很难确定纽约明天早晨是否会下雨。

熊市的萌芽

本轮牛市接近顶点的时候，《华尔街日报》曾发出过警告。1906 年 12 月 15 日，评论指出指数已经开始进入区间盘整，尤其要注意 20 只活跃的铁路股票走势，如果指数跌破了盘整区间的低点，那就是股市即将下跌的信号。这次预测表明已经持续了近 3 年的牛市可能会出现下跌，除此之外并无他意。由此判断市场已经转向，得出该结论还为时尚早。

哈里曼铁路公司 1906 年宣布了激动人心的分红政策，但在 1907 年初，铁路股票产生的巨额盈利被高利率抵消。正如我们很快看到的那样，这其实是在向股票市场以及整个商业界发出警告，严重的危机可能会在下半年降临。原有的联邦银行体系中的准备金制度实际上已经瓦解，就算支付极高的短期拆借利率，也仍然无法筹措到款项。自 1893 年的恐慌以来，银行首次请求使用清算所的票据作为货币流通。

在 1907 年 1 月份整整一个月的时间里，那些活跃的职业交易者都在卖出持有的股票，政治干预也令投资者忧心忡忡。在这一年年底之前，市场上就出现了资本罢工①。股市下跌早已开始，熊市下跌趋势已经取

① 资本罢工是指投资者因担心经济状况不佳，拒绝把资本投入到生产领域。

代了之前持续很久的牛市。不过有意思的是，人们过了很久才决定接受股市转熊这个事实。

1 月份的贷款成本往往比较低，上市公司也可以将其上一年的利润转化为再投资，但股市下跌打乱了资本市场运行的节奏，因为这个时候市场通常都是看涨的。此时若在华尔街散布空头言论，也是特别不受欢迎的。发布悲观论调的预言家，正如我经常提及的那样，在华尔街完全不受欢迎。

繁荣时期和预示下跌的晴雨表

在这轮漫长的牛市期间发行了许多新证券，数量之大极为反常。正是在这段时期，已故的约翰 · P. 摩根提出了“未消化证券”[①]这一概念。美国人喜欢听顺耳的话，这个词正中下怀。

工业收益，特别是美国钢铁公司的收益仍然十分丰厚，铁路公司在总收益与净收益方面也都表现出色。但是 1 月份平均价格指数陡然下跌，令评论员格外谨慎，尤其对预测市场下跌后的企稳复苏更是谨小慎微，只说次级波动趋势已经确立，除此之外什么也不表示。总之，大家都感到对主要市场趋势转为乐观态度还为时尚早。

事实上，股市的剧烈下跌令每一个人都开始猜测市场什么时候会企稳。但是从行情记录观察，3 月初的时候市场似乎已经接受这轮熊市了。当时《华尔街日报》和其他报纸一样，尽其所能地通过真诚的报道让那些沮丧的投资者重新振作起来。

一些熊市的影响因素

市场会考虑所有的因素，其中有一些影响深远的结果已经反映在了股票走势中。这些熊市论据是在 1907 年 3 月 15 日提供的，现在读

① 未消化证券是指还没有被市场吸收和没有卖出的证券。

起来依然富有启发意义。这些因素是：

1. 过度繁荣。
2. 生活成本过高，主要是巨大的黄金产量带来的影响。
3. 高利率导致估值水平提高。
4. 土地投机吸引了大量本来可以投入到工商业企业的流动资本。
5. 罗斯福及其政府对公司的管制政策。
6. 多个州爆发反铁路公司的煽动性事件。
7. 社会情绪的传播及其对财富的蛊惑性攻击。
8. “哈里曼事件”调查结果揭露了高级融资活动中存在恶意操作。
9. 大型金融集团之间的斗争。
10. 证券过度发行。
11. 旧金山大地震的影响。

当然，还有其他一些产生短暂影响的因素。在所有可能造成熊市走势的因素中，空头操纵被排到了最后的位置。之前曾说过，任何一个熊市都会被后续的事件揭示和证实，其中有些因素已经产生了永久性的影响。

在某种程度上，股票市场也不可能预测到所有事件。即便是这样，至少理论上股票市场依然比我们任何人都要看得更远、更广，难道不是吗？正如后来发生的事件所表明的，单独对铁路公司施加管制这一项政策，就足以使投资者明白自我保护的重要性，不管股票市场接下来的走势是什么。

反常的货币市场

回想起来，1907 年似乎是我在华尔街度过的最有趣、最有意义的一年。那一年我积累了很多宝贵的经验，并得到了终生受用的启发。我真希望可以把讨论范围再扩大一些，这样就可以融入更多的细节。

对于学生们来说，没有什么读物比亚历山大·达纳·诺伊斯的著作《美国金融40年》更能解释这些事件了，他当时是《邮政晚报》的金融编辑。我记得那年年初，工业正处于繁荣时期，铁路的毛利润和净利润都创下了历史最好纪录，已经持续上涨了3年的股票市场只是略微下跌了一些。此时的股价至少从账面上看并没有超出其价值，但股价却和我一样受到不正常的货币市场当头一击。

往年这个时候货币都会贬值，但那年2月，货币市场供应却十分紧张。股票市场远在我们之前就已经预见到了货币短缺及其市场意义，正如1907年熊市走势所展现的情况那样。

并不比人手大

当时有一位经纪人，后来不久就去世了，当我写本书时，他的面容不时地浮现在我的眼前。他从华尔街的角度来表达观点，而且他的话非常生动形象，很显然他的才智超出常人。他是一个受过良好教育的音乐爱好者，而且远比他自己所说的要虔诚。

一天，他对我谈起他曾听过一场门德尔松①作品《伊利亚》的演出，歌剧主角由伟大的清唱剧艺术家查尔斯·桑特利担任。显然，那场歌剧对我的这位朋友非常有吸引力。他说太阳神的祭司们正“被伊利亚控制的空头逼上绝路”，而且“他们正发疯似地努力弥补自己的损失”。

伊利亚的手法给他留下了深刻的印象，正如他自己描述的那样，伊利亚极尽所能“戏弄”太阳神的祭司②们，似乎祭司们自己的神正在打盹儿，或者好像“还在旅途中”。

---

① 门德尔松(1809—1847)是德国著名音乐家，最著名的浪漫派代表人物之一，出生在书香门第，9岁便登台公演，祖父是哲学家，父亲是银行家。一生虽然极其短暂，却创作了大量流世的作品，如《芬格尔山洞序曲》《意大利交响曲》等。

② 祭司是指在宗教活动或祭祀活动中，为了祭拜或崇敬所信仰的神主持祭典，在祭台上为辅祭或主祭的人员。根据不同的信仰，祭司被认为具有程度不同的神圣性。无论是在实用的社会职能还是神秘的宗教层次，祭司都具有不可替代的重要性。

当描述 1907 年初的市场状况时，他的脑海里浮现出一段话：“看！有一小片云从海里上来，不过如人手那样大。”

1907 年的秋季，“大雨”不期而至。这次崩盘不仅对商业产生了巨大影响，其闪电般的下跌速度更是让人们窒息。

1907 年底，我和萨缪尔·瑞先生一起乘坐火车沿宾夕法尼亚铁路旅行，他现在已经是公司总裁，但当时还是该公司的第一副总裁。宾夕法尼亚铁路公司如今以及当时的运输量都占据美国铁路运输量的 1/10。瑞先生跟我说，就在他们公司的运输量达到顶峰一个月之后，虽然可以依赖匹兹堡地区的农作物运输和工业品运输来增加业务量，但他们的生意就如同一把折叠刀突然合上，这一切似乎就发生在一夜之间。

当时，从费城到匹兹堡的铁路沿线及货场院子里，到处都能看到空荡荡的火车皮。往年这个时候，除了停在修理厂的待修车辆外，铁路上到处都能看到拉货的火车在疯狂奔跑。

致命的政治干预

自 1893 年股市崩盘以来，还没出现过类似的情形。当时国会通过了《谢尔曼白银收购法》①，将经济上的愚昧和地方保护主义全部都刻在了这一纪念碑上。该法案导致了有史以来最令人沮丧、影响最深远的经济恐慌，似乎给了我们的立法者一次教训。恐慌之后便是连年的

---

① 谢尔曼白银收购法是由约翰·谢尔曼（1823—1900）提出的。谢尔曼是美国众议院、参议院议员，著名金融家、律师。为了稳定物价，该法案规定美国联邦政府每月须发行 650 ~ 850 万美元纸币购买白银以维持白银价格。美国在 1792 年以前实行金银复本位制，而当时的原宗主国英国法定为银本位，金银共同作为本位货币的制度，为后来的金银之争留下了隐患。1861—1865 年美国南北战争期间，金银货币暂停使用，开始改用纸钞。1879 年，美国联邦政府恢复金银本位制度，此时美国国内通货紧缩严重，物价已经被腰斩。究其原因，一是白银产量激增，另一方面则是格雷欣法案的裁决效果。在国内的强烈呼吁下，联邦政府于 1890 年通过《谢尔曼白银收购法案》。联邦政府发行的纸币按规定有权要求兑付黄金，这又进一步导致 1895 年美国财政部的黄金兑付危机。1900 年美国废止银本位制度，进入金本位制度时代，美国历史上最漫长的通货紧缩也随之结束。

萧条，铁路公司大量倒闭，雇员也大量失业，这一切终于让政客们知道了上帝的厉害。

在1907年之前的10年繁荣期，政客停止了对商业活动的频繁干预。不过在1907年，他们又重新开始了这种代价昂贵的干涉，并在当年年底前爆发了“资本罢工”。凡是可能受到财产损失的人都感到无比恐惧，任何稍有知识的人，都能够预见到官僚政治的干预和愚蠢的政府管制会给国家商业带来什么。

可以说，无论有没有发生战争，国家当前的处境都和战时情况相差无几！这就是股市在过去两年间预测到的愚蠢政治带来的恶果。从指数的表现和债券的潜在投资收益来看，商业改善已经迫在眉睫。尽管目前国会除了让人丧气外什么都没有做，但市场已经预见到了些许的理性回归。

经典解读

没有人知道所有信息，哪怕是铁路公司高层也不知道本行业的真实状况！在这种情况下，我们为什么要相信“权威”呢？

金融总是会受到政治的干预。政治家并不是经济学家，甚至经济学家之间对经济的判断也是大相径庭！

股价严重低于其价值，是牛市将要开始的信号，这是价值投资的最佳诠释。

明明是一场地震，非要说成是一场火灾，这是人性使然。位置决定立场，再丑的姑娘在妈妈眼里也是俊俏的。

金融市场反映的是人性，把握住了人性，就把握了交易要领。在中国人印象中，德国是负责任和严谨的代名词，汉密尔顿这里彻底颠覆了这种说法。

我也就此询问过德国人，他们根本就不认为那是他们的特点。这让我联想到没有任何价值的“双重顶”和“双重底”理论，既然不是那个样子，那么这种观点究竟是怎么传播出去的呢？

第十一章　无懈可击的周期

我们已经就股市晴雨表记录的一些必要细节做了研究，从 1910 年跌至谷底的熊市到第一次世界大战爆发前这段时期很有意思，却又鲜为人知，我将就这一时期的历史走势做进一步的研究。

到目前为止，我们的注意力很少放在人类活动的“周期理论”上面，尤其是涉及商业活动的研究更是如此。本书开头，我展示了杰文斯记录的 18—19 世纪发生恐慌的日期，以及查尔斯·道对美国 19 世纪恐慌的简要描述。但是，有必要建立一套属于我们自己的不规则周期理论，该理论不一定非要包括恐慌，即使难免涉及也只是凑巧而已。

事实上，恐慌在晴雨表记载的主要趋势中只是微不足道的干扰因素，我们已经不止一次地证明了这一点。

属于我们自己的周期理论

依据市场波动基本理论——道氏理论，可以将趋势分为上涨或下跌的主要趋势，次级下跌或反弹，以及日常波动。目前的市场走势具体属于哪一种，要视情况而定。

证券交易每日的价格波动都会体现在平均价格指数上。我们已经知道，某些不规则的趋势波动会周期性地交替出现，然而，长期的周期循环理论并不会被推翻。我的很多读者与批评者好像都很迷恋这一理论，但他们没有通过科学的实证来检验自己坚持的理念。

通常他们会这样认为："某种物质"存在于意识之中，如果没有证明它是正确的，那它就应该是正确的；世界发生的恐慌在日期上具有一定的周期性，正如过去所显示的周期性一样，我们可以根据这个周期来预测未来的事情；根据历史记录可以判定，人们在处理自己的事务时，和他们以前的表现一样愚蠢。

周期理论的基础

依据杰文斯的记录，18 世纪共出现了 10 次值得注意的恐慌，平均每次间隔大约为 10 年。也许正是基于这个原因，那些不愿动脑筋分析周期理论的人对 10 年一次的恐慌周期规律深信不疑。事实上，杰文斯有意忽略了一次危机，也就是 1715 年苏格兰人入侵英格兰造成的经济危机，他那套对应关系的可爱理论当时找不到足够的太阳黑子来证明。

可能大家已经注意到，杰文斯将 1793 年以及 1804—1805 年也视为发生危机的年份，但事实上美国 19 世纪有记录的第一次危机爆发于 1814 年，那年英国占领了华盛顿——这是周期理论不可能预测的事件，除非我们假定周期理论已经预测到后来爆发的那场战争。但是，把 1814 年以及道所说的那场"近似危机"的 1819 年也计算在内，美国在 19 世纪共发生了 10 次危机。

让我们来看看周期论者——如果这个词使用正确——是如何对此做出解释的。1804—1805 年的英国危机和美国的 1814 年危机之间恰好相隔 10 年，这或许可以激励他们继续沿着这条道路研究下去。1837 年和 1857 年发生的全国性严重危机，也会让他们对周期理论增强信心。按照杰文斯的 10 年周期理论，到 1837 年为止，在新世纪的 40 年中，刚好应该发生 4 次危机。

尽管 1847 年爆发于欧洲的恐慌十分严重，也强烈影响了美国民众的记忆，但是我们并不认为这是美国的一次危机。可是，当周期理论的狂热支持者发现了 1857 年爆发在美国的恐慌之后，他们兴奋地喊道：

"啊哈！我们现在已经发现了其中的秘密。周期一共是 20 年，首尾两端会各爆发一次大危机，中间时段会爆发一次小危机。现在，我们可以信心满满地将事件结合到完美的周期理论中了。"

不吻合的日期

按照周期论者的逻辑，1877 年应该爆发一次具有全国性影响的"超级恐慌"。但是很显然，这一理论机制出现了一个小的失误，因为这场危机是在 1873 年爆发的。由于以美元结算的贸易过度泛滥，这场危机本应该早在 1872 年爆发，当时俄罗斯又出现农作物歉收，国际市场农作物价格大幅上涨，恰好那年美国小麦大丰收，导致危机在一定程度上被延期了。

在这里，我们能看到当时两场危机的时间间隔缩短了，从 20 年压缩到了 16 年。在这两次危机中间，1866 年伦敦发生了欧沃伦·格尼银行倒闭事件（见第 2 页注②），算是留下点儿恐慌的痕迹，但这并不能给周期论者些许安慰。紧随 1866 年的伦敦恐慌之后，美国股市大幅下跌。同年 4 月，又发生了密歇根南方铁路股票逼仓事件，当时投机活动十分猖獗。诚实又谨慎的查尔斯·道指出，投机活动的这种故态复萌"非常不正常"。

1873 年、1884 年和 1893 年这三个恐慌年份，又使那些 10 年和 20 年周期论者平添了几分信心。第一个和最后一个年份，危机的影响几乎是世界范围的，影响十分深远。

我们的周期论者说："1857 年和 1873 年之间的危机间隔从 20 年缩短到 16 年只是一次偶然，或者在我们对掌控这一切的周期性规律稍加调整后，就可以对这一反常做出满意的解答。"

那些 20 年周期论者如此预言道："从 1873 年到 1893 年正好是 20 年，我们的晴雨表已经完美地安排好了这一切。1903 年左右将会发生一次小恐慌，在 1913 年或者不晚于 1914 年会有一次大恐慌。"

迷失在变化中

事实上，除非周期理论能够为上一节的预言提供理论基础，否则它有什么用处？但是从 1893 年到 1907 年之间有个长达 14 年的间隔，这究竟是因为 20 年周期缩短了，还是 10 年周期延长了呢？到底有没有可靠的周期？

仔细研究可以发现，没有丝毫理由能够支持周期论者提出的危机年份——1903 年或 1913 年。事实上，当时全世界的投机交易量并不足以引发一次经济危机。除非我们的投机大厦建得实在是太高了，无法站稳，轰然倒塌时才会发出巨大的噪音，否则坍塌不可能发生。

作为商业预测，这到底有什么价值呢？我实在看不出这一理论有什么价值。如果想要有价值的话，这一理论就要做出很多让步，并且还要不断地修改以迎合事实。实际上，除了有点记录的价值外，别无它用。

基于周期假设所得出的所有结论不得不一次又一次地做出调整，这样的理论真的有用么？我不是一个怀疑论者，但是周期理论的这种玩法对我来说简直太荒唐了，就像玩纸牌时欺骗自己一样。我能理解任何游戏中这种苛刻、专横且不合理的游戏规则，但是，我实在无法接受一个边玩边改规则的游戏。

它们相等吗

“作用力与反作用力相等”的前提是什么？真的是这样吗？在人类的日常生活中，实在找不到什么真实的证据可以证明这一假设。当然，支持这种理论的人可能会说：“好吧，即使不相等，它们也应该是相等的。”我甚至弄不明白为什么它们应该相等。

作为一个相信人性完美的基督徒，我也不理解为什么就不能彻底消除所有的危机。我们很容易发现，危机的间隔实际上是在不断地延长。

1893 年和 1907 年相隔了 14 年，而且 1920 年并没有发生经济危机。

除非我们故意歪曲恐慌的构成因素，否则我们就无法将 1920 年的通货紧缩和抛售股票看成是一次典型的危机，它所造成的破坏性影响也无法和 1893 年、1873 年、1857 年或者 1837 年的危机相提并论。我敢预言，如果 5 年之内出现剧烈的经济萧条或通货紧缩，这其实倒是最好的结果，因为未来出现的各种不利情况都会提前在经济中得到反映。

必需的商业病理学

一定存在一种关于商业事务的商业病理学，也许称之为病态心理学更为合适。我曾在别的章节提到过，在研究至关重要的商业事务以及影响商业状况的各种因素时，仅靠历史记录是远远不够的。

不过我们已经开始了解一些影响商业发展疾病的诸多症状，这方面在过去的 25 年里已经取得了长足的进步，甚至已经超越了迦太基人①把提尔的紫色颜料卖给罗马人取得的所有成就。

我们完全有理由相信，我们正在研发一套诊断商业疾病的科学方法。1893 年时不会有这种方法，因为那时还没有我们今天这样的记录。

在今天这种情况下，为什么我们还要假设每隔 10 年、20 年或者其他一段时期将发生一次恐慌呢？就算是最聪明的人，也会丧失理智并且忘记过去所有的惨痛教训么？

关于恐慌，有一点可以确定，那就是如果能够被准确地预测到，它就绝对不可能发生。我们一直在积累知识，提高分析精度，以便能够预见一切除了“自然灾害和战争”等非理赔风险之外的风险，难道我们不是一直在朝这个方向努力吗？

---

① 迦太基位于非洲北海岸（今突尼斯），迦太基建城具体时间无从考察。迦太基人公元前 8 世纪开始向非洲内陆发展，后称霸地中海。迦太基人扩张过程中和地中海西部的希腊发生数次战争，后被更为强大的对手罗马征服。如今在迦太基可以看到大量罗马人统治时期残存的遗迹，如剧场、公共浴池等。1978 年，联合国教科文组织将迦太基遗址列入首批“世界文化与自然遗产”名录。

美国联邦储备体系的保障

在美国联邦储备银行体系中，我们曾经看到过多的行政干预，同时还存在很多其他方面的缺陷。不过，在这样的体系之下，很难想象由于一些不利状况，迫使国家不得不重新求助于清算所使用流通券，就如1907年和1893年时那样。

要想设计出一套完美的银行体系，需要动用人类全部的智慧。但在一个人看来似乎完美的银行体系，在另一个人眼中却又存在不足。不管怎么说，由旧的银行体系向联邦储备银行体系转变，却是美国商业活动有史以来最伟大的进步。对于周期论者来说，联邦储备银行体系本身不也是需要考虑的一个新的因素吗？

绝不能因此假设将来某个时候我们可以忽略掉危机，恰恰相反，危机一定会出现。我们是不是可以通过提高自身的知识水平，至少部分地预测危机和最恶劣的后果，然后从根本上减轻危机的影响呢？

教化老师

如果这些研究能够让具备一定才智的人明白，哪怕他跟华尔街毫无利益瓜葛，这些知识也会保护他们免受伤害，就如同在其他方面那样，那么教育的目的就已经完全达到了。

当然，我提供这一系列教育性服务的目的，在于阐释清楚股市波动的相关机理，我也很希望了解还有多少内容之前没能以实用的方式讲解出来。

若要了解这一理论的本质，就要采用实用主义的方法——日复一日地使用股市晴雨表。用道氏理论分析股票市场问题其实很简单，只要你的老师不是怪人、庸人、赌徒或者骗子，就可以用有效的方式阐明这个问题。

哈佛大学目前正在整理出版反映商业整体状况的图表和指数表格，

这项工作是非常有必要的，而且数据的真实程度毋庸置疑。编辑并不会把自己禁锢在那些危险的假设上，也不会捆绑在那些假想中，或者无视经济状况的好坏，认为国家财富会以固定的速度沿着“平均线”上升。这条线一旦遇到残酷的战争就会乱了阵脚，歇斯底里地改变行进的路线。

物理定律适用吗

哈佛大学的这套体系并没有致力于遵从“作用力与反作用力相等”这一命题。相等？听起来这真是一个不错的词！要想通过引证举例的方法来说服我们适应类似于人性这种易变、难以捉摸的一条物理定律，需要提供更多的证据！

在平均价格指数证实的各种问题中，有一条格外引人注目，就从股价的波动情况来观察，作用力与反作用力并不相等。我们看不到任何一个例子显示出牛市中的上涨幅度刚好被熊市中的下跌幅度所抵消。如果这一理论是正确的，正如市场所展示的那样，在给定的任何主要波动趋势中，有一点必须正确，那就是牛熊市中涨跌走势持续的时间不相等。作为一个规律，我们可以看到，牛市持续的时间通常会大于熊市，而且这里也没有什么自然而然的等式。

我不相信人类社会中哪里存在这样的等式，从历史记录中根本找不到这样的情况。我的研究工作必须借助别人做出的各种数据和表格，但我从来不会用剃须刀在这些数据和表格上做任何修补。在我一生中使用的所有研究数据里，并没有发现作用力和反作用力相等的情况。

无法计算的波动幅度和持续时间

当然，股市晴雨表也没有显示出任何这样的情况，不论是从波动幅度还是波动速度来看，都不存在类似钟摆的规律性。

我们看到，熊市下跌了40个点，而牛市消耗了比熊市两倍还要多的时间上涨了50个点；熊市下跌了接近60个点，牛市又反弹恢复了45个点；熊市下跌了不到30个点，牛市又反弹了不到20个点；牛市中工业平均价格指数上涨了接近60个点，同时铁路平均价格指数上涨不到30个点，而且它们持续的时间也不同。这些近似的数据，记载了这个世纪1/4时间里的股市走势基本情况。

很显然，这些波动似乎存在某种大致的周期性。但是如果我们按照数学的计算方式把这些数据硬填进某种规律性的“周期”中，那么对于下一次主要运动趋势是上涨还是下跌这个问题，我们将随波逐流，无所依靠，只能抓住空空的理论和空空的钱包。

故作神秘

虽然一直努力使道氏理论大受欢迎，可我并不想就此武断地提出道氏理论。我会让这一讨论变得通俗易懂，事实上，说教可能也会受到欢迎。

每一位老师在传授知识的过程中，都容易出现一些问题和道德风险。比如教师会倚仗其权威性，故意把自己的专业领域弄得很神秘。“教会徒弟，饿死师傅。”潜意识中那种铲除令自己不安的竞争者的想法，也会使其夸大学习过程中面临的困难。在很短的时间内，原本很简单的问题被刻意放大和复杂化，就如同人类其他领域发生的一样。

每一种宗教都会供养自己的祭司，祭司制度的传承往往比拯救人类更为重要，至少会加倍细心维护这一制度。英国普通法或者宗教法规，时常会把一些手艺视为秘密加以保护。

水暖工到你家后，总喜欢让你相信他已经做过了多么复杂的准备工作，还把维修现场搞得一团糟，用这种方式来证明他完成任务是多么困难。作为外行，你无法衡量他工作的难度。他做足这些假象，动机不过是为了开一张高额账单要求你支付。

告密者和知情者

在专门提供小道消息和股票投资建议的机构，我认识一些很可爱的人。他们提供的服务都有自己的市场，而且个个都是洞察人性的高手。他们从不对股票市场发表悲观的看法，因此，他们总能在牛市中获得成功并发家致富。我猜测，他们在丰年的积蓄足够他们熬过那些低迷的年份。

他们会告诉那些没有科学理念的投机者想要获得的信息，对于他们真正需要知道的信息却绝口不提。有时他们的猜测能够蒙对，但他们是如何研读市场的，这一点似乎总是很神秘！

如果他们恰好蒙对了大盘走势，那么对个股的看法就更正确了。根据他们的建议，“知情者”就会不断地买进。我认识很多这样的“知情者”，作为小的投机者，他们出错的次数远远多于正确的次数。

事实上，真正应该被称为“知情者”的，是那些实际控制公司业务的人。他们十分繁忙，根本没有时间关心股票报价机。他们的工作范围极为狭窄，仅限于自己特定的领域，不可能成为有良好市场判断力的专家。通常情况下，他们对自己的股票都会很乐观，认为自己的股票有很大的上涨潜力。但是商业状况的波动会影响他们的股价，也会影响同一板块其他股票的价格，并对同一市场中其他工业股票和铁路股票的价格产生影响。他们的看法其实是非常狭隘的，如果有人说过多的内幕消息会毁掉华尔街的任何一个人，那么我可以肯定这样说绝对不是讽刺，而是事实。

那不仅是事实，还是一件相当好的事。当然，大公司的执行官应当对自己工作领域以外的形势有一个大体的了解，应当好好地接受指导。如果他们想要获得更为客观的观点，那么阅读此书会大有裨益，按我的观点，这样的普通教育在任何一所优秀大学都应该是必修课。不过，即便是一个受到良好教育的学生，当他们大学毕业后，如果下决心打算在法律或是外科方面发展的话，他们今后从事的工作仍然会大大影响他们判断事物的能力。

值得信赖的指南

这就是股市晴雨表具备如此巨大价值的原因。它不会制造出什么周期体系，也不会制造充满趣味甚至含有确凿证据的推论，或者某种迎合大众的流行观念，它会收集并运用一切有用而细微的信息。

市场波动反映了一切可得的真实信息，每天的交易就是不断地把麦粒从麦糠中筛选出来。如果麦粒质量不好，股市给出的价格就会低于预期价值；如果麦粒质量很好，在那些对整体商业情况最勤奋、信息更新最及时的研究者收起麦糠并将该信息填入有插图的表格之前，市场价格就已经涨上去了。

我们当中很少有人能够成为开普勒①或者牛顿那样的人物，但是我们仍然可以总结出一些有效的规律，用以帮助并保护那些每天都需要对未来进行预测的人，这正是股市晴雨表的功能。它不会发出错误的信号，同时也承认人类本身具有明显的局限性。即便如此，我们依然认为，它的预测效果是任何其他商业记录无法企及的。

经典解读

道氏理论将股市运动划分为三种趋势是整个金融领域的伟大创举，更是指导我们实盘交易的灵魂。借助道氏理论实现盈利，是所有读者的目的。

变是世界唯一确定的事情，变幻莫测更是交易者对市场的切身感受！

领悟了道氏理论，再结合自己的过往交易记录，不难寻找到亏损的原因：迷信权威，迷信某种认为世界可以精确测量的理论，相信经纪商，相信

① 开普勒（1571—1630）是德国杰出的天文学家、物理学家、数学家，生于符腾堡的威尔德斯达特镇，卒于雷根斯堡。开普勒发现了行星运动的三大定律，分别是轨道定律、面积定律和周期定律，这三大定律使他赢得了“天空立法者”的美名。同时他对光学、数学也做出了重要贡献，是现代实验光学的奠基人。这位科学巨人一生都生活在战争、贫困和教会迫害的艰难环境中。晚年为向宫廷索取拖欠20多年的薪水，开普勒拖着病体远赴拉提明，最终不幸死于途中，遗物只有几件破衣服和一些图书。

财经媒体的报道，抱怨操纵……就是不相信自己；抛弃相对确定的长线投资，迷恋变幻莫测的短线投机，拒绝止损……甚至从来没有想过自己的交易究竟是基于哪种市场波动趋势！原来，我们所忽视的正是让我们真正可以获利的东西。

刻板地应用“周期理论”，认为恐慌年份会有规律地出现，就会导致这样的错误！汉密尔顿通过实例来论证“周期理论”的观点是站不住脚的。

对于国家来说，危机是一场灾难。经济萧条伴随着社会的动荡，文明甚至会因此退步或止步不前！怎么应对可能出现的危机呢？有备无患！

应对危机最好的办法就是不惧怕危机，正视危机，为即将到来的危机做好充足的准备！

亏损可怕吗？越是害怕亏损，越会手足无措。顶级大师交易一百次，出错的概率并不会明显少于门外汉，但他们会及时止损。应对亏损的方法就是止损。

周期理论的确是一个行之有效的理论，在人类世界的各个层面，都可以观察到周期循环现象。

非常有意思的一个现象，就是流行元素的周期循环。20 年前曾经流行帆布鞋、丝巾、呢子大衣等，不几年的工夫就成了黑白照片里的回忆。我还记得当年我母亲有件呢子大衣没舍得扔掉，压在箱子里。这才不过 20 年光景，曾经时髦的流行元素就又回来了，但现在“时髦”这个词已经基本不再使用了！

仔细观察，周期循环在生活中几乎随处可见。这个理论最大的缺陷就是对周期的理解容易产生“模式固定，间隔相同，循环往复”的刻板效应！

“不规则周期理论”——在前面加上三个字“不规则”，才是对周期理论恰当的把握。

第十二章　预测牛市：1908—1909 年

下面继续讨论股市晴雨表至关重要的预测价值。为了证明道氏价格波动理论的正确性，这里引用了《华尔街日报》1907—1908 年间的分析文章。作为历史记录，出于某种个人原因，我对这些文章拥有非常深刻的印象。

1907 年底，已故塞瑞诺·S. 普拉特先生为了高贵而且轻松的纽约商会秘书一职，放弃了《华尔街日报》的主编位置。作为一名新闻工作者，他拥有丰富的经济学知识、优秀的品质和出众的能力。

客观的评论

事实上，除了文章不用署名外，新闻评论远比公众和政客的想象更加客观公正！当然，编辑对文章内容负有个人责任，不仅要对报纸的运营者负责，还要负有法律上的民事与刑事责任。

必要的时候，编辑的文章首先要由报社里“掌控”某领域专栏的权威专家审核一遍，专家所写的文章反过来也要经过编辑的修订。在任何一家管理严格的报社，每一篇评论文章和读者见面前，都要经过数位专家的审阅把关和批改。

1908 年初，我很幸运地接任了普拉特的职位。虽然主编的工作方法会不自觉地影响到报社的职员，但我却说不出那些讨论平均价格指数的评论文章中，到底在多大程度上包含个人的想法。有时我甚至想，这项工作其实并没有什么个人独立性。我和普拉特先生解读指数的方法完全相同，都传承了《华尔街日报》创办人查尔斯·道的方法。

洞察熊市的末期

回想一下，上一章提到了一次短暂却很剧烈的下跌，这次下跌一直持续到 1907 年，在这年的 11 月 21 日跌到最低点。11 月的最后一个星期，工业股票出现剧烈反弹，其表现如同熊市中的次级反弹。股市晴雨表面对的最困难问题来了——揭示市场转折点，这是目前晴雨表本身最难解决的问题。

《华尔街日报》12 月 5 日的评论中写道：

> 自从 20 只铁路股票指数在 11 月 21 日跌到最低的 81.41 点以来，市场已经上涨了 7.70 点，昨日强劲收于 89.11 点。这 10 天中，只有两天是下跌的。从整体上来看，虽然目前股价仍然处于低位，未来也可能出现成交量萎缩，但这是一次很明显的反弹行情，来势也很迅猛。

12 月 23 日，在讨论本周股市整体发展状况时，作者顺便提到了平均价格指数。他似乎已经感到市场行情将会发生变化，但还不太确定，倘若据此预测，显然有些草率。评论继续写道：

> 正如大家注意到的那样，铁路指数已经出现了非常典型的波动。从 7 月 20 日到 11 月 21 日，铁路指数先是下跌了 26 点，在随后的两周内又反弹了 9 点。接下来的 10 天内，又下跌了 4 点，刚过去的一周再次反弹了 2 点。这实际上是缩短了钟摆的波幅，表明市场已经接近均衡。

自我修正的晴雨表

进一步讨论前，有必要研究一下本段提到的次级波动。就我们的讨论目的而言，这一具体实例已经够用了。

观察发现，熊市在低点反弹之后，市场会再次下跌，但是在前期的低点位置会受到支撑停止下跌。当时构成平均价格指数成份股中的12只股票走势基本与此相同，可以互相确认，这一点达到了记录指数目的。

如果想要阐释清楚次级波动的意义与作用，那么上一节中引用文章的最后一句话，可以说是对这一点的最好说明。

可以说，我们的晴雨表就是通过这样的方式来做自我调整的。在熊市反转的时候，各类信息混乱无序，各种观点错乱交杂，市场会逐渐将这一切消化融解并恢复到有序的状态。接下来，投机者和投资者便会预测市场波动的方向，但他们总是提前展望，而且预测过于长远。

正确得太早

由于正确得太早而在华尔街亏损的情况，可以举出无数的例子。我现在就想起一个很有启发性的故事，这个故事发生在1900年麦金利第二次当选为总统的那个夏天，当时市场出现了一轮牛市。

有一位极受关注的场内交易员，他当时是一家业务量充足的套利[①]公司合伙人，但这家公司已经消失很久了。为了便于外行理解，我在这里解释一下，套利公司是通过和伦敦市场进行电报传递来开展业务的。纽约和伦敦市场存在时差，当纽约还是上午时，伦敦已进入下午，这些公司就是利用纽约证券交易所和伦敦证券交易所之间的股票差价

① 套利也叫价差交易，指的是在买入或卖出某种合约的同时，卖出或买入相关的另一种合约。套利交易利用相关市场或相关合约之间的价差变化，在相关市场或相关合约上进行方向相反的交易，以期望价差变化而获利。套利有跨市场套利、跨品种套利、跨时间的期现套利等。

来获利的。

不过在那个萧条的夏日，套利公司的业务并不多，其他公司也一样。套利公司最好的时候一天的交易量超过 300 万股，而现在却不到 10 万股。

然而，就是在这样的市场情况下，路易斯·沃姆泽依然很活跃，就如场内交易员那样繁忙，整个夏天他都对市场持有乐观态度。其他交易员抱怨说，本来就没有什么机会，哪里活跃他就跑到哪里搞破坏。公正地说，作为一名场内交易员和证券交易所会员，他完全有权利这样做。

在总统竞选前几周，股市开始活跃，交易量增加。沃姆泽当时正确判断了市场行情，股市的上涨让他赚得盆满钵满。我想他当时甚至会以为引领市场的是他自己。

总统选举结束 3 天后，股市表现依然十分强劲。这使得沃姆泽认为强劲的牛市势道已经提前反映了麦金利重新当选总统的影响，于是他转手做空市场。结果在几天的时间里，他就亏光了在这轮 5 个月的牛市中所赚的利润。正如事后我们知道的那样，这轮牛市一直持续到 1902 年 12 月，尽管中间曾遇到北太平洋铁路股票逼仓危机。

对于投机者来说，这真是一个完美至极的实例。他不愿意相信晴雨表，只看到影响股票市场运动的一个因素，却以为这就是市场知道的全部。事实上，沃姆泽的光芒照亮了那个受限的市场，就如同一只大青蛙趴在小泥坑里，他觉得自己一个人就能撑起市场。在市场上涨前的那些阴暗的日子里，他也的确做到了这一点。

大胆的预测

我们回到 1908 年和 1909 年的那轮牛市，《华尔街日报》显然早已预见到了这轮牛市。1907 年 12 月 25 日，报纸曾发表评论说：“我们很可能已经看到了今年的市场低价。”1908 年 1 月 10 日，当国家还没从1907年的打击阴影中走出来，中央清算所的票据依然还在作为货币流通的时候，《华尔街日报》只根据晴雨表就明确判断，股市将会出现一轮明显的反弹。

在谈到这次牛市的初期走势时，《华尔街日报》如此说道："感觉这些剧烈的波动过后，或早或晚，市场将会出现彻底的反转。"作为预测，当时这种表述非常清晰、大胆，使得那些最保守的商人也将注意力放在了股市晴雨表上。

我们要谨记，道氏理论并不是为投机游戏获胜制定的分析体系，也不是操纵市场万无一失的工具。实际上，解读价格指数需要我们全身心地投入。缥渺的幻想一旦战胜客观的思考，指数就会传递出让人迷惑的信息。我们都曾听过这样一个说法，初入魔境的新手乱动巫师的魔杖时，很容易就会把魔鬼招引出来。

回顾股市崩盘

预测绝对不是件轻松舒适的差事，尤其在牛市初期没人认为价格会上涨的时候，更不用说去做具有确定性的预测了！之前的章节中，我们曾着重强调过1907年商业危机的突发性。1908年1月24日的《华尔街日报》回顾了1907年的情况和那些令人震惊的变化：

> 仔细想来，美国的商业钟摆从极度繁荣摆向大萧条的速度真是太快了，几乎是在一夜之间，情况就发生了180度的转变。这场恐慌以异乎寻常的势头席卷华尔街，一家铁路公司的高管曾就当时的情况评论说，昨天他们公司的货运量还创下了最高纪录，3个星期之后，公司的货运量就直线下降。这样的事在当时的华尔街数不胜数。
>
> 从华尔街出现恐慌至今才不过3个月的时间，然而这已经让我们国家的经济状况发生了彻底的改变。3个月前我们没有足够的车

辆来运送货物，现在总计数万吨吞吐量的空车厢都停在铁路岔线和终点站里。3个月前钢铁贸易十分活跃，仅仅过了五六个星期，市场需求就无影无踪，倒闭的矿山随处可见。如果要画张图来描述过去10个星期内钢铁产量下降的情况，几乎可以画出一条垂直的直线，下降的速度实在是太快了！

被识别出的牛市

上面截取的两段《华尔街日报》评论，对股市晴雨表在1907年到1908年冬春交替之际所释放出来的牛市信号是个补充，也是个很好的佐证。在1908年时，美国的商业状况显然还处于最萧条的时期。此时人们已经接受了经济萧条这一现实，但股票市场反映的并不是当前的状况，而是反映它能预见到的一切未来事实。

股票市场传递出来的信息绝不是模棱两可的，在上一节引用的《华尔街日报》评论中可以看到，股市走势已经很好地展示出了这些已知的事实。

那张著名的图表显示出当时萧条处于最低点，并且此时还没有穿过图表的中间线，马上就要进入到经济扩张区域，并且扩张势头会一直持续到第二年的11月份。但是股市晴雨表早在12个月以前就预测到了这次上涨趋势。在太阳还没有划破地平线时，股市晴雨表就已经看到了商业复苏的迹象。

拒绝接受“草率的”复苏观

回顾当年刚担任责任主编的那些日子，面对极其恶毒的批评，非常感谢有正确的道氏理论做后盾。在那些总是蛊惑人心的政客眼中，当他们自己犯错时，华尔街却总是正确的，对于这一点他们绝对无法容忍！

那个时候，国家到处都充斥着要对商业活动加以限制、控制、管制甚或打压的煽动性言论，整个商业状况都受到了困扰，不满情绪到处弥漫。那是一个失业率高涨的冬季，我当时收到了很多读者的来信，他们在信中严词指责我对股票市场持有的乐观态度。那些话现在听起来还是挺有意思的，但在当时却是非常严肃的事。

我们那时的处境就像是农村集市上待售的“浣熊”，从木板的洞中伸出脑袋当作靶子，谁要是愿意掏5分硬币，就可以敲它一下。即使最轻描淡写的指责也认为，罗马已经处在熊熊大火中了，而华尔街却依然歌舞升平。当时普遍的观点认为，一帮华尔街赌徒正在干着罪恶的市场操纵勾当。

如果你愿意去查一下前面讨论中提到的出版于25年前的图表，你就会发现，当时的股市交易量是自1904年以来最少的。当时的市场波幅那么小，谁要是在这样的市场里搞操纵，简直太浪费精力了！然而在熊市期间，或者在熊市即将转化为下一次牛市期间，操纵行为总会受到各种指责和抨击。

如果这么多的论证还不能证明市场操纵根本微不足道，那么交易量本身也足以证明我的观点。但是这些顽固的反对者可不这么看，充斥着谩骂的来信在接下来的几个月里填满了我的废纸篓。至少在那段日子里，牛市观点绝对不受欢迎。

交易量的相关性

这里值得注意的是，牛市期间的交易量总是大于熊市期间的交易量。交易量随着股价的上涨而上升，随股价的下跌而下降。

只要稍加思索就能揭示其中的原因：市场萧条时，不论是从账面还是从现金上看，人们都会亏损，因此能够用于投机或者投资的头寸规模会相应减少。当市场上升时，不论是从账面还是现金上看，人们都在赚钱。一个普遍的经验是：在牛市的最后阶段，人们的交易量往往超过了自己所能承受的规模。

这个规律在牛市时是正确的，但在次级波动中就需要作较大的调整。牛市中剧烈的次级下跌经常会刺激交易量上涨，有一个非常形象的例子可以用来描述这种壮观的景象。1901 年 5 月的月平均交易量迄今为止仍然没有被超越，即使算上只有两个小时交易时间的周六，当时的日均交易量也达到了约 180 万股，北太平洋铁路逼仓事件就发生在 5 月 9 日。

将来还有机会具体探讨这轮次级波动的细节，考虑到这里讨论的目的，现在就没必要展开这个话题了。

不带偏见的想法

我并不想把讲解弄得冗长乏味，但为了反击“早就告诉过你是这样的”一类的指责，作为有追溯力的证据，这里有必要提供一些说明股市晴雨表实际用途的例子。事实上，这些预测绝不是夸张的自我炫耀。

任何一个聪明的平均价格指数研究者，只要不带有任何偏见，一旦掌握了股市晴雨表的基本原理，都可以做出这样的推论。但是只要和股市走势存在利益关联，他的判断力肯定会受到影响。事实上，当你买入待涨或者卖空待跌时，预测的市场走势一定是你希望看到或者期盼的样子，这是人之常情。

作为向他人提供指南的市场价格分析者，就必须保持绝对客观，否则就有可能陷入各种各样的陷阱，尤其在没有经过充分论证便匆忙得出结论时更是如此。在华尔街，因固执己见毁掉前途的投机者比其他原因摧毁的投机客总和还要多。

不幸的猜测

接受一个未经验证的指数传递的信息，这在股市中是最容易犯的错误。1921 年 5 月 10 日，纽约的《美国人》杂志在其金融版面做了一个冒险的预言。为了证明其预测的正确性，预测者还附带了一张道琼斯平均价格指数走势图。

他们没有事先告知，就擅自使用了道琼斯平均价格指数走势图和相应的数据，那些坚信“不义之财不会兴旺发达”的利他主义者，很快就会发现赫斯特集团[①]《美国人》杂志这篇文章的作者甚至都不知道他盗用的资料的含义。

作者声称工业股票将会出现牛市，甚至还预测了起止点。迄今为止，股市晴雨表从未做出过如此精准的预测。与此同时，按他的说法，铁路股票将会“原地踏步”。这是一次最不幸的猜测，但绝不是真正的预测。工业股票之后又继续下跌了 13 点，在 6 月份创下新低。与此同时，铁路股票也不是“原地踏步”，而是出现了明显的下跌。

平均价格指数必须相互验证

这个实例中，在没有经过铁路指数验证的情况下，观察者被工业指数释放的牛市信号所误导。在前面的讨论中，我们已经把价格在一定范围内的波动称作横盘调整，而且熊市中的反弹力度使指数突破了盘整区间的高点，此时如果想确定是否有主力在吸筹，就要看铁路指数是否也出现了同样的波动。但是铁路指数并没有出现这样的走势，我们只好寄希望于赫斯特集团《美国人》杂志的读者不要听从这样的建议。工业指数在该文章发表当天的收盘价，直到 12 月份的第 2 个交易日才被上涨突破，这时已经过去了 7 个月。

我们也可以厚道地设想，这个股市晴雨表的阐释者或许并没有听起来那么肤浅。很有可能他对 1919 年的那轮牛市印象太深刻了，因为

① 赫斯特集团总部位于纽约曼哈顿，是美国著名的传媒出版集团，也是全球最大的出版商之一。赫斯特集团始创于 19 世纪 60 年代，业务领域覆盖报纸、杂志、电视台等，《美国人》杂志是当时旗下著名的刊物。赫斯特集团 1988 年进入中国。

那轮牛市完全是靠工业板块的股票推动促成的。如果你研究本书第 16 章的图表，并听说过“例外就是用来证明规则的”这句话，你就会明白，除非让铁路股票重归国有并由政府提供担保，否则这种情况不可能再次出现。

在当时铁路公司由政府所有的状态下，铁路股票远离投机圈子，并随其他固定收益类证券价格一起下跌。正如我们所知，伴随着生活成本的不断提高，价格会不可避免地下跌，随后就会陷入流动性泛滥的洪水之中。

这样的描述主要是为了强调一个事实，虽然两种平均价格指数的强度可能存在差异，但是二者波动的方向肯定是一致的，尤其在主要市场趋势中更是如此。自从两种指数有记录以来，多年的观察表明这一规则是完全可靠的。不仅在主要的市场趋势中如此，而且在次级上涨或下跌中也是这样，但是它不适用于日常波动。

用道氏理论分析单个指数的运动，有时会得出误导性的结论。单个指数提供的信息令人真假难辨，我在这方面已经付出了很大的代价，因为根据这种方法分析很久以前写过的那些文章，我发现不止一次地犯错。对于股市晴雨表的价值而言，犯错是因为我们对它信任太少，绝不是因为信任太多。

坚持本书的主题

有人曾建议我应该讨论一些形成股市主要趋势的相关因素——商业萧条、经济复苏以及虚假或真实的过度扩张。对于 1907 年经济恐慌产生的原因，我有自己的看法。我并不赞同那些自称和我一样出色的作者的观点，他们将这次恐慌归因于 E.H. 哈里曼和美国铁路在 1901—1906 年间的“过度扩张”。认为英格兰银行在 1906 年末将利率提高到惊人的 7% 的水平，直接导致了罗斯福所说的那些“富有的犯罪分子们”对铁路股票的疯狂投机。我更无法相信哈里曼能制造出 1907 年 4

月埃及亚历山大港[①]的恐慌，1个月之内在日本制造了另一场恐慌，10月份又在汉堡制造了一场伦敦《经济学人》杂志称作“自1857年以来这座城市所遭遇的最大金融灾难”的恐慌，并且还在智利制造了一场恐慌——这些都发生在美国10月底出现的危机之前。

詹姆斯·J.希尔曾在1906年建议铁路公司的利润应以每年10亿美元的速度增长，不过这种情况并未出现。其实对于国家来说，随后出现的铁路发展停滞不前，远比E.H.哈里曼的铁路股票互换所有权计划更值得我们关注。这并不会对公众权益构成威胁，州际商业委员会可以通过调整运费费率来保护公众的利益。

但是，所有这些都与本书的主题无关。我正在探讨的是股市晴雨表，不是天气情况。在事件发生14年以后的今天再去重温这段历史，感觉会很奇妙，曾经的当事人都已经知道了事情的结果，而且这些已经成为历史。回顾这段历史，非常切合本书的主题。

经典解读

历史已经验证了汉密尔顿的分析。

两种价格指数必须相互验证，否则对市场的判断就有可能出错，直接的后果就是亏损。等待两种价格指数相互验证需要有极大的耐心，这个等待过程会让很多人正确得太早！

缺少耐心的代价极其昂贵！成熟的交易者一年的交易次数最多不过四五次，有的人甚至一年都不会下场，对于他们来说，等待并不是无法忍受的！缺少耐心的人往往是短线投机者，他们生怕错过每一次机会！

交易的世界从来不缺少机会，缺少的是耐心等待！

正确得太早是交易实践中经常发生的事情。判断错误并不让人苦恼，让人苦恼的是明明看对了，最终却以亏损收场。

---

① 亚历山大港是埃及最重要的海港，也是亚历山大省的省府。亚历山大港有重要的银行、交易所等金融机构，受1907年美国银行业危机影响，4月，埃及和东京交易所崩溃；10月，德国汉堡交易所爆发金融恐慌。

造成这种结果的原因是缺乏指导自己的明确的交易规则！规则包括对市场三种趋势的认知、信号的确定和止损等。实际上，在汉密尔顿的《股市晴雨表》中，对这些规则都做了详细的分析。

认真读完本书后，首先需要做的就是制定自己的交易规则。

第十三章 次级波动的本质及作用

前面一直都在谈论股市晴雨表的有效性，在展示历史资料以前，很有必要进一步探讨次级波动。前面的讨论已经表明，在股市主要波动趋势的萌芽时期，我们是可以成功做出判断的，然而预测道氏理论的次级波动则是另外一回事。

通过分析，我们已经证明了道氏理论的正确性，可以明显看到市场同时存在三种波动形式——上涨或下跌的主要趋势，以牛市中的回调和熊市中的反弹为代表的次级波动趋势，以及日常波动。本章的这些讨论将针对投机者以及刚起步的投资者，而不是那些将股市晴雨表当作商业指南的人。

如何识别市场转折点

如果说识别出熊市或牛市转折点是件很困难的事情，预测次级波动何时发生就更困难了，仅根据经验就可以得出这样的结论。尽管指出次级波动的终结与主要趋势重新开始也绝非完全不可能，我们却无法教条式地总结出次级波动的幅度与持续时间的识别方法。

发生在 1906 年的旧金山大地震，加重了当时牛市行情的次级下跌。通过研究可以看到，这种走势极具欺骗性，仿佛开始了一轮熊市下跌。正如 1901 年北太平洋铁路股票恐慌时期的情况，次级下跌如此剧烈，以至于让很多富有经验的交易员都误认为牛市已经结束了。

查尔斯·道估计这种次级波动大约持续 40 ~ 60 天，但之后的经验表明，这一区间的上限极少被突破，持续时间一般也会少于 40 天。如果我们考虑所有日常波动的幅度，那么它也是很重要的，因为它有可能发展成为次级波动趋势。1917 年 12 月底，当有消息说政府即将接管铁路后，当天的铁路指数迅速上涨了 6 个点。就算真的是次级波动，也不可能有那样的波动幅度。

有一条久经考验的规则可以帮助我们研判次级波动，那就是市场次级波动方向的改变一般都会比较突然，而主要波动趋势的转化却相当缓慢。对于后者，我们经常可以从牛市中的吸筹盘整区间或熊市中的派发盘整区间来预测。

流星总比恒星多

谁能预测到这种剧烈的区间突破呢？这似乎取决于一系列因素，而这些因素又不遵循价格基于价值波动的规律。市场主要波动趋势的功能和目的是基于价值进行调整，相对于市场的整体认知，次级波动反映的更多是市场技术方面的因素。正如专业人士所说，次级波动意味着有过多的人士看涨股市，或者恰恰相反，人们完全无视股票供应减少的事实而大量卖空股票。

我曾在不同场合不止一次地反对任何人去投机，表达这种善意的态度是容易的，但是这种态度并没有什么价值。假设我没有向大家提过这类建议，恰巧有一个自由的美国公民觉得自己拥有成功投机的品质，他又的确是那种能够投机成功的人，那么这里讨论的内容就更有意义了。

在华尔街投机，成功需要接受各种最为严格的考验，当然，在其他地方投机成功需要经受的考验一点儿都不比华尔街少。金融界的天空中划过太多的流星，却没有留下几颗恒星！

市场次级波动时期，专业人士比业余人士的确更具有明显而持久的优势，他们的专业经验能够帮助自己预见危机。“读股票报价带”[①]在某种意义上属于第六感觉，一个场内交易员只要对自己的工作拥有真正的天赋，就能比那些业余人士更好地感觉到市场变化。

有些游戏，业余者可能比专业人士玩得更好；还有一些游戏，业余者可能和专业人士平分秋色。但从长期来看，在几乎所有的游戏中，胜利者往往是专业人士而非业余者。筹码较大时，专业人士会赚得更多；当亏损不可避免时，他会输得较少。

专业者的优势

某些竞叫式桥牌权威人士认为，赢牌 80% 要靠摸到一副好牌。一个平庸牌手或是不太会玩的牌手也能赢，甚至能在一段时期内连续赢牌，只要他手气很好，有中等以上的好运气并有好的搭档配合就可以。不过，正是这剩下的 20% 分出了谁是普通玩者，谁是专业高手。如果持续玩上一段时间，剔除运气的因素，最后胜出的肯定是一等高手。

专业高手若想赢，完全不需要任何不公平的优势。事实上，如果他只是借助于同伙的暗号来取胜，那么他只能是一个骗子，绝不可能成为一名真正的高手。人们往往高估骗子的优势，其实骗子的思维方式存在某种缺陷，否则也不会成为骗子。

我曾在华尔街遇到过一些骗子，当然数量很少，他们既有专业人士，也有业余人员，但他们很快就会露馅。失去唯一的优势后，就会发现他们的骗术其实很低级。“没有谁会突然变成恶人”，实际上，他们什么都不是。

① 当时股价以“价格流”的形式报出，最新股价会打在股价机的纸带上。股票报价带本质上与今天 K 线走势图一样。

成为专业人士

许多成功投机者都是靠自己的双手起家的，例如文德家族的哈尔。他们既不是证券交易所的会员，也不是经纪公司的合伙人，因此不能赚经纪人佣金或靠买卖价差获利。尽管每个人的获利方法不同，但最终他们都成为了专业人士。如同任何领域的成功者一样，他们将自己所有的热情全身心地投入到投机事业中。

外行在股票市场的交易全凭“一时冲动”，不论他多么精明和富有学识，只要在次级波动中跟专业人士对抗，就注定会亏损，因为他不能根据市场波动的变化迅速调整自己的心态。由于之前他的观点一直正确，所以当出现亏损时，他会本能地拒绝止损。次级反弹或次级回调很少提前透露走势的蛛丝马迹，而专业人士则会将注意力放在亏损这一直接信号上，若出现亏损，他们会马上止损离场。

华尔街通常看涨市场

牛市转折或者行情不活跃时，聪明的业余者和专业人士的表现完全一致。在过去，华尔街形成了许多交易准则，其中有一条是“绝不在市场交易不活跃时卖出”。进入熊市时，这真是一个非常糟糕的建议，因为在剧烈的次级反弹后，市场将重回低迷，经验丰富的交易者此时会再次选择卖空。

华尔街拥有顽固的牛市情结，原因之一就是这条金融街在熊市中赚不到钱。持相反观点的人则认为市场下跌时，正是华尔街喜获丰收的时候，并且总是邪恶地从他人的灾难中获利。其实，华尔街并不是依靠卖空自己发行的证券赚钱，而是靠交易佣金来生存，而交易量大小决定了他们获得佣金的多少。不过这是牛市的特点，不适合于熊市，因此华尔街通常会看涨市场。

以我的经验来看，还从没见过哪个了不起的交易者既不看多市场，也不看空市场，而是在熊市中一战成名，确立自己的江湖地位。

在研究市场主要趋势时，我们发现牛市持续的时间通常要比熊市更久。从一段足够长的时间来看，牛市和熊市之间会有一段相对的平衡期，最终趋势会随着国家财富的增加而上涨，至少在之前是这样的。

我个人认为，战争并没有改变这一事实，至少对充满活力的美国是这样。不过凡事皆有例外，铁路公司出现的一次特殊运动改变了这一假设，我会在后面探讨。

詹姆斯·R. 基恩

前面提到的空头交易者詹姆斯·R. 基恩，我敢肯定他的亏损和在熊市中的盈利一样多，他死后留下的遗产和花在赛马饲养场上的钱，都源于他买入的一些证券，这些证券后来升值不少。

我和基恩并没有过分亲密的交往，作为负责任的新闻工作者，我不可能和专业的大投机者建立纯洁的友谊关系。这样的友谊关系无论多么纯洁，都会被人曲解，并且很容易被冠以某位大投机者利益代言人的恶名，因为华尔街一直充斥着这样的流言蜚语与丑闻。当然，任何清白的报社都不会容许这种新闻工作者的存在，但这并不是说曾经出入过难以接近的基恩办公室的新闻工作者大都是不道德的。

基恩的办公室就在布罗德街他女婿塔尔伯特·J. 泰勒的办公楼中。其实，基恩这个人有很多值得欣赏的地方，他绝不是某些只靠标题吸引眼球的报纸或电影所描述的那种冷血无情的金融家。他有优秀的品质，为人诚恳，言而有信，极具个人魅力。不过，对于那些在交往中不讲信用的人，他也毫不留情。

我们都很钦佩他对儿子福克赛尔倾注的慈爱之心，以及作为赛马运动爱好者对自己马匹的宠爱。虽然他在华尔街树敌颇多且时常受到攻击，但是这些攻击远比不上他的爱马赛桑比死亡给他带来的打击，那是当时能见到的一匹最好的 3 岁良马，而且是他亲手养大的。

那时算得上了解基恩的新闻工作者是埃德温·勒弗尔，他当时为纽约的《环球》杂志工作。不过与其说勒弗尔是基恩的朋友，倒不如说他是基恩的崇拜者。他以极富趣味的方式研究基恩，在他的小说集《华尔街故事汇》中的《华尔街的大力士巨石》《金色大洪水》等故事中，都塑造出了一个类似基恩的人物形象。

这些小说有些愤世嫉俗，却给人留下深刻的印象。虽然现在看来有点过时，但对于那些了解20年前真实华尔街的人来说，这些文章读来还是很有意思的。

艾迪生·坎马克

为什么熊市时人们总是指责做空的交易者，认为是他们的做空行为使股市陷入灾难呢？实际上他们并没有卖出那么多，甚至都不曾想过要卖那么多。他们之所以受到指责，还有另外一个原因。这些操作者在牛市中股价上涨的时候可以将自己隐于幕后，熊市中的做空操作则会格外引人注目，从而使关键的几个市场大空头在当时的市场中显得异常耀眼。

艾迪生·坎马克[①]所处的时代远在我之前，熟悉他的人都说他卖空的动作非常迅速，不过时而成功，时而失败。如果他没有对价值作出完美的判断，并热衷于国家的金融发展和繁荣的话，估计他早就被市场淘汰，湮没无闻了。

北太平洋铁路重组后，他以每股7美元的价格大量买进该股票。相对于那些总是乐于指责华尔街爱国精神的批评家，他可能更相信美国的伟大。基恩对于南太平洋铁路股票的多头炒作虽然收获甚微，但他的判断依旧是正确的，只是他下手有些太早了。

① 艾迪生·坎马克是美国当时著名的股票交易员。

卖空商品

做空者很少有什么朋友，很显然除非别人赔钱，否则他们不可能赚钱。对他们的这种敌对情绪，甚至让人们产生了一种不合逻辑的奇怪想法，认为他们之所以放弃股票操作，就是为了做空小麦或棉花这样的商品，但是股票市场上的多头头寸和商品市场上的小麦空头头寸并不矛盾。

没有什么可以阻挡美国的伟大和繁荣，如果购买力低下的工人能够以更低的价格买到更多的面粉或面包，那么美国肯定会变得更加繁荣。小麦或棉花的价格波动不可能和股票保持同步，在证券价格上涨时，这些商品的价格经常表现为下跌。虽然大家通常并不这么看，但是我认为卖空小麦并打破商品垄断的人，哪怕他的出发点是自私的，也是在为大众谋福利。

当然，这种观点农场主显然不会接受，农场主的政治家盟友更不会接受。小麦售价在每蒲式耳①5 美元以上才算繁荣，只有这样才能满足他们的贪欲，但是这也可能意味着更普遍的饥荒与贫困。

为了使小麦价格维持在每蒲式耳 3 美元以上，1919 年，农场主和他们的政治家盟友对小麦进行了大量囤积（和对任何生活必需品的垄断没有本质区别），虽然期间有无党派联盟徒劳无功的领导和一些美国农业“集团”参议员的道义支持，但囤积行为最终还是失败了。此后农场主和他们的政治家盟友就开始变得敏感了。

这次联合囤积行动失败了，毫不客气地说，它本来就应该失败。因为早在 1920 年股市就警告过他们，这种做法是不可能成功的。只是很久以后，他们才意识到其实小麦价格能保持每蒲式耳 2 美元就不错了！

① 蒲式耳是英制计量单位，一蒲式耳大约相当于 36 升。

股市晴雨表如何自我调整

我们现在的讨论并没有偏离本书的主题。如果只考虑金融因素的话，棉花或谷物市场的不景气可能和股票市场的次级波动确实有很大关联。相对于市场主要趋势，实际上次级波动会受到更多短暂因素的影响。于是这么问就很恰当了："平均价格指数预测次级波动可靠吗？"

如果市场处于主要牛市趋势中，两种指数在区间内盘整，一旦价格跌破了区间低点，就意味着市场已经达到饱和点，此时预测会出现次级下跌走势，当然这种结论是正确的。熊市则刚好相反。

但是经验告诉我们，指数区间盘整通常不会出现在次级下跌或反弹之前，而是出现在之后。这样的区间盘整，对于那些先前已经把手中的股票清仓，现在又想重返市场的投机者是最有利的。因为市场吸筹之后，价格突破了盘整区间高点的牛市信号已经表明市场将重新上涨，还会超过之前次级下跌开始时的前期高点。在我们的所有记载中，创出这样的新高点是市场重返牛市的有力证据。

但是这些讨论对投机者考虑较少，更多地是为那些想要研究股市晴雨表的人准备的，他们强烈希望通过晴雨表来判断美国整体商业形势。这些研究者也许会问，研判次级波动究竟有什么意义和价值呢？

如果我们打个比喻，次级波动与用来调节罗盘的工具没有什么不同。你们在港口都曾看到过轮船下水时会"画圆圈"，一定很好奇这有什么意义。我当然知道这个比喻并不完美，但很显然，次级波动的价值就在于它能够修正晴雨表。至少在某种程度上，可以说我们的市场向导是能够自我调节的。

请注意，我们研究的东西并不像温度计中的水银柱那样具有确定性，我们完全清楚水银的所有属性。股市晴雨表已经考虑到了所有能想到的信息，包括最不确定、变化无常且难以估量的人性本身。因此，我们不能要求晴雨表能达到物理仪器那么精确。

并非好得难以置信

或许有人怀疑，我们的晴雨表是不是太精确了？这就如同每一个证人都用相同的口吻来描述完全相同的故事时法官所产生的感觉。这样的证据实在是太过于完美了，以至于让人怀疑它的真实性。

对于反转日的最高点或最低点，我不断被问及是否能够确定。例如，我们目前所处熊市的低点是在 1921 年的 6 月，该点位或许并不能被认为是新低，因为单独根据工业指数来判断，低点应该出现在接下来的 8 月。我们曾说过，两种指数必须相互验证，非要固执于自己习惯的思考方式，完全是你的个人自由。我实在看不出这其中有什么本质的区别。

我曾见过这样一些图表，从其中一只类似美国钢铁公司这样持续活跃的股票来看，可以预测出市场进入牛市或熊市，而且具有数学般的精准度。但是这些并不能让我感到兴奋，因为我不相信这些图表会像我们的股市晴雨表那样能够经受数年的考验。

还有一些极不友好的批评，现在看来这些批评没有丝毫价值！这些人对我们的理论吹毛求疵，或者根本就不相信道氏理论。他们乐于争论。当然，他们可以轻松找出很多晴雨表未能准确预测到的市场波动，尤其是次级波动。即使这样又能怎么样呢？他们要求的精准程度对于人类来说是不可能的，至少在目前的人类发展阶段无法实现。

毁灭世界的一种方法，就是由某些纯粹的利他主义者从造物主手中夺走这个星球的管理权。

经典解读

没有任何已知的方法能够提前判断市场主要波动趋势的变化。在判断趋势转变方面，经过数年实践检验证明，有效的只有道氏理论。

当道氏理论发出趋势转变的信号时，行情已经启动了。尽管经常听到“发出信号太晚”的质疑声音，但是道氏理论会让你稳稳地站在胜利者一边！

等待道氏理论发出趋势反转信号，这需要极大的耐心！这个过程就像是钓鱼，我们需要的就是安静地等待，密切注意水面的变化。除此之外，什么也不用做。在局外人看来，钓鱼索然无味，只有垂钓者才能体会到等待的美妙和享受！一旦鱼上钩，它就跑不掉了！

次级调整对经济具有调节作用，可以使过热的经济稍稍降温，可以使萧条的经济恢复发展。经济发展不能一下子冲上天，也不能一下子坠向地面。就好比跳伞时，身上要背上伞具缓缓下落一样。

商品价格是受商品供需决定的，政府无法主宰商品的价格。多空都是正常合法的交易行为，就如同菜市场不会规定卖白菜犯法一样。没有卖方的市场不是市场，只有买方的市场也不会存在！

做空无关道德，经济更无关道德！如果手拿道德大棒绑架经济，那就彻底打碎了金融不道德的贞节牌坊！

以国内的螺纹钢品种为例：钢材价格在严重供需失衡下已经跌到1 700元／吨，国内所有钢企都挣扎在生死边缘！股市下跌时，国家出面干预，改变交易规则，限制做空，但任你怎么修改交易规则，商品价格也不会被拉上来！

为什么？因为螺纹钢价格并不是由交易所决定，也不是由螺纹钢交易的多空双方决定，而是由螺纹钢的市场供需决定。哪怕政府终止螺纹钢期货交易，依旧无法改变螺纹钢跌跌不休的悲惨命运！

华尔街的生存全部赖于交易者的佣金和交易手续费，只有交易量足够大，他们才能赚到足够的佣金。人们都喜欢听好听的，喜欢听自己想要听的。正是抓住了这一点，靠股票交易佣金为生的证券经纪人才会不遗余力地四处兜售你想要知道的好消息和内幕消息。

对于证券经纪人来说，交易者是客户，是待宰的羔羊。他们知道每个客户的存活期是多久，他们的任务就是尽快、尽多、竭尽所能地榨干你身上的每一滴油水！

为什么流星总比恒星多？汉密尔顿非常婉转地告诉我们，投机成功是需要运气的，流星恰好就是那些幸运的人。不错，任何领域成功都有运气的成分，投机也不例外。但这决不意味着成功的投机者都是不学无术之流！相反，他们个个身怀真本事，经历了无数的磨难，可以说人人都是顶尖高手，而且恰好幸运女神又光顾了他们。

每一轮牛市或熊市都会出现几个牛人，几轮牛熊转换之后，牛人就如走马灯一样变换。

投机家在成长的过程中步步小心，如履薄冰，功成名就之后就高估自己的能力。当投机家自以为可以引领市场的时候，就会被市场无情地埋葬。市场时刻在变，而投机家却忘记了当初赖以成功的法宝——止损！

亢龙有悔，物极必反，这也是人性使然。

如果你身怀真本领，天资卓越，恰好幸运女神又光顾了你，使你成为一名成功的投机家，你是否会允许自己自大到认为能够战胜市场而忽略止损呢？

我相信大多数人都会，因为人性从来没有变化。历史的天空已经划过了多少流星！

第十四章　1909 年及一些历史缺陷

既然把探讨股市晴雨表作为我们追求的目标，就不要被那些真实存在或者幻想中的障碍阻挡住前进的步伐。回顾一下我们克服的困难就能振作信心，因为最重要的是拼搏过程，而不是最后的结果。当然，这并不是说仅仅读一下我的这些研究文章就算是有所成就了。

回顾一下前面的内容就会发现，现在不仅确定了关于价格波动的道氏理论，还建立或推演出了有效的晴雨表——能够进行长期预测的无价晴雨表。再次重申我们的理论，股票市场包含三种运动——向上或向下的宽幅波动，持续时间从 1 年到 3 年；主要趋势中的次级下跌或反弹，就实际情况而言一般持续几天到数周；另外一种就是日常波动。这三种运动形式同时存在，就如同海浪一样，此起彼伏地涌向岸边。

也许可以这么说，次级波动只是将主要趋势暂时中止一段时间。尽管次级波动和主要趋势相对抗，但主要趋势依旧发挥着主导作用。在引力的作用下，只要我松开手，钢笔就会从我的指尖掉到地面或桌子上。就算我不松手，引力同样也在发挥着作用。我们可以认为次级波动趋势和主要趋势同时存在，而且主宰市场的依旧是主要趋势。

不平衡的等式

有必要再提一下前面说的那些商业图表和记录，我不想同编辑这些数据的人辩论。从实用的角度看，那些商业图表和记录不太可能成为股市晴雨表，因为这些数据无法清晰地预测未来，甚至连它们推理依据的假设，都是基于伟大的物理学定律——作用力和反作用力相等。

图表的编制者还向我展示了该等式中包含的各种因素。显然，这些商业图表并没有考虑德军或许会在1918年取胜。1917年的熊市却考虑到了所列图表中的全部信息，此外还考虑到了德军取胜的可能性。

如果不熟悉过去发生的事情，也不太可能对未来做出明确的判断，类似的原因总会导致类似的结果。若不借助其他工具，仅仅通过这些商业图表去推理，预测结果肯定是错误或不成熟的，这样的预测足以让任何商人破产。

一位商业图表的权威分析人士，不久前就曾根据过去10年的收益及股利发放情况，强烈建议人们买入某只股票。但是形势很快就发生了根本性的变化，对政策变化的误判进一步恶化了结果，致使买入该股票的人遭受了巨大的亏损。

如果某个投资者仅根据过往分红情况而在1920年买入美国糖业公司的普通股票，那么如今他会面临什么样的境况呢?

不充分的前提

这种推理的基础极不牢固，而且缺少预见性。这就如同完全不顾病人已经出现症状，仅仅因为他过去10年一直都很健康，就说他一定会很快康复一样，这就是根据不充分的前提推理的一个例子。

毫无疑问，公司管理和其他方面发生的变化（有时候这种变化能够毁掉一家拥有良好分红记录的公司）已经被平均到那些机构记录的表格中了。尽管如此，这也只能算作一个记录，不是晴雨表。

气象局的数据拥有极高的价值，但是它并不能预测未来将是一个干旱的夏季还是温暖的冬季。你我仅靠经验就知道，纽约的天气1月份寒冷，7月份炎热，根本不需要气象局的帮助，我们就可以做出这样的推论。

气象局只能为我们提供不充分的短期预测，却不能提示我们后天天气晴朗，适宜野餐。更不能向农场主提示即将到来的夏天，天气温度和湿度是适合种土豆还是玉米。气象局只能展示其天气记录和未来天气的可能性，其他农场主必须要靠自己去判断。我们是否能够成功举办野餐，则完全取决于野餐那天的天气情况。

最优秀者所知甚少

我们已经看到，股市晴雨表的确可以做出预测。它能够提前几个月告诉我们未来商业的整体情况，甚至可以向我们发出一些国际事件的危险信号，这些国际事件通常能够颠覆基于经济数据的推算结果。

股市晴雨表会基于一切信息做出反应，这一点怎么强调都不为过。我最近曾询问华尔街一位伟大的金融家："您觉得自己多大程度掌握了所有信息？"这位金融家深受大家的信任，那些凭意气行事的报社往往鼓吹他掌握着最多的金融信息，并且能够极大地影响未来市场的发展。

他说："我从来没有想过这个问题。不过若能了解股票波动背后隐藏的所有信息的 50%，我就敢说自己比华尔街任何人知道的都要多了。"这句话出自一位金融家，他掌管着很多大型铁路公司和工业公司的金融活动，并且和国际同行保持着良好的关系。当他直言不讳地向他人表达这些观点时，绝不会傻到欺骗别人。很显然，那些政客认为"金融大亨"无所不知是多么地滑稽！

没有精准的必要

我们已经用了大量篇幅根据道氏理论来分析股市晴雨表，现在已经知道指数区间盘整的含义：收盘价在数天之内以一定交易量在很明显的窄幅区间内波动，这必定暗示市场正在吸筹或派发。一旦指数突破了盘整区间，无论是上涨还是下跌，都会清晰表明市场方向出现了变化，至少是出现了一次次级波动，甚至是主要趋势发生改变。当然，这还要从两种指数的相互验证中作出判断。

我们还确信两种指数一定会相互验证，尽管它们可能不会在同一天或同一周内突破盘整区间，只要突破方向一致就足够了。两种指数的高点或低点完全没有必要出现在同一天，只要二者相互验证，就可推断说市场已经转向了。尽管一种指数创下新低或新高后，并没有被另一种指数马上验证，但两种指数在之前共同创下的低点或高点，也许可以看成是市场转向的最好信号。

对于那些期望平均价格指数具有绝对数学精确性的人来说，这似乎是一个难题，至今仍旧让他们深感困惑！我无意去争辩，也认为完全没有争辩的必要。一位批评者就认为，我上次推论市场下跌低点出现在 1921 年 6 月是错误的，因为在随后的 8 月份，工业指数出现了一个更低的点，但这个低点并没有得到铁路指数的验证，按照我们所说的观点，这个低点可以被忽略。

这位批评者按照自己的精准要求，把上升趋势定为从 8 月开始，而不是从 6 月开始，不过那也不是什么太大的问题。

1909 年的双重顶

此处有必要再次说明一下 1909 年牛市转向熊市的情况。这可能会让那些吹毛求疵的批评者感到困惑，因为铁路指数在之前的涨势中，1909 年 8 月创下了 134.46 的高点，而工业指数在接下来的 9 月底才创下 100.12 的高点，10 月初为 100.50 点，11 月初则创下了 100.53 点的全年最高点。最后一个高点和之前的高点构成了一个典型的“双重顶”[①]。

这种形态不一定会发生，但对于判断趋势转折却十分有效。经验表明，只要指数出现双重顶或双重底，就有明确的理由认为上涨或下跌趋势结束了。然而，如果我说那轮牛市在 1909 年 8 月达到顶点，同时市场转入熊市运动，一定有人会说，熊市是从 11 月份才开始出现的。但是，从哪个月市场开始转为熊市，对于判断熊市趋势确立有什么重大关系吗？

如果我们把当时展现的走势情况和之前研究过的吸筹或派发盘整区间结合在一起考虑，会发现在重要的下跌转向之前，派发迹象就已经出现了，并且在 1909 年 11 月份的第一个交易周结束前，趋势演变成了最终不可更改的熊市走势。该派发信号可能预示着一轮次级下跌，但在这里演化成了主要波动趋势的转折。

释放牛市信号

股市晴雨表的预测结果是恰当的，并且在评估过程中已经纳入了人性的易变和不可预测性因素。从来没有像 1909 年那样，市场会不断出现看涨的行情，而且在波段高点或稍低几点买入都有获利机会。

前面我曾说过，始于 1907 年 12 月的牛市实际上是很不受欢迎的。因为在罗斯福总统的过多干预下，此前的熊市已经让许多公司进入了发展停滞期。总统本人也没有预料到他对“富有的犯罪分子”谴责所带来的影响，持续时间会漫长得离谱，那些比这些混蛋还要愚昧和虚伪的人，更是因此受到了毁灭性的打击。

① 请读者注意，汉密尔顿对于“双重顶”或者“双重底”的观点是存在矛盾的，总体来看，汉密尔顿对这两个形态持反对意见。

对批评者的批判

1908—1909 年的牛市走势，并没有让那些既有能力又很受尊敬的批评者满意。我很欣赏亚历山大 · D. 诺伊斯所著的《美国金融 40 年》这部著作，也在其他地方推荐过该书。从这本书的总结中可以看出，他对历史的回顾只讲到了 1909 年初，而且他对当时还在发展中的牛市似乎颇有微词。即使只考虑铁路股票平均价格指数，他也显然没有料到这轮牛市会一直持续到当年的 8 月份。如果考虑到工业股票平均价格指数，牛市则持续到了 11 月份。

即便是到了 1909 年底，铁路股票平均价格指数 12 月 31 日也没有低于 130 点，而在 8 月中旬该指数是 134 点，此时工业股票平均价格指数距最高点仅仅低 1 个点。在谈及本轮牛市时，诺伊斯先生的说法可以当作一种不太成功的预测尝试：

> 随着 1909 年的到来，这场异彩纷呈的表演结束了。所有的事实都露出了真容，钢铁和其他商品的价格开始下跌，证券交易所的表演也宣告结束。随着 1908 年的结束，这段历史也就结束了，这标志着一个历史时期的终结。

根据平均价格指数记录，我们看到这一历史时期并没有如诺伊斯先生所说的那样草率完结。为了方便起见，我们可以说这轮牛市直到 1909 年的 8 月或 11 月才宣告结束，至于 8 月还是 11 月，就取决于你怎么看了！

我们预见到的下次萧条时期的熊市，直到 1910 年的 1 月才“马力全开”。这里，我们再次看到一位博学的观察者由于将商业记录当作晴雨表做出的错误预测。

过于简单的记录

作为历史研究者——我认为自己也属于这种人——我始终感到遗

憾，因为可供研究的可靠历史记录实在是太少了！我们的平均价格指数，也只不过反映了过去 25 年的真实历史。我们说 20 只活跃铁路股票必须和 20 只工业股票相互验证，这至少在某种程度上意味着，少于 40 只股票就无法勾勒出市场的全貌。

接下来的讨论，我可能会提供一部分由 15 只各种不同股票构成的平均价格指数的数据，它们分布在 1860—1880 年之间，并且逐月给出高点和低点。

我现在就可以表明自己的观点，我认为这些数据没有任何令人信服的价值。如果这些数据是跟当时事件一起同步记录的，而不是在数年以后才进行编撰整理的，那么这些数据也能给人们提供一些有用的信息，就如我们今天研读的双指数晴雨表。

历史记录中的谬误

我对历史的批判绝不限于谈到的历史数据，还包括一切可以追溯的历史。从猜测古埃及或者亚细亚人起源开始到现在，历史中都有错误的记载。

历史留下的记录都是关于法老王朝的事情，却没有任何创造了王朝财富的社会中层管理阶级的信息，正是他们使统治者拥有了可供统治的人民。我们知道，那时社会上存在着统治者、俘虏、奴隶以及拥有不同程度自由的手工业者。

牛津大学的绍洛德·罗杰斯教授，多年前曾编撰了从都铎王朝开始记录的英格兰工资制度变迁史。但是历史似乎主要记录上层社会，很少讲述底层人民，对中层阶级更是没有任何记录。然而，只要一个国家还在进行着商业活动，那么中层阶级就是这个国家最直接的智力引擎。

商业记录在哪里

有关迦太基人的历史，我们又真正了解多少呢？他们是那个时代最伟大的贸易民族。我们宁愿舍弃汉尼拔[①]所领导的各种战役的详细记录，舍弃关于第二次布匿克战争[②]的一切相关史料，甚至抛却那段历史的全部资料，来换取一位从事外贸活动的迦太基商人一年的账本。

仅从这样一个来自于公元前250年前的一位商人的账本，我们能够得到很多有用的知识，而且这也完全适用于探讨今天的很多问题，其价值远远超过《罗马帝国衰亡史》。因为在这本书中只是顺便提到迦太基，更不用说任何有关那个时代商业贸易的实际情况了。

那个商人是如何做生意的？他可能经营来自康沃尔的锡，同时还经营来自提尔的染料。他和当时已知的世界各地都有商业往来，从西部的英国到东部的印度。他使用金币还是银币去购买锡和染料呢？也许用自己的金币或银币来交换，或者用其他的商品来交换。他是怎样支付的，怎样结算的？他使用纸币交换吗？尽管历史并没有留下任何莎草纸或羊皮纸的相关记录，但我认为不论他们采取怎样的形式，他们一定都进行了类似的交换活动，可是历史不会专门告诉我们想知道的某一件事。

当时的迦太基人是怎样调整国际收支平衡的呢？他们必须去做这项经济活动。约帕、西顿和亚历山大的商人都有记账或者类似的方法，他们记载了从迦太基进口的商品和出口到迦太基以及其他地方的商品，罗马欠迦太基的账目以及这种三边贸易形式，其中又涉及一些复式记账的知识，这或多或少需要设定稳定的汇率以保持各国间的货币平衡。

历史告诉我们这方面的信息了吗？什么都没有！然而这些知识对

① 汉尼拔（前247—前183）是古迦太基著名军事将领，第二次布匿克战争时统率军队越过阿尔卑斯山攻打罗马，不料罗马出兵袭击迦太基本土，迦太基因此战败。战后汉尼拔成为迦太基行政官，他励精图治，努力将国家拉出战争阴影。公元前195年，在罗马强大的压力下，汉尼拔流亡国外，于公元前183年服毒自杀。

② 迦太基曾和罗马为争夺地中海西岸霸权爆发三次布匿克战争，最终被罗马占领。

我们来说却是无价的，能让我们少犯错误，这一点是色诺芬[①]带领万人撤退的不朽传奇所无法比拟的。

谁为薛西斯一世[②]提供资金

上帝绝不允许我们忘记温泉关战役[③]的深刻教训，面对灾难，300名勇士表现出了大无畏的英雄气概。然而为战无不胜的薛西斯一世统帅的500万人军队提供粮草、衣物和武器装备的负责人是怎么做的呢？“群山俯视着马拉松平原，马拉松平原凝视着大海”[④]，他们可能就这样相互注视着直到世界末日，却没有留下任何关于运送战败波斯人的船队花费成本的信息。

“出征舞流传至今，出征军又到哪里去了呢？”[⑤]如果能够得知当年出征将士是如何获得一日三餐，他们的食物是从哪里进口的，我们宁愿不要那出征舞。

我绝不同意亨利·福特对历史的批评，历史并不是“废话”。但是，

---

① 色诺芬（前427—前355）是苏格拉底的弟子，著名军事家、文学家，他记录了大量希腊历史及苏格拉底语录。色诺芬曾于公元前401年率军帮助小居鲁士争夺希腊王位，失败后于次年率万人希腊雇佣军从波斯返回希腊。他据此著有《万人远征记》，书中记载了大量沿途风貌及地理人文信息，具有很高的历史价值。

② 薛西斯一世（约前519—前465），古波斯国王，希腊语意为“战士”。波斯和希腊最著名的战争便是“温泉关战役”，薛西斯率领数十万大军、战船千余，水陆两路攻向希腊，直逼温泉关，希腊联军统率斯巴达国王列奥尼达率军据守温泉关。由于地势险要，薛西斯久攻不下，后通过希腊叛军的指引，找到一条温泉关小路绕到希腊联军后方，波斯军队此时发动总攻，前后夹击。列奥尼达在情势危机的情况下，为保存实力，命令主力撤退后，亲率300名斯巴达勇士与薛西斯军队浴血奋战，最终保护了希腊军队主力，电影《斯巴达300勇士》有精彩演绎。薛西斯在宫廷政变中死于宰相阿尔达班之手。

③ 温泉关战役指公元前480年的第二次波希战争，电影《斯巴达300勇士》就是描述的这段历史事件。

④ 引自拜伦诗《哀希腊》。

⑤ 引自拜伦诗《哀希腊》。

我们为什么就不能给戴克里先[1]在公元301年颁布的价格控制法令所产生的经济影响做出一个合理可信的分析呢？

希腊人在哪里能够买到海军补给？怎样把这些补给物资集中起来？怎样进行支付？用硬币形式支付还是用写在羊皮纸上的付款单据？为了平衡第三方账目，是否会将一名商人的债务转移给另一方呢？所有这些都未被记录进古代史中，近代史中也难见相关记录。

直到19世纪中期，格林写了一本《英国人简史》。这本书并非英格兰王室的记录，而是记述英国民众的历史。可惜这本书实在太简短了，关于英国民众最重要的部分，被简化到了最低程度：令人尊敬却又不善言辞的英国民众忙于自己的事务，而且总是试图“远离”报纸。

没有人可以轻视那些导致签署《大宪章》[2]的一系列历史事件的报道，但是我对约翰国王并不是特别感兴趣，我更想了解那些有价值的商界和金融界人物的故事。其代表人物是来自约克城艾萨克的沃克特·司各特，而不是其他历史记录。从真正的历史价值来看，这个饱受折磨的犹太人的只言片语，都比金雀花王朝的王位更有价值。

中世纪的银行

对早期历史学家的作品研究得越多，就会越感到惊讶，他们居然对某些非常重要的历史事件毫无涉及。撰写编年史的时候，总是刻意回避这些历史事实，除非它们涉及政治。

弗鲁德在他的历史著作中耗用大量篇幅，描述阿拉贡地区凯瑟琳

---

① 戴克里先（250—312）是古罗马帝国皇帝，一生充满传奇和争议。罗马在塞维鲁王朝统治结束后进入了混乱时期，史称“第三世纪危机”。戴克里先出生于奴隶家庭，参军后屡建奇功，后成为罗马帝国元首卡路斯的亲卫队长。卡路斯神秘死亡之后，戴克里先被推为罗马新一任元首，上任后他开始了一系列大刀阔斧的经济、军事等领域的改革，并结束了“第三世纪危机”。正如许多传奇人物一样，关于戴克里先的死亡存在两种说法：正常死亡和患精神病痛苦死去。

② 《大宪章》是公元1215年英国国王约翰被迫签定的宪法性文件，由序言及63个条款构成。《大宪章》规定贵族和教会的权力不受国王侵犯，全体自由民享有自由的权力，《大宪章》还对国王的权力作了限制，后来成为英国宪法的基础。

王后离婚的事。凯瑟琳王后嫁给亨利八世时的嫁妆在接收和支付过程中发生的财务往来，这些非常有价值的事情弗鲁德却没有任何记载。

我曾听一些有经验的新闻工作人员说：“最能引起关注的新闻，绝不会出现在报纸上。”这句话中包含了愤世嫉俗但的确真实的道理，最有价值的历史事实当然极少被写入历史，这就是萨缪尔・佩皮斯的日记①并不是为出版而作的原因。相对于那些留存下来的文字记载，这本日记更能让我们了解王朝复辟时期的真实历史。就是从那时起，我们才开始逐渐了解在两个半世纪之前，伦敦城中类似于银行的机构以及它的运营机制。

就目前的历史记载而言，我们了解的金融历史，实际上不早于 17 世纪末成立的英格兰银行。在此之前，金融家的商业活动和银行记录则是欠缺的。在荷兰、西班牙和葡萄牙殖民扩张期间，或者回溯到热那亚和威尼斯的贸易时代，一定会出现这方面的历史记录。但是那些备受尊敬的历史学家似乎认为，国王出生的私生子远比开设贸易大街更重要，也比诞生一家国家发展所需的金融机构更重要。

信用证并非新生事物

我通过确切考证得知，中国至少在 2000 年以前就出现了类似银行及其分支机构，那时就已经开始使用汇票、信用证等常用银行工具，只是形式上比较简单。

我们必须承认，今天的信用体系从本质上来看是现代文明的成果，但是仅仅因为我们对历史知之甚少，就想当然地认为这完全诞生于现代就太荒谬了。迦太基人、热那亚人和威尼斯人的贸易活动绝大部分

① 萨缪尔・佩皮斯（1635—1703）是英国政治家，在多个学术、医疗和教育部门均有任职，经历了许多英国的重要历史事件，并将这些事件记载在了自己的日记中，日记中记录自己的风流韵事用了些奇怪的符号。日记价值极高，保存有复辟时期的历史风貌，因此成为英国 17 世纪晚期的重要史料。1819 年以后人们开始对他的日记进行解读，并于 1825 年首次出版。

都是物物交换，但是我们可以肯定的是，他们的贸易活动绝对不会仅限于物物交换的形式。

不仅在基督教法规中，甚至在《圣经》和其他类似的著作中，都间接地提到过高利贷的罪恶。但是高利贷意味着利息，利息意味着信用，这就如同货币意味着交换，这完全不同于典当行业，而且也不同于中世纪的银行业。有证据表明，某些人不仅是出借方，同时还是借入方。就如同现在一样，商人往往比神职人员具备更实用的头脑，肯定也更清楚合法利息与高利贷的界线。

令人遗憾的是，历史学家如今依然还受到教会对借贷态度的影响，他们对于自己所不了解的事情极度教条化。我认为，“黑暗”的并不是中世纪，而是历史学家！我甚至同意我的朋友詹姆斯·J. 沃什博士的观点，就文明程度和成就来讲，13 世纪的欧洲在艺术与文学上完全可以和今天比肩，然而他并没发现什么有用的商业机制。

一次合理且保守的预测

关于晴雨表在 1909 年市场转折中起到的作用，在铁路指数创下高点一个月后，《华尔街日报》9 月 11 日发表评论说：

> 星期四指数向下突破，通常这是一种下跌趋势开始的信号。无论我们多么期盼牛市再次起航，认为“既然所有的坏消息都已经出尽了”，但平均价格指数此时的表现毫无疑问比以往更加看跌，尽管目前的迹象还不明显。
>
> 悲观主义从来都不是本报的一贯风格，但是当市场处在顶点的时候，本报还是诚恳地建议大家维持保守态度。如果不着重强调自己的立场，就等于什么都没说。

从那时以来的市场发展形势，正如我们所看到的那样，表现得相当平稳，只是出现了持续到年底的次级下跌。《华尔街日报》继续留意平均价格指数的警示信号。10 月 28 日，在指出了重返原有牛市所需的反弹力度以后，《华尔街日报》进一步评论道：

> 基于多年观察平均价格指数的经验，即使不考虑其他观点，仅从技术角度判断，晴雨表也给出了明确的萧条信号，这值得深思熟虑的交易者认真研究。

晴雨表日益提高的有效性

人们普遍认为 1910 年将是牛市，尽管两种指数只是在低于顶部几个点的位置波动。但《华尔街日报》1909 年 12 月 18 日判断市场将要转向熊市，可惜这种观点在当时极不受欢迎。

非常有趣的是，当时对于熊市争论的焦点并不是平均价格指数，而是过高的生活成本。1 月份的繁荣总是新年谈论的话题，但是在 1909 年 12 月 28 日，这一想法被残酷的现实击碎了！

我还可以举出很多这样的例子。在讨论第一次世界大战爆发前那 4 年模糊不清的市场走势时，有必要指出，早在 12 年以前，股市晴雨表就已经明确地做出了预测。

经典解读

西方股票交易者也喜欢财经媒体报道牛市消息，对熊市同样抱以厌恶的态度。当大家都沉浸在市场会继续上涨的幻想中时，突如其来的扫兴消息会成为不受欢迎的“造谣者”和“乌鸦嘴”。正如前面所说的，我们只能看到自己认为的世界，我们同样只能听到自己想要听的消息。

汉密尔顿不断提及道氏理论将价格波动趋势分成三种：持续数年的长期趋势，长期趋势中的次级调整趋势，以及最不重要的日常波动。这三种趋势的划分，现在看来已经是老生常谈。但对于当时的股票市场来说，绝对如盘古开天辟地一样，具有划时代的伟大意义。

书读百遍，其义自见。如今，在面对基本的趋势分类时，绝大多数朋友其实都容易忽略这样一个问题：我到底应该交易哪个趋势？是长期趋势，调整趋势，还是日常波动？

汉密尔顿给出了他多年思索研究的结果：长期趋势最重要，调整趋势次之，最不重要的就是市场的日常波动。我们应该抓住主要波动趋势，最应该忽略的就是市场的日常波动。非常不幸的是，大多数朋友的操作都与之相反。进入市场的绝大多数人都以亏损离开市场，这难道只是一种惊人的巧合吗？

市场的长期波动最稳定，次级调整最难以辨认，最不重要的日常波动可以说完全没有规律。当我们放弃最稳定的长期趋势，企图从最没有规律可循的日常波动中盈利时，就是弃简从繁。

没有人知道明天会发生什么，甚至连下一秒钟发生什么也不知道！但证券经纪人总是说："虽然没人知道未来会发生什么，但是我们可以把握现在，只要盈利，就要及时将利润落袋为安。"在经纪人的鼓动下，交易者不但天真地把经纪人当作了朋友，更陷入了没有规则的短线投机中，经纪人则赚足了佣金和手续费。当你再也无法开仓交易时，你们的"手续费友谊"就结束了。

确定自己交易的趋势，一切按照规则执行。

两个指数已经将所有市场信息通过价格波动展现出来了，而且同时还充分考虑到了人性——复杂而难测的人性。政治博弈终究是人性的试金石，在那个年代，"拥有极大财富"在政客眼中便是犯罪分子，人们对于其获得财富总会不加思索地予以谴责。在这一点上，东西方并没有差别。

"最优秀的人所知甚少"——汉密尔顿一再告诫读者不要盲从权威。迷信权威是人性，这是永远也改变不了的。人类迷信行业内的权威，甚至对行业外权威的观点也会深信不疑，哪怕这个权威只是包装出来的。

华尔街最伟大的金融家，其掌握的影响股价走势的信息，都不超过股票波动所蕴含信息的50%，这听起来令人惊讶！这位华尔街最了不起的金融家的说法是对的，事实上，这个星球上根本没有人有那本事！既然是这样的，就出现了一个疑问：没人掌握更多的知识和信息，那么是什么造就了大投机家呢？

答案是概率和止损。就算从大街上随便找来一个门外汉同索罗斯做一个交易比赛，在规定的时间内进行次数相同的交易，索罗斯的盈利次数也不一定乐观。如果找来 10 个这样的人做这个实验，可以肯定地说，获胜的绝对不是索罗斯。

从概率上看，每个人胜出的机会都一样，就如同抛硬币游戏。股市交易和抛硬币游戏的区别就在于止损。大投机家身经百战，深知交易是一场有关概率的游戏，自己唯一所要做的就是亏损时马上止损，将损失限制在最小幅度。一旦盈利则加码并调整止损点，直到最后获利离场。

这就是投机大师与亏家之别。初学者如果从一开始就用概率思维看待金融交易，很快就会实现盈利。从今天起，请从概率和止损的角度看待交易！

第十五章 “区间横盘调整”和一个实例：1914年

在前文对股市晴雨表的讨论中，我们从大量铁路股票与工业股票中选取一些成份股编入两种平均价格指数，记录两种指数的每日收盘价，并根据两种指数的走势及相互印证关系来研究股市的整体走势。当时我们还强调过“盘整区间”的概念。根据一天的交易情况，显然无法得到什么有价值的结论。尽管有时交易量很大，但这并不能表明市场基本趋势发生了变化。

在道氏理论对平均价格指数的研究中，日常波动是第三种运动，也是最不重要的运动形式。可以把日常波动比喻成每天不规则的潮汐运动，海平面的高度不会因芬迪湾的潮汐异常增高而改变，也不会因中国某条河流的入海口出现潮涌而改变，海平面要出现真正的升降是需要时间积累的。

一个定义

区间盘整通常出现在一轮主要熊市的次级反弹之前，或者在一轮主要牛市的次级下跌之前，极少数情况下也可能是主要趋势发生反转的信号。

这几乎可以定义为一种公理，该盘整区间要么处于市场的吸筹阶段，要么处于市场的派发阶段，此时买方与卖方力量处于均衡状态。在平均价格指数的历史走势中，就出现过几次意义重大的区间盘整，我们在之前已经提到过。

预测战争

作为股市晴雨表，平均价格指数甚至可以预测一些连华尔街都不知道或根本没有意识到的事情。为了展现这方面的特殊价值，这里提供工业指数与铁路指数在第一次世界大战爆发前的 1914 年 5—7 月间明显的区间盘整走势图。再也没有什么比这一点对股市晴雨表的考验更苛刻的了！

第一次世界大战的爆发震惊了全世界，股票市场提前预测到了吗？我可以公正地断言，答案是肯定的。面对重要的历史关头，股市晴雨表早在战争之前就已经预测到了，或者说在 7 月末之前就已经预测到了，德军随后于 8 月 3—4 日入侵了比利时。

请记住，股票市场自 1912 年 10 月开始就一直处于熊市中。1914 年 5 月，两种平均价格指数形成的盘整区间长度有些不同寻常。铁路指数在 103 点和 101 点之间波动，工业指数在 81 点和 79 点之间波动。铁路指数只在 6 月 25 日那天跌到了 100 点的位置，不过只发出这一次突破警示，第二天就又回到了原来的盘整区间。

两种指数随后继续在区间内盘整，铁路指数和工业指数盘整走势分别持续到了 7 月 18 日和 7 月 27 日。以最晚的日期来算，此时距德军大举进攻比利时只有 8 天，而 7 月 27 日工业指数对铁路指数发出的警示信号做出了确认。

“盘整区间”的含义

表 15 1 是 1914 年 5 月 1 日至 7 月 30 日的平均价格指数表，这个表可以解答许多问题。该盘整区间就像平均价格指数反映出的其他盘整区间一样，代表市场处于吸筹或派发期。

表 15-1　1914 年 5 月 1 日至证券交易所停业期间的平均价格指数

铁路股票	5 月
	103 103 103 103 103 103 103 103 103 103
	102 102 102 102 102 102 102 102 102 102　102 102　102
	101 101 101
	6 月
	103 103 103 103 103 103 103　103 103
	102 102 102 102　102 102 102 102 102　102
	101　101 101 101 101
	100
	7 月
	103
	102 102 102 102 102 102
	101 101 101 101
	100 100 100 100
	…
	98 98 98
	97 97 97
	96
	…
	…　94
	93
工业股票	5 月
	81 81 81 81 81 81 81 81 81 81 81
	80　80 80 80 80　80 80　80
	79 79 79 79 79 79 79
	6 月
	81 81 81 81 81 81 81 81 81 81 81 81 81 81 81 81 81
	80 80　80 80 80 80 80
	79
	7 月
	81 81 81 81 81 81 81 81
	80 80　80 80 80 80 80 80 80 80 80
	79 79 79
	…
	…
	76 76

注：每个数据代表一个完整交易日 20 只铁路股票和 12 只工业股票平均收盘买入价格。

截至 1914 年 4 月底，熊市已经持续了 19 个月。我们可以合理地推测，如果不是爆发战争，这将是一个预示牛市到来的吸筹区间。实际上，牛市开始于当年的 12 月份，也就是证券交易所重新营业后不久。

这个表也解释了该盘整区间的长度与宽度问题。从理论上说，这种横盘当然可以无限延伸下去。不过在这个例子中，工业指数在盘整区间的震荡超过了 66 天，铁路指数则持续了 71 天。

从表中可以看到，工业指数的波动幅度为 3 个点，铁路指数的波动幅度则稳定在 4 个点。指数在盘整区间内的震荡后来被证明是市场派发，随后市场进入极度饱和状态，证券交易所出现了自 1873 年黄金恐慌以来的第一次关门停业。

到底发生了什么

到底发生了什么事情？美股的德国持有者和那些消息灵通的欧洲银行家已经开始在市场上大肆抛售股票。如果不是爆发了战争，美国投资者会以超低价买进所有股票。到 1914 年 7 月为止，熊市已经持续了 22 个月，市场上到处都充斥着这种不正常的低价股票。然而，美国投资者还是在随后的第二年消化吸收了所有这些股票。

战争迫使国外股票持有者将手中的股票卖出变现，战争贷款也迫使其他投资者纷纷清算并变现资产。发行新证券是华尔街的任务，人们常常选择在社会积蓄较多和时机比较成熟的时候来发行新证券，但是欧洲大量的股票供应基本上替代了新发证券的供给。

对铁路公司的过度管制——现在我们已经认识到这是一种经济犯罪，使得铁路公司在战争爆发前很久就已经失去了创造盈利的能力。在这场灾难到来的 5 年前，公众注意力就已经转移到工业股票的投机上了，比如美国通货膨胀期间，名声不佳的石油股票在市场中大量推销，其中的投机风险还是非常大的。

如果不是美国证券销售到了国外，而且战争又将美国从一个债务国变成债权国，那么就不会给我们提供发展资本市场的机会。正是基于这两个原因，7 月末对盘整区间的向下突破非常具有启示意义。

当证券交易所重新营业时，市场仅出现了小幅下跌，之后便进入了有史以来最大的一轮牛市。

与交易量的关系

知识的价值在于它不仅告诉我们应该做什么，更会告诉我们应该避免什么。所谓的“内幕消息”，在华尔街是一种危险的商品，尤其是根据内幕消息进行交易时，更会增加危险性。但是至少它可以让你提高警惕，避免被那些缺乏真实性的传闻所害。

只要认真研究平均价格指数，就能发现在哪里形成了“盘整区间”。若证明市场正在吸筹，就能为我们提供非常明确的信息，这不仅对交易者有用，对那些把股市晴雨表视为预测国家经济走势的人也极具价值。

此处谈论一下交易量是个非常好的机会。其实交易量并没有人们认为的那么重要，它的重要性只是相对的。在极其活跃的市场中，通常认为交易量巨大算不上什么。如果盘整区间显示股市正在吸进股票，那么它将会消化所有的市场供给，不论是 30 万股还是 300 万股。降雨在强度、地域和持续时间上都会有所差别，但它们都是空气湿度达到饱和后的结果。下雨就是下雨，不管是覆盖了一个国家还是一个州，雨天持续 5 个小时还是 5 天。

怎样识别牛市

也许有人会问，对于次级波动趋势例如反弹上涨，我们怎么判断它已经发展成为大牛市了呢？答案就在一连串波动起伏的平均价格指数中。

如果熊市的次级反弹在反弹到前期高点之后再次下跌，并且没有跌破之前的低点，但是之后的反弹高度超过了前一波反弹的高点，据此可以断定牛市已经开始了。

当然，晴雨表并不能预测牛市持续的时间，就像空盒气压计不可能在 10 月 30 日这天提前告知总统选举日的天气情况一样。

晴雨表的局限性

不要期望空盒气压计无所不知，正如我们所知道的那样，它也经常会出错。这也完全适用于股市晴雨表，我们必须用智慧去解析它。

通过 X 光成像技术，当代外科医生和内科医生在延长人类寿命、提高生活质量方面获得了极大的帮助。但是医务人员会告诉你，看 X 光片这件事必须交给专家去做，那些不经常接触 X 光片的从业医师，无法了解甚至会误解其所代表的含义。

X 光片揭示的病情，例如牙根处的脓肿，对于外行来说不代表任何意义，甚至可能一些牙医也如此认为，但是任何牙医都能够看懂 X 光片。同样的道理，任何一个对股市敏感且有兴趣的外行，只要不带投机心理，都可以学会研读股市晴雨表。

投机的必要与作用

在许多无知的失败投机者眼中，华尔街是个神秘的地方。他们最终不得不承认，自己其实是被骗了，于是认为股市投机和赌博没有什么两样。本章的目的并不在于讨论道德问题，例如投机是否道德，投机与赌博的分界线，赌博在十诫中的位置以及臆想的卖空罪过。

我个人认为，一个人用自己的资产去投机不涉及任何道德问题。

或者换种方式说，这种投机是道德的，就像一个人合法经营自己的生意一样。如果谁选择把投机作为自己的事业，或者说作为自己事业的一部分，那么这时的道德问题就绝对是学术问题了。

在国家发展中，投机是必不可少的因素之一。投机激发出的冒险精神，可以用更可爱的名字来描述，如冒险或者创业。毫无疑问，如果没有人愿意为了赚取更多的利润去投机，仅仅是通过投资去建设，那么美国的铁路将会停止在阿勒格尼山脉的东部小山丘，我们童年时在地图上画出的“美国大沙漠”地带，如今将会一如既往地荒凉着，我们现在最重要的小麦和玉米产区也仍然会是一片沙漠。如果不是得益于投机行为，我们所知道的一切景象，都会与当前的实际情形相反。

鲁德亚德·吉卜林①曾经说过，如果英国军队等待救援的话，大英帝国的版图就会停止在马盖特海滩上。投机者存在于股票市场或任何自由市场中，这是一个事实，这绝不只是一个理论。他们就是那些潜在投资者，绝不等待任何救援。如果放弃了国家必需的自由市场和自由投机，这个国家就将进入黑暗的时代，并且会出现衰退。

困难但不失公允

我们不能错误地认为，一个投机者在华尔街交易的时间足够久就肯定会亏钱。我可以举出许多例子来证明相反的观点才是正确的，尽管我自己从来没有做过保证金交易。但是投机者要想在对抗中立于不败之地，就必须具备资本、勇气、谨慎和判断力，从严苛的研究中获取信息，就像全身心投入到别的事业当中那样，要全身心投入到投机事业中。

把华尔街比喻成赌场完全是错误的，并且带有误导性。但是对于那些不遵守游戏规则的人来说，当其在市场中与交易专家对抗时，在

① 鲁德亚德·吉卜林（1865—1936）是英国著名文学家，1907年凭借《基姆》获得诺贝尔文学奖。

华尔街交易的确是赌博，胜算青睐于庄家（庄家没有必要作假）而不是那些投机者。

在没有学习如何叫牌和做出正确判断之前，任何人都不愿意和专业选手玩竞叫式桥牌。如果他稍加怜惜自己潜在的搭档，就会克制这种做法。但是不愿拿自己和同伴的钱用这种方式去冒险的人，却会毫不犹豫地到华尔街去投机，他亏损难道意外吗？

谁在操纵市场

这里似乎非常适合回答这个具有本质性的问题："谁是市场庄家？"是市场操纵者吗？是发行新流通股的大银行吗？是证券交易所的场内专业交易商吗？是那些对记者和国会委员会大肆夸谈自己是如何赚得丰厚利润，但对自己的亏损却从来只字不提的大"操盘手"吗？当然不是。市场一直都是由全体美国人民的储蓄资金投资创造的。

当大多数投资者同时预感到价格、收益和交易量都要下跌并开始缩减交易规模时，没有任何金融联盟能够通过宣传或其他方式操纵出一个牛市。即便是最专业的操纵者，也只能刺激某一只特定股票或某个小板块，而且这一板块已经在其自身的优势下处于上涨阶段，并且得到大众情感的认可。

我们曾提到过已故的詹姆斯·R. 基恩在 1901 年和 1902 年对美国钢铁公司和联合铜业公司成功操纵的故事，但是对于许多次试图操纵股票发行，却因为无利可图并处于危险境地而最终放弃操纵的情况，我们则从来没有听到过。

大型私人金融机构通常都是证券的卖家，它们的工作就是通过制造证券来促进新企业的发展，并将公众资本集中到这个发展渠道中。华尔街个体资本家买入股票纯粹是为了私人投资，这一点在那些已经做过检验的遗嘱中就可以分辨出来。即使像已故的 J.P. 摩根或 E.H. 哈里曼这样见多识广的人物，在做出这样的判断时，也会犯一些令人难以置信的小错误。这样的名人太多了，我们这里只提他们两个。

投机的合理基础

前面曾提到过，股票市场以最透明的方式反映了全美商业形势的所有信息，附带着也反映了邻国的商业状况。当一个人发现自己的批发贸易或工厂出现盈余时，他倾向于将盈余投资在可流通的证券上。如果这种资产转化是普遍存在的，那么股票市场应该能够预见这种变化并通过市场走势反映出来。

经营者可能在7月买进证券，并根据自己的资金能力一次付清款项，同时保留充足的资金，以便在年底分配利润。他绝对不会等到年底再买入证券，因为他认为自己在7月份了解到的信息，到年底就会人尽皆知，那时股价也会大幅上涨。他会提前买入股票，就像工厂生产要提前买入原材料一样，不过要在股票或原材料看起来很便宜时买入。

值得注意的是，这是一种非常完美的直觉。“直觉”这个词来源于拉丁语“sentire”，意思是“通过感官和头脑去感知、理解和思考”。这并不是感情用事，华尔街也不鼓励感情用事。

信念

华尔街知道“信念”一词代表的含义。这是一种极度的壮举，是一种冒险，也是对有价值目标的崇高追求。正是信念让布恩翻越了阿巴拉契亚山脉，也正是信念让淘金者在1849年翻越了落基山脉。这是我们从莎士比亚时代的祖先那里继承的精神，他们正是在信念的感召下，驾船驶向了茫茫大海，同西班牙的无敌舰队作战，以童真女王[1]的名字命名了这块未知大陆上的殖民地。

弗吉尼亚今天仍然在这里，当奥斯汀·达本森用诗歌发出赞美时，戴维将军可能会问，西班牙的无敌舰队去哪了呢？信念是民族成长的生命力，绝不能同那些仅凭一时兴趣创造出的“法定州花”“微笑周”和伤感的“母亲节”等法令相混淆。

在讲英语的民族中，信念这个词表达的是久经磨难、劫后重生的意思。正是由于信念，我们为那些拯救了民族的无名战士举行国葬，并在威斯敏斯特教堂为他们竖立了纪念碑。也正是由于信念，所有伦敦人在停战协议宣布一年后集体默哀了两分钟。1919 年 11 月，我在伦敦市长官邸的一个街角就独自默哀了两分钟。那真是感人的场面，即使是我这样坚毅的新闻记者，默哀时也会饱含热泪！

价格的主要波动趋势并不是某位智者的选择，也不是哪位领导人的决定，决定主要趋势的是更加伟大而深刻的因素。从我个人的了解来看，至少对那些在华尔街和其他地方打拼过的人来说，确实有这样一种感觉：

智者何其孱弱，
伟大人物又是多么渺小。

经典解读

经济是一个整体，由和你我一样的千千万万人共同参与其中。

农民把种子埋在土里，望着天上的太阳祈祷能有个好收成。

粮食加工企业祈祷今年能有个好收成，这样手里就有活了，孩子下学期的学费就有着落了。

---

① 童贞女王（1533—1603）指伊利莎白一世，她是都铎王朝最后一任君主，1558—1603 年担任英格兰女王。伊利莎白一世终身未嫁，故人称“童贞女王”。伊利莎白一世继位时，英格兰处于混乱状态。经过长达半个世纪的统治，伊利莎白将英格兰变成了欧洲实力最强大、经济最富有的国家，文化方面也同时进入盛世。这一时期英国诞生了许多享誉世界的文豪，如莎士比亚、培根等。

学校也祈祷粮食加工厂生意兴隆，因为学生家里都是做这个生意的，学校的教师也需要就近吃上饱满的粮食。

然而，农药商人则不这样认为，他们偏偏这么想：“快来点病虫害吧，今年这农药还压在库房里，都过去大半年了，快让我开张吧。”

社会中无数个经济体组织在一起，共同形成了市场。他们相互联系，相互制约，价格就在这样的供求博弈中波动，任何人也控制不了价格。没有人知道世界所有领域的每一个细小的知识，价格随时都在变化着。

正如汉密尔顿所说：“价格的主要波动趋势并不是某位智者的选择，也不是哪个领导人决定的！”既然如此，我们就可以放弃庄家操纵市场的想法。

汉密尔顿清楚地表明，股票市场是最公开、最透明的场所。全美所有经济信息都会第一时间反映到股票市场中，这些信息为投机提供了坚实合理的基础，也为我们合理地投机创造了条件。但在交易实践中，我们经常会遇到各种各样的困惑：海量信息真假难辨，突发事件让人不知所措，总是担心未来会出现黑天鹅。

面对这些问题应该怎么办呢?

不去猜测，静观其变，以不变应万变，看价格是否突破了盘整区间！

市场中消息千变万化，上帝也不知道哪个是真的，哪个是假的！

市场到底有没有庄家？有。事实上，庄家并不知道未来股价会朝哪个方向走，庄家只不过是恰好正确利用了大众情绪，顺势而已。庄家与散户其实在盈利策略上并没有本质区别！每年亏光巨资的庄家也是一个很大的群体，如果庄家真能操纵股价，就不会落得如此下场了！

责怪庄家只不过是为自己的亏损寻找借口！亏损是件再正常不过的事情，交易者需要做的，就是从这些亏损的交易中吸取教训。应对亏损的方法是止损，如能及时止损，就是神也没有办法把你账户里的资金抢走！

正确判定市场波动趋势，是能否盈利的关键！对于怎么判定波动趋势，汉密尔顿给出了非常精彩的答案：下跌趋势没有跌破底部，之后的反弹超过前面的高点，也就是观察盘整区间的突破情况。

汉密尔顿给出的方法，在交易实践中是行之有效的，而且趋势反转时的市场表现就是这样。不过对于交易者而言，即便思路没有错，依然还有极大亏损的可能，原因就在于正确得太早了，缺乏耐心的代价将是惨痛的！尤其是短线杀进杀出的交易者，过短的操作周期根本捕捉不到大的波动。这也再次告诫我们：拒绝短线！

第十六章　例外反证规律

谚语能够显示某个智者或一群人的智慧。有时，好争论者却认为谚语用起来并不方便，说那只不过是噱头或是吸引眼球而已，都是一些不证自明的道理。一位法国哲学家曾经说过，“所有的总结和归纳都是荒谬错误的”，包括这句话本身。尽管这些可能是老生常谈，但是这种不证自明的道理，深究起来也可能是对的。

任何规律都有例外，但是例外如果太多了，就有必要再创造一个新的规律，经济领域更是如此。有一句谚语最能说明我们的意图，那就是“例外能够反证规律”。当然，我们说的不是库克提到的“例外足以根据例外的情形证明规律的存在”。但是，对于股市平均价格指数并不多见的例外而言，这个谚语具有惊人的正确性。

铁路和工业两种股票平均价格指数，必须要相互验证，才能正确衡量价格波动释放的信息。由平均价格指数显示的股票市场历史记录，跨越数年最终证明两种平均价格指数波动基本是一致的。但是这个规律也有一个例外，正是这个例外，可以反证我们建立起来的理论具有更大的价值。

有必要提及的历史

趋势往往要在数月以后才能识别出来。为了解释价格波动的含义，有必要浏览一下历史数据，这可以为我们的研究工作增添许多乐趣。

1918 年，也就是美国宣布加入第一次世界大战 9 个月后，两种指数都在年底通过强烈的次级波动发出了牛市信号。那一年，铁路板块股票全都很好地分享了这一上升趋势的成果。但紧接着出现的抛售现象，险些使其在 1919 年跌入熊市之中。此时，工业指数却表现得相当强劲。

就在我写这一系列讨论文章时，不断收到读者的来信，信中列举了这个众所周知的事实，想借此推翻以平均价格指数为基础的理论体系。如果说例外可以反证规律的话，这就是一个例子。

请注意，构成平均价格指数的工业股票和铁路股票本质上都是具有投机性的。这些股票只被少数将安全原则作为主要考虑因素的人持有，他们持有股票的目的仅仅是为了获得固定收益，并且其持有者经常会发生改变。如果这些股票不具有任何投机性，那么其对股市晴雨表也就没有任何用处了。

在工业股票上涨的 1919 年，铁路股票却没有跟随上涨，其原因是当时铁路股票由政府提供担保，所有权转移到了政府。这也就是说，至少在那段时期，铁路股票失去了投机性，不论是在牛市还是熊市，股票价格的上涨都不可能超过政府担保的实际价值。

受到削弱的晴雨表

在一年多的时间里，平均价格指数只显示出了晴雨表一半的价值，或者说实际上连一半都没有，因为当时工业指数的波动缺乏具有相应投机性的铁路股票的验证。

从图 16-1 中我们可以清楚地看到，在那段时期，由 20 只铁路股票构成的铁路板块平均价格指数并没有跟随市场一起波动，而是与债券价格波动曲线同步。除了政府担保价值之外，人们的确没有任何别的指望。除非那些目光长远的股票持有者才能够预见到，由于政府所有导致铁路公司盈利能力大幅下降，随后该政策最终归于失败。

我们还可以看到，政府所有时期的铁路股票，偶尔也会根据不同的原因同工业平均价格指数共同波动，其价格走势其实是反映了人们对政府担保价值的预期。随后铁路指数再次下跌，接着又重新反弹，这一时期主宰铁路指数波动的是那些影响债券价格的所有因素。

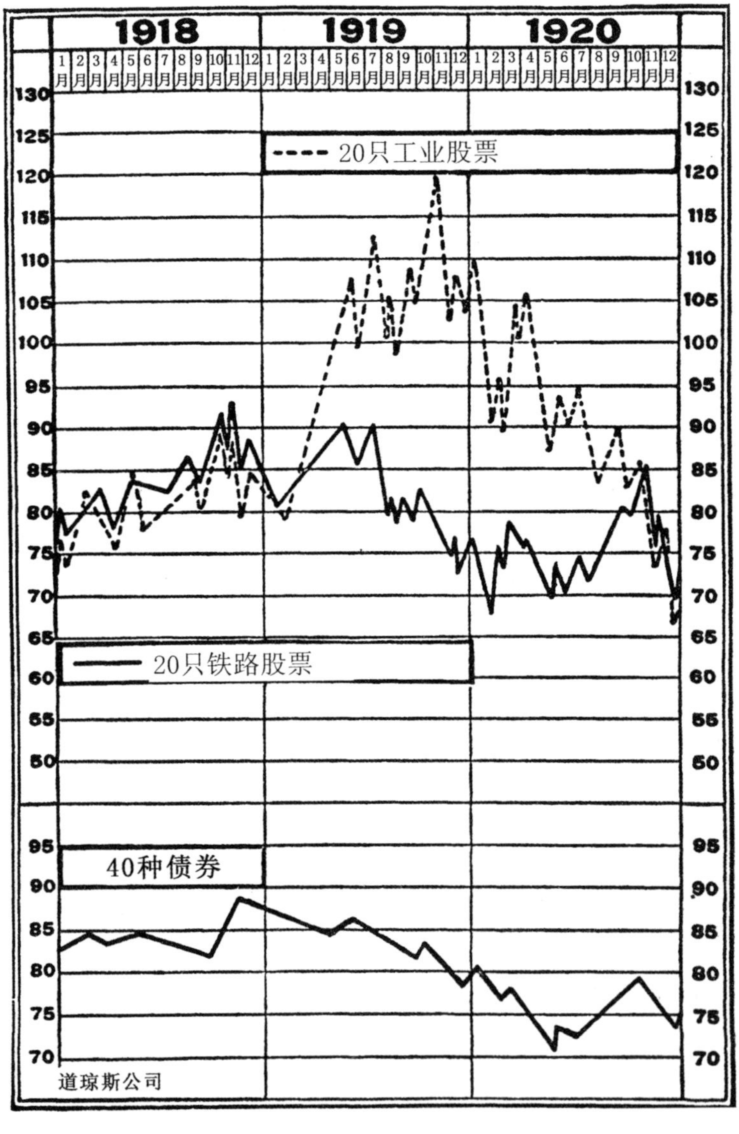

图 16-1　股票市场平均价格指数走势图

一个重要的区别

这里有必要指出股票与债券的本质区别。股票是一种合伙人契约，而债券则代表的是一种债权，债券的求偿权优先于股权。股票持有人是公司的合伙人，而债券持有者则是公司的债权人。

债券持有者将自己的钱借给发行债券的公司用于固定资产投资，如铁路公司的不动产或制造商的工厂。债券的本质在于其投机性是次要的，甚至根本不具备投机性，持有债券的目的就是为了获得固定收益。

债券价格严格按照居民收入的购买力波动，当生活必需品价格低廉时，债券价格就会升高；随着生活必需品价格的上涨，债券价格则会下跌。人们很容易得出结论说债券价格受货币价值波动的影响，但这种认识往往是错误的。因为利率每天都在波动，只有考察长期债券较长期限内的价格波动，才能了解一定期限内债券和货币的价格波动关系。但这最多也只能是一种估计，而且时常出错。

一个适用于外行的准则

简言之，固定收益证券的价格与生活成本成反比。如果后者较高，债券和其他固定收益证券的价格就会走低，很显然，以美元衡量的收益就会较高。如果生活成本较低，那么债券和其他固定收益证券的价格就会走高，以美元衡量的收益就会相应地减少。

政府担保的影响

很明显，当时政府对铁路股票担保的最低回报，是基于 1917 年 6 月 30 日的 3 年平均收益率来计算的，据此铁路股票可以归入固定收益证券之类。如果当时铁路股票保持了投机性，其产权没有划归政府[①]所有，收益也没有政府做担保的话，那么价格波动就不会受生活成本的影响，而是基于其盈利能力，而且主要受预期盈利能力的影响。正如我们一再强调的那样，股票市场并不是反映今天的商业状况，而是反映美国综合智慧所能预见到的未来商业形势。

让我们回顾一下战争期间铁路股票受到的影响。当美国在 1917 年春季宣布加入战争时，政府与铁路公司达成的协议尚处于试验阶段。当时的持股者认为他们的投资是具有投机性的，而且当时的铁路股票也确实表现出了投机性。

这种状态一直持续到 1917 年圣诞节第二天晚些时候，政府明确宣布将要接管铁路公司。股市当天来不及对铁路公司新的所有权变化做出价格调整，但在第二天即 12 月 27 日，20 只活跃铁路股票的平均价格指数收于 78.08 点，比前一天的收盘价至少上涨了 6.41 点。

尽管之前人们一直期待政府为到期的合约和资本优化追加资金，但就在此前的两天里，华尔街经过深思熟虑，认为政府可能会永久性地接管铁路。宣布政府声明的当天早晨，纽约一家对威尔逊政府充满信心的报纸说，政府将会根据过去 5 年的平均净收益对接管的铁路公司股票做出补偿。

我们不可能钻进威尔逊的大脑里去看他到底是怎么想的，但在当时以及之后相当长的一段时期内，收编铁路公司的目的就是要将它们永久归政府所有。

平均价格指数如何出现分歧

第一次世界大战期间的第一次牛市在 1916 年 10 月达到顶峰，此

① 为了打破铁路运输市场垄断格局，促进公路和航空业的发展，美国政府于 1917 年开始对铁路进行政策管制，导致铁路运输业衰退。此时，定价权被政府主导，私营铁路公司不得随意定价，更不能根据运量自主实施优惠政策，铁路运输发展创新停滞。管制期间，铁路干线被切割为上百家公司，货物运输不得不中转多家公司，服务效率和质量大打折扣，许多铁路公司因此亏损严重甚至破产。

后进入熊市阶段。从图 16–1 中可以看到，在 1918 年的熊市反弹中，铁路指数随工业指数一同稳步上涨。

从政府所有与担保控制了股票持有人的命运开始，铁路和工业指数的波动就开始分离了。铁路指数在 1918 年 10 月创下高点，而工业股票的牛市一直持续到 1919 年 11 月才到达顶点。当时由于铁路股票有政府担保，引发市场出现第一次冲动性抢购，紧随其后铁路股票价格便稳步下跌。直到 1919 年仲夏，铁路股票的价格走势才开始出现企稳反弹走势。与此同时，工业股票则出现了显著的上涨，这种上涨状态一直持续到 1920 年大跌之前。

1920 年，铁路股票的波动与下跌中的工业平均价格指数走势正好相反。这年秋天，上行的铁路股票价格指数与下行的工业平均价格指数出现了交叉，同时，债券价格复苏上行的趋势也得到了市场确认。

艾斯 – 卡明斯法案①

从上面的描述中我们可以发现，铁路股票在 1919 年的下跌和 1920 年的反弹中，实际走势跟那几年中 40 只代表性债券价格指数的波动相吻合。请注意铁路股票的走势，它们与当时的通货膨胀和之后生活成本紧缩之间的联系是多么紧密。

1919 年春夏季节，总统威尔逊先生离开美国远在欧洲的时候，常有报道说威尔逊对政府所有制带来的高成本与低效率极其不满，他希望尽早找到一个机会将铁路所有权归还给私人部门所有。我们有理由相信威尔逊总统的确这样期待，至少是希望能在 1919 年 8 月 1 日前将铁路所有权归还给私人业主，那时国会可能会通过相关法案。

当时国会正在制定《艾斯 – 卡明斯法案》，也就是现在的《铁路

---

① 《艾斯 – 卡明斯法案》即现在所说的《铁路运输法》，美国国会 1920 年通过该法案。法案的主要内容是在“一战”结束后，将铁路公司返还给私人经营。该法案还鼓励私营铁路合并，同时承诺让州际商业委员会负责保证其盈利水平。

运输法》。从夏秋季节一直拖到11月16日，众议院才最终通过这项法案。正是在那个时候，或者是在12月初，总统先生明确宣布他将在1月1日返还铁路公司所有权。但是直到1920年2月底，参议院才通过《艾斯－卡明斯法案》，于是总统先生不得不将自己制定的最后期限又延长了两个月。

出售“无管制”

在9个多月以前的1919年5月份，铁路指数形成了“双重顶”的第一个顶，7月完成了整个“双重顶”技术形态。《华尔街日报》就此说，面对现在如此悲观的盈利报告，这些股票却能表现出较强的走势，这大概是因为铁路公司将要进入“无管制”的新时期。

7月份股市出现反弹之后，又重新下跌至1920年的低点，毫无疑问，这是因为政府所有制已经对实体经济造成了严重的伤害。

实际上，国家经营使铁路公司在绝大多数情况下运营成本都高于营业收入。出于政治目的而不是经济目标，主要财务项目和工资等都被提升到了无法理解的水平，铁路公司的所有成本都在成倍上升。

作为唯一的买家，战时政府实际上已经将缅因州的铁路枕木价格哄抬到了非常高的价位，从0.37美元涨到了1.40美元的水平。值得注意的是，为了使铁路公司能够在私有制条件下自主运营，大幅提高枕木价格是绝对有必要的，不过在当时这些问题才刚刚开始讨论。事实上，直到局面无法收拾时，州际商业委员会才同意了这一措施。

类别差异

联邦政府管制实际上在1920年2月28日，也就是签署《艾斯－卡明斯法案》两天之后就已经结束了，这也将联邦政府的赔偿延迟了6个月。为了执行该法案，专门设立了劳动委员会负责制定铁路运输费率，要求铁路公司向州际商业委员会上缴运费收入的6%。直到第二年8月，铁路运输费率才开始上涨，不过华尔街知道费率一定会上涨，所以将这种因素提前反映到股价中了。在本例中，股价提前6个月反映了该事件。

考虑到战争对商业和生产造成的影响，我们有理由相信，这场战争的影响不论在性质上还是程度上，都与之后爆发的战争完全不同。这是一场不同性质的战争，在没有其他因素的作用下，工业股票自己制造出一轮牛市来，之前从未发生过这种情况。

我们之所以在这里着重强调这种根本差异，以及造成这种差异的原因，是因为只有彻底清楚并了解其中的机理，将来老师和学生在面对如此无法调和的困难和矛盾时，才不至于变得困惑和气馁。当然，这些讨论对未来老师和学生的吸引力绝不亚于目前的读者，稍后还会提供其他例子，对探讨的结论进行更多的检验。

均衡性和幽默感

我们没必要爱上自己的理论，也没必要像追求时尚的狂热分子那样看待自己的理论。如果把一枚银币放在一臂远的位置，你就能看清它和周围物体的正确关系。如果离眼睛太近，这枚银币和周围事物的关系就会被扭曲，银币本身也会被夸大。如果离眼睛再近点，你就看不到其他东西了。

可能是上天不允许我创立一个由经济学家组成的学派，时刻准备着誓死捍卫“世界沿着平均价格指数摇摆着前进”这一命题。当然，我并不是要在这里为该理论招募信徒。我们可以原谅一个学派的创建人，但绝不会宽纵这个学派。因此，让我们和股市晴雨表保持一段合适的审视距离，这样就不会把晴雨表看得比天气预报更重要。

我们已经拥有一套合理的理论可以参照，否则之前章节的相关讨论全是徒劳无益的。我们绝不能像统计学家那样过度迷恋自己的学说，科学家甚至是最伟大的科学家，都倾向于崇拜自己的学说，其结果往往是自取其辱。伟大的实证主义哲学家赫伯特·斯宾塞曾经对已故的赫胥黎教授说：“你可能不相信，我自己的确已经写出了一个悲剧的开头和整体框架。”“我完全相信。”赫胥黎教授回答道，“我知道故事的情节，它是一个关于完美的理论如何被丑陋的微小事实毁掉的。”

我们的素材几乎都选自现代

查尔斯·H.道对他自己提出的市场波动理论的阐述少之又少，所以确定性的推理更是寥寥无几，更不用说能在实际应用中发展或提炼出有意义、有实用价值的理论，这一点确实有些遗憾。不过，在研究数据十分有限的情况下，查尔斯·道能够取得这样的成就已经是奇迹了。

查尔斯·道1902年下半年去世的时候，构成现在工业平均价格指数的20只成份股中，当时只有6只被采用，那时的道琼斯指数仅由12只成份股构成（见第9页注②）。10年前，我们要找到既有代表性又足够活跃的工业股票来编制平均价格指数是根本不可能的。

我是多么强烈地希望能够通过旧的平均价格指数去追溯1860年的市场波动情况，哪怕是仅由15只股票编制成的平均价格指数也好，尽管它并不具备目前双指数所具有的优势。我们已经看到两种平均价格指数相互修正、相互验证是多么重要，但是当麦金利重新当选总统时，由于无法找到足够数量的活跃股票，我们不得不将西部联合这只股票也纳入到铁路平均价格指数中。

我们没有必要因此而贬低先驱者，也不需要过分赞颂他们，因为他们当时也是不得不为自己开辟道路，临时制作一些分析工具。我们正是得益于他们的经验，而我们现在的工作不仅缺少创造性，还缺乏足够的真诚。

经典解读

政治对经济的影响太过深远！政策随时都有可能变化或调整，这是无法预测的不可抗力。

在交易实践中，要时刻关注政策的变动，及时做好“止损”。

政府的管制已经造成了消极的影响，铁路进入了发展停滞期！没有利益驱动，社会就会退步，何止是铁路发展停滞！

利益驱动是经济发展的原动力，经济学就是研究如何利益最大化的学问。汉密尔顿在书中一再强调，投机和道德没有任何关系！

其实，不只投机，经济和道德也没有任何关系，甚至道德和任何事物都没有关系。违反人性的道德束缚文明的进步，因此汉密尔顿反复强调投机和道德没有关联！

没有了利益驱动，美国的火车就会停在荒凉的大山杂草间，生满铁锈。

任何规则都是适用于大多数情况的。人们从无数的过往经验中总结出来一般规律，最后上升为普遍性规律。对于例外怎么去看，汉密尔顿给出了自己的答案：例外证明规律。

交易的规则是什么？错了必须止损！这项规则没有例外！

第十七章 最佳证明：1917 年

如果没有 1917 年那轮熊市，也许就不会有本书中这一系列的讨论。大家可能会觉得，根据市场波动提炼出来的知识和智慧，无非是些经验之谈，或者只是一些基于不充分前提所做的假设。出于某些未知的原因，我认为股票市场只会反映美国的经济状况，但无法预测美国之外的情况。我还认为，在涉及国际事务时，股市显然无法保持理智和清醒的视角。

由于我们的推理经不起推敲，研究成果也许并不比十字路口食品杂货店里萝卜价格的波动更有价值。但在 1916 年 10—11 月间，市场启动了一轮熊市，并且熊市一直持续到 1917 年的 12 月，也许这可以称为股市晴雨表的最佳证明。

不确定的战争前景

那些批评者太草率，未能领会我们在这些讨论中反复强调的基本原则——市场同时存在三种波动趋势，市场价格波动和未来将要发生的事件有关。

他们可能会问，1917—1918 年的商业图表均显示商业大繁荣，而且我们熟悉的巴布森图表在 1915 年下半年到 1920 年底，从来就没有低于其调整后的财富增长曲线，市场为什么却在 1917 年出现了熊市下跌呢？

战争初期，是什么导致了美国商业过剩？没有给部队按时提供后勤补给吗？没有为部队提供食品补给和武器装备，或者借款时没有打欠条吗？我们尚有几百万美元没有付款的欠条，难道这些钱都打水漂了吗？

记住这些事情很重要，股票市场是理性的，不会把战争利润全部冲抵过去或将来的客户损失。

撇开以上事实不谈，1917 年的熊市还是有一些具体原因的。那一年，全年的战事都不明朗，综合市场全部信息，并不排除德军可能会取得战争的最终胜利。直到 1917 年末，股市晴雨表才预测到协约国将取得战争的胜利。那年 12 月出现的牛市，提前 11 个月便预测到了停战，提前 6 个月预测到了德军最后一次大规模进攻会失败。

正如一句谚语所说的，脑有所思，心有所想。我们在 1917 年便坚定地认为战争一定会取得胜利，这是多么勇敢的态度！当时结束的熊市，实际上是给这一切结果上了一道保险。

对于那些无法分辨出这种“繁荣”和另一种“繁荣”之间区别的人来说，他们无法从中获取有益的信息。这是最明智的股票市场波动，它充分说明了市场的预见性远胜于我们先前分析的一切。

如果德国取得战争胜利

许多读者一定问过自己，如果德军和其盟友在战争中胜出，世界将会是什么样的？不过，更多的读者并不会去思考这种可能性，因为那实在是太恐怖了！

平心而论，现在的境况已经够差了。如果法国被击溃，比利时被征服，意大利陷入无政府状态，英国变成一片废墟，商船被摧毁，企业倒闭，民不聊生，世界还要再坏到哪里呢？如果德国向世界索要数亿美元的战争赔款又会怎样呢？我们喜欢和这个加勒比海盗式的国家做邻居吗？许多政权将会瓦解，或者说将会产生许多新的国家，这将带来极为严重的后果。如果大英帝国从此一蹶不振，世界又会变成什么样子？

上述种种可能性，足以摧毁意志最坚强的人。但是股票市场 1917 年直面了这一切，其实它早已向自己提出了这些问题。

海军上将西姆斯[①]曾告诉过我们当时的情形是多么危急，协约国也曾私下承认了这一点。尽管我们是在 1917 年春天加入战争的，但是由于没有做好充分的准备，直到那年年底，美军的援助才开始发挥作用。当时股票市场并不知道（因为没有人知道）美国的加入是不是太晚了。当然，我们要保全自己也没有什么问题，但是如果不挽救协约国，股票市场必须为这样的后果负责。

前面已经说过，除了最完备的信息机构制作的表格和分析数据之外，股票市场还会考虑很多其他因素。股票市场这些警示性波动蕴含的信息，绝不限于只反映美国未来的商业形势，这些记录的诚实编纂者肯定无意就这一点展开争辩。

英国国债

1908—1909 年的牛市结束后，一直到第一次世界大战开始前的那段和平时期，英国经济却出现了萎缩。这一点我们将在其他章节专门讨论，这种讨论极富指导意义。

战前的熊市和这场颠覆了所有人估计的战争之间存在着明显的联系。这场战争在规模上与持续了 1/4 世纪，并以 1815 年滑铁卢战役作为结束标志的反法战争类似。但是这场大战影响如此巨大，破坏如此严重，即使在今天也无法从历史中找到先例。

如果用战争持续的时间跨度去抵消战争强度，再把卷入战争的人

---

① 威廉·索登·西姆斯（1858—1936）是美国著名海军上将，1876 年美国海军学院毕业后，开始长达 17 年的海上执行任务生涯。当他发现一种新型连续瞄准射击技术后向美国海军发了报告，却没有得到满意回答。为此，西姆斯直接写信给时任总统罗斯福，力陈该技术可以提高美海军战力，总统特意将其调任海军射击督察。第一次世界大战时被提升至海军中将，1918 年晋升海军上将。

口数量和国家财富考虑到冲突的规模中，那么我们能比观察家得出更好的分析结论。拿破仑时代的战争造成了巨大的损失，英国因此欠下了大量国债。这个例子极有说明性，据我所知尚未在别处提及过。

在 1815—1816 年间，当时英国的国债占到了国民财富总量的 31.5%。经过大半个世纪，在漫长的维多利亚女皇统治时期，英国逐渐偿还了大部分国债。到布尔战争①（1899—1902）爆发之前，英国债务规模已经不到国民财富总量的 4%。

以整数计算，布尔战争消耗了英国将近 10 亿美元的财富，使其债务比例上升到国民财富总量的 6% 以上。在 1902—1914 年间，尽管生活成本和税收都在稳步上涨，英国国债开始下降，不过并没有减少到 1899 年时债务在国民财富中的比例。英国债务比例现在估算占国民财富总量的 33%，或者比拿破仑时代战争结束后的比例高出 1.5%。拿破仑时代的战争从 1793 年持续到 1815 年，中间有 3 年的停战期。

毫无疑问，这一比例高得吓人，但远不至于达到令人绝望的程度。这也就是所有货币在战争期间都会贬值，而英镑依然能够表现坚挺，享有近似于美元货币兑换地位的主要原因。

美国自己的一笔债务

股票市场曾在 1917 年这样问自己，如果德国获胜，英镑和其他一切将会怎样？如果德国的印钞机不间断地印制德国马克，德军在 1918 年春季发动的进攻又取得了胜利，现在协约国之间流通的又会是哪种货币呢？

通过分析，我们可以满意地看到，股市晴雨表最核心的品质就是它的预测能力。当我们还在用账面利润、提高的工资和膨胀的物价来自欺欺人时，还有什么比市场下跌能更清晰地表明股市的前瞻性呢？

---

① 布尔战争是英国同布尔人为争夺南非殖民地发生的战争，战争最终以英军获胜结束。

1916年，我们借助《亚当姆森法案》[1]，把增加工资的权力交给了工会，却没有得到获取相应劳动回报的保证。为了即将开始的总统大选，国会忙于拉选票，因此哄骗美国消费者和纳税人说，为了给铁路乘客增加更多的安全性，法案决定缩短铁路工人的工作时间。

当然，《亚当姆森法案》的通过并不意味着工作时间缩短，只是将工作时间提前了而已，结果是带来了更多的加班。铁路劳工的工作时间实际上是延长了，工作时间被延长至16个小时，这已经触及了法定上限。这种情况使得拥有相同利益的工人们紧密地团结在一起，共同反对铁路管理当局。

现在我们已经看到，这一事件已经对其他工业部门产生了消极的影响，也束缚住了我们的手脚。有了这样的先例，1917年初我们国家加入战争以后，就没有比增加工资的要求再荒谬的了。全国所有的制造商,所有的消费者,都已经尝到了由于国会无耻妥协造成的严重恶果。

掺水劳动的含义

在前面“晴雨表中的水分”一章中，我曾提到过掺水的劳动比掺水的资本更有致命性。如果没有掺水劳动带来的稀释作用，我们能够降低多少亿美元的国债？也许根本就不会有这些债务。

皮兹先生战争期间是应急船运公司的总裁，他曾指出，极少的个人产出和极高的工资已经严重降低了工作效率。工资的增加是由商品价格上涨引起的，商品价格上涨和工资增长不断地恶性循环。他说：

> 劳工在战争期间故意消极怠工，大西洋沿岸船厂里的工人能够获得2美元的劳动报酬，而相同劳动时间在一年前的1916年只需要支付1美元，每个工人现在的生产量却只是一年前的2/3。

---

① 1916年夏铁路工人威胁罢工，时任总统威尔逊试图撮合铁路工人及铁路管理当局谈判，遭到铁路当局反对，随后威尔逊总统力主国会通过《亚当姆森法案》，该法案规定铁路工人在薪酬不变的条件下享有8小时工作制。

盖伊·莫里森·沃克在《恺撒[①]的物品》一书中，就引用了皮兹先生的这段话。他说，战争期间的单位成本产量只相当于战争初期的1/3。

在共计 240 亿美元的国债中，去掉 110 亿美元的协约国借款，剩下的 130 亿美元债务也许有一半是由掺水的劳动导致的。但是我们必须记住，提供给协约国的不仅是现金，还向他们预付了很多战时必需品。劳动力是最昂贵的成本，而且这其中也拥有同比例的水分。

相比于现金工资，水分更多地体现在怠工、偷懒和低质劳动中。如果我们通过无情的股票市场把那些公司资本中的水分挤出来，加起来也比不上无耻的掺水劳动所含的水分。这样一来，我们的子子孙孙就必须要在未来的半个世纪中继续为此买单。

为低质工作买单

隐藏在资本中的“水分”，扮演的角色其实微不足道，说明这一点并不困难。同掺水劳动造成的不可挽回的损失比起来，资本中的水分给他人造成的损失微乎其微。

记录在 5 年战争期间的数据统计图表，如果剔除当时市场三重波动的价格，我们就会发现那些看起来繁荣的工业和商业是多么令人失

---

① 恺撒（前 102—前 44）是古罗马帝国时期的独裁执政官，著名军事家，一生能征善战。恺撒的军事思想为后世树立了典范，拿破仑便深受其影响。击败政敌庞培、克拉苏后，恺撒成为罗马执政官。公元前 44 年，恺撒被元老院成员 60 余人持刀刺杀身亡。恺撒传奇的一生成为历代史学家研究的热点，与闻名天下的埃及艳后的婚姻、扑朔迷离的死亡像迷一样吸引着世人。最新考证，根据头像复原技术，传说中的埃及艳后实际上相貌丑陋，她是以智慧征服了恺撒，保护了埃及。恺撒之死实为自编自导的“自杀”。恺撒晚年患有癫痫，经常口吐白沫，大小便失禁，且越来越严重，这让身为国家领袖的恺撒万分苦恼。由于经受不住病痛的折磨，恺撒便精心设计了自己的结局。死前一天，恺撒曾对属下说：“人要善始善终，什么是好死呢？不知道会死，突然死亡来临才是好死……”恺撒去元老院前，更是奇怪地支开了身边的保镖独身前往，于是战神就死于乱刀之下。恺撒生前立下遗嘱，决定将自己的财产平均分配给罗马人民。恺撒被杀后，人们群情激愤，在恺撒养子屋大维的率领下冲进元老院，刺杀恺撒的凶手几乎全部当场被杀。屋大维的这一行动，事实上达到了铲除异己的目的，为日后成为罗马帝国第一位皇帝扫清了障碍。

望！从此之后，我们必须要为此偿债。

每一张虚假的美元都必须用真正的美元来弥补，每一小时的低质工作或怠工，都必须要由未来一小时的优质工作来买单。

次级通货膨胀及随后的情况

如果必须预测下一轮牛市和可能发生次级通胀的区域，我会把它和滑铁卢战役之后英国那 6 年的情况做比较，认为情况可能会比战时要轻微得多，但显然也会更加明显。

1821 年，英格兰银行回归金本位制度①，黄金溢价随后消失。向来自欺欺人的英国下议院 1819 年也承认，著名的《金银报告》②是正确的，不能兑换金银的法令是错误的。随后数年，战时的通货紧缩得到了控制，每 6 人中就有一人申请贫民救济的局面也因国家出面而得到了缓解。

难道敢说我们迟早不会以这种方式去偿还相对较少的账单吗？停战以来还不到 4 年时间，当我写这段文字时，股市尚处于一轮牛市发展期，不知道是否能把我们带回到欧洲 1821 年的那轮牛市中。

我们此时的处境并没有当时的英国那般令人绝望，但我们的境外投资者还有数不清的账单需要清算，这不是江湖郎中所能解决的问题。事实上，只要把江湖郎中的偏方扔到窗外问题就解决了，因为病人此时已在生死关头。

---

① 金本位制就是以黄金为本位币的货币制度。在金本位制下，每单位货币价值等同于若干重量的黄金（即货币含金量）。当不同国家采取金本位制度时，国家之间的汇率由它们各自货币的含金量之比——金平价来决定。金本位制于 19 世纪中期开始盛行，历史上曾有过三种形式的金本位制：金币本位制、金块本位制、金汇兑本位制。其中，金币本位制是最典型的形式。狭义来说，金本位制即指该种货币制度。

② 1919 年英国成立伦敦金银市场协会，每天分别在上午和下午发布黄金价格，这就是所谓的金银日报。

晴雨表不容置疑的特性

迄今为止，发生的相关事件都是不幸的。股市晴雨表根据记录数据提前预测经济的萧条或者繁荣，完全可以满足我们的需要。就像我们看到的那样，市场总是提前给出清晰的信号并发出危险警示。

根据平均价格指数可以看出，整体商业形势将会在 1922 年夏天变得更加活跃和鼓舞人心。通过仔细观察，晴雨表能够清晰地展示出预测到的繁荣或者萧条期的经济特征，但是却无法预测持续的时间。

1907 年的熊市预测到了 1908—1909 年的商业萧条期，萧条程度很深，但持续时间并不长。1909 年下半年至 1910 年的商业繁荣期虽然程度不深，但是持续时间却比较长。在这之前出现的牛市，和熊市比起来发展速度更慢，波动幅度也更小，但持续时间很长。

一个显著的事实是，不论商业领域还是股市，后期的波动都在不断地收窄，而且股市的波动往往领先于商业领域。只有在战争时期，股市主要波动趋势的活跃度才会和实体经济中的发展强度一样。

还有一点值得注意，从 25 年的数据图表中可以看到，在战前股票市场窄幅波动的那段平静期，交易量也在不断地萎缩。整体来看，那段时期每月的平均交易量还比不上 1900 年麦金利再次当选总统之前的那段时期。1911 年、1912 年、1913 年和 1914 年的交易量低于 1897 年、1898 年、1899 年和 1900 年的交易量，而且 1899 年的交易量明显要好过所比较的其他年份。

预测战争

我们可以说，尽管股票市场不会以确定的方式来预测事件的性质，甚至是规模，但是它确实能够对未来进行一定程度的预测。就人类目前所知，其中之一就是预测到爆发战争这件事。

有些人知道，出现这种预测结果的可能性绝非凭空想象，战前的那轮熊市也并非意外或巧合。我们依然记得，开始于1912年下半年的熊市和之前出现过的熊市相比，尤其是和我们讨论过的熊市比起来，其剧烈程度显然要温和一些。

1914年出现了一轮影响不是很严重的商业萧条，这为之前的熊市判断提供了部分支持。但是毫无疑问，有些人意识到德国对待其他国家的态度出现了危险的变化，于是纷纷套现，这在一定程度上也造成了市场行情的下跌。这次下跌主要是始于基尔运河的开通，因为这条运河贯穿了整个德国版图，战略性地连接起了波罗的海和北海。

我们可以公正地说，这轮熊市除了预测到商业紧缩之外，也考虑到了战争爆发的可能性。前文曾就1914年出现的盘整派发区间做过研究。在世界大战爆发以前，正常情况下应该有一个吸筹的盘整区间，后来却演变成了派发的盘整区间。显然，是外国投资者的套现行为导致了这一变化，而且在近3个月的时间内始终保持着均衡状态。

那些不满股票市场主要波动趋势的人，他们认为市场的主要趋势通常不会马上自我调整，以便跟商业图表的表现相一致。我要说的是，错误的并不是我们的股市晴雨表。晴雨表是普遍适用的，它会考虑到商业图表根本不会考虑的国际事件因素。如果商业图表没有提供充足的信息来证明我们的推论，那么商业图表一定会有更多的错误。

我们已经发现，对晴雨表应用的考验越严格，就越能有力地证明晴雨表的有效性。我们很难评价说，晴雨表在战前和战中表现出的预测价值被高估了。如果战争在牛市顶点时爆发，未来又会怎样呢？

经典解读

不同利益群体间的争斗极其残酷，一向以“民主、自由、平等”标榜的西方社会在利益斗争中使用的手段，也表明了人性的复杂性。在这一点上，东西方的人性表现是一致的。

以“仁慈”的名义压榨铁路工人，最终却使所有工人团结在了一起！

股市晴雨表的确是以自己的方式考虑到了战争爆发的可能性。战前对峙的心理会在市场中表现出来，因为市场反映的是人们的情绪和心理预期。从这个角度看，股票市场会恰当地反映社会、经济和政治的运行，这是股票市场能够“预测”未来的原因。

股票市场比任何人知道的都要多，而且百年股市发展历史也证明市场走势的确会早于实体经济6个月以上，市场就是以这样的形式评估未来的。

股票市场反映了每一个人的认知和希望，市场会在充分评估后用市场的语言表达出来。“预测”这个词容易致使读者误以为一切未来都可以预测，与其说是预测，我更倾向于使用“评估”这个词。

商业图表和股市晴雨表相比优势尽失，其原因是商业图表只记载了某几项商业信息，而股市晴雨表则体现了所有人的认知和希望，股市晴雨表囊括了所有行业的全部信息，因此股市晴雨表具有“预测”未来的能力！

第十八章　管制对美国铁路的影响[①]

不需要限定条件而又普遍成立的命题只有两种可能。一种是公理，不证自明。其实公理本身就包含了对自己的证明，例如，“任意三角形内角之和与两个直角之和相等”。另一种是不值得证明的老生常谈。

前文已经指出，图表化的商业记录不论以什么方式呈现，最多只是个记录，基本没有预测作用。但是这种说法至少需要一些限定条件，因为最新、最科学的商业记录确实拥有一些预测能力，这就是哈佛大学经济研究委员会为我们提供的服务。

它的指数图表确实提供了一种预测未来商业的方法，对此较好的解释是它吸收了股市晴雨表的思想。《华尔街日报》及其联合出版物，在过去的 20 年中成功地使用了股市晴雨表。

具备预测能力的图表

熟悉哈佛大学经济研究委员会的人记得，在他们的商业图表中有三条线——投机线、金融线和商业线。它并没有挣扎着硬要证明“作用力与反作用力相等”。

---

① 从 1887 年开始，联邦政府为打破铁路垄断，出台了一系列管制政策，如减少投资、冻结运价、限制铁路企业合并等。1929 年的大萧条，再加上二战的影响，使美国铁路业雪上加霜。高速公路与航空运输的发展进一步冷落了铁路运输，至 20 世纪 70 年代末，美国铁路业近 1/3 的公司破产。

该机构成立于战后，但是它出版了一张从 1903 年到 1914 年经济情况图表。在讨论股市晴雨表时做出的推论，该图表将会提供最好的证明。在它覆盖的 12 年里，投机线始终领先于金融线与商业线。换句话说，投机能够预测到商业的未来发展，而这也正是这些章节中所要证明的。

哈佛大学经济研究委员会根据股票市场平均价格绘制出投机线，他们意识到战争会彻底破坏自己依据的计算基础，因此他们没有出版战争期间的图表。当回顾自己写过的记录和新闻评论时，我发现基于股票市场波动做出的结论和预言同国家商业之间关系的报道，也因同样的原因而减少。

我们看到，当政府接管铁路公司以后，就只剩下工业股票继续保持着投机性波动，没有任何相应的铁路股票去验证。我们也看到，哈佛大学经济研究委员会很明智地忽略了对战争期间股市的分析。股市晴雨表则以最有价值的方式，近乎完美地向公众揭示了战争爆发的可能性。尤为显著的是 1917 年的熊市，通过持续 3 个月的派发区间，在战争爆发之前就预测到了战争。

趋势比主要波动重要

平均价格指数还给出了另一种信息，尽管这种信息在今天看来很重要，但在当时却被人们极大地忽视了。我们已经看到，铁路公司在私人所有的时候，股票处于一个自由市场之中，并受主要波动趋势的影响。

牛市在 1909 年达到顶点，下一年出现了熊市，然后又出现了一轮波幅较小且犹豫前行的牛市，一直持续到 1912 年的下半年，其中铁路股票的表现尤有代表性。另一轮熊市是 1914 年 12 月，在证券交易所重新开业之后不久，指数便跌到了底点，这一切发生在战争开始后的第 18 周。

从1906年到1921年6月，铁路股价的下跌趋势具有重大的历史意义，也是一个极其重要的教训和警示。这轮下跌走势不仅波幅超过了主要波动趋势，而且持续时间更是超过了我们在之前讨论周期理论设定的时间跨度，这次下跌持续了将近16年。

就人类所能承受的极限而言，这不仅可能而且相当肯定，那就是铁路股票平均价格指数会在接下来的1922年上升，但是铁路平均价格指数并没有恢复到原来的自由市场时的活跃状态。之所以出现这种情况，其中有一些复杂的原因，导致铁路股票无法像伟大的铁路开创者詹姆斯·J.希尔和爱德华·H.哈里曼后半生那样重获自由并且恢复活力。

这种情况不仅使铁路公司的股票失去了重要的投机价值，也在很大程度上失去了永久性价值。这种情况就像是阉割了铁路公司，使它从此变得虚弱并失去了活跃的创造能力。

罗斯福与铁路

如果西奥多·罗斯福[①]能够预见到他针对铁路公司的煽动性言论会带来怎样的致命性恶果，如果他意识到他对临时出现的罪恶施加的绝不仅是暂时性惩罚，那么我们可以确定，他一定会采取其他的措施。成功的企业必然会拥有一些权力，只是为了惩罚少数滥用权力的人，便通过政府政策进行制裁，而这些所谓的政策却使铁路公司在很长的时间内处于瘫痪状态，甚至是永远。这就是罗斯福政策的致命之处。

在过去的14年中，公众要求改革的力量被看成一种破坏性的力量。

---

① 西奥多·罗斯福（1858—1919）是美国第26任总统，又称老罗斯福。他的远房堂侄富兰克林·罗斯福（1882—1945）后来成为美国第32任总统，又称小罗斯福。罗斯福为解决垄断问题，向托拉斯巨头亮出了大刀。垄断北大西洋铁路、昆西铁路、芝加哥铁路的北方证券遭到起诉，最高法院以5:4的投票结果裁定其违反《谢尔曼反托拉斯法》。北方证券由摩根、洛克菲勒、哈里曼等巨头于1901年联合成立，以垄断铁路、抬高运费为目的。铁路反垄断政策获得胜利之后，罗斯福的反垄断大刀又挥向了牛肉托拉斯、石油托拉斯、烟草托拉斯等，解散了数十家巨头。如1911年，洛克菲勒的标准石油集团被分拆成30余家公司，罗斯福因此被称为“托拉斯爆破手”。

铁路的发展在过去不仅伴随着人口的发展，甚至领先于人口的发展速度，而现在则已奄奄一息或者已经濒临死亡。国家铁路系统找不到新的资金为那些还未开通铁路的地区铺设铁路，就更不必说建设大型终端设备了。

对于现代文明而言，交通运输线是国家经济发展的动脉。但是对罗斯福理论的篡改或误读——西奥多·罗斯福从来没有过的想法——已经导致美国出现动脉硬化，正在削弱心脏向全身输送血液的能力。

受抑制的发展

从美国每 10 年一次的经济普查中，透过那些铁路里程的数据就能看到这一事实。如果我们在 1910 年拥有 240 830 英里的铁路——自 1900 年以来的增长接近 25%，是 1880 年总里程的两倍多——我们将能够获得持续的增长。也就是说，在 1920 年的普查中，这一数据应该增加 90 000 英里，可是我们连 1/6 的增长都不到。

铁路里程的增长不到 15 000 英里，这个最低限度的增长只能维持铁路公司的生存。一种“害怕强大的懦弱心理”主宰着我们的政治家，他们宁愿让最重要的工业陷入瘫痪，也不愿少数人通过把自己的理念转化为需求而变得富有。

哈里曼和希尔去世时都很富有，他们两个我都熟悉，而且也知道他们的财富几乎都是偶然获得的。他们只有具备独立且雄厚经济实力，才能去做具有创造性的工作。

哈里曼从来都没有他所管理的铁路公司控股权，在这一点上他毫无保留，当然他也因此深受股东们的信任。他从未拥有南太平洋铁路公司、联合太平洋铁路公司以及芝加哥和奥尔顿铁路公司的多数表决权。他和希尔在为数百万从未见过面的美国人带去舒适、技能和富裕的同时，顺便让自己变得富有。

从重建时代结束的 1897 年到破坏时代开始的 1907 年，铁路的发展历程在股市晴雨表的图表和记录中得到清晰的体现。这个阶段的铁路发展是美国历史上最伟大、最成功，同时也是最具创造力的时期[①]。

人类愚蠢行为的周期

关于价格波动的道氏理论，我们已见证了它的正确性。股票市场同时存在着向上或向下的主要波动趋势，次级上涨或下跌，以及日常波动。但是，根据恐慌周期表上那些印象深刻又富有助益的日期，是否能够进一步确立我们自己完全不同于之前所讨论的周期呢?

现在看来，哈佛大学的商业图表是明智和有益的。商业周期由“萧条”“复苏”“繁荣”“紧缩”“危机”五种状态组成，没有假设某状态持续的绝对时间，而且在一些情况下，“紧缩”与“危机”、“危机”与“恐慌”、“紧缩”与“恐慌”甚至同时出现。但是从平均价格指数中，我们能够推导出另一个周期，或许可以称之为“人类愚蠢行为周期”。拥有管理自己的权力便草率地误以为拥有民主的最大特权——犯错的权力，这只有在类似我们这样的民主国家中才可能出现。

考克西的失业请愿团

要想表明我的意思其实并不困难。1890 年，共和党人当选总统并控制了国会，美国到处都充斥着不确定性和地方主义思潮。立法机构

---

① 美国是世界上最早建设铁路的国家之一，如今依旧是铁路最发达的国家之一。美国铁路业发展可分四个阶段：A.1830—1865 年是早期发展阶段。安全、高效、快速的全新运输方式将各地经济紧紧地连在了一起。同时，铁路的发展还推动了钢铁、煤炭、机车的巨大需求，建设铁路的资金需求推动了美国资本市场的发展。B.1865—1916 年属于黄金发展期。南北战争结束后，美国的产业结构由农业社会过渡为工业社会，联邦政府通过土地优惠政策鼓励发展铁路，1916 年铁路里程达到鼎峰。C.衰退期。1887 年后，政府为了打破垄断，对铁路公司实施各项管制政策。1929 年大萧条及二战更让铁路业雪上加霜，公路、水路及航空业的发展，也为铁路行业带来冲击。到 20 世纪末，近 1/3 铁路公司破产，铁路行业几近瘫痪。D.复兴阶段。1980 年，国会制定《斯塔格斯铁路法案》等一系列政策法规，鼓励铁路业发展，放松管制并给予铁路公司更多权利，美国铁路业由此复兴。

也有一些妥协倾向，最后竟变成了向邪恶妥协。

真正的政治家能在不牺牲核心原则的前提下，在一些非本质的问题上做出恰当的妥协。但是《谢尔曼白银收购法》[①]已经牺牲了原则并导致了严重的后果，因为它向美国金融系统的血液中掺假了。由于随后出现了通货膨胀和过度投机，1892 年似乎应该不可避免地发生剧烈的经济恐慌，但是实际上并没有发生，因为那一年我们获得了前所未有的小麦大丰收。巧合的是，我们唯一考虑的因素——国际竞争者俄国农作物全面歉收，因此发生恐慌的年份推迟到了 1893 年。

此后 4 年，国家充满了类似今天盛行的民粹主义。1894 年，考克西的失业请愿团[②]一直从俄亥俄州的马西隆市延伸到华盛顿，他的观点也席卷全美，在中西部地区影响尤甚。考克西认为，无限量发行法定货币可以重塑经济繁荣。这次浪潮的转折点是威廉·艾伦·怀特[③]发表的那篇著名评论《堪萨斯怎么了》。

在那段令人感到恐怖的岁月里，铁路公司的经理们处于极度绝望中。除了几家实力雄厚、财务状况良好的公司以外，几乎所有的铁路

---

① 约翰·谢尔曼（1823—1900）是美国著名金融家，1877—1881 年任财政部长，后任麦金利政府的国务卿。《谢尔曼白银收购法》规定联邦政府每月有义务发行 650 ~ 850 万美元纸币收购白银，以维持白银价格，稳定物价。美国建国初以法案形式确定金银复本位制度，这成为后来金银大战的前奏。1861—1865 年南北战争时期，金银货币被暂停，政府开始发行纸币。1867—1900 年，美国物价水平降低一半。由于银开采技术的发展导致白银产量大增，在西南部白银出产州的利益诉求下，政府通过了《谢尔曼白银收购法》，用纸币收购白银的同时负有偿付黄金的责任，从而导致 1895 年发生黄金兑付危机。1900 年，国会废除银本位制，进入金本位制时代，市面只剩下纸币与金币。银本位的废止终结了美国历史上最长的通货紧缩。

② 19 世纪末，美国的经济危机加剧了国内动荡。1895 年春天，失业者大军要求政府对经济进行干预以改善生活状态，各地失业大军向首都挺进。法院以侵犯白宫的罪名逮捕了失业军领袖考克西，不久之后各地工人再次罢工，政府当局派出数万军队镇压。

③ 威廉·艾伦·怀特（William Allen White，1868—1944），美国编辑、作家。出生于美国堪萨斯州的恩波里亚，1895 年收购《公报》前是记者。作为《公报》的编辑和出版商，他以生动活泼的评论表达出一位乡村自由主义共和党人的观点，并以此闻名于世。《坎萨斯怎么了》一文发表于 1896 年，该评论对美国民粹主义进行了抨击，并带给他和《公报》全国性的声誉。1923 年因《至一位焦虑的朋友》一文获得普利策奖，这是一篇关于言论自由的评论文章。他的自传在死后出版，获得了 1947 年的普利策奖。他也写过许多小说，其中《某富翁》（1909 年）最受欢迎。1912 年他支持西奥多·罗斯福的美国进步党，20 世纪 30 年代他又支持富兰克林·德拉诺·罗斯福总统的经济政策。

公司都破产倒闭。到了 1896 年，全美 87% 的铁路企业处于破产和接管状态。直到麦金利第一次当选总统，国家才恢复了理智与光明。

繁荣岁月

尝尽了民粹主义和自由铸造银币等愚蠢行为造成的恶果之后，美国社会逐渐意识到，它们将国家引向了破产的境地。政客也被自己轻率制定的法律造成的后果吓到了。从 1897 年到 1907 年这 10 年间，政治的毁灭之手终于放开了美国商业，从而出现了我们从未见过的空前绝后的繁荣期。

那段时期铁路的发展比以前更加迅猛，同时还出现了最广泛、最有益的企业兼并潮，美国钢铁公司就是其中典型的代表。尽管后期生活成本有所提高，但这段时期生活成本只是略高于历史低点。这段时期的工资也令人满意，不仅表现在货币量上，更表现在实际购买力上。

“耶书仑渐渐肥胖、粗壮、光润，踢跳奔跑”①

“耶书仑渐渐肥胖、粗壮、光润，踢跳奔跑。”难道民主就不能容忍繁荣吗，还是我们没必要做出这么宽泛的假设？我们看到工人骚动并不是在荒年时达到高潮，那时工会要么软弱无能，要么根本就不存在。那时社会需要大量的劳动力，工会领导人掌握的工会基金多得花不完。

并不像大多数人想象的那样，骚动是贸易萧条的结果。实际上，真正的原因是国家的耶书仑渐渐肥胖之后，开始踢跳奔跑，有些飘飘然了。

深刻影响 19 世纪 90 年代的危险民粹主义早在之前很多年就已经

① 引自《圣经·申命记》：耶书仑渐渐肥胖、粗壮、光润，踢跳奔跑，便离弃造他的神，轻看救他的磐石。

存在了，我们似乎又要进入民粹主义时代。当然，战争已经把所有可能的“周期”平衡给打破了，已经抛弃了任何可能的周期理论。反对个人财富的骚动已经严重影响了大众并埋下了邪恶的种子，不久的将来，一定会结出有毒的果实。

对公众观点的再思考

如果我们基于这个愚蠢的人类周期作冒险的预测，那就超出了股市晴雨表的能力，也超出了这些章节讨论的范围。我们能看到，那真正繁荣的黄金 10 年对我们来说是多么地遥远！我们能够确定这个繁荣期的顶峰，也看到它在 1907 年戏剧性地突然倒塌。

不过我们也清楚地明白，由战争激发的生产狂热根本就经受不住考验，因为这根本就不是合理的基础。但是，要开创另一个类似 1897—1907 年这样的 10 年辉煌期，国家一定会在这段时期的末尾问自己“美国怎么了”这样的问题，而不会问“堪萨斯怎么了”。我相信当那一天来临的时候，美国人民会找出正确的答案。

没有什么比认为大众观点总是正确的这样的民主政治更荒谬的了，因为这完全取决于你怎么去理解“大众观点”了。用最吵闹的声音第一次表达的公众观点往往是错误的，或者说是错误观点的正确表达。但是正如历史展示的那样，经过美国民众深思熟虑作出的决定通常都是正确的。

罢免林肯①

每年我们都会相互传诵葛底斯堡演讲中的伟大语句。林肯当时宣称，我们所说的一切远不如我们的行为更令人刻骨铭心！注意，在那个伟大的时刻，林肯还不被看作是著名的演说家。以其特有的谦虚，他低估了自己表达出的伟大而不朽的思想。

林肯于1863年在葛底斯堡所做的演讲，将会被数百万人铭记，尽管他们并不知道当时战争的情况，也不知道哪方最终会胜出，但有一点是肯定的，不朽的美国将会永远存在！

当时要是有一项联邦法案允许罢免由联邦选出的政府官员，林肯将有极大可能被罢免并且不会再次当选。直到下一年，林肯才确定再次当选总统。读者中一定有年龄较大的，你们会想起1863年道德败坏的景象，以及它们对公众思想造成的恶劣影响。

为政府干涉付出代价

从很多例子中都可以看到，美国民众深思熟虑后的决定往往都是

① 林肯（1809—1865），美国第16任总统，颁布了著名的《解放黑人奴隶宣言》。任内爆发了持续4年的南北战争，战后死于刺杀，是第一位遇刺身亡的美国总统。1863年11月19日，林肯在葛底斯堡阵亡将士公墓落成仪式上发表震撼人心的演说：

87年前，我们的先辈在这个大陆上建立起一个崭新的国家。这个国家以自由为理想，奉行所有人生来平等的原则。

我们正在进行一场伟大的国内战争。我们的国家或任何一个有着同样理想与目标的国家能否长久存在，这次战争是一场考验。现在我们——在这场战争的一个伟大战场上——聚会在一起，将这战场上的一小块土地奉献给那些为国家生存而英勇捐躯的人们，作为他们最后的安息之地。我们这样做是完全适当的、应该的。

然而，从深一层的意义上说来，我们没有能力奉献这块土地，没有能力使这块土地变得更为神圣。因为在这里进行过斗争的、活着的和已经死去的勇士们，已经使这块土地变得这样圣洁，我们的微力已不足以对它有所扬抑。我今天在这里说的话，也许世人不会注意，也不会记住，但是这些英雄的业绩，人们会永世不忘。

我们后来者应该做的，是献身于英雄们曾在此为之奋斗、努力推进但尚未完成的工作。我们应该献身于他们遗留给我们的伟大任务。我们的先烈已将自己的全部精诚赋予我们的事业，我们应从他们的榜样中汲取更多的精神力量，决心使他们的鲜血不至白流。在上帝的护佑下，我们的国家将获得自由的新生。我们这个民有、民治、民享的政府将永存世上。

正确的，而第一感觉很可能是错误的。看看最近由无党派人士联盟在中西部地区掀起的狂热，除了少量属于真理外，其余的都是欺诈和骗术。

难道我们还敢认为已经把毒药从我们的体系中挤出去了吗？就在这一周的时间里，以某种借口差点通过了制造数十亿不兑换金银的纸币法案，不过最终并没有在国会通过。

如果说在过去 10 年中有什么经验教训给人留下了深刻印象的话，那一定是政府干预私有企业，哪怕这些企业是为公共事业服务也不例外！这么做会带来无法估量的危害，可以说没有任何好处。真正能发展铁路和国家自然资源的人只有我们自己。

从某种意义上说，铁路所有权甚至比国会更具有代表性。这包括了储蓄银行里的每一位储户，每一张保险单的持有人，而且也间接包括每一位持有美国债券的人，只要其利息大部分还要依靠铁路公司缴纳的税款来兑付。

立法使每个人变得贫穷

我们必须承认，这一章很少将平均价格指数作为晴雨表，更多地是将其作为历史记录来看待。但是，倘若由于不言自明的原因而忽略这最重要的一课，那我们的讨论就不完整了。

现在我们回顾一下平均价格指数 25 年来走过的历程。

在 16 年前的 1906 年 1 月 22 日，20 只活跃的铁路股票创下了 138.36 点的历史最高点，此后就再也没有看到过这么高的数字。但是有一次仅比这个数据低不到 4 个点，那是在 1909 年的 8 月，当时是 134.46 点。

下一个高点是在 1912 年 10 月创下的 124.35 点——比最高纪录低 14 点。

再往后高点下跌幅度更大。1914 年 1 月 31 日，铁路平均价格指数只达到 109.43 点的点位，这是熊市弱反弹中达到的高点。

甚至在战争中的第一轮牛市中，在大盘的带动下，铁路平均价格指数的下一次反弹也只是于 1916 年 10 月 4 日达到 112.28 点。

正如我们看到的那样，铁路平均价格指数并没有随着 1919 年的牛市而上涨，我们已经在前面的章节中讨论了其中的原因。

今天的平均价格指数比历史最高纪录低 50 点，比 1898 年 7 月 25 日的最低点高出将近 14 个点，这已经是 23 年以前的价格了。

分析一下这轮持续了 16 年的下跌趋势，其间至少完整涵盖了两次由哈佛大学经济研究委员会指出的简单周期，其持续的时间比两次大恐慌——1857 年和 1873 年的间隔要长，比杰文斯的 10 年周期要长出 60%。

稳步下跌的价格线是对某些著名商业图表假定的国家财富增长中线的最好嘲讽。世界上最富有的国家，能承受得起政客把最大的投资、最重要的工业如此决绝而愚蠢地推进万劫不复的境地吗？我们是否仅仅认为毁掉铁路股票的持股者能让别人更加富有和幸福，就抛弃父辈建立的基业，任凭政客大肆挥霍？

我们都知道或者应该知道，不可能通过立法使每个人富有，但是通过立法却可以让每个人变得贫穷。发生在俄国的例子就很好地说明了这一点。

经典解读

前面说过，商业图表的“预测”能力很差，因为它只是记载了某几项数据和信息。不同机构提供的商业图表，会因其选择的数据数量、结构、分析方式等不同而具有不同的“预测”能力。

机构提供的任何图表，都不可能把所有数据记录下来，这是人力无法完成的艰巨任务。股票市场却可以轻而易举地展现所有人的认知和希望，所有数据经过市场的恰当评估以后，都会以价格波动的形式表现出来。道琼斯平均价格指数恰当地反映了股票市场的波动。

走过政府干预私有企业的黑暗年代，美国已经彻底铭记了得到的经验教训。如今的美国是一个市场充分发挥主导作用的自由经济体，就连美联储也是“民营”的！

市场知道怎么做，市场会发挥最大的资源配置作用。

汉密尔顿在这一章中分析了政府管制给铁路带来的影响，认为这是大众情绪和政治综合作用后的结果。尽管美国目前已经不再是汉密尔顿描述的样子，但我们可以清晰地看到美国曾经走过的道路。

大众情绪也好，政治手段也罢，这都是无法改变的“不可抗力”，永远是影响经济运行的重要因素。我们在看待这些具体问题时，难道仅仅只是批评指责吗？这没有任何用处——分析其影响，让影响为我们带来收益，这才是我们应该做的。

投机的目的只有一个，那就是盈利，其他都是手段和工具。大众情绪和政治手段为我们提供了最佳的盈利时机，就看我们如何看待与运用！

政治对经济的干预和影响力巨大，能够打乱经济发展的基础和节奏。绝大多数情况下，市场会与经济高效协同发展，不需要政府这只有形的手。管制下的市场不但效率低下，服务差，产品质量低劣，而且价格还高出不少。消费者虽然花了大价钱，却享受不到相应的优质服务。

政府管制并不能推动行业的发展，美国早在一百年前就已经总结出了这一宝贵经验！

民主——显然，汉密尔顿对此观点鲜明——过度的民主就如同失去了制约的权力，必然会伤害到自己。

人类的愚蠢行为表现出了类似的周期。经常说不要在同一块石头上绊倒两次，可惜人类总是会在相同的石头上绊倒，而且是前仆后继！

如果没有切身体会，他人撞得头破血流得来的经验就不是经验，只有自己亲身经历的才是经验。人类愚蠢的行为就这样周期循环着。

与其说是股市晴雨表，不如说是市场，以最有价值的方式近乎完美地向公众提示了战争爆发的可能性，因为一切都已经体现在了市场走势中！

第十九章　对操纵的研究：1900—1901 年

我们在前文中曾经指出，在股票市场中操纵并不重要。但是历史确实为我们提供了几个非常有力的操纵案例，几乎都发生在 20 年前的华尔街。这种情况今天不会出现，人们也不可能容忍那样的事情发生。

例如，21 年前，美国钢铁公司和联合铜业公司发行的股票，毫无疑问是由基恩一手操纵的。假设放到今天，这种可能性一点儿都没有。提到这两只股票，只是举个例子，并不表示我认为它们二者情况相同。

关于联合铜业公司股票发行，一度流传着一种野蛮的说法，现在听到这个说法，也无法抑制我内心的愤怒。记得当时自己曾批评过那种说法，当然是在法律以及查尔斯·H. 道所赋予的全部自由范围之内。

在罪恶中孕育

联合铜业公司是在罪恶中孕育的，也在类似的预兆中诞生。这家公司 1899 年初发放了总股本为 7 500 万美元的招股书，并于同年 5 月 4 日结束了认股登记工作。大量“报纸”（谢天谢地，这样的报纸今天已经不存在了）报道说，这只股票“超额认购达 5 倍！”这听起来不大可能，因为该股股价在不到一个月的时间内就大打折扣，遭到甩卖。股票市场当时正处于下跌行情中，直到第二年夏天才开始转向。

当时所有的评论都在抨击这次声名狼藉的股票发行活动，素来拒绝被欺骗的《波士顿新闻通讯社》措辞更是尖刻。下面这篇文章就发表于“5 倍超额认购”一个月之内。《波士顿新闻通讯社》在 1899 年 6 月 1 日这样写道：

昨天，联合铜业公司的股票价格出现下跌，这是非上市公司股票交易的特征。此时下跌倒是很正常，因为整个上市铁路公司的股票都在下跌。

华尔街很多精明的观察家声称，联合铜业公司的建立本身就是向谨慎的投资者和投机者发出应该远离证券市场的危险信号。它还进一步指出，一个盲资公司 7 500 万美元的招股计划，竟然能获得 5 倍的超额认购。对于投机者来说，这本身就是一个非常好的提示，表明大众已经丧失了理智，股市离崩盘为期不远了。

整个事件最糟糕的一点是，花旗银行作为国家同行业最大的机构，居然会为这样的交易做担保。

……

联合铜业公司

我们现在可以看到，尽管“超额认购”的华丽流言四处传播，这次股票发行最终还是失败了。《波士顿新闻通讯社》继续以尖酸而刻薄的口吻对这一事件发表评论，例如“联合铜业公司彻底惨败”“违反事实的承诺与预测”“联合铜业公司幽默和感伤的许诺”。

同样是在 6 月，又出现了联合铜业公司发起人以每股 45 美元的价格购买阿纳康达公司控制权的传闻。传闻说，虽然联合铜业发行价是每股 70 美元，但是新的联合公司股价将会上涨到每股 100 美元。

《波士顿新闻通讯社》在同一篇文章中评论说，尽管其宣称已经取得了公司控制权——大约持有 51% 的股份，但是联合铜业公司 7 500 万美元的资本足够买下所有子公司的资产。整个交易如此明目张胆地欺骗，就算在今天的华尔街也是无法相信的。

基恩在股票发行中扮演的角色

1904 年下半年，也就是詹姆斯 · R. 基恩操纵股票发行 3 年后，这位声名显赫的操盘者写了一封后来被公开的信件，他承认以 90 ~ 96 美元的价格为“亨利 · H. 罗杰斯及其合伙人”发行了价值 2 200 万美元联合铜业公司的股票，合计 22 万股。在那封信中，他清晰说明了发行的起止日期。

第二年 1 月份，根据销售记录，我在《华尔街日报》上以《操纵研究》为标题，对他的操作手法做了详细分析。这篇分析文章并没有涉及道德问题，因为对一个似乎没有道德的人来说，没有什么太多的道德问题可说。我只不过是根据股票价格收报机的记录，了解到联合铜业公司股票的销售情况，通过证券交易所发布的报告，找到执行交易指令的经纪商名单，并与同时期的股市交易活动做了比较。结合以上这些工作，我对基恩先生的操作手法做了详细分析。

对詹姆斯·R. 基恩的操作手法进行分析，导致我在华尔街树敌不少，但我认为基恩并不在此列。我曾经说过，在那之前，我们从没有近距离接触过。但是这篇文章发表以后，他多次专程来找我，无论我怎么说，他都无法相信我没有用任何不正当手段接触过他的账本。正如他所说的，“一定有人泄密”。

当时的华尔街和他的工作性质使其习惯性地爱猜疑。任何人说的话，如果没有证据支持，哪怕是简单的事实，他都很难相信。从这一点来说，他的心智还不太成熟。真正了不起的人，甚至一些孩子，都知道什么时候可以相信以及相信谁，基恩并不是一个了不起的人。

美国钢铁和联合铜业股票的区别

撇开道德问题，在股票市场中，当时没有比联合铜业公司操纵股票发行更加高明的了。基恩对美国钢铁公司普通股和优先股的操作所表现出的才能堪称完美，也将作为典型案例载入史册。

但是在这个例子中，他有一个巨大的优势，那就是公众都想购买他即将出售的股票，而且美国钢铁公司的股本中并没含有多少“水分”。所谓的资本水分，只不过是对公司业绩增长的未来预期。

美国钢铁公司发行股票是在 1901 年，公众以 50 美元的价格购入的普通股，3 年之后增值了 4.9%。到了 1905 年，盈利已经翻了一番。在前面的文章中，我已经指出该股票目前的真实账面价值。

但是联合铜业公司则完全不同。和美国钢铁公司相比，联合铜业的股票发行工作简直堪称是一种艺术，如同梅索尼埃①的画作和德·尼维尔的英雄战斗画面一样。

基恩随后在信中表示，其实他并不愿意接受这个任务。在发行美国钢铁公司普通股和优先股这件事中，他并不是要去创造一个市场，因为他不得不在一个已经被其他人愚蠢搅乱的市场中去开始他的发行工作。

早期的市场操纵

通过对股票销售情况的分析，第一个重要的时期是从 1900 年 12 月 3 日到 1901 年 1 月中旬。利用麦金利第二次当选总统前不久市场出现的牛市条件，部分当初实际认购联合铜业股票的人，将持有的股票脱手卖给推销商。当时的某些“机构通报”都在大肆谈论“内部购买”。他们还真说对了一次，不过内部人士的买进完全是迫于无奈。

从股票的下跌来判断，他们吸进股票绝对不是情愿的。标准石油集团是孕育这家公司的助产者，对外部和内幕信息了如指掌，却仍然采用了一种原始的笨办法买进了大量联合铜业的股票。

在这里，我们简要描述一下那段时期的市场波动和总的销量情况：

① 梅索尼埃（1815—1891），法国著名画家，梅索尼埃在画作中用大量笔墨描绘了拿破仑时期的战争场面，最有名的画作是《1814 年出征法国》。

1900 年 12 月 3 日的开盘价是 ......96 美元
12 月 3 日到 12 月 13 日的总销量是 ......160 000 股
这段时期内股价波动范围是 ......96 ～ 90.25 美元
1900 年 12 月 14 日到 1901 年 1 月 11 日的总销量是 ......295 000 股
这段时期内股价波动范围是 ......89.75 ～ 96 美元

尽管推销商使用了各种刺激手段，做了各种努力，但是 1901 年 1 月 11 日的收盘价只有 91.125 美元。

基恩首次出场

基恩首次出场好像就在这个时候。基恩极其聪明，他很清楚，在把股价炒到可以吸引投机者炒作的水平之前，必须要打破现有的市场走势。

接下来的记录如下：

1901 年 1 月 12 日的开盘价是 ......91 美元
1 月 12 日到 1 月 19 日的总销量是 ......70 000 股
这段时期内的波动范围是 ......92.25 ～ 90.25 美元
1 月 19 日的收盘价是 ......90.50 美元
1 月 20 日到 1 月 26 日的总销量是 ......88 000 股
这段时期内的股价波动范围是 ......92 ～ 83.75 美元
1 月 26 日的收盘价是 ......89 美元

以上这组数据中最后一个日期 1 月 26 日的收盘价格，最能体现基恩的操控能力。跟那些愚昧的“内部人士”在之前的 12 月份中仓促买入的 96 美元相比，这是一个更接近真实的价格。

基恩初期的操作手法非常有特色。在 1901 年 1 月的第 3 周，联合铜业公司股票平均每天的交易量是 2 万～3 万股，到了 1 月 20 日，股价就被打压到了 86 美元，第二天在 83.75 ～ 89 美元之间波动，第三天股价稳定在 88.25 美元的位置。

虽然从新闻的角度看，当时流传的谣言很受鄙视，却极大地激起了公众的贪婪欲望。一切迹象都表明，如果基恩的确身在市场中，他一定会极力扭转股票的低迷态势。现在我们可以肯定地说，为了给公众留下这种印象，隐藏自己的交易企图，他还是颇费了一番周折。

牛市的成就

当然，麦金利时代的繁荣正在向更加广阔的市场迈进。股市处于大牛市行情中，尽管北太平洋铁路股票逼仓事件和第二年 5 月的恐慌粗暴地打断了市场趋势，但市场趋势并没有因此终结。

基恩此时做出了最明智的选择，他让人们相信自己正在卖空标准石油集团的股票。后来他承认，自己在股价上涨至 128 美元前不久，便以 90 ~ 96 美元的价格卖空了所有罗杰斯联盟的股票。股价直到第二年 4 月中旬才开始上涨，但在 3 月份的时候，股票售价就已经高于票面价格了。

1905 年撰写相关评论时，我就认为基恩并没有打算将价值 2 200 万美元的股票以一个平均价格卖给罗杰斯和他的朋友，扣除操纵成本后，可能是按照 90 ~ 96 美元的价格，通过一系列大宗交易来完成他的操作的。当然，有些股票是以更高的价格卖出的，但是我们已经看到，其中一些是以 84 美元以下的低价卖出的。

基恩的第二阶段

基恩特别善于适应市场发展大势，他不会刻意按照自己的意图去打压市场。所以在一段时期内，他会很明智地任由市场自由发展，只是偶尔刺激一下市场，以便激发人们对牛市的热情。

那时市场的交易量相对较小。接下来的那段时期，市场最大波幅不超过 5 个点。但是我们需要注意的是，当基恩再度出手时，股价已经普遍较高了：

1 月 26 日到 2 月 23 日的总销量是 ....110 000 股
这段时期的股价波动范围是 ....92.375 ～ 87.75 美元

在这个月的平静期内，基恩也许卖出了一些股票，但是他肯定没有再干预市场。基恩发行的股票数量巨大，我们很难判断他到底做过多少股交易，或许是其承销量的 3 倍。

初期时，他在市场的买方和卖方都雇佣了经纪商，甚至这些经纪商自己都不知道他们正在执行对敲的交易指令。不论当时还是现在，这种行为都违反了证券交易所的规则。不过事情过去了这么久，现在就当我们不能肯定他当初是否真的这样做过吧！

随着市场的不断完善，类似这样的操纵越来越少，而且一旦公众了解了这种手法，它就会彻底消失。

基恩最后一次销售股票

基恩最后一次销售股票活动，发生在市场第三次波动之中：

2 月 28 日的开盘价是 ....92.375 美元
2 月 28 日到 4 月 3 日的总销量是 ....780 000 股
这一时期股价波动范围是 ....92 ～ 103.75 美元
4 月 3 日的收盘价是 ....100.375 美元

基恩手中的 22 万股股票很可能正是在这段时期卖出的。这一点他曾向我坦承，但对于我是怎么知道的，他总是不满意我的回答。

这段时间有一件很丢人的事，那就是联合铜业公司的股票始终是按 8% 的红利基准进行交易的。最初宣布的是每季度有 1.5% 的分红，再加 0.5% 的额外股息。公司董事们奇怪而愚蠢地认为，他们可以长期支撑全世界的金属价格。这种盲目自大而且极其荒唐的想法，最终导致大众为其买单。

伦敦一直是世界上铜交易的自由市场，无论是当时还是现在都是如此。基恩操纵市场初期，有传闻说伦敦金属市场价格下跌的势头已经被有效地遏制住了，但事实并非如此。在那个奇特的年代，任何传闻听起来都像是真的。

几年之后，联合铜业公司和竞争巨头奥古斯特·海因策签订了一份协议，这份协议不久就被淹没在了各种传闻中，后来还成为牛市的一个证据。

公众自己的繁荣

基恩对市场操纵的结果，就是 1901 年 4 月份前两周的市场走势，令他自己都感到惊讶。当时的市场交易量至少是 2 月和 3 月的两倍，有一天甚至达到了 21.4 万股，这个月还有几天交易量接近这一水平。

与历史数据比较，在基恩操作活跃时期，3 月 6 日的交易量只不过是 7.7 万股，市场也只是在 3 个点的范围内波动。

随后的交易显示，市场彻底扫清了通向顶点的一切障碍：

4 月 4 日到 4 月 16 日的总销量是 ....1 275 000 股

价格涨幅是 .... 由 101.125 美元上涨到 128.375 美元

罗杰斯联盟的股票已经完全融入了市场，而且事实上是被牛市中狂热的公众贪婪地吃掉了。

他们自己骗人的鬼话

那些曾经邀请基恩聊天的“内部人士”似乎也开始相信他们自己的鬼话了，这真是一场控诉人类本性丑陋的展览。根据记载，亨利·H.

罗杰斯一直都表现得自己好像认识一些公司内部人士一样。他告诉基恩"股价将会上涨"，而且他还收到了很多准备买进这只股票的合作者的来信，因此建议基恩先生也加入这一行列。

不用说，对于基恩这个谨慎的老手来说，罗杰斯的伎俩肯定是徒劳的。不过这样的"内部消息"也并非全无市场，就在基恩完成了自己的股票发行工作以后，这只股票相比开始卖出时还上涨了20点左右。

还有一件事，尽管这种事不可能再次发生，但研究一下也是很有意义的。在后来的交易中，当时被奉承为"基恩经纪商"的经纪公司，比基恩刚开始操纵时明显要更加显眼。从当时的流言来看，只是在他安全地完成了自己的发行任务后，基恩的名字才被提到。随后发生的事情也很有意思，但是我并没有类似的证据来证实。

标准石油集团与骄傲自大的头脑

标准石油集团如今已经不复存在，组成这个集团的百万富翁也是刚开始接触到巨额财富。直到发行联合铜业公司股票时，他们都认为自己天下无敌。他们当时和之后都犯了很多错误，但是随着时间的推移，他们也得到了一些启迪，并且慢慢退出了股票市场。

在石油经营领域，特别是在经营标准石油方面，他们可以说极其成功，完全承担得起在其他领域遭到的巨额亏损。早晚有一天，会有某个人不怀好意地向你讲述年轻的约翰·D. 洛克菲勒的逸闻趣事，其中就有他投机"小皮革"的故事。

只有那些拥有富翁父亲的年轻人，才能花得起这么多钱来接受这样的教育。我们完全有理由相信，洛克菲勒在"社会大学"里上过的那次昂贵的教育课，为他带来了意义深远的影响。

在前面的讨论中，我曾说过亨利·H. 罗杰斯犯的错误是多么严重，他那骄傲自大的观点，让无辜的股票市场承受了无数次的责难。但在最后的紧要关头，你会发现市场始终都是正确的。他在1908年去世的时候拥有 5 000 万美元的资产，如果再多活两年，他拥有的财富可能会是这个数量的两倍。

他的一些行为还是不错的，完全可以接受。弗吉尼亚铁路刚建好时，就是美国承建并且已经完工的最好的铁路，这条铁路让它的创建者操碎了心。为了自己心爱的铁路，他不仅押上了自己的全部金融资产和个人财富，还以个人名义按 7% 的利率向银行担保贷款。即便是这样，他依然误判了股票市场。

直截了当地说，不管何种条件，亨利 · H. 罗杰斯能够借到钱就已经算很幸运了。在恐慌年代，金钱支配着一切，出借人开出的任何条件恐怕借款人都要接受。

此事的教训

通过对这些声名狼藉的市场操纵细节的详细分析，我们从晴雨表的本质和特性中能够得到更多教训。请注意，联合铜业公司当时由证券交易所非上市部管理，这个部门现在已经取消了。

就像《波士顿新闻通讯社》一直所说的那样，无论从哪个角度看，联合铜业公司都是一家盲资公司。这种企业根本就不具备今天规定的上市条件。我认为，今天就是在场外那些新成立的交易所里，也不可能发生这样的事。

现在的公开披露程序比 20 年前更加完善，这种性质的操作今天持续不到一个星期就会遭到银行有效的联合制约。任何类似当年组成标准石油集团的那些金融财团，都不可能再拥有像过去那样不受道德约束的权力。要想有效防止这类行为的发生，必须全方位地提高公众的认识。

如今，金融事件的信息披露比以往任何时代都要好得多。治疗腐败的方法就是公开，因为没有什么能比将一切置于阳光下更有效的了。今天的人再也不可能像 20 年前那样被朦朦胧胧的谣传欺骗，“内部知情者”的可靠性已经被彻底击碎。

基于道氏理论三种基本运动的股市晴雨表，经过这么多年的检验，它的可靠性不断地增加。当然，它还没有彻底清除操纵带来的危害，关于这一点，我还会做进一步的研究。

不实报道

在报道的20次市场操纵事件中，真正发生过的也就一次。负责报道股市行情的不称职记者一贯如此报道，根本不愿意花费时间去了解股市行情走势。

在华尔街，搜集新闻是一件很困难的事，但也并非完全不可能。在华尔街搜集新闻比其他地方需要更多的智慧，要想做得得体，就需要在工作中付出不懈的努力。

新闻领域不懈努力的工作者其实并不比别的行业多，而且这些记者总是使用报社老板不明白或者不能鉴别的术语成功蒙混过关。尽管金融报道的质量一直在提高，可是却趋于肤浅。不过，像道琼斯新闻通讯社这样负责任的新闻机构则是个例外，它的生存之道便是在信息采集和出售过程中保持态度诚实。

总能找到原因，总能挖到新闻

这种事特别能够激发我的兴趣，因为我在华尔街最初的工作就是给道琼斯新闻通讯社撰写关于股票市场的新闻稿。我的目标是尽可能地找到个股和大盘波动的原因，哪怕只是一个可能的原因。

如果文章只是一些笼统的结论，肯定是不会被报社和老板接受的。关于如何搜集新闻的故事，我能讲出很多，从痛苦到荒诞各式各样。许多千辛万苦挖到的新闻，甚至还不到半个小时就已经变成旧闻了。当然，这样的新闻对于那些活跃在市场中的经纪公司和银行却有很大的价值，他们就是依靠这种新闻生存的。客户对于这种新闻的需求也是永无止境的。

虽然已经过去 20 年了，但是每当想起当年找到的一些粗劣的市场波动原因，尤其是自己推导出的方法一无是处时，我就感到十分惭愧。但是至少这些材料也是辛辛苦苦搜集起来的，绝不是凭空猜测。正是因为这一点，当我放弃折磨人的任务去接任《华尔街日报》编辑时，华尔街那些活跃的经纪公司纷纷表示惋惜。回顾此生，没有什么比这更让我感到欣慰的了。

几乎是必然的，记者能得到的奖赏和小炉匠的驴没啥区别，总是“未受优待，反遭虐待”。作为补偿，他也拥有世界上最有趣味的工作——当然，只要他想这么去做。

在公众认知中，市场操纵总是被不可思议地夸大，主要原因是股市中的每一轮波动都需要有一个合理的解释。要挖掘到这个理由，就必须竭尽所能地做大量研究，从与市场波动相关人员的说法中做比较性的筛选。这些人包括在场内执行交易指令的人，更重要的是，还包括那些发出交易指令的人。这样的调查能够追溯到交易指令的最初来源，这样的新闻能够挖掘得更深，也能够找到股票买卖的原因以及涉及的特定股票。

诚实新闻保护大众

华尔街流传着很多格言，它们或多或少都带有些“内幕”的性质。其中有一条是“牛市中没有新闻”。其实这句话并不正确，除非用太多的特例去证明一条普遍的规则。

华尔街绝对有新闻，而且还很多！实际上，任何市场，只要记者愿意去挖掘，就会得到你想要的。如果只是满足于为晚报或早报应付一些肤浅的市场评论，或者重炒那些“错误”的金融新闻，就会瞎编一些诸如“市场操纵”“交易者卖空”“标准石油公司正在买进”之类的文字来敷衍，反正报社老板依旧愿意把这些词语和话题当作新闻。

华尔街是全世界的金融新闻中心，在我经历的时代，新闻搜集工作已经获得了稳定的大踏步的发展，但是这项工作没有尽头。

经典解读

“操纵”是交易世界的永恒话题，尤其是那些亏损的投机者，操纵总是他们推卸责任的借口。尽管汉密尔顿打心底里不相信所谓操纵的影响，但这个讨伐的声音过于强大，他不得不单列一章来分析一些“操纵”的案例。

前面已经说过，“操纵”只是恰好顺应了民众的情绪，如此而已。如同水中航行的小船，划船者再怎么努力，如果逆水逆风，也注定会失败！

“操纵”就像是顺势的小船，“操纵者”就是懂得借势的“划桨人”。“势”是一切“操纵”成功的前提。只要懂得借势，任何人都是“操纵者”。

汉密尔顿在这里告诉我们，市场没有操纵，或者说操纵影响不了市场大势，真实的操纵是“牛市的热情”。大众情绪是市场波动的根结，大众才是市场的“操纵者”。

股票市场总是处在不停的波动中，每一轮波动都一定有原因。事实上，我们总是过了很久甚至很多年以后，才会知道波动的内在原因，不过那时候已经晚了。时机在交易中极为重要，只要知道股价涨了即可，这就是事实。按事实交易，我们并不需要知道为什么涨，因为没人知道为什么会涨！

价格突破盘整区间高点就买进，顺着市场的方向交易就可以了。只要交易规则告诉我们要进场，就抛开一切顾虑，任何一笔交易盈亏的概率都是各占 50%。

财经新闻总是会找到波动的解释。事实上，他们一般都会准备两套说辞，一套是应对市场上涨的，另一套是应对市场下跌的。对于财经新闻的态度，就是永远不要相信任何媒体的报道。

虚假新闻，内部消息，市场操纵……这些都是像新闻一样散播的谣言。交易者只需要记住一点：一切都已经反映在股市晴雨表中。

第二十章　一些结论：1910—1914 年[①]

股市晴雨表的讨论已经接近尾声，当它在《巴伦周刊》上系列刊载时，我收集了这些文章。从读者那里，我了解到这些文章很有启发性，也充满了趣味。当然，读者的反馈也会给作者许多启迪。作者撰写这些文章时，完全不知道对价格波动的道氏理论到底能谈论多少。它指导我们分析狂妄的周期理论，检验权威的历史资料。

当我们对商业在一个国家和世界发展中的重要性所知甚少时，如果对历史记录进行精心汇编，历史就能告诉我们更多。这也让我们明白，自己对历史的认知是多么浅陋。我们对股市晴雨表的功能和局限性都做了合理而可靠的评估，至少现在我们已经知道，它并不是玩转投机市场的制胜法宝，也不是确保零损失的股票交易系统。

投机的预测价值

当开始分析市场的三种波动——上涨或下跌的主要波动趋势，次级下跌或反弹，如潮水般不停涨落的日常波动时，我们可以看到投机非但没有限制晴雨表的有效性，反而出乎意料地增加了它的有效性。至少，我们已经为那些经营生意必须预测整体商业趋势的人，找到了

① 《股市晴雨表》首次出版在 1922 年，第二十章是第一版的最后一章。1925 年再版时汉密尔顿增加了后面两章内容。

一些真正有价值的知识。

在哈佛大学经济研究委员会那张涵盖1903—1914年经济走势的图表中，投机曲线一直领先于金融和商业曲线，这是事后通过精确计算做出来的。由于在绘制该表时过分保守，而且又做了大量的调整，当考虑道氏理论市场三重趋势时，其有效性永远也比不上逐日记录的股票平均价格指数。

知道何时停下来的预言家

市场活跃的时候，那些兜售股票买卖建议的家伙也会变得异常活跃。在市场萧条时期，他们又会显得非常沮丧，因为没有人愿意听他们说话，除非他们非常耐心、幽默。

从1910年熊市最低点到第一次世界大战爆发前的那段平静期，有个家伙经常向我感叹，他没有办法从无利可图的市场中预测趋势。但是我们的股市晴雨表就不会判断失误，也不会让人留下什么遗憾。它几乎是今天唯一的预言家，如果无话可说便会停止谈论市场。

通过《华尔街日报》的市场评论，我看到股市晴雨表早在1909年下半年就已经预测到了1910年出现的熊市，市场在1910年6月之后就已经开始转好。

尽管市场恢复得很慢，走势也不甚明朗，但大趋势是向上的。1911年盛夏，市场出现了一轮较为剧烈的次级波动。不管怎么样，这轮主要趋势的顶点出现在1912年的下半年。最有意思的是在世界大战爆发前那4年时间里，市场的波动幅度一直都比较小。

从1909年下半年持续到1910年中期的那轮熊市波动非常明显，不过观察两种平均价格指数，波动幅度仅有1907年恐慌的一半。随后的那轮牛市，姑且先称之为牛市吧，市场只是出现了短暂的繁荣，波幅仅相当于那轮从1907年秋季几乎持续到1909年底牛市涨幅的1/3。总的来说，在这段具有启发意义的时期内，我们能看到市场的整体波幅在缩小。

通过研究那段时期的商业记录，可以发现此时的交易量增长缓慢。虽然市场称不上萧条，但是商业状况表现得相当不景气。尽管如此，整个国家财富的增长却是毋庸置疑的，只是增长的幅度不够明显，或者说强度太小，激发不了大量的投机行为。

既预测小波动，也预测大波动

在这里，我们看到了晴雨表另一个非常有价值的功能。从这个意义上来说，主要波动趋势的确可以预测随后经济好转的程度和持续时间，也可以预测随后商业萧条的深度和严重程度。

我们在 25 年数据图覆盖期的讨论中已经清晰地说明了这一点，任何人都可以通过前面章节中的股价波动分析和随后的贸易发展比较看到这一点。可以这么说，商业在 1910 年不太景气，别指望这时能够出现一个活跃的投机市场。这种状态一直持续到战争带来繁荣为止。

商业图表的编纂者面对一个难题，即某段时期出现的某种节奏，常被认为是正常的商业波动。在这段典型时期，上涨和下跌不是对等的，类似于逐渐停止的钟摆所做的摆动。

对于战前发生的事情，这倒是个不错的比喻。当商业钟摆似乎在逐步停止摆动的时候，各种战争物资的需求为商业之钟再次上满了发条。这么说并不准确，只要在实践中要求不是过于严格，这样的比喻完全能给出清晰的思路，也非常有效。

从 1909 年股票市场出现顶点算起，可以说这轮熊市持续了近 5 年时间。查尔斯·道刚形成自己的理论时，曾轻率地做出市场主要波动趋势持续 5 年的假设，这或许可以作为该假设可信的例证。

美国的资源显然是被过度开发了，铁路资源或许也是同样的情况，这种状态在 1907 年恐慌时达到了顶点。我可以谨慎地推断，这场恐慌的影响并没有被随后的股市反弹完全消除，实际上，市场反弹在 1909

年才达到了顶点。我们看到，商业的重新调整耗费了更长的时间。

周期在什么情况下有效

总的来说，“恐慌周期”理论在实际应用中非常有效，但并不适合处理日常波动，这里仅举一个有效的例子，这个例子用在此处非常恰当。从历史的角度来看该案例十分有趣，如果从现实的视角去看，你会获得真正的教益。

1873 年恐慌以后，股市出现了一些反弹，但是随后整体商业却出现了萎缩，而且和今天的情况完全不同，但很像我们接下来所要讨论的情况。或许可以说，直到 1879 年恢复货币支付体系时，我们国家的商业形势才开始朝更广阔的方向发展，并在 1884 年经历了一场不太严重的恐慌考验。

同样，虽然市场只是在窄幅区间内横盘调整，但是 1893 年恐慌以后的经济萧条期远比股市的下跌期漫长，如果将波动轨迹绘制成图表，看起来很像那轮在 1909 年达到最高点的强劲反弹时的市场波动。

这里我们至少得到了一条类似的规律，跟我们从道氏价格波动理论推导出的主要波动趋势相比，它支配着更加广阔的市场波动。现在我们至少能明白，一旦市场信心被彻底击碎，再次恢复绝不是几个月就能完成的任务，而是需要数年的时间。

萎缩的交易量及含义

前文已经指出，通常情况下，熊市的股票交易量要远小于牛市。书后 25 年平均价格指数表，是根据每日的股票交易情况逐月做出的，从中我们可以看到 1911—1914 年间的投机交易量很小，只比麦金利重新当选总统前 4 年的市场好一些。此后出现了战争催生的繁荣期，战争颠覆了所有的计算。

哈佛大学经济研究委员会在他们绘制的商业图表中，直接忽略了战争这段时期，将它当作是类似于地震这样影响世界经济形势的反常自然现象。

世界大战以后，1921 年 6—8 月，股市达到了最低点，我们姑且称之为通货紧缩造成的熊市，此时股市交易量出现了明显的萎缩。自有可靠记录以来，我们现在正在经历最为缓慢和最不具有投机性的牛市。这一事实无可置疑，当这些文章在报纸中系列刊载的时候，就曾不止一次预测到了牛市行情。

这次市场复苏一直持续到 1922 年 4 月，工业指数上涨了 29 点，上涨幅度约是铁路指数的 2/3 多一点儿。在此期间，市场出现了几次明显的次级下跌。在强劲的上涨趋势中，次级下跌相应地也会比较激烈。值得注意的是，1922 年的主要上涨趋势和次级下跌趋势都表现得不那么强烈，然而这轮强度不太大的反弹走势，却预示了商业繁荣的来临。

股市晴雨表已经显示市场会出现一定程度的复苏，但是复苏的速度比较缓慢，而且较平常需要耗费更多的时间来确立上涨趋势。这种预测显示本轮牛市并不会创新高，只会温和地推动价格上涨。同时，这种情况还意味着本轮牛市并未预示美国工业将会迎来一次大发展。

抑制铁路的发展

只要你看过本书第十八章，一定会理解铁路股票曾持续下跌 16 年的分析，也会轻松发现目前股票市场即使反弹也如此保守的原因。在我们的晴雨表中，这 20 只活跃的铁路股票至少代表了一半投机交易的资料和记录。

排除农业，铁路就是国家最大的资本性投资行业，但这些铁路股的表现却无法令人满意，没有丝毫迹象显示过多的毫无根据的管制不会进一步限制其创造财富的能力。

由于立法者的误导，我们曾错误且愚蠢地认为，铁路股票持有者的最大收益率是 6%。实际上，这些股东却承担了收益减少的风险，甚至是破产。很显然，在这样的情况下，资本绝对不会流入到交通运输领域。更为严重的是，这种令人沮丧的铁路状况不可能完全不影响工业的发展。

如果回到民粹主义盛行的 19 世纪 90 年代中期，谁又能预测到会出台什么政策呢？我们正在将资本从各项公共事业中挤出去，谁又能说这种影响到资本盈利能力的干预不会扩大到大型工业企业中呢？

工业中的政治

这绝不是毫无根据的猜测，这种干预确实已经扩大了，而且这种做法对大众没有任何好处。但是司法部对美国钢铁公司的法律制裁（现已撤销）已经表明，那些蛊惑人心的政客将自己的危险理论强加到商业中会产生什么样的后果。

现代化生产的趋势是集约化，在类似美国钢铁公司这样单一的管理制度下，商品价格会更加低廉，而且也会比 20 家或者更多独立公司组成的大型“慈善”机构生产的商品更加便宜。

政客认为规模本身就是罪恶。如果这神想法被广泛接受，回想过去这种想法被完全采纳的时期，我们会发现未来 5 年的商业发展令人堪忧！

塔夫脱继承的政策

1909 年或 1910 年初，我曾在白宫见过塔夫脱[①]总统。当时我向他指出，由于当局的支持，对铁路公司无情的敌意政策已经严重制约了铁路行业的发展，监管机构的过多干预也对商业产生了不良影响。

① 塔夫脱（1857—1930），美国第 27 任总统。老罗斯福下台后，塔夫托继承了前届政府的反垄断政策，4 年内提起 90 余起反托拉斯诉讼。

塔夫脱先生对此表示赞同，但是态度非常谨慎。他强调，我们现在不能期盼过去那样的快速增长，过去是靠巨大的努力将投机性的希望变成现实。

他认为管制大型企业是必需的，这是为了保护公众利益必须付出的代价，这也是他从罗斯福那里继承下来的政策。即使在 1912 年，这样的政策也没有让当时的进步党感到满意。

那次会谈时间并不长，就这样匆匆结束了。如果像塔夫脱先生这样绝对诚实的人尚且持有这样的观点，我们对国家立法机构和监管机构中那些狭隘的政客还能有什么指望呢？他们对铁路公司一直心存敌意，完全不顾公众的利益！

我们甘受束缚

我们甘受束缚到底是为了什么？难道政治干预能够提升铁路的服务水平吗？事实上，现在没有一列餐车能和 20 年前哈维的艾奇逊铁路公司为乘客提供的食物相比。体验过麦卡杜定制的“标准火车用餐”的受害者再次回忆起这一幕时，感觉那简直就是一场噩梦！总之，列车的服务水平远不如从前。

宾夕法尼亚铁路公司和纽约中央铁路公司曾经都能将纽约到芝加哥的运行时间压缩到 16 个小时，但现在却分别延长到 20 小时和 22 小时。车厢比过去更舒适了吗？列车服务人员比原来更加文明礼貌吗？

只是解雇一名没有保持车厢清洁的员工，就要遭受劳工局没完没了的质询。铁路公司没有了这种顾虑，才能保持车厢清洁。我们却借助立法和管制，让铁路公司失去了服务精神！现在，他们在如何让自己的线路更有吸引力上缺乏热情。

什么动机能够刺激铁路公司投入资金去提升这种吸引力呢？国会表示，铁路公司投资回报超过 6% 的部分要被收走——这一规定无法让铁路公司的盈利能力持续增长。

真实的心理状态

这种讨论并没有偏离本书的主题，我们正在探讨一个推动平均价格指数波动最重要的原因。打压铁路公司不可避免地会波及其他行业，因为根据铁路工商协会列出的铁路供应制造商名单，铁路供应制造商在我国制造业中占比巨大，它们的波动势必会影响到所有工业的发展。

我们正在慢慢脱离江湖骗子横行的时代，在那个时代，有一个词不停地滥用到令人厌烦，那就是“信念”。不过，这个词用在这里倒是反映了一种真实的心理状态，那就是我们已经失去了对自己的信任。我们已经严重扰乱了供需规律，完全跟不上它的步伐了。

如果一个国家的商业经营不自由，这个国家也就不存在真正意义上的自由。没有什么比官僚政治更专横的了，再也没有比这更愚蠢的了！

举个例子。前不久，宾夕法尼亚铁路公司总裁瑞恩让我猜一下，他们公司每年需要向华盛顿各个部门，主要是州际商业委员会提交多少份报告？我知道铁路公司的报告数量很大，认为每年大概需要上交500份左右，而且这么多应该足够了。但为了安全起见，我把这一数字扩大了20倍，我说估计一年可能需要大约1万份吧。瑞恩苦笑着说：“去年我们单为匹兹堡东部铁路线就提交了11.4万份报告！”

改革还是革命

这还只是一家铁路公司的部分数据！如果乘以国内所有铁路公司的数量，就能看到官僚政治所能做的，那就是捆绑住公共事业公司的服务并削弱其效率。

我们可以为华盛顿的商业管理引入一些常识，这要归功于道斯将军，但很明显这远远不够，他也只是触及到问题的表面。我们现在需要的是革命性的改革，因为我们看到美国商务部和劳工部——只列出这两个部门的名字——正在要求全国所有企业上交更多的信息、数据、邮件，还有被这些事情浪费的时间。

一项障碍及后果

这是一项自我强加的障碍，我们只能责怪自己。看一下塔夫脱总统 12 年前的就职演说吧！是谁把辛巴达从邪恶老人的臂膀上解救了出来？① 只要这些政客继续强行设置障碍，我们怎么可能期待商业繁荣，怎么可能期待铁路公司重新恢复原来的强劲发展势头呢？

我们都遭到了政治干预的打击。它打击了内布拉斯加州的农场主，农场主已经在焚烧玉米，因为每吨玉米的价格比煤炭还要便宜。它也打击了国家的对外贸易。我们国家是世界煤炭资源最丰富的国家，却一直从英国进口煤炭，英国已经取代美国通过战争取得的外贸地位。

国会对商业的态度，绝不只是对铁路公司的发展存在病态的偏见。仔细分析就能知道，国会的主要意思是不允许任何个人拥有大量财富。企业之所以会受到立法机构的攻击，并不是因为其危险性的投机，而是因为有些个人可能会在国家发展中变得富有。

对此我深感困惑，难道让这些人贫穷不会导致国家贫穷吗？我们还要再尝试一次克利夫兰第二届政府执政时所做的实验吗？②那个充满民粹色彩且经济萧条的时代，不正是我们缺乏信心和信任的时代吗？牛市已经达到顶点并且开始释放出熊市信号，我们今后会走向何方呢？

---

① 出自阿拉伯著名文学作品《天文夜潭》第 16 部航海家辛巴达的故事。辛巴达在航海历险中遇到一位可怜的老人，同情心发作的辛巴达把老人背在肩上，不曾想遇到的是一个邪恶老人。邪恶老人专门利用他人的同情心进行残害，饱受折磨的辛巴达后来背着老人到南瓜地里找了一个干南瓜，挖了一个洞，掏空之后放了些葡萄在里面并封上了南瓜口，酿成了自制的葡萄酒，最后把老人灌醉后，用石头砸碎了老人的脑袋。

② 格列佛·克利夫兰（1837—1908）是美国第 22 任和第 24 任总统。在任时曾接见来访的清朝大臣李鸿章。克利夫兰第二届执政任期爆发了铁路公司破产引发的经济危机，随之而来的是长期萧条。克利夫兰在这场危机中失去了人民的信任。1908 年 6 月 24 日，71 岁的克利夫兰在家中去世。

经典解读

在市场价格波动中，交易量的意义绝对不能漏掉。一些市场内部情况都会从交易量上体现出来。汉密尔顿这里就此做了近乎完美的讨论！

一切信息都已经在市场中体现出来了，市场通过对所有信息的综合评估给出最佳评判，这就是股市晴雨表“预测”的本质。

市场是最好的“预言家”，一切信息都已经反映在市场走势中。“权威发布”“小道消息”“媒体报道”等在市场面前都是微不足道的，关注市场走势就够了。

投机是有价值的，它绝不是大众眼中的“赌博”。投机的预测价值可以帮助我们去评估未来，道氏理论在这方面拥有最好的表现！

分析和推理可以让我们更加深刻地认识世界，但是一味批评和指责会使自己生活在痛苦中。怎么样看待风险，是每一位交易者需要正视的课题。

情绪和大众心理的讨论是非常有争议的话题，撇开“标榜仁义道德人士”的无端指责，从人性的角度去分析市场很有效果。

要做好交易，就必须深刻理解人性和大众心理，这方面读者可以从社会心理学书目中学习。浩如烟海的历史典籍为我们提供了无尽的养分，实际生活更为我们提供了观察人性的场所。

风险的含义是指未来具有不确定性。世界从来都处在风险之中，政治干预或者病态偏见只不过是九牛一毛。我们要面对各种不确定性，事实上任何一笔交易盈亏的概率都是50%，止损是控制风险的唯一手段。

概率和止损也是交易盈利的终极策略。

第二十一章　一如既往：1922—1925 年

本书首次以系列专栏形式在《巴伦周刊》上发表是在 1921 年下半年，当时的编排并不是后来出版的章节顺序。事实上，我当初研究道氏理论并没有准备以书籍形式出版。只有像我这样对工作狂热到不可救药的新闻人，才会把这件事看成是一项工作任务。

某种程度上，本书具有批评现实主义的特点，这体现在本书最重要一章——第十五章“区间盘整和一个实例：1914 年”中。我把这篇文章交给《巴伦周刊》主编的时候，使用的是一个完全不同的区间盘整插图。

插图中的区间盘整

对平均价格指数做过研究的人都会记得这条普遍的规律，盘整区间内的日常波动显示股票正在派发或者吸筹。当平均价格指数触及饱和点或者稀缺点之后，在盘整区间之上或之下的平均价格指数就会显示出市场未来波动的重要迹象。

连续多个交易日，如果平均价格指数始终在盘整区间上方 3 个点左右的范围内波动的话，就意味着流通股票的供给严重不足，必须抬高股价以吸引新的股票出售。相反，如果平均价格指数跌破震荡盘整区间下沿，也就是我们所熟悉的饱和点，此处乌云将化为雨水洒向苍茫大地。随后便进入显著的萧条期，直到某一价格点位能够再次吸引到买家为止。

我把第十五章交给《巴伦周刊》主编的时候，市场正处在一轮主要跌市的底部，初次选用的区间盘整插图当时正在形成过程中。虽然我非常乐于将道氏理论以及据其所做的预测冒险发布出来接受市场的检验，但是主编认为这样的预测实在是太过大胆了。

按照我的想法，预测结果将是对道氏理论一次有力的证明，但最后还是采纳了主编提出的更谨慎一些的建议，盘整区间插图选用了世界大战爆发之前1914年5—7月股票市场中的活跃情况，或者更恰当一点说是不活跃的情况。

毫无疑问，不论是从历史的观点来看，还是之后本书的权威性来看，当时选择的插图都是非常正确的。让我感到满意的是，本书的发行量数倍于出版商的预期，这也一举奠定了本书的地位。

本书内容以系列专栏形式在《巴伦周刊》上发表，将道氏理论应用于实际市场，并以最确定的方式对市场进行了预测。连载期间，那轮大牛市恰好发生，当然这些过往的成功如今我们已经非常熟悉，因此就没有必要再提了。我也被要求在新版时更新一些题目，用以指明在《股市晴雨表》第一版发行3年以来，该理论得到了哪些验证或者经过了哪些修改。

这些题目很有意思，也很实用。在这些题目和《华尔街日报》的摘要中，尽管很有必要对1922年以来道氏理论的成功应用方式再提供一些相关的例证，不过我希望自己毕生的幽默感能够让我远离预言家的自我吹嘘。

成功的预测

《股市晴雨表》出版发行以来，市场已经经历了一轮主要上涨趋势（牛市）。其中，工业指数在1921年8月24日到1923年3月20

日期间的上涨幅度超过了 61 点，而且其高点只比第二年 3 月创下的最高点低 3 点；铁路指数从 1921 年 6 月 20 日的 65.52 点上涨到了 1922 年 9 月 11 日的 93.99 点，上涨幅度为 28.47 点。

《华尔街日报》与《巴伦周刊》对这轮牛市的表述都很清晰，前者于 1922 年 2 月 11 日发表评论说：“目前市场的主要波动趋势是向上的。”这篇研究文章的最后一段非常有意义：

> 对咨询者的回答是，我们仍处在牛市中，而且本轮牛市将走得更远。上涨趋势可能会昂头挺进 1923 年，持续时间肯定会超过预测的整体商业发展。

上面的表述非常直接，不仅提到了道氏理论诠释的股市波动趋势，而且还指出了基本商业情况会随着价格的上升得到改善。

第二年 6 月，20 只工业股票构成的工业指数上涨了 26 个点，《华尔街日报》再度发表评论：“没有任何理由认为现在的牛市会在几个月内触顶。”请注意，这轮牛市确实持续到了 1923 年 3 月。尽管市场在 1922 年 5 月 8 日后便在极窄的区间内盘整，但我们并没有据此做出熊市推断。

5 月 22 日，牛市重新启动，再次推断其会“昂头挺进 1923 年”。我 1922 年 6 月 16 日在波士顿接受采访的时候，曾反复坚定地强调股票市场很有可能会沿着上升趋势走得更远，不过此时出现次级调整将会更好，因为这种情况经常出现。

7 月 8 日，《华尔街日报》发表了一篇名为《价格波动研究》的文章，其中指出铁路指数的上涨趋势遇到了阻碍。不过该文章随后说道：“尽管存在某些制约，但根据平均价格指数显现的迹象，依旧坚定地看涨未来市场。”

一轮次级调整趋势

我曾在其他章节中说过，预测次级调整完全是一件碰运气的事，所以我也不鼓励这样做。尽管从1922年9月份起,《华尔街日报》和《巴伦周刊》就开始寻找次级调整的迹象，但指数直到9月19日才对此予以确认。嘲笑者，尤其是那些在市场判断中犯错的人，可能会说这只不过是一次侥幸的猜测！但无论如何，这一猜测在9月30日得到了证实，工业指数当时已经从牛市高点下跌了接近6个点，铁路指数也下跌了4个多点。

《价格波动研究》10月18日发文说道：

> 在经历了一次典型的次级调整之后，今天，发端于1921年8月的主要牛市很明显将再次恢复上涨趋势。

要是在这里列举出所有这样的预测，会让人觉得很厌烦，其实我更倾向于将这种预测称之为推断。1922年11月3日，我们又做出了牛市推断。最晚于1923年1月16日，人们就会开始讨论这次“漫长但绝不是空前的次级调整”，不过那时上涨趋势仍处于主导地位。

短暂的下跌趋势

为了研究方便起见，我们可以认为这轮下跌从1923年3月工业指数达到顶点就开始了。同年4月4日发表的《价格波动研究》提醒人们，要注意指数在派发区间透露的下跌信号。

总的来说，这轮下跌持续的时间并不长。不过值得注意的是，尽管此时《价格波动研究》看跌市场，但后来却逐渐承认这只是一轮次级下跌而已。这显然是受了之前缓慢形成的牛市影响，因为市场接下来的下跌看上去确实很像牛市的次级下跌。

这次下跌总共使工业指数跌下20点，于1923年10月27日达到最低点。铁路指数截至同一天也下跌了超过17点，尽管铁路指数的实际低点出现在去年的8月份。

绝不能轻易地将这次显著的短暂下跌看作是一轮熊市，本轮牛市的信号似乎可以追溯到 1921 年开始的市场转向，《股市晴雨表》当时的专栏评论曾因不恰当的牛市论调而受到指责。

税收的影响

毫无疑问，股票市场中又多了一个新的影响因素——税收，这一点通过平均价格指数便可以发现。整个夏天，国会都在激烈地讨论税收这件事。《华尔街日报》曾认真研究过政治干预是如何影响商业发展，从而进一步扭曲或者说在很大程度上抵消晴雨表的作用。

1923 年 8 月 29 日，当时对个人所得税以及超额累进所得税的征收都达到了历史最高点，《华尔街日报》当时发文写道：

> 由于受到某种因素的影响，晴雨表在过去几个月内出现了偏差，而这种影响在牛市出现之前并没有被察觉到。毫无疑问，造成这一影响的主要因素是超额累进所得税。
>
> 经纪商会告诉你，无论大股东卖出的力度有多大，支付红利的普通股走势都表现得相当稳定，两种指数成份股中有四分之三都属于这种类型。尽管大股东的抛售行为在 1921 年秋季牛市开始时就已经出现，但我们依然可以称税收为一个新的影响因素。
>
> 股市晴雨表整个理论基于一个假设，即施加在股票上的压力能预测未来商业发展的情况。但是现在，平均价格指数出现了史上第一次和未来事件毫无关系的压力。
>
> 这就好像把一块烧红的煤块或一块冰放在温度计的水银泡下面，如果指望国会让税收恢复到一个理性的状态，那几乎是不可能的。尽管如此，面对这种情况，股票市场依然还会自我修复，只是耗费的时间会更久，远远超出我们现在的计算能力。
>
> 等到修复完成时，20 只活跃的铁路普通股与 20 只工业股票的持股情况会像宾夕法尼亚铁路股票一样分散。从平均持有量上看，

每个持股人大约持有 50 股。

富人不会持有一只回报率只有 6% 的普通股，这不仅是因为他更容易看到超过一半的利润会被税收扣掉，而且持有这种股票还会增加其他所得税的缴税额。因此，富人在过去几个月里成了坚定的卖家，把这种抛售当做是对高额税收的报复。

从某种程度上说，这种卖出是很明智的，但显然这种抛售并不需要预测商业发展形势。国会强征过高的税收不仅给美国商业的发展设置了障碍，还扭曲了股市晴雨表的作用。

虽然国会正在着手消除增税带来的短期影响，但是各州的税收政策影响亦然无法忽视。

一轮新牛市

如果说我真的希望自己从没写过《股市晴雨表》一书，那种说法肯定是虚伪的。但我真的要说，我很遗憾看到了一些提供内幕消息的人士以及江湖骗子，他们仅凭自己对于平均价格指数研判原则的片面认知，就大肆歪曲道氏理论，为自己不合理的结论诡辩。

1924 年 2 月 4 日，《华尔街日报》发表了一篇关于股价波动的评论文章，文中批评了那些所谓“内线”的叫嚣，并且还提到：

根据道氏理论研读平均价格指数的方法，在经历了一轮历史记载中最短暂，仅持续 8 个月的熊市之后，股票市场现在正处于一轮牛市波动趋势中。从目前股市的低点来看，这轮牛市可以追溯到 1923 年 11 月 1 日。但是牛市信号的确认是在 1923 年 12 月，当时工业平均价格指数与铁路平均价格指数都在持续最长的盘整区间中完成了吸筹。

这里需要注意的是，作为确认牛市的显著理由有两个，其一是股价始终低于其内在价值，其二是股价没有反映出商业扩张的可能性和发展前景。但是股市晴雨表再次做出了正确的判断，商业扩张没多久就出现了，只是在下半年扩张速度有所放缓。

这与随后两种平均价格指数从高点出现的次级下跌产生了极好的呼应，工业平均价格指数从8月20日的高点105.57点跌至10月14日的低点99.18点，同时，铁路平均价格指数的下跌幅度超过6点，两种平均价格指数在10月14日这天同时跌至低点。

此后牛市全面启动，并在总统大选结束之后表现得更为活跃。当时许多自称有内幕消息的人士四处宣扬要落袋为安，并建议开始做空市场，其理由就是“利好消息已经出尽了”。

事实上，1924年总统大选前，人们认为柯立芝[①]胜选的比率应该是12:1，实际上他却以40:1的优势击败戴维斯，很明显这是一个“好消息”。股市晴雨表预测的好消息，就是未来商业整体形势将再度出现扩张。

法规改变后的监管情况

当前牛市中出现了一种之前从未有过的情况，那就是监管法规造成的影响。以下是我在其他场合做的评论。

以查尔斯·道著名的三种趋势并存理论为基础对股票市场所做的研究，通过工业平均价格指数和铁路平均价格指数对比来揭示市场运行规律，这在预测市场未来趋势及其持续时间方面，表现出了惊人的正确性。然而，现在的牛市却受到了之前从未有过的新情况的影响，因此考虑这一制约条件的影响非常重要。

在过去很多年，证券交易管理委员会一直致力于加强证券业务的

① 柯立芝（John Calvin Coolidge，1872—1933）毕业于美国雪城大学，美国第30任总统，共和党籍。佛蒙特州律师出身，在马萨诸塞州政界奋斗多年后成为州长。1920年大选时作为沃伦·哈定的竞选伙伴成功当选第29任美国副总统。1923年哈定在任内病逝，柯立芝递补为总统。1924年参加总统大选连任成功。政治上主张小政府，以古典自由派保守主义闻名。

监管，直到取消非上市管理部以后，才出台了更为严格的规章制度。最近一两年，监管方告知那些最有实力的经纪公司，要依据自身资金实力开立户头。而就在前不久，证券交易经纪公司会尽其所能地招揽业务，因为他们相信自己可以巧妙地找出在牛市中增加账户的方法。这种情况现在已经得到了彻底改变，绝大多数经纪公司都会在交易法规允许的范围内为客户提供证券服务，这已经是一个公开的秘密。这些经纪公司持有的头寸非常安全，但是他们的经营策略显然已经发生了变化。

在牛市中赚钱的办法就是，上行趋势一旦确定，就根据自己账户的资金规模尽可能多地买进并持有，然后用获得的利润继续扩大多头头寸，把控好大部分利润，在市场强度空前高涨时卖出。在市场不可避免的次级下跌中，根据自己的账户规模适时补仓。

但是，这种客户并不是证券交易经纪公司想要的客户类型，因为这种交易策略意味着大量资金被锁定，几周之内经纪公司才能收取一次交易佣金。经纪公司希望客户每天都能向其缴纳佣金，不过这种做法只对经纪人有利，因为试图通过猜测日常波动来获取收益的行为绝不是投机，那更像是赌博。

新的经纪公司监管措施带来了一个结果，人们开始普遍使用现金来购买少量股票，而富人则会通过自己的银行经理在纽约以外的全国各地向自己的多头账户增加资金。这给确定多头账户的真实规模增加了一些困难，但也为股市增加了某种程度的稳定性，因为这将大大减少在同一时间抛售股票的可能性。

按照这种情形发展下去，经纪行业的业务极可能向少数大型公司集中，少数规模较大的经纪公司拥有更多的可调用资金，其额度远超公司运营必需的资金量。不过至少有一点可以确定，新的限制并不会改变股市晴雨表的原有分析方法。

晴雨表显现的迹象

如果就这样匆匆结束本书，不讲一讲股市晴雨表在 1925 年 8 月对未来的预测的话，会显得我有些胆怯。显然，此时多头账户表现强劲，筹码分布合理，而且平均价格指数也丝毫没有迹象显示本轮牛市已经触顶。

从 1923 年下半年短暂的熊市结束算起，本轮上涨趋势并没有持续多久，仍然有大量股票的售价低于其价值。尽管铁路指数与工业指数都已经上涨了一定幅度，但我认为，如果我们能计算出平均价值曲线的话，就会发现上述结论适用于所有铁路股票和一部分工业股票。

尽管接下来依次出现的次级调整比较强烈，但是所有迹象都表明上涨趋势将持续到明年。

《股市晴雨表》首次出版以来，我从未动摇过自己的信念，即按照常理来解释股价波动，这是一项伟大的事业。当然，股市晴雨表对于个股可能没有什么实用价值，但不包括那些跟随大盘同步上涨的股票。因为投机者选择的股票可能会落后于大盘，并且始终追不上大盘的步伐。

我无意鼓励人们到华尔街去投机，但我高兴地看到，国家商业界已经开始注意到股市晴雨表的指导作用。尽管股市晴雨表一直受到某些权威的批评，但是它将一直为美国的商业发展服务。

经典解读

查尔斯·道生前对经济与股市分析的文章，为汉密尔顿构建道氏理论打下了坚实的思想基础。实际上，查尔斯·道从来没有对市场做过预测。汉密尔顿通过道氏理论对未来做预测，在当时引起了巨大的轰动和争议。

这一理论成为后世技术分析的基础，可谓是“技术分析的鼻祖”。

道氏理论适用于分析大盘走势，而不是单独的个股！个人和群体的关系也是如此：单独的个体会表现出千差万别的特性，群体则表现出某些相同的倾向。

做交易的是人，人性是推动价格波动的原因。

“利好消息已经出尽”或者“利空消息已经出尽”，这种说法在市场上从来没有消失过！不过一切消息都已经反映在道琼斯股票平均价格指数中，只要读懂指数就够了！

交易要遵守规则，除了遵守自己的交易规则之外，更要遵守交易所规则，无论交易所出台何种规则，遵守就是对自己最大的保护。

汉密尔顿对经济的分析一定要结合书后的指数数据来学习领悟。方法如下：

在纸上画好标有时间、价格坐标的点，把相应的数据填写到上面。填写好后，用纸把相应的数据图遮住，露出汉密尔顿在预测前的价格波动图。然后按照汉密尔顿总结的道氏理论精华，对未来走势进行分析并记下结果。最后再同汉密尔顿的分析进行对比，找出分析中存在的问题以及分析结果不一致的原因。

坚持训练，假以时日，就会对道氏理论了然于胸，运用起来也会得心应手。

这个过程极为复杂，自己一定要亲手绘图，千万不要借助计算机辅助。半年以后，你就会把道氏理论刻在脑子里！

第二十二章　对投机者的一些思考

很多年前，美国南部某州曾经禁止任何下注一类的赌博游戏，并且以法令形式进行严格管制，具体是哪个州这里就不提了。不必多说，这项规定简直愚蠢透顶，“违反比遵守更加光荣”。然而，有一个小镇的治安官却强制执行这一法令，还因此逮捕了一群在库房玩尤克牌[①]的年轻人。

那个时代，法院没有什么繁琐的程序。辩护人不得不承认他那“倒霉的当事人”当时的确在玩尤克牌，并且做了非赌博的辩护。人们并不认为这种辩解有什么不恰当或有失尊严，法官与陪审团的绅士们平时也玩这个游戏，因此他们对辩护律师的观点表示怀疑。

然而律师并没有气馁，继续说道：“请允许我花一点儿时间向陪审团演示一遍这个游戏，我能让他们相信尤克牌游戏并不是赌博。”

并非赌博

这个请求听起来很合理，于是陪审团和律师便围在一起玩尤克牌。不一会儿，陪审团的成员就有人开始向自己的朋友借零钱了。经过一个小时左右的“演示”之后，陪审团重回法庭，一致裁定玩尤克牌不算赌博。

① 尤克牌是起源于德国的牌类游戏，也是19世纪末美国最流行的家庭牌战游戏。

如果我不说一些自己对投机的看法，并顺便向投机者提供一些实际的建议，那么这些文章就不算完整。投机肯定要有很多运气的成分，但是并不是别人，而是投机者本人经常将投机变成纯粹的赌博。

我并不知道那位南部州的辩护律师是怎么说服陪审团让其相信玩尤克牌并不是赌博的，不过可以肯定的是，如果一个门外汉带着自己固有的愚蠢想法准备去华尔街“投机”，那里的专业人士会向他证明投机并不是赌博，他们也没必要做出任何欺骗性的行为。

晴雨表提供真正保护

我不厌其烦地强调，研究股票市场价格波动的道氏理论并不是用来战胜市场的“法宝”，不是能将华尔街变成类似“汤姆·梯德勒的土地”[①]那样可以快速致富的体系，也不是每个人都能用区区几美元就可以赚到大把黄金白银的秘籍。

但是，如果今天聪明的投机者（多数人都有可能成为明天的聪明投资者）不能通过研究股市晴雨表找出股票市场中自我保护的方法，所有这些章节的讨论就是失败的。

只要能正确理解主要波动趋势，一定会赢得一些实际的利润。在没有确定大盘是处于上涨趋势还是下跌趋势的情况下，仅仅听信某个人透露的小道消息，便贸然来到华尔街，他极有可能以保证金的形式输掉带来的全部资金。但是，如果他领会了市场波动的含义，并且能够识别出牛市中次级下跌后的萧条期提供的买入机会，他就有可能获得很多的利润。

获利必须依靠全面缜密的思考。华尔街只赔不赚的朋友，显然从来没有认真思考过这一点。在这种情况下，此后余生他们就只能一直活在指责证券交易是赌博的地狱中。

---

① 美国旧时的一种儿童游戏。

投机和赌博

对于那些从不思考的稳定亏家来说，所有的股票都一样。实际上，所有的股票都不一样。从保护机制完善的投机来看，美国钢铁公司普通股在完善的场内市场中发行合理，持有分散。最近在场外市场发行的汽车或石油概念股票完全不同，它们的交易相对来说不那么公开，筹码分布也不尽合理。也许后者比较好，但毕竟它没有经过检验。这种检验既包括新公司从事的业务，又包括股票在市场方面的表现。

外行准备买入场外股票，有一条通用的方法，那就是立刻进行检验，因为保证金交易带有极大的赌博性质。当然，这里并不是要讨论赌博的道德问题，据我所知，没有任何一条戒律是反对赌博的，除非其中充满着贪婪。就像我所熟悉的一位圣公会主教，我和他一起玩竞叫式桥牌时，也会用一些现金作为赌注，但这绝非是伙同他人制造罪恶。

外行人一无所知便贸然入市，如果市场恰好被处心积虑的空头操纵，同时他们又没有给自己留下退路，那么这就是纯粹的赌博。选择投资股票的人和赛马比赛的人一样，都对自己投资的对象了解甚少，这其实是一种冒险。这样的投资者应当和赌马的人一样权衡自己面临的风险，力求把风险限定在可控的范围内。

投机则完全是另一回事，我真不希望美国人丧失投机意识。如果这一天真的来了，或者政府某天颁布禁令，不允许做任何能够带来全部或部分损失的投机冒险，结果可能会造就很多“好公民”，但实际上却恰好相反。

如果你走进华尔街，请在百老汇大街逗留片刻，透过栅栏看一眼三一教堂的墓地，你将能看到那里挤满了美国的“好公民”。当投机在这个国家消失时，我们的国家也会随之而亡。

挑选股票

假设某个门外汉已经考虑过股票市场主要波动的特点及趋势，下一步要做的就是挑选一只属于自己的股票。此处，这个外行还会犯一个错误，就是他想用自己的本金快速获得回报，但并不想在这只股票上花过多的精力进行研究，只是把自己很少的本金押在这只股票上去冒险。

有一条普遍的市场规则，如果一只股票没有形成持久稳定的市场，比如这是一只新发行上市的股票，或者某只股票很明显处在公司决策人的控制下，而且他们持有绝对多数份额，小投机者千万不要用保证金去交易这样的股票。

显然，这是一个过分追求完美的规则，但是就算不能真正做到这一点，散户在市场中进行交易时至少也应该牢记，只在这样的冒险中投入较少的本金，而且只买那些自己的经济条件所能承受的风险适度的股票。

当一只股票在证券交易所上市之后，尽管那种仅由几个人拥有控股权的危险情况依然存在，但绝大多数情况下，这只股票已经形成了一个可靠的市场，比如斯图兹汽车公司的股票。对于这类股票，我们最好也别碰它，除非这个投机者的工作性质能够让他得到关于这种股票的一些特别信息。即便如此，我们也应当将保证金维持在最充足的水平。

关于保证金

这里再谈一谈保证金的问题。在华尔街，那些不必要的损失是因为人们完全误解了什么才能构成充足的保证金。股票经纪人总在不断地拉生意，他们会告诉初学者，如果他能保证在上市公司股票价格波动时有足够的资金可以调用，那么 10% 的保证金就足够了。

这就意味着，如果股票的票面价值是每股 100 美元，那么 1 000 美元保证金按照票面价值最多可以买进 100 股这样的股票。这样的保证金水平其实根本不够，或者仅能勉强维持。

早在 21 年前，查尔斯·H. 道就曾指出："某人以 10% 的保证金买进 100 股股票，在 2% 的位置止损，包括佣金在内，一旦出现交易失败，他就几乎已经损失了 1/4 的本金。"显然，市场很快就会将其彻底清扫出局。

虽然查尔斯·道是个很谨慎的人，但是他讲这些话绝不是毫无道理的。他曾说过，如果一个人一开始就正确地推测出股票的实际价值，并以低于其实际价值的价位交易，同时一开始就以每次 10 股分批买进，虽然有些买入依然是亏损的，但是如果将他的交易价格进行平均，最后还是会获得盈利的。

当然，一个只有 1 000 美元的交易员可能无法买进 100 股来开始他的交易，除非股价非常低。曾有一段时间，美国钢铁公司股票每股还不足 10 美元。

小交易者和大交易者

小交易者还会犯另一个错误，他们会按照自己周密计划好的数额进行交易，开始时只买一小部分股票，然后股价每下跌 1 个点就加仓一次，直到买入他们所能承受的数量为止。

为什么不以最低的价位一次性买进呢？如果计划分 5 次每次 20 股的方式购买 100 股股票，并希望股价能再下跌 5 个点，按照这种方式交易，实际上股价走势与他们开始买入时的决定是矛盾的，因为他们并没有仔细考虑所有的交易细节。如果股票能下跌 5 个点，就说明最初的买入决定并不符合原来的预期走势。

然而，像杰伊·古尔德这样了不起的大操盘手，就是用这样的方式买入股票的。但是他们并不是以保证金的方式做交易，除非他们通过自己的银行来筹集资金。他们在买入股票之前都是经过深思熟虑的，但对于那些想到华尔街去检验自己判断力的小投机者，这是他们无法做到的事情。

再者，像杰伊·古尔德这样的人，他们买进某只股票时，买入行为本身就是在提升这只股票的价格。因为这些大交易者清楚，自己不可能在牛市时买入想要持有的足够数量，所以他们很可能在熊市期间就开始大量买入，从而在很低的价位获得这家公司的大部分筹码。

小投机者不会树立这样的投资理念，除非他们能把全部精力投入其中，就如把全部精力放在其他事业一样。其实很多人也的确是这样做的，前面的章节中我已经列举过一些成功的例子。

现在谈论的问题是，那些根据自己的判断进行交易，同时还对其他事情感兴趣的人，只要他还具备基本的交易常识，那么就有一半以上的机会盈利。但是如果他们听信了一位偶然认识的朋友的建议，“买入 100 股 A.T.O. 的股票，什么都不要问”，于是他们就把仅有的 1 000 美元全部押上，那么这时他们是赌徒而不是交易者，即使亏光了也无法抱怨别人。对于这样的交易者，其实如果他们把钱押在赛马上，可能会得到更多的乐趣。因为这样不仅能在户外呼吸到新鲜的空气，还能欣赏到赛马比赛的壮观场面，那远比看股票报价机更吸引人。

对查尔斯·道原文的引用

1901 年 7 月 11 日，《华尔街日报》发表的一篇评论中，查尔斯·道这样写道：

> 不论有多少资本，如果人们对股票交易每年收益率达到 12% 感到满足，而不是追求每周获得 50% 的收益，那么从长期来看，他会赚到很多的钱。
>
> 欲速则不达。在经营个人生意的时候，这是人尽皆知的道理。

> 可是那些经营商店、工厂或其他实体商业非常精明和认真的人，在对待和股票相关的事情时，却认为应当采用一套完全不同的评价方法，没有什么比这种想法更脱离实际的了。

在同一篇文章中，查尔斯·道继续写道，投机者从一开始就要做到自己的交易量和资金实力相匹配，这样才能避免陷入财务困境。同时，这样还可以保持清醒的判断，在出现短暂的损失后也有能力执行止损策略，之后或者暂时离场观望，或者将注意力转向其他股票。一般来说，若能达到这样的状态，操作上就会轻松自如，毫无畏惧，不用担心账户中的交易保证金太少，导致在账户被关闭前失去操作的余地。

无论在当时还是现在，这段论述都是很精辟的。进入华尔街的投机者都必须学会止损，而且要尽快止损。我之前曾经说过，在华尔街遭受损失的最大原因就是过于骄傲自大。如果你买入一只股票，买入之后发现股价快速下跌，这表明你之前并没有考虑周到。只要担心亏掉自己的本金，你就无法客观地判断股票行情走势。此时除非离场观望，否则你无法清晰、公正、客观地看待这时的一切。一旦深陷赔钱的交易，你就如同森林中的迷路者，只见树木，不见森林。

避开不活跃的股票

读者一定记得，我曾讲过那个拒绝接受杰伊·古尔德合伙邀请的年轻人，他在场内执行交易指令时，发现杰伊·古尔德似乎始终都在亏钱。这是因为他目光短浅，无法看到那些赔钱的交易指令其实只是古尔德在检验市场走势而已。一旦确定股市已经转向，古尔德可能会雇用其他经纪人执行其他的交易指令。这种情况也说明交易不太活跃的股票风险太大了。尽管向银行申请贷款时，这类不太活跃的股票不受欢迎，但是今天的经纪商也许能够很容易地出售这类股票。

然而这些经纪商自己也不知道，明天他们是否还能够如此便利地卖出这些股票。因为促使那些股票波动的特殊条件仅在几天的活跃交易中出现，接下来的一段日子里，市场中可能连一笔交易都没有，所以卖家不得不压低价格才能找到买家。

这些买家往往都是全面掌握股市交易情况的专业人士，他们只有深思熟虑之后才会买进。因此，对于这样不太活跃的股票，根本就不应该以保证金形式交易。但是那些和钢铁贸易或纺织行业保持紧密业务往来的人，或许更愿意持有美国钢铁公司普通股、伯利恒钢铁股以及美国羊毛之类的股票，虽然人们认为这些股票的交易并不是很活跃，却也拥有一个稳定而持久的市场。

为统一证券交易所说句公道话

我在纽约证券交易所有很多朋友，而且在华尔街其他地方也有一些朋友。那些零星股票经纪公司会为100股以下的交易提供服务，专门从事这种业务的经纪公司不到10家，但是统一证券交易所一直都在为小额交易提供正规的交易市场。

从各方面情况来看，统一证券交易所是一家声誉良好的机构，其会员必须公开接受监督。只要选择真正活跃的股票，外行的小交易者也能够在统一证券交易所取得良好的成绩。这里交易的股票都是“经过挑选的”，而且筹码分布比较合理，这都是那些场外市场所不具备的。

我无意诋毁后者，但是在向银行申请贷款时，场外市场的股票极少受到欢迎。我对一家场外机构一直表示怀疑，他们声称要为每位客户一视同仁地按10%的标准保证金提供交易服务。

必须摒弃这样的保证金观念，这样你才能形成更好的保证金观念。如果你经营生意，或者你和依赖你的人都靠投机利润为生，那么亏损的数额必须要严格控制，将亏损限定在不让自己极度懊丧的程度。这么说可能听上去有些违反传统观念，但是其中不无道理。当我们用自己无法承受的代价去冒险，想借此获得那些我们没有赚到的东西，此时我们就是在赌博。

浅谈做空

股市晴雨表是怎样帮助投机者的呢？其实有很多种方式。除了一些反常的情况，投机者不能指望一只股票能够逆市上涨。投机者必须博学多识，能够敏锐地捕捉市场的细微变化，只有这样才能成功地在下跌趋势的偶然反弹中获利。

关于做空，我一直谈得很少。一个敢在牛市中做空的人，其实就是在赌次级回调。在牛市做空，除非他是场内交易员或者全身心地投入到投机事业中，否则他一定会亏损。这里并不是在讨论做空的道德问题，我决不相信投机和道德有任何关系，只要不堕落到拿别人的钱去赌博就行了。

在全世界的每个市场中，都必然存在着大量的做空行为。一名到旧金山旅游的游客，他绝对不可能把自己的股票锁在纽约的保险箱里，等到横跨美洲大陆返回之后再卖出，那样就很可能错失卖出的良机了。如果选择在出发之前卖出股票，那么他就是市场中的空头。在交割之前，他就是一个股票的借入者。

根据平均价格指数的走势规律来观察，牛市里赚到的利润往往要多于熊市，原因是牛市的持续时间通常长于熊市。做空最好交给专业人士，尤其是对于那些还在学习游戏规则的市场新手来说。

次级调整时买进

股市晴雨表提供的信息无法让我们精准地分辨出牛熊市的过渡期。正如我们之前对股市波动的研究所看到的那样，在一轮明确的趋势能够被确认以前，通常会有持续数周的窄幅波动。在趋势不明朗的窄幅波动中，经纪公司的佣金和利息很容易蚕食掉你的头寸，更不用说买卖价差了。

一旦主要上涨趋势被确定下来，成功买入看涨的股票就会变成行之有效的盈利策略。如果在此期间买入的股票随大盘的下跌再次跌下几个点的话，投机者应该毫不犹豫地止损，然后等待牛市次级调整后必然出现的低迷期。

次级调整结束后，他可以随着行情的上涨不断向上加码，而不是采取前文讨论过的摊平加码——在下跌时逐步加仓。在这种情况下，股价每上涨一次，他的保证金安全系数就会提高一点。只要他采用“金字塔式加码”方法，并且持仓不是过重，就不会使自己的账户成为被攻击的对象。如果能通过严格的止损指令保护自己的账户，就能赚到比预想多得多的利润。

我们听说过很多人在华尔街赔钱的故事，却很少听说有人在那里赚大钱。以我的经验观察，之所以出现这种情况，大概是因为后者往往比较低调，不善言辞，而且很少有人愿意把自己的成功归因于投机，他们更喜欢称之为聪明的投资。

只要符合合同的要求，那么按揭贷款买房和保证金买股票其实没有什么差别。在这个令人振奋的伟大时代，虽然每个人都很关心别人的私事，但我还是要说，只要投机者用的是自己的资金，哪怕是银行贷款，他怎么买卖股票完全和别人没有关系！

亏损的方式

还有一类投机者，他们之所以亏损，是忘记了进入市场的原因，这种情况极为普遍。有位认识我的投机者曾询问我对艾奇逊铁路普通股的看法，我告诉他这家铁路公司的前景，除去股利之外的获利情况，以及美国铁路公司的整体发展前景。他得出结论，艾奇逊铁路普通股（这里仅做举例）很便宜，于是就买进了一些。如果他当时给经纪公司缴纳了足够多的保证金，或者一次性全额购买这只股票，并且忽略市场波动，一直持有，他就有可能赚到丰厚的利润。

但是他听信谣言，特别是轻信了那些“交易商抛售”“国会审查”“罢工威胁”“庄稼歉收”之类的消息，却忘记了市场已将所有这些因素都纳入到股票的未来估值中。市场出现了一些小幅波动，就使他紧张起来，于是止损离场，并且决定再也不问我的意见了。

其实我希望他不要再来找我，但是非常不幸，他却没有做到这一点。后来他再一次找到我，这次他根据别人的意见又提出了自己的想法，想看看我是否能推翻他的判断，对于这样的交易者，我实在很难提供有价值的建议。

另一种亏损的方式

现在来看另一种在华尔街亏损的方法。

一位投机者预见市场将会出现一轮快速的波动，可能会带动某只股票上涨 4 个点。他注意到这只股票已经开始活跃，但是并没有注意到他预期的 4 个点中的 1.5 个点已经反映在了上涨的价格中。略加犹豫之后，他开仓买入，此时这轮快速的波动已经接近尾声。在这一案例中，他只看到了一点微利，买入之后市场就转入低迷走势，因为这轮特别的波动已经结束了。

市场行家的注意力这时已经转向了其他股票，他却坚持持有不动，于是持有的股票随着市场的低迷滑落下去，资金利息也在慢慢蚕食着越来越微薄的盈利。他愚蠢地继续持有这只股票，却没有意识到已经错过了获利的机会。如果你能理性地看待这件事，那么你就真的花费不多，却上了极有教育意义的一课。

此刻，他忘记了自己当初为什么买入这只股票，比如在股票价格低于股票价值时买入。如果他预期的上涨走势并没有出现，那么就应该马上止损，或者带着令人失望的微薄利润离场，耐心等待下一次机会。

但是我熟悉的大多数投机者不但记性不好，而且还缺少耐心，总是浅尝辄止，从来不去深刻反思自己的错误，始终游离在交易的真谛之外！迟早有一天，他们会被某一笔交易套住，耗尽自己所有的资金。这样一来，他们只能无奈地看着股市大潮不断前进，而自己却像小船一样搁浅在沙滩上。

最后的思考

现在，我要结束股市晴雨表的讨论了。问心无愧地说，本书中我绝对没有鼓励任何意志薄弱的人去赌博，也没有怂恿哪个笨蛋在一天之内挥霍光他的资产。

是否参与交易，完全是每个人的自由。尽管法律对个人行为有很多约束，但人们依然享有充分的自由。

我们可以设想，如果法律禁止投机，肯定会使美国商业失去活力。如果这个人根本不去投机，也无法想象什么法律能强迫他到华尔街进行交易。

我努力做的这一切就是为了展示如何在华尔街保护自己，或者至少能够了解，在华尔街不仅有公平的机会来经营自己的财富，而且经过市场的洗礼，你最终能够赢得属于自己的奖赏。

经典解读

关于投机和赌博的区别，投机是否道德等问题，全书有数处精彩的辩驳。这是困惑绝大多数人的难题，以至于汉密尔顿不厌其烦地讨论这个话题。实事求是地说，我已经烦了！

市场永远不会消失，这个困惑和质疑会永远存在下去！

作为一种交易工具，保证金可以放大资金的倍数，加大交易杠杆，增加资金使用率。保证金能让很小的资金迅速积累起巨额财富，也能让巨额财富瞬间化为乌有！

真正导致毁灭的并不是保证金，而是不能严格止损。保证金只是工具，如何运用全在个人。这就好比是一把菜刀，既能杀人，又能作为工具用来协助烹饪出美味佳肴！杀人于刃下，刀无罪；烹饪出佳肴，刀无功。

汉密尔顿强调自己绝对没有怂恿意志薄弱的人去投机，但从讨论中可以清楚地知道，《股市晴雨表》的读者都是金融市场的交易者。至少，中文版的读者是想从中找到盈利的方法的。

到底该不该投机？这一点毫无疑问。通货膨胀始终都存在，货币购买力在不断地下降，它就像是一只蛀虫，不断蚕食着我们的财富。我们必须通过一定的金融手段来保卫我们的财富，而投机只是一种资产配置手段。

你我每天都在做交易，交易是用自己的时间和才智换取薪水。去超市买瓶矿泉水也是交易，建立市场空头也是交易，本质上它们并没有区别。

投机其实很简单，只要敲下键盘就可以了，盈利甚至根本不需要去分析，只要做好资金管理，设定一套交易策略，接下来保证自己严格执行就可以了。

风险无处不在，谁也不知道明天会发生什么！不要听信任何人的观点，不盲从任何人的分析，不要理会市场中的任何消息，一切都已经反映在市场走势中！

截至目前，道氏理论是实践证明最有效的交易理论体系。道氏理论是构建未来的有力武器，但别忘了风险无处不在，要随时做好遇到意外的准备：止损。

市场在短期内是混沌的，交易者如同穿行在雾霭中，痛苦而疲惫。把交易周期拉长，以年为单位，许多困惑就会迎刃而解！

概率、止损是交易的终极策略。制定好适合自己的交易策略，做好资金管理，严格控制自己的交易情绪，交易就会变得不那么困难。

带着止损上路吧，祝你好运！

附录　道琼斯平均价格指数记录[①]

（截至 1927 年 3 月 31 日）

道琼斯公司从 1884 年开始公布具有代表性的活跃股票平均收盘价格，最初使用的股票清单如下。

芝加哥西北铁路
特拉华、拉克瓦纳和西部铁路
莱克肖尔铁路
纽约中央铁路
圣保罗铁路
北太平洋铁路优先股
联合太平洋铁路
密苏里太平洋铁路
路易斯维尔和纳什维尔铁路
太平洋邮政
西部联盟

第一个平均价格指数于 1884 年 7 月 3 日记录在案，点位是 69.93 点。这时平均价格指数由 11 只股票构成，其中 9 只为铁路股。

以下是 1896 年以来相关记录的完整声明。

铁路股票

1897 年 1 月，平均价格指数用到的铁路股票如下。

艾奇逊铁路
伯灵顿铁路
密苏里、堪萨斯和得克萨斯铁路优先股
密苏里太平洋铁路

① 本书后面附有 1897—1927 年道琼斯铁路和工业平均价格指数表，为了更好地适应当代人的分析方法和分析习惯，译者将其制成 K 线图，连同工业指数百年走势图一起附于图书前面，以供广大交易者朋友参照研究。

C.C.C. 和圣路易斯铁路	纽约中央铁路
切萨皮克和俄亥俄州铁路	北太平洋铁路优先股
芝加哥西北铁路	纽约、安大略和西部铁路
伊利铁路	雷丁铁路
泽西中央铁路	罗克铁路
莱克肖尔铁路	圣保罗铁路
路易斯维尔和纳什维尔铁路	南方铁路优先股
曼哈顿高架铁路	沃巴什铁路优先股

做过调整的股票如下。

1898 年 7 月，都市城市街道铁路，联合太平洋铁路普通股和北太平洋铁路普通股取代了莱克肖尔铁路，纽约、安大略和西部铁路，以及北太平洋铁路优先股。

1899 年 7 月，布鲁克林捷运，丹佛和里奥格兰德优先股，诺福克和西部优先股取代了都市城市街道铁路，雷丁铁路和伊利铁路。

1900 年 7 月，南太平洋普通股和联合太平洋优先股取代了沃巴什铁路优先股，以及诺福克和西部优先股。

1901 年 6 月，巴尔的摩和俄亥俄、伊利诺伊中央铁路，南方铁路普通股及宾夕法尼亚铁路取代了伯灵顿铁路，南太平洋普通股，南方铁路优先股和北太平洋铁路普通股。

1902 年 9 月，雷丁铁路，加拿大太平洋铁路，特拉华和哈得孙铁路，明尼阿波利斯和圣路易斯铁路取代了密苏里、堪萨斯和得克萨斯铁路优先股，罗克铁路，切萨皮克和俄亥俄铁路，以及泽西中央铁路。

1904 年 5 月 18 日，南太平洋普通股取代了明尼阿波利斯和圣路易斯铁路。

1904 年 6 月 27 日，沃巴什铁路优先股和都市城市街道铁路取代了 C.C.C. 和圣路易斯铁路，以及丹佛优先股。

1925 年 4 月 12 日，伊利铁路取代了沃巴什铁路优先股。

1905 年 5 月，北太平洋铁路普通股，诺福克和西部铁路取代了曼哈顿铁路和联合太平洋铁路优先股。

1906 年 5 月 4 日，特温城捷运取代了都市城市街道铁路。

1912 年 4 月 25 日，罗克铁路和利哈伊瓦利铁路取代了布鲁克林捷运和特温城捷运。

1914 年 12 月 12 日，切萨皮克和俄亥俄铁路，堪萨斯城南部铁路以及 N.Y.N.H. 和哈特福德铁路取代了芝加哥西北铁路，密苏里太平洋铁路和罗克铁路。

1924 年 4 月 10 日，特拉华、拉克瓦纳和西部铁路，以及圣路易斯西南铁路，取代了堪萨斯城南部铁路和利哈伊瓦利铁路。

现在(1925 年 8 月 31 日)平均价格指数中使用的铁路股票名单如下。

艾奇逊铁路	伊利诺伊中央铁路
雷丁铁路	巴尔的摩和俄亥俄铁路
路易斯维尔和纳什维尔铁路	圣路易斯西南铁路
加拿大太平洋铁路	纽约中央铁路
圣保罗铁路	切萨皮克和俄亥俄铁路
纽黑文铁路	南太平洋铁路
特拉华和哈得孙铁路	诺福克和西部铁路
南方铁路	特拉华、拉克瓦纳和西部铁路
北太平洋铁路	联合太平洋铁路
伊利铁路	宾夕法尼亚铁路

计算方法

最初股票均以百分比形式报价。1915 年 10 月 13 日，证券交易所规定所有股票交易必须以 ×× 美元 / 股的形式进行交易。为了保持宾夕法尼亚铁路、雷丁铁路以及利哈伊瓦利铁路这三只股票的面值都是50美元/股，并且继续基于百分比进行计算，在计算时就必须将其市场报价乘以2。由于已经除去了利哈伊瓦利铁路，现在只需把宾夕法尼亚铁路和雷丁铁路的市场报价乘以2即可。这样处理后，所有的铁路股票都调整到美元和百分比的基础上。

工业股票

1897年1月，平均价格指数使用的12只工业股票的名单如下。

美国棉籽油	拉克利德天然气
美国造酒	国家铅业
美国糖业	太平洋邮政
美国烟草	标准绳索
芝加哥天然气	田纳西煤炭和铁矿
通用电气	美国皮草优先股

做过的调整情况如下。

1897年11月，人民天然气取代了芝加哥天然气。

1898年9月，美国橡胶普通股取代了通用电气。

1899年4月，大陆烟草、联邦钢铁、通用电气和美国钢铁线材取代了美国造酒、美国烟草、拉克利德天然气和标准绳索。

1901年6月，联合铜业、美国冶炼、国际纸业优先股、美国钢铁普通股和美国钢铁优先股取代了美国棉籽油、联邦钢铁、通用电气、太平洋邮政和美国钢铁线材。

1902年1月，美国汽车和铸造厂、科罗拉多燃油和铁矿取代了大陆烟草和国际纸业优先股。

1905年4月，美国橡胶第一优先股取代了美国皮草优先股。

1907年11月，通用电气取代了田纳西煤炭和铁矿。

1912年5月，中央皮革普通股取代了科罗拉多燃油和铁矿。

由于战争，1914年7月31日证券交易所关闭。关闭前，平均价格指数使用股票的名单如下。

联合铜业	国家铅业
美国汽车和铸造厂	人民天然气
美国冶炼	美国橡胶普通股
美国糖业	美国橡胶第一优先股
中央皮革	美国钢铁普通股
通用电气	美国钢铁优先股

1915年3月，通用汽车取代了美国橡胶第一优先股。

1915年7月，阿纳康达取代了联合铜业。

1916年9月，全部由普通股组成的20只新工业股票名单取代了旧的12只工业股票名单。去掉国家铅业、人民天然气、通用汽车和美国钢铁优先股，另外新加入了12只股票，得出的这个新工业股票名单如下。

美国甜菜糖业	通用电气
美国罐头	古德里奇
美国汽车和铸造厂	共和钢铁
美国机车	斯图贝克
美国冶炼	得州公司
美国糖业	美国橡胶
美国电报电话	美国钢铁
阿纳康达铜业	犹他铜业
鲍德温机车	西屋电气
中央皮革	西部联盟

报价规则

到 1916 年时，证券交易所里的股票报价都是以美元为基础，不再采用百分比形式。因此，面值 10 美元的犹他铜业和面值 50 美元的西屋电气，不会直接扰乱新的平均价格指数。然而为了保持工业股票平均价格指数的连续性，道琼斯公司将 1914 年 12 月 12 日证券交易所重新营业后的工业股票平均价格指数进行了重新计算。因此现在公布的 20 只工业股票平均价格指数都是以美元为基础的。

做过的调整情况如下。

1920 年 3 月 1 日，玉米产品取代了美国甜菜糖业。

1924 年 1 月 22 日，美国烟草、杜邦、马克卡车和西尔斯 – 罗巴克取代了玉米产品、中央皮草、古德里奇和德州公司。

1924 年 2 月 6 日，加利福尼亚标准石油取代了犹他铜业。

1924 年 5 月 12 日，斯图贝克无面值股票和伍尔沃斯 25 美元面值股票取代了斯图贝克、共和钢铁。

自 1916 年工业股票从 12 只变为 20 只后，德州公司股票的面值由 100 美元下降到了 25 美元。美国机车股票的面值则由 100 美元变成了无面值，并发行了 2 股新股取代 1 股旧股。斯图贝克股票的面值也由 100 美元改为无面值，同时还发行了 2.5 股新股取代 1 股旧股。德州公司、美国机车和斯图贝克公司的复杂情况使工业股票平均价格指数必须做出相应的调整。

德州公司与玉米产品被剔除，美国机车按照新的实际报价予以保留。上述调整出现在 1924 年 1 月 22 日，旧股票星期二的收盘价按照这样的报价体系计算是 97.41 点，新股票平均计算后是 97.23 点，都以美元为基础报价。

1924 年 7 月，平均价格指数中使用的工业股票名单如下。

美国罐头	通用电气
美国汽车和铸造厂	马克汽车
美国机车	西尔斯 - 罗巴克
美国冶炼	加利福尼亚标准石油
美国糖业	斯图贝克
美国电报电话	美国橡胶
美国烟草	美国钢铁
阿纳康达铜业	伍尔沃斯
鲍德温机车	西屋电气
杜邦	西部联盟

1925 年 8 月 31 日，通用汽车、美国万国、肯尼科特、德州公司和美国房产取代了阿纳康达铜业、鲍德温机车、杜邦、加利福尼亚标准石油和斯图贝克。这些变动没有对平均价格指数产生明显影响。

现在（1925 年 8 月 31 日）工业股票平均价格指数中使用的工业股票名单如下。

美国罐头	肯尼科特
美国汽车和铸造厂	马克汽车
美国机车	西尔斯 - 罗巴克
美国冶炼	德州公司
美国糖业	美国房产
美国电报电话	美国橡胶
美国烟草	美国钢铁
通用电气	西屋电气
通用汽车	西部联盟
美国万国	伍尔沃斯

两种平均价格指数表中选用的股票均为普通股。

在最后一年，美国汽车和铸造厂、美国烟草变更了资本总额，由 2 股新股取代了原来的 1 股旧股。为了保持平均价格指数的连续性，如同处理宾夕法尼亚铁路和雷丁铁路那样，将美国汽车和铸造厂、美国烟草的报价乘以 2。

平均价格指数的编纂一律使用收盘价。如果某只股票在一天内没有任何交易，则使用前一天的收盘价。将全部 20 只铁路股票的收盘价相加，其中宾夕法尼亚铁路和雷丁铁路的收盘价乘以 2，然后除以 20。将全部 20 只工业股票的收盘价相加，其中美国汽车、铸造厂和美国烟草的收盘价乘以 2，再除以 20。

1897—铁路股票												
日期	1月	2月	3月	4月	5月	6月	7月	8月	9月	10月	11月	12月
1	†	53.46	53.15	50.21	49.05	51.22	55.04	*	63.91	62.70	60.94	61.11
2	51.71	53.09	53.40	50.58	*	51.55	55.01	58.44	64.33	63.91	†	60.78
3	*	53.22	54.07	59.46	49.44	51.35	54.68	59.21	64.83	*	59.63	60.88
4	51.24	52.92	53.32	*	49.95	51.86	*	59.46	65.04	63.94	59.20	60.76
5	51.77	52.81	53.38	49.87	49.35	52.35	†	59.73	*	63.61	57.90	*
6	51.85	52.77	53.19	50.10	49.79	*	54.30	60.34	†	63.00	58.14	60.96
7	52.16	*	*	50.12	49.75	52.46	54.68	61.40	65.30	62.90	*	61.64
8	51.94	52.53	53.36	50.71	49.78	52.16	54.33	*	65.32	63.13	57.45	61.96
9	52.07	52.61	53.07	50.34	*	52.39	54.51	60.79	65.60	62.15	58.55	62.28
10	*	52.66	53.11	50.15	50.07	52.73	54.50	61.26	66.17	*	59.50	61.68
11	51.67	52.40	53.51	*	50.16	53.06	*	61.94	66.18	62.06	58.57	61.90
12	52.13	†	53.82	49.78	50.20	53.10	54.45	62.08	*	60.37	59.25	*
13	52.08	52.06	53.96	50.52	49.77	*	54.83	61.69	65.88	61.23	59.59	62.50
14	52.39	*	*	50.18	49.49	53.64	55.18	62.16	66.30	60.38	*	62.35
15	52.99	51.93	54.00	49.62	49.22	53.50	55.02	*	66.83	60.30	59.15	62.26
16	53.72	52.62	54.21	†	*	53.17	55.35	62.20	66.65	60.43	59.56	62.00
17	*	52.38	53.99	49.28	49.51	53.53	55.55	61.53	67.23	*	59.06	61.68
18	53.57	52.06	53.95	*	49.96	53.60	*	61.67	67.03	61.41	59.25	62.58
19	53.91	52.13	53.44	48.12	49.80	53.51	56.06	61.53	*	62.01	59.40	*
20	53.46	52.25	53.40	49.15	49.35	*	55.92	61.13	66.10	62.38	59.15	62.33
21	53.01	*	*	49.81	49.57	53.58	56.07	61.20	64.15	62.00	*	61.93
22	52.80	†	53.16	49.59	49.60	54.21	56.78	*	65.51	61.83	59.03	62.04
23	52.48	52.38	52.25	49.64	*	54.57	57.15	62.45	65.68	61.53	59.30	62.40
24	*	52.18	51.88	49.38	50.11	54.82	57.28	62.35	64.31	*	59.08	62.75
25	52.22	51.97	51.40	*	50.08	54.61	*	62.32	63.93	60.11	†	†
26	52.81	52.83	51.21	50.10	50.47	55.12	57.12	62.68	*	60.73	59.42	*
27	52.67	53.18	50.58	†	50.46	*	57.15	63.24	64.61	60.13	60.06	62.64
28	52.63	*	*	49.78	50.74	55.58	57.71	63.71	63.87	60.11	*	62.49
29	52.77		49.75	49.62	50.79	55.02	57.89	*	63.38	60.71	59.61	62.20
30	53.77		50.58	49.21	*	54.61	57.92	63.78	62.30	60.84	60.22	62.23
31	*		49.77		†		58.05	63.81		*		62.29
最高价	53.91	53.46	54.21	50.71	50.79	55.58	58.05	63.81	67.23	63.94	60.94	62.75
最低价	51.24	51.93	49.75	48.12	49.05	51.22	54.30	58.44	62.30	60.11	57.45	60.76
	* 星期天											
	† 假期											

1897—工业股票												
日期	1 月	2 月	3 月	4 月	5 月	6 月	7 月	8 月	9 月	10 月	11 月	12 月
1	†	42.38	41.69	39.77	38.73	40.01	44.21	*	55.44	51.54	49.11	48.41
2	40.74	42.02	41.88	39.81	*	40.22	44.18	48.84	55.77	52.59	†	48.31
3	*	41.93	42.13	39.89	38.78	40.28	43.88	50.10	55.64	*	47.67	48.31
4	40.37	41.30	41.34	*	39.48	40.52	*	50.74	55.65	52.66	47.31	48.23
5	40.87	41.23	41.45	39.74	39.18	41.04	†	51.25	*	52.26	45.73	*
6	40.95	41.42	41.31	39.57	39.54	*	43.60	51.72	†	51.79	46.32	48.79
7	40.87	*	*	39.73	39.59	41.32	44.07	51.80	55.75	51.37	*	49.46
8	40.97	41.11	41.90	40.37	39.62	41.74	43.92	*	55.60	51.64	45.65	49.39
9	40.90	40.57	41.62	40.21	*	42.21	44.16	51.32	55.81	50.88	46.53	49.60
10	*	40.57	41.79	40.29	39.95	42.38	44.37	51.73	55.82	*	47.12	49.18
11	40.75	40.27	41.94	*	39.90	42.54	*	51.80	55.71	50.64	46.19	49.48
12	41.40	†	42.05	39.95	39.69	42.57	45.05	51.97	*	48.64	46.44	*
13	41.45	39.72	42.29	40.43	39.27	*	45.61	51.50	54.61	49.35	47.12	49.81
14	41.79	*	*	39.76	38.94	42.96	45.71	51.97	55.35	48.79	*	49.67
15	42.27	39.74	42.08	39.41	38.67	42.80	45.27	*	55.62	48.42	46.47	49.02
16	42.82	40.30	41.93	†	*	42.39	45.48	52.19	55.27	48.59	47.05	48.54
17	*	40.30	41.50	39.07	38.67	42.69	45.52	51.55	55.46	*	46.83	48.14
18	42.76	40.32	41.60	*	39.20	43.07	*	51.79	55.35	49.20	46.99	48.84
19	43.25	40.28	41.12	38.49	38.80	42.89	46.45	51.80	*	49.84	47.27	*
20	42.78	40.59	41.25	38.69	38.67	*	46.76	51.65	54.66	50.39	47.23	48.45
21	42.52	*	*	38.91	38.83	42.62	46.95	51.84	52.53	49.82	*	48.25
22	42.42	†	41.39	38.57	38.98	42.80	47.73	*	53.45	50.00	46.89	48.54
23	42.02	40.69	40.86	38.49	*	43.18	47.88	52.39	53.60	49.66	46.63	48.84
24	*	40.76	40.60	38.54	39.33	43.39	47.92	52.53	52.48	*	46.21	49.39
25	41.91	40.21	40.58	*	39.20	43.28	*	52.13	52.30	48.76	†	†
26	42.22	41.29	40.07	39.22	39.55	43.70	47.71	52.56	*	49.10	46.70	*
27	42.21	41.71	39.52	†	39.21	*	47.11	52.92	52.93	48.60	47.19	49.29
28	41.88	*	*	39.02	39.64	44.61	47.86	53.10	52.31	48.46	*	49.34
29	42.06		39.13	39.01	39.91	44.27	47.70	*	51.90	48.81	46.80	49.33
30	42.56		39.86	38.96	*	44.10	47.95	53.23	50.98	49.03	47.46	49.21
31	*		39.47		†		47.88	54.81		*		49.41
最高价	43.25	42.38	42.29	40.43	39.95	44.61	47.95	54.81	55.82	52.66	49.11	49.81
最低价	40.37	39.72	39.13	38.49	38.67	40.01	43.60	48.84	50.98	48.42	45.65	48.14
	* 星期天											
	† 假期											

1898—铁路股票												
日期	1月	2月	3月	4月	5月	6月	7月	8月	9月	10月	11月	12月
1	†	66.00	63.01	57.90	*	66.53	65.47	66.00	68.59	65.95	66.58	71.59
2	*	65.76	62.05	58.34	60.61	66.56	†	66.29	68.65	*	66.26	71.42
3	61.86	65.70	62.24	*	60.54	65.97	*	66.60	†	66.30	66.71	71.53
4	61.24	66.15	61.51	59.16	†	66.95	†	66.85	*	66.80	66.90	*
5	62.15	66.32	60.97	58.66	62.27	*	65.55	67.35	†	67.11	67.05	71.21
6	63.03	*	*	59.49	61.90	67.23	65.31	67.88	68.78	66.91	*	71.80
7	63.53	66.08	59.56	59.19	63.22	66.93	65.71	*	68.20	66.57	67.63	71.97
8	63.73	65.65	59.98	58.91	*	66.52	65.93	68.19	67.98	66.60	†	72.05
9	*	65.64	60.09	59.00	63.65	66.40	66.31	68.00	67.58	*	67.83	72.70
10	63.51	66.32	59.36	*	63.13	66.90	*	68.60	67.73	66.12	68.87	73.16
11	63.82	65.94	58.46	59.62	64.40	66.48	66.46	68.43	*	65.98	68.86	*
12	64.00	†	56.46	59.32	63.73	*	66.15	67.89	67.04	66.27	69.26	73.85
13	64.26	*	*	57.94	63.82	66.10	65.34	68.14	66.50	66.76	*	73.70
14	63.74	65.06	58.51	58.31	63.48	65.75	65.96	*	67.14	66.39	69.60	73.96
15	63.01	65.86	58.47	58.38	*	65.13	64.93	68.81	67.83	66.25	69.10	74.15
16	*	64.68	59.75	57.97	62.81	66.11	64.68	69.10	67.61	*	69.78	73.78
17	63.78	65.11	58.70	*	63.52	65.85	*	69.51	68.06	66.14	69.96	73.46
18	63.07	64.74	58.99	58.00	63.26	65.52	64.61	68.77	*	66.11	69.60	*
19	63.58	64.10	59.15	57.38	63.76	*	64.30	69.61	67.38	65.85	69.83	73.40
20	63.28	*	*	57.46	63.70	65.87	64.73	†	67.03	66.01	*	73.73
21	62.98	62.99	58.80	55.89	63.95	65.68	64.83	*	67.65	66.35	70.10	73.85
22	62.98	†	57.45	56.63	*	65.56	64.78	69.84	67.03	66.47	70.66	73.96
23	*	62.03	57.27	57.12	64.50	66.10	65.12	69.60	67.23	*	70.94	74.01
24	62.38	60.46	56.76	*	65.71	66.18	*	69.26	67.19	65.66	†	†
25	63.53	61.18	56.08	56.35	65.43	66.24	65.12	69.64	*	66.29	70.83	*
26	64.65	61.20	56.90	56.84	65.49	*	65.90	70.16	67.01	66.65	71.08	†
27	65.13	*	*	56.89	65.57	65.98	65.71	69.95	66.52	67.01	*	74.65
28	65.18	61.93	59.99	57.30	65.73	65.60	65.55	*	66.27	67.24	71.59	74.13
29	65.90		58.69	58.26	*	65.21	65.73	69.16	66.60	66.68	71.20	74.76
30	*		60.61	58.56	†	65.14	65.98	69.30	66.20	*	71.20	74.99
31	66.17		59.67		66.33		*	68.59		66.74		
最高价	66.17	66.32	63.01	59.62	66.33	67.23	66.46	70.16	68.78	67.24	71.59	74.99
最低价	61.24	60.46	56.08	55.89	60.54	65.13	64.30	66.00	66.20	65.85	66.26	71.21
	* 星期天											
	† 假期											

1898—工业股票												
日期	1 月	2 月	3 月	4 月	5 月	6 月	7 月	8 月	9 月	10 月	11 月	12 月
1	†	49.76	47.47	44.14	*	52.87	53.00	54.60	60.50	52.52	54.94	58.16
2	*	49.54	46.58	44.60	48.60	53.36	†	55.26	60.38	*	54.51	58.14
3	49.31	49.54	46.55	*	48.30	52.77	*	55.46	†	53.62	54.95	58.45
4	48.91	49.82	46.16	45.58	†	53.13	†	55.26	*	53.80	54.75	*
5	49.53	50.23	45.73	45.06	49.43	*	52.99	55.85	†	53.76	54.93	58.30
6	50.18	*	*	46.02	49.16	53.33	52.78	55.93	60.16	53.36	*	58.30
7	50.67	50.11	44.86	45.98	50.40	53.30	53.09	*	58.92	53.08	55.57	58.52
8	50.62	49.62	45.30	45.48	*	53.15	53.25	56.31	58.54	53.27	†	59.04
9	*	49.86	45.51	45.54	51.05	53.12	53.48	56.30	57.77	*	55.30	59.75
10	50.53	50.16	45.38	*	50.46	53.71	*	56.61	58.38	52.51	56.02	60.11
11	50.33	50.14	44.44	45.95	51.63	53.26	53.35	56.55	*	51.85	56.40	*
12	50.19	†	43.29	46.32	51.09	*	53.16	56.21	58.08	51.81	57.14	60.28
13	49.85	*	*	45.19	50.82	52.61	52.61	56.83	57.55	52.87	*	59.53
14	49.63	49.49	44.73	46.06	50.68	52.20	53.15	*	57.42	52.28	57.08	59.38
15	49.15	50.04	44.41	45.37	*	50.87	52.53	57.50	58.38	51.90	56.90	58.97
16	*	48.97	45.58	44.53	50.33	51.77	52.37	58.45	58.04	*	56.77	58.81
17	49.36	49.20	44.55	*	51.26	52.13	*	58.89	58.16	52.18	56.79	58.74
18	48.81	48.59	44.86	44.92	50.55	51.53	52.27	58.08	*	51.76	56.58	*
19	49.28	47.79	44.84	44.48	51.04	*	52.32	59.09	57.61	51.56	56.82	58.78
20	49.06	*	*	44.56	50.74	51.90	52.64	†	57.23	51.80	*	59.11
21	48.92	47.11	44.50	43.27	51.40	51.73	53.13	*	58.33	52.21	56.75	59.19
22	48.88	†	43.45	43.87	*	51.38	53.01	59.39	57.73	53.01	56.97	59.43
23	*	46.16	43.22	44.55	51.73	51.74	53.21	59.63	57.63	*	56.71	60.09
24	48.00	44.67	42.73	*	52.29	52.01	*	59.72	57.53	52.85	†	†
25	48.60	45.31	42.00	44.02	51.87	52.36	53.67	60.52	*	53.64	56.27	*
26	49.53	45.17	42.95	44.36	51.90	*	54.17	69.97	56.55	54.23	56.50	†
27	49.78	*	*	44.40	52.08	52.66	53.78	60.68	55.22	54.24	*	60.42
28	49.32	46.17	45.34	45.01	52.14	52.44	53.85	*	54.52	54.89	56.79	59.00
29	49.56		44.49	45.75	*	52.79	54.02	59.57	54.88	54.75	56.89	60.16
30	*		46.15	46.00	†	52.62	54.20	59.92	53.44	*	57.20	60.52
31	50.01		45.42		52.74		*	60.35		55.43		
最高价	50.67	50.23	47.47	46.32	52.74	53.71	54.20	60.97	60.50	55.43	57.20	60.52
最低价	48.00	44.67	42.00	43.27	48.30	50.87	52.27	54.60	53.44	51.56	54.51	58.14
	* 星期天											
	† 假期											

1899—铁路股票												
日期	1月	2月	3月	4月	5月	6月	7月	8月	9月	10月	11月	12月
1	*	82.01	82.78	87.01	83.18	77.38	83.83	84.52	84.73	*	83.68	82.93
2	†	81.65	81.60	*	84.30	79.00	*	84.35	84.89	79.48	84.49	83.07
3	75.08	82.00	82.44	87.04	84.01	78.74	†	84.17	*	79.38	83.92	*
4	74.96	82.03	82.46	86.52	83.61	*	†	83.90	†	80.13	83.53	82.15
5	75.18	*	*	86.66	82.27	78.45	83.96	83.51	85.55	80.15	*	81.58
6	74.70	82.08	81.55	85.13	81.59	79.17	83.41	*	85.37	80.68	83.60	81.85
7	75.13	80.98	81.91	84.56	*	79.97	84.05	83.56	84.49	80.76	†	81.87
8	*	81.31	82.74	84.63	80.38	80.04	83.55	83.91	84.22	*	83.25	80.68
9	75.64	81.53	82.78	*	78.88	81.13	*	83.98	84.26	80.50	82.31	80.33
10	76.10	81.94	82.96	84.63	80.88	81.16	82.38	84.18	*	81.05	81.75	*
11	76.55	†	82.85	86.01	80.37	*	83.35	83.95	83.08	80.85	81.19	79.89
12	76.64	*	*	86.01	80.53	81.26	83.88	84.18	82.63	80.18	*	79.61
13	77.43	†	82.83	86.00	78.65	80.48	83.77	*	83.71	79.68	82.37	77.70
14	77.83	82.52	82.41	86.11	*	80.25	83.05	84.21	82.90	79.75	81.75	78.47
15	*	82.46	82.31	86.53	79.06	79.95	83.23	83.53	81.99	*	82.16	79.23
16	77.46	83.43	83.07	*	79.65	80.02	*	83.66	81.07	80.31	83.22	76.90
17	77.28	84.12	82.63	85.89	80.79	79.87	82.85	84.36	*	80.75	82.73	*
18	77.98	84.24	82.60	86.38	80.47	*	83.01	84.63	80.13	81.54	83.33	73.60
19	79.00	*	*	86.27	80.21	79.50	82.62	85.05	80.67	81.10	*	74.98
20	79.70	84.92	83.13	86.15	80.00	80.00	83.24	*	80.48	81.70	82.55	74.57
21	80.90	84.81	83.11	86.23	*	79.83	83.66	84.72	81.40	81.80	82.57	73.28
22	*	†	83.49	86.38	79.28	79.85	83.57	84.31	82.17	*	82.81	72.48
23	81.31	84.26	83.61	*	78.97	80.39	*	84.79	81.69	82.73	82.86	73.87
24	79.60	84.00	84.14	85.66	78.52	80.89	83.70	84.95	*	82.38	83.02	*
25	81.96	83.56	84.87	86.03	79.22	*	83.62	84.81	80.83	83.15	†	†
26	82.10	*	*	86.16	79.16	81.54	83.39	84.85	80.48	83.03	*	74.65
27	82.23	83.88	85.60	85.87	79.23	82.42	83.74	*	81.11	83.11	82.93	76.40
28	82.36	82.90	86.41	85.68	*	82.92	84.37	85.06	80.93	83.66	83.13	76.63
29	*		86.31	85.06	†	82.76	84.51	84.48	†	*	83.35	77.36
30	82.01		86.26	*	†	83.27	*	84.96	†	83.49	†	77.73
31	81.63		†		77.51		84.83	84.93		83.38		*
最高价	82.36	84.92	86.41	87.04	84.30	83.27	84.83	85.06	85.55	83.66	84.48	83.07
最低价	74.70	80.98	81.55	84.56	77.51	77.38	82.38	83.51	80.13	79.38	81.19	72.48
* 星期天												
† 假期												

1899—工业股票												
日期	1月	2月	3月	4月	5月	6月	7月	8月	9月	10月	11月	12月
1	*	64.44	66.64	75.15	74.59	68.40	70.67	73.89	75.57	*	75.17	75.47
2	†	63.93	65.90	*	76.04	70.11	*	74.29	75.76	70.95	75.72	75.68
3	60.41	63.61	67.02	76.02	76.00	70.13	†	74.61	*	70.97	75.34	*
4	60.69	63.39	66.73	76.04	75.39	*	†	74.68	†	71.73	74.93	74.26
5	60.91	*	*	75.87	74.48	69.73	71.48	74.08	77.61	72.03	*	73.57
6	60.86	63.05	65.95	74.17	73.83	70.09	71.92	*	76.97	72.30	75.13	73.53
7	61.35	61.95	66.40	73.08	*	70.71	72.15	73.68	76.61	72.68	†	73.03
8	*	62.23	67.29	73.14	72.18	71.03	71.69	74.23	76.56	*	75.13	70.27
9	61.98	62.10	67.66	*	69.98	72.29	*	74.59	77.01	72.67	74.38	69.26
10	61.45	62.11	68.14	72.60	72.47	72.42	70.55	75.37	*	73.47	73.67	*
11	61.31	†	68.16	74.49	71.88	*	71.35	75.19	75.59	73.00	73.06	67.43
12	61.23	*	*	75.10	72.18	73.08	71.55	75.79	74.68	72.45	*	67.54
13	61.71	†	68.89	75.33	69.36	71.88	71.67	*	76.11	71.81	74.08	64.03
14	61.43	62.55	68.98	76.04	*	71.92	71.02	76.23	75.65	71.85	74.16	65.26
15	*	62.50	68.90	76.30	69.77	71.71	71.14	75.63	74.55	*	74.67	66.21
16	61.28	62.70	70.71	*	70.96	71.62	*	75.15	73.54	72.47	75.48	63.84
17	61.41	63.13	71.26	75.96	72.75	71.30	70.90	75.62	*	72.22	75.80	*
18	61.93	64.76	72.02	76.36	71.84	*	71.37	75.64	72.39	72.93	75.93	58.27
19	62.30	*	*	76.29	71.81	70.43	71.07	76.06	73.10	72.86	*	61.02
20	62.40	66.76	71.19	76.05	71.77	70.30	71.57	*	72.55	73.11	75.63	61.19
21	62.18	66.89	71.28	76.71	*	69.39	72.08	75.73	73.10	73.39	75.05	59.97
22	*	†	71.83	77.01	71.71	68.84	71.69	75.10	74.22	*	75.20	58.69
23	62.37	67.32	71.56	*	71.01	69.82	*	76.00	73.86	74.61	75.50	60.57
24	61.80	67.35	71.98	76.53	70.27	69.96	71.75	75.61	*	74.31	75.80	*
25	63.05	67.52	72.40	77.28	70.76	*	72.19	75.59	72.76	74.41	†	†
26	63.83	*	*	77.14	70.29	69.85	71.99	75.61	72.40	74.52	*	62.00
27	64.64	66.98	73.73	77.03	69.51	70.44	72.48	*	72.64	74.42	75.69	64.47
28	64.87	66.78	74.70	77.10	*	70.54	72.95	75.64	72.87	74.83	75.48	64.39
29	*		74.17	76.71	†	70.18	73.00	75.26	†	*	75.55	65.73
30	65.02		74.33	*	†	70.38	*	76.04	†	74.37	†	66.08
31	64.35		†		67.51		73.73	75.66		74.97		*
最高价	65.02	67.52	74.70	77.28	76.04	73.08	73.73	76.23	77.61	74.97	75.93	75.68
最低价	60.41	61.95	65.90	72.60	67.51	68.40	70.55	73.68	72.39	70.95	73.06	58.27
	* 星期天											
	† 假期											

1900—铁路股票												
日期	1月	2月	3月	4月	5月	6月	7月	8月	9月	10月	11月	12月
1	†	78.17	78.58	*	79.77	79.98	*	76.33	†	76.00	79.73	88.63
2	78.86	78.84	77.86	82.19	79.17	79.71	75.28	76.45	*	75.85	79.71	*
3	77.43	78.86	78.05	82.35	79.51	*	75.23	76.76	†	76.84	80.01	88.59
4	77.95	*	*	82.65	79.68	78.76	†	76.83	77.03	76.79	*	87.58
5	77.94	79.83	78.11	82.23	79.68	78.65	75.77	*	77.33	77.00	81.16	87.87
6	77.51	80.51	78.02	82.30	*	77.99	75.14	76.66	77.45	76.71	†	87.90
7	*	80.11	77.97	82.91	79.21	78.03	74.93	76.51	77.34	*	82.83	87.26
8	77.06	79.61	77.69	*	77.71	77.34	*	76.41	77.13	76.11	83.64	87.21
9	76.17	79.28	77.70	82.59	77.55	77.12	74.96	76.56	*	76.33	84.27	*
10	76.42	78.84	78.32	81.88	78.09	*	75.91	76.77	77.38	76.16	84.34	87.63
11	75.95	*	*	81.96	76.95	76.85	76.50	76.82	77.38	76.04	*	88.53
12	77.10	†	79.05	82.47	76.56	77.06	76.36	*	77.38	76.68	84.64	88.65
13	77.03	79.60	79.14	†	*	77.58	75.47	77.43	77.08	76.88	84.10	88.31
14	*	79.63	78.69	†	76.91	76.98	75.45	77.81	76.46	*	84.69	89.40
15	76.50	79.58	78.63	*	77.30	76.66	*	78.06	75.38	78.25	85.53	90.15
16	76.83	79.16	78.48	81.45	78.13	75.36	75.60	77.65	*	78.38	86.88	*
17	77.06	78.72	78.69	80.99	77.91	*	76.24	77.74	75.65	78.31	87.35	90.78
18	77.08	*	*	80.97	78.63	75.03	75.95	77.51	75.89	78.61	*	90.47
19	77.89	79.28	78.82	80.98	79.12	74.87	76.01	*	75.00	79.32	86.76	91.10
20	77.79	79.22	79.58	81.58	*	74.36	76.51	77.31	74.23	79.96	87.80	91.51
21	*	79.10	80.03	80.40	78.15	74.61	76.63	77.35	74.45	*	88.23	92.38
22	78.00	†	80.71	*	78.18	73.90	*	77.48	73.91	80.21	88.42	93.01
23	77.03	78.60	80.17	80.08	78.30	72.99	77.55	77.38	*	80.10	86.84	*
24	77.41	78.13	81.00	79.89	77.90	*	76.75	77.21	73.77	80.40	87.39	†
25	77.85	*	*	80.02	77.77	73.28	76.61	76.94	74.35	80.22	*	†
26	77.13	78.23	81.50	80.88	77.80	73.89	76.25	*	74.42	80.50	88.26	93.72
27	76.95	78.08	81.65	80.38	*	73.55	76.65	76.80	75.70	80.08	88.28	93.88
28	*	78.78	82.20	80.11	77.70	74.60	76.49	76.60	74.83	*	88.18	94.02
29	76.96		81.99	*	78.30	74.36	*	77.18	75.35	79.46	†	94.55
30	77.86		82.08	79.51	79.15	74.49	75.75	77.18	*	79.85	88.88	*
31	78.08		82.40		†		75.95	77.13		79.55		94.99
最高价	78.86	80.51	82.40	82.91	79.77	79.98	77.55	78.06	77.48	80.50	88.88	94.99
最低价	75.95	78.08	77.69	79.51	76.56	72.99	74.93	76.33	73.77	75.85	79.71	87.21
	* 星期天											
	† 假期											

1900—工业股票												
日期	1 月	2 月	3 月	4 月	5 月	6 月	7 月	8 月	9 月	10 月	11 月	12 月
1	*	67.34	63.59	*	61.32	59.38	*	57.06	†	54.96	59.18	66.35
2	68.13	67.86	61.95	65.55	61.05	58.80	55.48	57.21	*	54.52	59.39	*
3	66.61	67.88	62.76	65.17	61.02	*	55.67	57.29	†	54.74	59.80	66.43
4	67.15	*	*	65.11	61.18	57.97	†	57.70	58.55	55.29	*	65.42
5	66.71	68.36	61.12	65.47	61.36	57.48	56.51	*	58.58	55.70	60.87	66.05
6	66.02	68.03	61.87	66.15	*	56.98	56.13	57.57	58.50	55.51	†	65.07
7	*	67.94	61.83	66.15	60.62	57.56	56.03	57.71	58.32	*	62.90	64.17
8	66.41	67.46	61.39	*	59.26	56.62	*	57.88	57.88	55.38	63.76	63.98
9	64.99	66.86	61.11	65.46	59.94	56.41	55.76	57.74	*	55.51	65.15	*
10	64.14	66.66	61.68	64.55	60.10	*	56.91	58.00	58.07	54.90	66.48	64.65
11	63.27	*	*	64.78	58.62	56.03	56.77	58.09	58.10	55.34	*	65.54
12	64.93	†	63.31	64.40	58.12	56.15	56.71	*	58.25	56.09	67.33	65.45
13	64.80	67.39	62.88	†	*	57.12	55.98	58.50	58.20	56.58	65.73	64.89
14	*	66.90	62.03	†	57.55	56.51	55.88	58.77	57.47	*	66.23	65.54
15	64.22	67.08	61.81	*	56.62	56.17	*	58.90	56.56	57.90	66.81	65.94
16	64.29	66.40	61.91	61.55	57.12	55.42	56.22	58.86	*	57.82	68.19	*
17	64.56	65.81	62.50	61.80	56.76	*	56.75	58.84	56.67	57.89	68.70	65.70
18	64.28	*	*	61.82	57.76	54.96	56.61	58.69	56.63	58.46	*	66.52
19	65.29	66.25	62.91	62.38	58.18	55.08	57.27	*	55.63	58.73	68.88	67.19
20	64.83	66.16	63.45	62.20	*	54.39	58.35	58.80	54.37	59.54	69.07	67.38
21	*	65.59	64.08	60.47	57.40	54.65	58.41	58.55	54.37	*	68.97	68.63
22	65.37	†	64.06	*	58.10	54.11	*	58.65	53.43	60.63	68.41	70.03
23	64.38	64.52	63.67	61.19	58.35	53.68	59.02	58.42	*	60.79	66.92	*
24	64.72	64.12	64.26	61.69	57.51	*	58.35	58.30	52.96	60.79	66.75	†
25	65.05	*	*	61.89	57.26	53.68	58.18	58.17	53.13	60.64	*	†
26	64.23	63.56	64.06	63.05	57.55	54.00	57.93	*	53.25	60.50	67.23	70.85
27	64.27	63.35	64.71	62.25	*	54.11	58.03	58.22	54.53	60.08	67.01	71.04
28	*	63.96	65.12	61.79	57.67	54.75	57.70	57.79	54.14	*	66.59	69.79
29	64.45		64.07	*	58.01	54.83	*	58.43	54.27	59.31	†	70.20
30	66.06		65.39	61.33	59.10	54.93	57.13	58.39	*	59.53	69.59	*
31	66.13		66.02		†		56.80	57.81		59.04		70.71
最高价	68.13	68.36	66.02	66.15	61.36	59.38	59.02	58.90	58.58	60.79	69.07	71.04
最低价	63.27	63.35	61.11	60.47	56.62	53.68	55.48	57.06	52.96	54.52	59.18	63.98
* 星期天												
† 假期												

1901—铁路股票												
日期	1月	2月	3月	4月	5月	6月	7月	8月	9月	10月	11月	12月
1	†	97.61	97.80	105.48	117.86	114.58	115.35	107.74	*	108.18	111.65	*
2	94.79	†	97.90	106.20	117.73	*	115.16	107.08	†	107.69	111.76	113.08
3	92.66	*	*	107.69	116.25	115.69	114.76	106.78	110.12	107.19	*	113.53
4	95.70	98.90	98.58	107.75	116.60	115.69	†	*	110.92	107.19	111.38	114.52
5	95.50	99.48	99.01	†	*	115.43	†	104.86	110.56	106.63	†	114.56
6	*	99.77	99.37	†	117.68	115.23	†	105.36	110.56	*	113.05	112.91
7	96.48	99.11	99.30	*	117.05	115.24	*	105.80	106.17	106.20	113.34	112.00
8	96.45	99.28	99.34	105.65	111.62	114.53	110.61	106.68	*	106.77	113.74	*
9	96.84	99.02	99.55	107.13	103.37	*	112.16	106.38	108.36	106.96	114.23	112.23
10	96.24	*	*	108.39	110.06	114.45	109.64	106.05	109.58	108.38	*	111.91
11	97.18	99.06	99.55	107.68	†	114.39	108.23	*	108.52	109.48	114.56	111.00
12	97.85	†	99.78	108.43	*	114.91	106.43	106.42	108.60	108.62	113.90	110.08
13	*	97.98	100.09	109.25	109.63	116.52	106.80	107.73	105.30	*	113.93	110.58
14	96.86	98.29	100.25	*	104.54	116.73	*	108.13	†	108.93	112.35	110.75
15	96.45	99.33	100.61	109.02	106.74	117.55	106.35	109.15	*	108.63	113.47	*
16	96.03	98.86	101.50	109.49	107.85	*	107.11	108.61	109.01	108.59	113.55	110.96
17	95.52	*	*	109.36	110.25	117.65	110.13	107.83	108.92	108.87	*	111.82
18	94.65	97.95	102.53	110.35	110.09	116.73	111.50	*	110.10	109.05	113.01	112.18
19	93.56	97.64	102.88	111.83	*	116.46	109.68	108.40	†	109.15	112.86	111.96
20	*	97.11	102.66	112.68	108.09	116.30	108.08	109.13	110.30	*	113.00	112.81
21	94.16	97.39	102.95	*	109.54	117.18	*	109.19	110.82	108.98	114.38	112.93
22	94.90	†	103.00	111.71	109.36	116.83	105.81	109.86	*	110.00	115.21	*
23	95.00	†	103.25	111.05	108.65	*	107.65	110.52	109.90	110.83	114.94	112.45
24	93.90	*	*	111.89	108.99	117.08	106.68	111.35	109.86	110.70	*	112.27
25	94.83	97.36	102.58	112.89	108.71	116.20	107.15	*	107.96	110.67	114.70	†
26	95.79	97.71	102.85	113.70	*	115.78	107.68	111.69	108.48	110.88	114.83	113.28
27	*	97.76	103.45	†	108.53	115.46	107.93	110.66	109.29	*	114.98	113.97
28	95.75	97.34	103.70	*	109.31	116.39	*	110.68	109.22	109.60	†	114.28
29	95.75		104.54	115.66	110.16	117.21	108.33	111.00	*	110.61	114.57	*
30	96.08		105.03	116.35	†	*	107.76	111.54	108.21	111.03	114.20	114.21
31	97.16		*		112.15		107.39	†		110.79		114.85
最高价	97.85	99.77	105.03	116.35	117.86	117.65	115.35	111.69	110.92	111.03	115.21	114.85
最低价	92.66	97.11	97.80	105.48	103.37	114.39	105.81	104.86	105.30	106.20	111.38	110.08
	* 星期天											
	† 假期											

1901—工业股票												
日期	1月	2月	3月	4月	5月	6月	7月	8月	9月	10月	11月	12月
1	†	67.71	67.76	70.91	75.93	76.59	77.08	71.71	*	66.07	64.67	*
2	70.44	†	67.67	71.02	75.19	*	77.07	71.28	†	65.94	64.83	64.02
3	67.97	*	*	71.35	74.37	77.73	76.60	71.22	72.65	64.48	*	64.44
4	69.33	68.46	67.58	72.01	74.90	77.07	†	*	73.27	64.57	64.48	64.87
5	67.68	69.27	67.35	†	*	76.37	†	69.21	73.06	63.48	†	64.84
6	*	69.89	67.39	†	75.55	76.45	†	69.05	72.23	*	64.56	63.82
7	67.12	69.33	67.72	*	75.02	76.31	*	69.53	69.03	63.72	64.78	62.96
8	67.65	69.80	67.75	71.47	71.72	76.07	74.04	70.42	*	63.84	65.10	*
9	67.53	70.16	67.30	72.51	67.38	*	74.66	69.66	70.69	64.13	65.66	63.68
10	67.89	*	*	73.11	71.67	76.27	72.78	69.36	71.45	65.36	*	63.27
11	67.85	70.48	67.48	72.62	†	76.11	72.22	*	71.01	65.91	66.52	62.75
12	67.36	†	67.28	72.88	*	76.55	70.77	69.91	70.25	65.52	66.35	61.61
13	*	69.45	67.18	73.65	71.92	77.31	71.05	70.33	67.25	*	66.03	61.84
14	67.26	70.62	67.54	*	69.59	77.07	*	70.71	†	65.79	65.36	62.22
15	66.50	70.78	67.33	75.35	70.06	77.43	69.46	71.71	*	65.30	66.10	*
16	67.71	70.18	67.47	75.42	70.84	*	69.67	71.58	70.01	64.91	66.12	61.95
17	65.30	*	*	74.88	73.09	78.26	71.55	71.01	69.87	65.23	*	62.27
18	65.21	68.92	68.42	75.10	73.86	77.82	71.91	*	70.25	65.48	65.87	62.79
19	64.77	68.37	68.73	75.89	*	77.56	71.97	71.01	†	65.81	65.62	62.86
20	*	67.96	68.82	75.66	72.76	77.22	71.32	71.08	70.47	*	65.15	63.17
21	64.92	68.55	68.93	*	73.44	77.94	*	71.40	69.73	65.42	65.45	63.12
22	65.53	†	68.92	74.56	73.51	77.71	70.43	72.10	*	65.66	65.88	*
23	66.37	†	68.92	73.80	72.83	*	71.39	73.03	67.57	65.66	65.68	62.11
24	65.65	*	*	73.21	73.73	77.71	70.91	73.70	67.43	65.44	*	61.52
25	66.16	68.27	68.59	73.63	73.62	76.93	71.69	*	66.22	65.29	65.15	†
26	66.68	67.36	68.52	74.35	*	76.87	72.13	73.83	66.89	65.09	65.18	62.62
27	*	68.11	69.27	†	73.67	76.82	72.70	72.81	67.69	*	65.78	63.31
28	66.29	67.00	69.39	*	74.01	76.47	*	72.71	67.40	64.01	†	63.76
29	66.56		69.43	75.23	74.51	77.94	72.94	72.82	*	64.46	65.68	*
30	66.72		69.92	75.80	†	*	72.65	73.47	66.66	64.86	65.01	63.33
31	66.81		*		75.77		71.63	†		64.45		64.56
最高价	70.44	70.78	69.92	75.89	75.93	78.26	77.08	73.83	73.27	66.07	66.52	64.87
最低价	64.77	67.00	67.18	70.91	67.38	76.07	69.46	69.05	66.22	63.48	64.48	61.52

* 星期天

† 假期

1902—铁路股票												
日期	1月	2月	3月	4月	5月	6月	7月	8月	9月	10月	11月	12月
1	†	114.06	113.65	115.78	121.86	*	120.67	125.78	†	124.61	121.29	118.51
2	115.85	*	*	115.84	119.75	119.19	120.90	125.33	127.96	124.19	*	117.57
3	115.08	113.69	114.25	117.13	120.32	119.00	121.66	*	128.55	123.93	120.75	117.47
4	114.95	114.03	113.69	117.56	*	118.99	†	125.43	127.87	122.51	†	116.76
5	*	114.78	114.23	117.48	119.52	118.35	†	125.73	128.28	*	119.13	116.59
6	115.40	115.73	114.98	*	121.28	118.38	*	126.04	127.93	120.99	119.39	116.45
7	114.34	115.72	114.55	116.58	120.66	118.47	122.21	126.60	*	119.98	119.41	*
8	114.58	115.60	114.45	117.18	120.86	*	122.53	126.51	128.68	120.58	117.26	116.94
9	114.06	*	*	117.65	120.36	118.53	122.39	†	129.36	121.88	*	116.59
10	113.63	115.88	113.71	116.95	119.51	119.31	122.52	*	129.07	120.98	116.79	114.60
11	113.89	115.80	113.70	117.03	*	119.56	122.98	125.38	128.82	119.33	115.25	113.08
12	*	†	114.07	117.36	118.31	119.46	123.17	125.42	127.50	*	115.86	114.01
13	112.92	115.13	114.19	*	119.23	120.21	*	125.73	127.91	118.97	115.76	113.08
14	111.73	115.35	114.65	118.12	119.53	120.40	123.98	126.29	*	120.56	113.70	*
15	112.41	115.21	115.07	118.80	119.94	*	124.06	125.75	127.49	120.95	115.21	113.21
16	112.40	*	*	118.93	118.28	120.61	124.78	125.59	127.77	122.70	*	113.59
17	113.51	115.55	115.44	119.74	117.76	120.76	125.02	*	128.16	123.93	115.68	114.03
18	113.18	115.27	115.64	120.18	*	121.45	125.59	125.31	128.80	123.43	114.81	116.13
19	*	115.50	115.66	120.38	117.46	120.58	125.91	125.93	128.68	*	116.00	115.91
20	112.68	113.63	115.71	*	118.46	120.71	*	126.48	128.31	123.38	116.66	116.06
21	112.68	113.96	116.41	119.67	119.00	120.60	125.06	125.53	*	122.21	118.39	*
22	112.71	†	116.32	118.96	119.25	*	125.52	126.22	127.68	122.33	118.32	117.33
23	113.18	*	*	118.85	119.57	120.31	126.17	126.31	125.23	121.94	*	116.47
24	112.93	113.99	116.48	119.80	119.58	119.63	126.33	*	124.70	122.25	118.50	117.19
25	112.45	114.43	115.98	120.17	*	119.72	127.08	127.10	125.01	122.28	117.30	†
26	*	113.97	115.87	120.24	118.88	120.11	127.16	126.98	125.78	*	116.45	117.92
27	112.60	114.05	115.66	*	118.91	120.22	*	126.91	124.98	121.10	†	118.05
28	113.82	113.65	†	120.80	118.91	120.58	126.45	126.70	*	121.13	117.78	*
29	113.38		†	121.63	119.32	*	125.56	127.23	120.41	120.10	117.48	117.12
30	113.99		*	121.26	†	120.38	126.03	†	124.78	120.68	*	118.42
31	114.19		116.08		†		125.85	*		121.68		118.98
最高价	115.85	115.88	116.48	121.63	121.86	121.45	127.16	127.23	129.36	124.61	121.29	118.98
最低价	111.73	113.63	113.65	115.78	117.46	118.35	120.67	125.31	120.41	118.97	113.70	113.08
	* 星期天											
	† 假期											

1902—工业股票												
日期	1月	2月	3月	4月	5月	6月	7月	8月	9月	10月	11月	12月
1	†	65.04	65.13	67.20	67.11	*	64.25	65.91	†	66.45	65.80	62.53
2	64.32	*	*	67.17	65.89	66.26	64.76	65.83	66.55	66.44	*	62.22
3	64.25	64.77	65.30	67.01	66.25	66.17	64.89	*	66.64	66.58	65.55	62.06
4	64.59	64.62	64.77	66.82	*	65.96	†	65.96	66.60	65.71	†	61.90
5	*	64.96	64.97	66.84	66.06	65.32	†	66.12	66.80	*	64.55	61.76
6	64.90	64.92	66.16	*	67.01	65.46	*	66.47	66.56	64.21	64.37	61.73
7	64.22	65.31	65.56	66.60	66.36	65.49	65.09	66.52	*	63.84	64.19	*
8	64.87	64.94	65.60	66.60	66.66	*	64.51	66.53	67.12	64.28	62.90	62.14
9	64.08	*	*	66.76	66.40	65.68	64.27	†	67.03	65.06	*	62.19
10	63.85	64.82	65.11	65.95	65.95	66.11	64.65	*	66.89	64.76	62.35	60.71
11	64.02	65.16	65.32	66.18	*	66.20	64.50	66.19	66.67	63.84	60.96	59.97
12	*	†	64.88	66.33	65.51	65.94	64.45	66.07	66.05	*	61.61	60.19
13	63.31	64.58	65.26	*	65.90	65.94	*	66.48	66.30	64.17	61.81	59.85
14	62.57	64.61	65.38	66.03	65.95	65.05	64.64	66.78	*	65.02	60.62	*
15	63.16	64.67	65.59	66.46	66.06	*	64.79	66.59	66.11	65.37	61.60	59.57
16	63.59	*	*	66.86	65.35	65.90	65.55	66.50	66.40	66.10	*	59.71
17	64.02	65.30	65.59	67.44	64.85	65.89	65.90	*	66.89	66.57	62.19	60.10
18	63.54	64.81	65.96	67.75	*	65.43	66.03	66.38	67.25	66.50	61.61	61.18
19	*	65.53	66.50	67.61	64.73	64.91	66.04	66.46	67.77	*	61.69	61.36
20	63.45	64.68	67.25	*	65.33	64.76	*	66.28	67.40	66.58	62.04	61.87
21	63.44	64.98	67.52	67.10	65.86	64.78	66.01	65.33	*	65.81	62.94	*
22	63.54	†	67.31	66.20	65.88	*	66.44	65.80	66.91	65.89	62.87	62.67
23	64.01	*	*	66.84	66.44	64.20	66.50	65.80	65.45	65.78	*	62.00
24	64.13	65.30	67.30	68.44	66.82	63.67	66.37	*	65.42	66.37	62.79	62.61
25	63.90	65.58	67.01	67.62	*	63.82	66.59	65.87	65.81	66.44	62.15	†
26	*	65.20	67.25	67.63	66.46	64.04	66.59	65.79	66.34	*	61.41	63.21
27	64.17	65.27	67.21	*	66.25	63.73	*	66.19	66.28	66.06	†	63.69
28	65.17	64.81	†	67.31	66.21	63.87	67.28	66.28	*	65.92	62.14	*
29	64.76		†	67.37	66.42	*	66.51	66.28	64.07	65.13	62.05	63.30
30	64.87		*	67.01	†	64.31	66.56	†	66.15	65.43	*	63.96
31	64.95		67.19		†		65.82	*		66.06		64.29
最高价	65.17	65.58	67.52	68.44	67.11	66.26	67.28	66.78	67.77	66.58	65.80	64.29
最低价	62.57	64.58	67.77	65.95	64.73	63.67	64.25	65.33	64.07	63.84	60.62	59.57
* 星期天												
† 假期												

1903—铁路股票												
日期	1 月	2 月	3 月	4 月	5 月	6 月	7 月	8 月	9 月	10 月	11 月	12 月
1	†	*	*	110.01	109.56	103.35	104.01	96.37	97.46	91.45	*	94.41
2	119.17	119.33	114.58	109.15	109.55	104.20	102.91	*	97.67	92.77	93.23	94.36
3	119.05	119.26	113.91	109.60	*	104.23	103.05	95.90	96.99	91.99	†	95.60
4	*	119.86	114.34	109.16	110.82	102.69	†	93.84	97.90	*	92.68	95.79
5	119.56	120.00	112.22	*	110.62	102.45	*	91.93	†	91.19	91.41	95.42
6	121.02	119.55	113.20	109.42	110.73	102.44	103.06	93.32	*	91.01	91.75	*
7	120.20	119.58	111.38	109.14	110.03	*	103.07	92.89	†	91.31	92.18	96.28
8	121.00	*	*	109.34	109.93	104.41	103.20	90.70	97.20	90.13	*	96.10
9	121.28	120.19	111.82	108.91	109.23	100.46	101.83	*	97.41	90.21	92.15	96.56
10	121.00	120.00	110.51	†	*	99.40	100.53	91.79	97.05	89.90	91.76	95.60
11	*	119.89	111.82	†	109.61	102.18	99.56	92.54	97.37	*	90.98	95.48
12	120.43	†	111.54	*	109.47	103.88	*	94.66	96.83	89.63	90.10	95.20
13	120.44	119.92	111.60	105.75	109.24	103.58	99.58	96.13	*	89.65	91.05	*
14	120.33	119.50	111.77	107.36	108.55	*	97.89	98.26	95.20	89.36	90.71	96.23
15	119.89	*	*	107.20	107.98	101.93	97.10	97.96	95.50	89.76	*	96.41
16	120.30	119.80	110.93	108.36	107.75	102.48	97.77	*	95.09	91.85	91.26	96.40
17	120.45	119.35	111.26	108.86	*	102.26	99.20	98.60	94.81	91.88	91.45	95.90
18	*	117.81	112.06	109.11	106.68	101.81	98.50	98.84	94.33	*	92.54	96.55
19	119.63	117.04	112.86	*	107.05	102.45	*	96.88	93.91	89.81	93.43	96.57
20	119.12	117.80	113.62	109.84	105.68	102.25	97.28	96.88	*	91.45	93.00	*
21	120.10	†	113.48	110.42	106.59	*	96.99	96.86	94.01	91.96	92.53	96.58
22	119.77	*	*	*	106.93	101.70	97.81	96.53	93.80	92.01	*	96.59
23	118.83	†	112.58	109.98	105.12	102.18	96.92	*	92.80	91.52	93.12	97.58
24	118.81	117.26	111.23	110.06	*	101.83	96.40	96.52	91.26	91.58	92.61	97.78
25	*	116.82	110.48	109.68	103.77	101.63	95.00	97.41	91.95	*	92.91	†
26	119.78	115.86	110.59	*	105.10	101.43	*	97.28	90.51	92.84	†	†
27	119.43	115.19	109.11	108.77	104.96	102.03	97.00	96.93	*	93.25	93.07	*
28	119.29	115.19	109.38	108.65	104.20	*	97.08	97.41	88.80	93.10	93.06	98.88
29	119.53		*	109.53	103.78	103.63	97.01	97.56	91.27	92.63	*	98.94
30	118.86		108.76	108.86	†	103.67	96.72	*	89.75	92.66	93.80	98.36
31	119.06		109.98		*		96.48	98.05		92.81		98.33
最高价	121.28	120.19	114.58	110.42	110.82	104.23	104.01	98.84	97.90	93.25	93.80	98.94
最低价	118.81	115.19	108.76	105.75	103.77	99.40	95.00	90.70	88.80	89.36	90.10	94.36
	* 星期天											
	† 假期											

1903—工业股票												
日期	1月	2月	3月	4月	5月	6月	7月	8月	9月	10月	11月	12月
1	†	*	*	63.47	63.84	59.59	58.81	50.75	52.75	47.06	*	44.35
2	64.60	65.53	66.01	62.63	63.86	59.87	58.08	*	52.60	47.62	45.46	44.50
3	64.65	66.06	65.68	62.55	*	59.90	58.21	50.57	51.85	47.53	†	46.23
4	*	66.40	65.81	62.28	64.06	58.86	†	49.22	51.93	*	44.90	46.50
5	65.38	66.55	64.70	*	64.01	58.53	*	47.98	†	47.05	43.60	46.06
6	65.88	66.38	64.82	62.40	63.89	58.50	58.08	49.36	*	47.23	43.94	*
7	65.73	66.47	64.13	62.09	63.55	*	57.84	48.64	†	46.96	43.71	47.40
8	66.33	*	*	62.28	63.70	57.97	57.95	47.38	51.53	45.51	*	47.34
9	66.21	67.10	64.42	62.32	63.55	57.37	56.97	*	51.39	45.34	42.15	47.34
10	65.85	67.22	63.90	†	*	56.78	56.61	48.06	51.00	44.71	43.34	46.35
11	*	67.19	64.28	†	63.76	58.28	55.89	48.67	50.93	*	42.83	46.12
12	65.65	†	63.92	*	73.50	59.38	*	50.31	50.80	43.67	42.93	46.03
13	64.98	66.93	64.11	60.79	63.63	58.94	56.12	51.36	*	43.20	43.41	*
14	64.89	67.05	64.31	62.12	63.15	*	54.92	52.80	50.16	42.42	43.13	46.70
15	64.50	*	*	62.14	63.01	57.75	54.37	52.97	50.30	42.25	*	46.83
16	64.80	67.70	64.19	62.87	62.69	57.84	54.10	*	49.82	44.41	43.36	46.86
17	65.07	67.69	64.51	63.84	*	57.55	54.73	53.88	49.44	45.07	43.50	46.70
18	*	67.32	64.86	64.14	62.12	56.89	54.10	53.61	48.73	*	44.20	47.16
19	64.52	66.69	65.40	*	62.28	57.48	*	51.43	48.50	43.19	44.53	47.33
20	64.19	67.26	65.75	64.43	61.25	57.12	52.76	51.76	*	44.75	44.19	*
21	65.00	†	65.69	64.56	61.95	*	51.45	51.45	48.45	45.10	44.15	46.95
22	64.83	*	*	†	62.56	56.65	52.01	51.63	48.43	44.77	*	46.63
23	64.30	†	65.39	64.21	61.40	57.61	50.83	*	47.75	44.59	44.55	47.55
24	64.31	67.43	64.43	64.07	*	57.60	49.84	51.36	46.62	44.48	43.64	47.75
25	*	67.09	63.96	63.79	60.67	57.31	49.08	52.27	46.64	*	43.91	†
26	64.90	66.52	94.15	*	61.53	57.27	*	52.32	46.19	45.33	†	†
27	65.36	66.16	63.45	63.48	61.16	57.64	50.11	52.38	*	45.41	44.25	*
28	65.37	66.19	63.44	63.77	60.52	*	51.52	53.02	45.09	45.46	44.14	48.64
29	65.55		*	64.09	60.27	58.77	51.02	53.17	46.67	45.21	*	49.35
30	64.96		62.86	63.78	†	59.08	50.72	*	45.80	44.82	44.33	49.06
31	65.18		63.64		*		50.76	53.19		45.13		49.11
最高价	66.33	67.70	66.01	64.56	64.06	59.90	58.81	53.88	52.75	47.62	45.46	49.35
最低价	64.19	65.53	62.86	60.79	60.27	56.65	49.08	47.38	45.09	42.25	42.15	44.35
	* 星期天											
	† 假期											

1904—铁路股票												
日期	1月	2月	3月	4月	5月	6月	7月	8月	9月	10月	11月	12月
1	†	97.70	92.61	†	*	94.33	97.53	101.20	105.31	109.11	113.30	118.68
2	96.30	97.55	92.80	95.96	95.22	94.15	†	100.85	106.31	*	114.06	119.33
3	*	96.96	92.90	*	95.37	94.41	*	101.29	†	109.19	113.95	119.46
4	96.55	96.61	93.09	96.04	95.60	94.41	†	101.30	*	109.56	113.78	*
5	97.08	95.50	92.40	96.25	95.17	*	98.63	101.51	†	110.00	113.47	119.36
6	95.61	95.50	*	96.93	95.36	94.54	99.55	101.60	107.12	109.23	*	118.67
7	95.88	*	92.77	97.15	95.23	94.80	98.72	*	106.81	109.68	114.37	116.82
8	96.65	93.90	92.36	96.81	*	95.13	99.47	101.50	107.28	110.31	†	116.26
9	97.23	94.75	92.33	96.98	95.23	95.43	99.63	101.98	107.83	*	115.28	116.94
10	*	94.05	92.31	*	94.87	95.77	*	102.25	108.12	110.32	115.32	117.31
11	97.33	94.06	91.66	97.58	94.93	96.04	99.26	102.99	*	110.85	116.72	*
12	96.39	†	91.53	96.75	94.45	*	100.40	103.13	106.91	110.92	116.92	113.53
13	96.67	94.11	*	97.13	94.10	95.66	100.79	103.56	106.81	110.95	*	114.00
14	96.85	*	91.31	96.57	93.83	96.48	100.50	*	107.86	112.31	116.31	113.78
15	96.81	94.54	93.10	96.57	*	96.04	100.89	104.02	107.67	113.06	117.21	114.60
16	96.80	94.61	93.33	95.35	93.55	96.26	101.11	103.83	107.89	*	116.82	116.07
17	*	94.23	94.35	*	93.90	95.86	*	104.15	107.38	113.22	117.46	116.15
18	97.73	93.76	93.81	96.22	93.88	96.16	101.62	104.48	*	113.58	116.85	*
19	98.21	93.51	95.08	95.96	93.75	*	102.24	103.98	106.90	113.40	117.00	116.16
20	98.45	93.18	*	95.96	94.11	96.45	102.21	103.31	106.30	113.69	*	116.91
21	99.43	*	94.51	96.65	94.74	96.85	101.85	*	107.05	114.60	117.27	115.94
22	99.76	†	95.86	96.85	*	97.17	102.01	104.50	106.43	114.78	116.41	115.30
23	99.78	92.17	95.88	96.90	95.20	97.23	102.06	104.40	106.96	*	116.54	115.92
24	*	91.83	94.90	*	94.90	97.25	*	104.71	107.01	114.72	†	†
25	98.73	92.65	94.65	96.37	94.39	97.17	101.60	105.30	*	114.63	117.01	*
26	99.26	92.18	94.80	96.45	94.43	*	100.80	105.32	107.53	114.04	117.54	†
27	99.50	92.13	*	96.68	94.41	97.05	99.75	105.50	107.97	113.01	*	116.85
28	98.21	*	95.92	96.57	†	97.00	101.21	*	108.32	114.42	118.22	117.68
29	98.06	92.28	96.50	96.14	*	97.30	100.81	106.10	108.00	115.20	118.27	118.55
30	97.90		96.35	96.04	†	94.32	100.52	105.83	108.78	*	118.93	117.90
31	*		94.49		94.36		*	105.22		113.36		117.43
最高价	99.78	97.70	96.50	97.58	95.60	97.32	102.24	106.10	108.78	115.20	118.93	119.46
最低价	95.61	91.83	91.31	95.96	93.55	94.15	97.53	100.85	105.31	109.11	113.30	113.53
	* 星期天											
	† 假期											

1904—工业股票												
日期	1 月	2 月	3 月	4 月	5 月	6 月	7 月	8 月	9 月	10 月	11 月	12 月
1	†	49.03	47.86	†	*	48.26	49.31	52.73	54.94	58.05	63.72	72.05
2	47.38	48.69	47.87	49.08	48.42	48.10	†	52.68	55.15	*	64.76	72.46
3	*	48.40	48.00	*	48.33	48.17	*	52.75	†	58.65	64.87	72.86
4	47.77	48.35	47.90	48.68	48.60	48.17	†	52.70	*	58.27	65.31	*
5	48.09	47.87	47.28	48.89	48.56	*	49.62	52.85	†	58.18	65.25	73.23
6	47.07	47.65	*	49.30	48.71	48.08	50.09	52.90	55.38	57.59	*	72.57
7	47.16	*	47.18	49.98	48.59	48.27	49.96	*	55.68	57.96	66.21	68.97
8	47.92	48.10	47.72	49.59	*	48.60	50.44	52.73	55.94	58.22	†	68.00
9	48.02	46.98	47.04	49.65	48.71	48.66	50.84	53.03	56.54	*	67.07	69.22
10	*	47.76	46.93	*	48.42	49.06	*	53.13	57.43	58.75	67.58	70.01
11	47.82	48.16	46.46	49.98	48.30	49.12	50.67	53.28	*	59.03	68.03	*
12	47.63	†	46.41	49.58	47.93	*	51.37	53.39	56.46	59.23	68.19	65.77
13	47.77	48.11	*	49.73	47.72	48.88	51.73	54.03	56.32	60.16	*	66.42
14	47.85	*	46.50	49.41	47.72	49.05	51.87	*	57.10	61.42	68.78	66.17
15	47.97	48.86	47.73	49.35	*	48.86	52.06	53.98	56.66	62.07	69.17	66.62
16	48.08	48.39	47.77	49.38	47.56	48.83	52.50	53.54	57.19	*	69.11	68.73
17	*	48.16	48.30	*	47.67	48.73	*	54.08	56.58	62.06	70.08	68.47
18	48.82	47.90	47.91	49.33	47.43	48.89	52.50	54.25	*	62.16	69.69	*
19	48.65	47.51	48.76	48.92	47.45	*	52.96	53.76	56.55	61.72	70.01	68.48
20	48.58	47.31	*	48.62	47.53	48.97	52.80	53.35	55.67	62.12	*	69.09
21	49.38	*	48.26	49.10	48.06	49.03	52.47	*	56.00	62.35	70.62	68.38
22	49.94	†	48.50	49.09	*	49.46	52.65	53.13	55.72	65.97	69.80	67.87
23	49.91	46.86	48.62	49.12	48.53	49.47	53.14	53.91	56.31	*	69.89	68.47
24	*	46.71	48.16	*	48.01	49.32	*	54.13	56.50	63.17	†	†
25	49.61	47.47	48.15	48.65	48.14	49.12	52.98	54.41	*	62.68	70.83	*
26	50.18	47.14	48.21	48.81	48.23	*	52.27	54.44	56.91	62.63	71.56	†
27	50.50	47.08	*	48.95	48.26	49.29	52.43	54.47	57.14	61.97	*	69.13
28	49.42	*	48.68	48.86	†	49.12	52.39	*	57.44	63.39	72.36	70.20
29	49.11	47.53	48.60	48.90	*	49.08	52.12	54.61	57.11	64.54	72.35	71.07
30	48.91		48.77	48.80	†	49.25	52.13	54.44	57.59	*	72.02	70.05
31	*		49.12		48.18		*	54.57		63.03		69.61
最高价	50.50	49.03	49.12	49.98	48.71	49.47	53.14	54.61	57.59	64.54	72.36	73.23
最低价	47.07	46.71	46.41	48.62	47.43	48.08	49.31	52.68	54.94	57.59	63.72	65.77
* 星期天												
† 假期												

1905—铁路股票												
日期	1月	2月	3月	4月	5月	6月	7月	8月	9月	10月	11月	12月
1	*	120.70	124.95	124.98	119.81	117.00	123.38	125.63	127.91	*	132.37	130.00
2	†	121.30	125.20	*	120.63	117.19	*	125.58	129.08	131.99	132.23	129.93
3	118.50	122.03	124.51	125.43	119.44	117.16	124.65	126.35	*	132.42	132.47	*
4	118.16	121.63	125.05	125.03	117.35	*	†	126.84	†	131.47	132.45	129.65
5	118.12	*	*	125.43	118.96	117.58	124.05	126.80	130.32	131.40	*	130.81
6	117.38	121.30	125.25	126.21	118.35	116.59	124.58	*	128.19	131.53	131.99	130.64
7	117.03	121.95	124.65	125.88	*	117.30	124.93	127.78	127.37	130.92	†	130.98
8	*	122.36	125.19	125.41	117.61	117.42	124.90	127.88	128.92	*	130.51	131.04
9	117.35	122.20	125.90	*	118.47	117.55	*	127.83	128.33	130.35	129.00	131.33
10	117.55	122.40	126.46	125.62	118.23	119.42	124.58	127.47	*	131.26	129.83	*
11	117.74	122.25	126.70	125.41	119.36	*	123.17	130.11	128.76	130.04	128.91	131.95
12	117.21	*	*	125.90	120.02	119.13	125.17	130.07	129.83	130.10	*	132.03
13	117.96	†	127.16	126.24	119.42	118.35	124.82	*	129.45	131.01	127.91	132.81
14	118.49	122.42	126.78	127.01	*	118.93	124.92	130.83	130.50	130.73	129.34	132.23
15	*	122.75	126.75	126.28	119.85	118.56	125.19	130.36	130.00	*	130.08	132.08
16	118.31	122.36	126.45	*	119.33	118.78	*	131.10	130.93	130.80	129.37	131.90
17	118.16	122.23	125.21	126.39	119.24	118.35	125.25	131.28	*	130.49	130.69	*
18	118.63	122.43	124.87	124.70	117.44	*	125.01	130.25	131.43	130.13	130.95	131.28
19	118.60	*	*	125.66	116.91	118.86	125.38	130.53	130.54	130.51	*	131.71
20	119.40	122.86	126.00	123.40	115.88	119.69	125.04	*	131.60	131.82	131.97	131.93
21	119.24	123.50	125.14	†	*	120.67	124.16	131.54	131.91	132.62	132.13	132.26
22	*	†	123.91	†	114.52	121.27	122.95	131.58	132.33	*	131.98	133.05
23	118.18	122.94	124.65	*	114.76	121.50	*	132.17	132.19	132.65	132.00	133.14
24	117.59	124.63	125.26	122.57	117.36	120.91	123.73	132.06	*	132.61	131.26	*
25	117.26	125.48	125.51	123.80	116.47	*	123.79	131.75	130.97	132.49	131.65	†
26	118.97	*	*	124.04	116.70	122.07	123.95	131.83	131.27	131.95	*	133.17
27	119.14	125.08	124.48	120.88	116.90	122.01	124.92	*	131.38	131.36	132.26	131.08
28	120.30	123.78	123.46	120.48	*	123.37	126.03	131.31	130.93	130.70	131.63	132.30
29	*		124.69	117.81	118.57	122.46	126.06	132.19	131.38	*	131.34	133.54
30	120.58		124.45	*	†	122.57	*	131.30	131.86	131.25	†	133.26
31	121.05		124.89		119.30		126.28	129.57		132.33		*
最高价	121.05	125.48	127.16	127.01	120.63	123.37	126.28	132.19	132.33	132.65	132.47	133.54
最低价	117.03	120.70	123.46	117.81	114.52	116.59	122.95	125.58	127.37	130.04	127.91	129.65
* 星期天												
† 假期												

1905—工业股票												
日期	1 月	2 月	3 月	4 月	5 月	6 月	7 月	8 月	9 月	10 月	11 月	12 月
1	*	70.91	76.06	80.67	76.90	73.17	77.48	81.35	79.66	*	84.14	89.62
2	†	71.19	76.81	*	77.77	73.31	*	81.31	79.71	82.17	83.92	89.50
3	70.39	71.47	75.92	81.13	76.51	73.43	78.70	81.63	*	82.62	83.78	*
4	70.22	71.53	76.14	81.31	74.68	*	†	81.90	†	82.38	82.93	89.56
5	70.23	*	*	82.17	76.82	73.51	78.65	81.75	80.73	82.78	*	90.82
6	69.46	71.80	76.33	82.76	76.17	72.53	79.33	*	78.92	82.55	83.32	90.91
7	69.23	72.63	76.02	83.12	*	72.94	79.54	82.20	78.60	82.02	†	92.37
8	*	72.54	76.29	82.45	74.52	73.05	79.47	81.90	79.78	*	82.17	93.20
9	69.52	72.26	77.36	*	75.78	73.27	*	81.83	79.02	81.65	81.56	92.84
10	70.10	73.27	77.88	82.20	76.34	74.68	79.47	82.03	*	82.02	82.57	*
11	70.03	73.34	77.72	81.93	77.15	*	78.02	82.20	79.06	80.83	82.25	93.59
12	69.61	*	*	82.64	78.05	74.61	79.09	82.01	80.13	80.96	*	95.13
13	70.31	†	78.22	83.23	77.45	73.95	78.93	*	79.43	81.54	80.83	95.68
14	70.70	73.48	78.17	83.75	*	74.11	78.56	82.12	80.11	81.47	81.67	95.47
15	*	73.57	77.89	83.12	77.46	73.76	78.68	82.35	80.52	*	82.77	96.05
16	70.94	73.63	77.81	*	76.89	73.96	*	82.45	81.11	81.48	82.47	96.09
17	70.67	73.92	77.18	83.41	76.65	73.36	79.10	82.73	*	81.43	84.19	*
18	70.98	74.23	77.27	82.60	74.63	*	79.10	82.03	81.38	80.96	84.53	95.71
19	70.67	*	*	83.44	73.87	73.68	79.26	82.14	80.77	81.41	*	95.64
20	70.63	74.94	78.02	80.95	73.22	74.43	79.60	*	81.45	82.27	85.22	94.61
21	70.14	75.51	77.51	†	*	75.19	79.30	82.26	81.77	82.83	85.84	94.20
22	*	†	76.44	†	71.37	75.70	78.05	82.10	81.91	*	86.11	94.43
23	69.45	75.34	77.42	*	71.57	75.78	*	82.82	81.78	82.86	85.93	95.05
24	69.39	76.11	79.27	79.97	73.75	75.69	78.69	82.61	*	82.84	85.81	*
25	68.76	76.16	78.89	80.85	72.91	*	78.36	82.37	81.05	82.66	86.94	†
26	70.07	*	*	81.26	73.01	77.45	78.66	82.61	81.30	82.08	*	95.84
27	70.43	75.75	78.58	78.53	72.91	77.45	79.27	*	81.13	81.97	89.43	94.04
28	70.82	75.15	78.13	77.87	*	77.78	80.46	82.22	80.92	81.51	89.77	95.37
29	*		78.70	76.08	74.12	77.19	80.64	82.79	81.39	*	89.89	96.56
30	70.77		79.23	*	†	76.87	*	82.05	81.90	82.33	†	96.20
31	71.33		80.02		74.32		81.70	80.63		83.77		*
最高价	71.33	76.16	80.02	83.75	78.05	77.78	81.70	82.82	81.91	83.77	89.89	96.56
最低价	68.76	70.91	75.92	76.08	71.37	72.53	77.48	80.63	78.60	80.83	80.83	89.50
	* 星期天											
	† 假期											

1906—铁路股票												
日期	1月	2月	3月	4月	5月	6月	7月	8月	9月	10月	11月	12月
1	†	135.93	129.98	*	120.70	128.82	*	130.45	136.10	136.86	132.93	136.30
2	133.12	135.70	130.13	133.13	120.61	129.35	121.76	131.11	*	136.57	133.49	*
3	133.23	133.89	130.00	132.60	120.30	*	122.41	130.40	†	136.24	133.70	136.86
4	132.36	*	*	132.68	123.29	129.98	†	129.70	136.09	135.98	*	136.60
5	133.73	133.73	128.54	132.05	124.01	129.44	122.88	*	136.41	136.87	133.91	136.11
6	134.48	134.50	129.48	132.34	*	129.93	124.73	130.99	137.16	136.53	†	135.37
7	*	133.73	129.22	131.76	124.25	130.55	124.96	131.21	136.62	*	133.55	136.65
8	134.76	133.83	130.46	*	126.10	130.56	*	131.08	137.05	136.68	132.88	136.28
9	134.73	135.34	131.40	130.45	126.14	129.71	124.81	130.18	*	136.78	132.67	*
10	134.65	134.87	130.88	130.07	126.91	*	124.24	130.62	137.09	137.65	132.24	136.61
11	135.58	*	*	131.85	128.16	131.05	123.54	131.07	135.77	137.68	*	137.56
12	136.65	†	130.53	131.45	127.60	130.82	122.43	*	137.72	137.60	131.45	136.63
13	136.80	135.23	131.46	132.13	*	129.96	122.45	131.71	136.61	136.78	132.28	134.93
14	*	134.66	130.85	132.56	127.23	129.25	122.71	131.93	137.68	*	134.08	136.73
15	136.86	133.55	130.40	*	127.05	128.40	*	132.10	137.82	136.84	134.35	136.78
16	137.12	132.28	130.59	132.66	127.83	127.41	124.03	131.39	*	136.76	135.42	*
17	137.06	131.10	130.41	132.66	127.46	*	124.33	133.63	137.84	135.98	136.13	135.36
18	137.07	*	*	131.14	126.90	126.77	123.55	135.41	137.75	135.86	*	133.14
19	138.29	132.60	128.96	128.36	126.91	128.48	124.47	*	137.03	134.12	136.44	130.84
20	138.25	132.41	130.16	129.01	*	129.53	125.46	136.98	137.83	131.62	136.06	131.23
21	*	131.47	129.63	128.96	126.93	128.23	125.82	135.60	137.70	*	136.83	131.31
22	138.36	†	130.50	*	126.75	128.76	*	134.83	136.92	133.87	136.68	129.65
23	138.11	132.06	130.87	126.56	126.29	127.64	126.01	135.15	*	133.43	136.31	*
24	137.20	131.79	130.75	126.76	127.78	*	125.27	136.95	137.26	133.27	135.01	128.37
25	137.45	*	*	126.18	128.31	126.72	126.83	137.06	135.71	132.05	*	†
26	137.79	132.58	132.03	125.73	128.03	127.10	127.71	*	135.69	132.17	134.90	128.51
27	136.36	131.24	131.32	122.95	*	124.89	128.08	136.04	135.25	132.34	135.96	130.34
28	*	129.56	132.53	121.89	127.89	125.93	129.02	135.04	135.89	*	135.90	130.02
29	133.98		132.17	*	128.41	123.91	*	135.96	135.92	132.70	†	128.95
30	133.55		132.70	124.06	†	123.31	128.31	135.34	*	132.60	136.01	*
31	135.34		132.73		128.61		129.11	135.20		131.37		129.80
最高价	138.36	135.93	132.73	133.13	128.61	131.05	129.11	137.06	137.84	137.68	136.83	137.56
最低价	132.36	129.56	128.54	121.89	120.30	123.31	121.76	129.70	135.25	131.37	131.45	128.37
	*星期天											
	†假期											

1906—工业股票												
日期	1月	2月	3月	4月	5月	6月	7月	8月	9月	10月	11月	12月
1	†	101.55	93.83	*	88.03	94.01	*	93.72	94.42	95.77	93.80	95.16
2	95.00	101.71	93.86	97.84	87.16	94.38	86.12	93.37	*	95.42	94.28	*
3	95.63	99.77	93.85	98.19	86.45	*	86.64	92.44	†	95.22	94.17	95.35
4	94.44	*	*	97.48	89.08	95.19	†	91.67	93.31	94.66	*	95.23
5	96.09	100.05	92.90	97.00	89.75	95.04	86.58	*	93.77	95.48	94.60	95.27
6	97.09	100.39	94.00	97.09	*	95.21	87.79	92.85	94.63	95.88	†	94.82
7	*	99.60	94.09	96.56	90.78	95.12	87.97	92.97	94.22	*	93.93	95.30
8	98.03	99.50	94.69	*	92.08	94.50	*	92.10	94.50	96.53	93.58	95.19
9	97.85	99.93	96.43	95.93	92.86	93.99	87.87	91.70	*	96.75	93.37	*
10	98.09	99.76	96.33	95.05	93.21	*	87.26	91.92	94.55	96.51	93.32	95.58
11	99.06	*	*	96.44	93.41	94.38	86.37	92.03	93.53	96.65	*	95.89
12	100.25	†	96.40	96.02	93.13	94.10	85.70	*	95.38	96.58	92.38	95.36
13	99.79	100.08	96.96	96.51	*	93.63	85.18	92.53	95.27	96.04	93.06	94.10
14	*	99.27	96.44	97.02	92.80	92.91	85.40	92.70	95.89	*	94.01	94.82
15	100.80	97.88	95.79	*	93.06	92.25	*	92.94	95.53	95.78	94.25	95.46
16	100.81	97.31	95.33	97.01	93.77	91.02	86.45	92.59	*	96.14	94.76	*
17	101.67	96.51	95.10	96.84	93.05	*	86.91	93.38	95.63	95.78	95.20	94.50
18	102.26	*	*	95.67	92.75	90.66	86.54	95.34	95.84	95.65	*	93.54
19	103.00	97.31	93.05	94.23	92.68	91.43	87.21	*	94.47	94.77	94.92	93.11
20	102.72	97.07	94.35	95.29	*	92.00	88.12	95.96	96.07	92.76	95.04	93.81
21	*	96.25	94.38	95.25	92.20	90.55	88.51	95.60	96.00	*	95.32	94.59
22	102.37	†	94.96	*	92.15	90.95	*	95.09	95.50	94.58	95.25	93.45
23	102.50	96.76	95.06	93.46	92.16	89.85	88.59	95.36	*	94.47	95.33	*
24	102.53	96.87	94.77	93.60	92.76	*	88.12	96.07	95.92	93.85	94.57	92.94
25	102.66	*	*	93.02	93.42	89.02	89.59	96.08	94.68	93.12	*	†
26	102.90	97.38	96.25	92.44	93.15	89.38	90.03	*	94.82	93.16	94.77	93.13
27	101.86	96.44	95.82	89.92	*	87.71	91.41	95.19	94.77	93.47	95.05	94.34
28	*	93.94	96.64	88.70	93.29	88.70	91.80	94.01	94.98	*	95.27	94.28
29	99.32		96.43	*	93.69	87.29	*	94.89	94.84	93.85	†	93.63
30	98.31		96.60	90.53	†	87.01	91.72	94.31	*	93.68	95.12	*
31	100.69		96.95		93.75		92.41	94.01		92.91		94.35
最高价	103.00	101.71	96.96	98.19	93.77	95.21	92.41	96.08	96.07	96.75	95.33	95.89
最低价	94.44	93.94	92.90	88.70	86.45	87.01	85.18	91.67	93.31	92.76	92.38	92.94
* 星期天												
† 假期												

1907—铁路股票												
日期	1月	2月	3月	4月	5月	6月	7月	8月	9月	10月	11月	12月
1	†	120.28	117.98	107.70	109.28	100.42	105.72	104.96	*	98.73	84.36	*
2	129.90	120.20	116.96	107.16	110.41	*	104.78	105.37	†	98.08	84.14	88.28
3	129.71	*	*	106.88	110.36	99.50	105.70	105.27	99.44	97.81	*	87.32
4	131.60	119.58	114.77	109.05	109.64	100.78	†	*	98.68	97.81	85.05	89.11
5	131.95	120.76	112.56	110.48	*	100.45	106.34	103.71	100.11	97.56	†	90.30
6	*	120.67	114.31	109.83	108.87	101.03	107.23	102.34	100.45	*	85.72	90.56
7	131.63	122.00	112.51	*	108.14	102.06	*	100.90	100.26	98.11	84.27	90.12
8	130.38	121.59	110.86	109.77	108.23	102.96	106.84	101.35	*	97.31	85.09	*
9	129.74	120.82	111.09	109.30	107.58	*	105.48	100.36	100.38	95.56	85.07	89.19
10	129.65	*	*	109.32	106.76	102.81	103.90	98.51	98.91	95.77	*	87.88
11	128.78	121.70	111.83	108.69	107.08	101.76	103.99	*	99.02	94.50	85.91	87.85
12	129.56	†	112.53	108.36	*	101.95	104.48	95.87	98.30	93.34	85.41	87.85
13	*	122.81	107.52	106.72	108.04	101.65	105.66	97.66	99.10	*	84.80	86.94
14	128.53	121.90	99.71	*	107.25	100.73	*	95.25	98.44	92.83	84.15	87.76
15	128.58	122.13	105.95	105.56	106.52	100.36	105.68	96.16	*	93.18	82.50	*
16	127.18	122.94	108.71	107.26	106.06	*	106.38	95.31	98.88	92.03	82.97	86.73
17	126.80	*	*	106.57	105.72	100.90	105.60	95.22	99.91	92.48	*	86.61
18	124.55	122.14	106.71	107.16	105.16	100.75	106.00	*	99.78	90.88	84.60	87.23
19	124.25	121.25	105.51	107.20	*	100.96	106.94	95.52	100.36	90.30	82.93	87.39
20	*	120.78	105.73	107.51	103.57	100.83	107.20	96.49	100.36	*	82.38	88.78
21	125.22	120.30	106.21	*	102.45	100.44	*	95.88	101.03	92.23	81.41	89.35
22	125.25	†	103.15	109.65	103.38	100.42	106.91	96.63	*	88.73	81.49	*
23	125.75	†	100.77	109.70	102.70	*	106.68	95.14	100.19	86.69	83.40	88.11
24	125.68	*	*	108.65	103.40	101.18	107.68	94.93	100.38	84.82	*	87.61
25	124.08	117.71	98.27	108.83	102.50	103.11	107.37	*	100.01	85.90	81.72	†
26	123.68	118.26	101.94	108.45	*	102.86	107.36	96.39	99.28	85.88	83.51	87.01
27	*	117.15	102.56	108.93	99.98	103.75	107.51	96.41	98.27	*	84.09	88.41
28	122.34	118.68	103.23	*	99.95	103.77	*	97.41	97.21	86.13	†	88.35
29	122.18		105.85	109.73	101.33	105.06	106.23	97.11	*	83.49	85.80	*
30	121.52		†	109.97	†	*	106.41	97.83	98.35	84.85	87.13	89.50
31	122.25		*		100.92		105.26	†		84.02		88.77
最高价	131.95	122.94	117.98	110.48	110.41	105.06	107.68	105.37	101.03	98.73	87.13	90.56
最低价	121.52	117.15	98.27	105.56	99.95	99.50	103.90	94.93	97.21	83.49	81.41	86.61
	* 星期天											
	†假期											

1907—工业股票												
日期	1月	2月	3月	4月	5月	6月	7月	8月	9月	10月	11月	12月
1	†	90.59	90.12	82.30	83.87	77.93	81.27	78.36	*	67.95	57.56	*
2	94.25	90.48	89.62	81.84	84.57	*	80.90	78.87	†	67.62	57.39	60.14
3	94.35	*	*	81.94	85.02	77.40	81.38	78.48	73.51	67.94	*	59.47
4	95.98	90.50	88.00	83.13	84.50	79.11	†	*	72.74	67.76	58.48	60.11
5	96.17	91.60	86.44	83.96	*	78.62	81.85	77.41	73.59	67.31	†	61.16
6	*	91.45	87.28	84.22	84.31	78.83	82.52	76.55	73.89	*	57.75	61.77
7	96.37	92.35	86.52	*	83.54	79.35	*	74.91	73.56	67.56	56.39	61.01
8	95.65	92.46	85.21	84.36	83.48	79.92	82.52	75.29	*	67.05	56.68	*
9	96.07	92.13	84.89	84.70	83.28	*	81.57	74.72	73.44	65.51	56.48	59.72
10	95.89	*	*	84.78	83.06	79.95	80.64	73.31	71.68	65.50	*	58.51
11	95.53	92.94	85.70	84.19	82.85	79.15	80.61	*	70.96	63.51	56.88	58.22
12	95.78	†	86.53	83.85	*	79.07	80.71	71.18	69.86	62.34	55.87	58.17
13	*	93.39	83.12	82.23	83.56	78.62	81.46	72.37	69.69	*	55.37	57.29
14	95.58	92.73	76.23	*	83.42	78.01	*	69.63	68.30	62.14	54.36	57.33
15	95.36	93.07	81.33	81.40	83.84	77.66	81.20	70.32	*	62.09	53.00	*
16	94.41	93.19	83.69	82.84	83.42	*	81.51	69.29	68.14	60.46	53.89	57.03
17	94.34	*	*	82.89	83.10	77.90	80.40	69.36	69.17	60.53	*	56.85
18	92.62	92.81	82.13	83.07	82.71	78.11	80.77	*	69.05	59.13	55.05	57.71
19	92.58	92.28	81.55	83.11	*	78.09	81.16	69.50	69.80	58.65	53.45	58.08
20	*	92.11	80.94	83.10	80.79	77.86	81.33	70.01	70.10	*	53.18	58.98
21	93.28	91.87	81.97	*	78.77	77.43	*	69.25	70.45	60.81	53.27	59.46
22	93.66	†	80.40	84.80	79.33	77.44	81.11	70.37	*	59.11	53.08	*
23	93.90	†	78.76	84.63	79.04	*	80.98	69.27	69.53	58.21	55.02	58.21
24	94.03	*	*	83.94	79.45	77.93	81.32	69.25	69.82	58.18	*	58.00
25	93.00	90.33	75.39	83.88	79.00	79.53	81.11	*	69.43	58.30	53.63	†
26	92.72	90.61	77.78	83.51	*	79.44	81.25	70.43	69.01	58.31	55.05	57.60
27	*	89.75	77.39	83.95	77.30	80.22	81.21	70.27	67.72	*	55.55	58.65
28	91.89	90.54	78.21	*	77.32	80.00	*	70.97	67.16	58.13	†	58.83
29	91.76		80.15	84.37	78.27	80.36	80.10	71.18	*	57.23	57.51	*
30	90.77		†	84.30	†	*	79.86	72.28	67.72	58.42	58.41	59.47
31	91.70		*		78.10		78.87	†		57.70		58.75
最高价	96.37	93.39	90.12	84.80	85.02	80.36	82.52	78.87	73.89	67.95	58.48	61.77
最低价	90.77	89.75	75.39	81.40	77.30	77.40	78.87	69.25	67.16	57.23	53.00	56.85
	* 星期天											
	† 假期											

1908—铁路股票												
日期	1月	2月	3月	4月	5月	6月	7月	8月	9月	10月	11月	12月
1	†	91.26	*	92.38	98.35	102.05	99.92	106.90	109.13	105.91	*	117.13
2	89.81	*	86.87	92.45	98.72	102.35	99.74	*	109.19	107.26	110.46	116.21
3	90.38	90.90	86.80	91.78	*	101.90	99.96	106.41	108.03	108.05	†	116.35
4	90.37	91.49	87.15	92.43	98.11	100.30	†	106.99	109.13	*	112.48	117.20
5	*	90.52	87.26	*	98.65	100.65	*	106.78	†	107.45	111.93	116.70
6	91.12	90.45	87.79	92.23	99.42	101.34	101.24	107.45	*	107.69	113.63	*
7	91.15	89.60	89.45	92.20	99.02	*	101.58	107.58	†	107.90	114.53	116.54
8	90.82	88.34	*	93.51	99.90	101.21	102.73	108.01	109.50	106.52	*	117.39
9	92.86	*	90.71	94.30	100.58	100.70	102.95	*	110.33	106.35	114.45	117.80
10	92.03	86.21	90.03	94.18	*	101.03	101.91	109.12	110.14	106.28	115.47	118.05
11	93.75	86.46	91.10	93.77	101.37	100.95	101.65	107.97	109.14	*	115.08	117.81
12	*	†	91.18	*	100.55	99.65	*	108.71	109.50	107.79	115.46	118.18
13	94.27	86.18	91.88	93.53	101.54	99.85	102.36	107.73	*	108.00	116.73	*
14	95.06	87.53	92.84	93.94	102.24	*	103.15	106.05	110.14	107.96	116.53	118.00
15	95.10	86.55	*	93.69	102.56	99.90	103.23	106.17	108.87	108.46	*	117.36
16	94.68	*	91.93	94.06	103.10	100.76	103.12	*	107.55	108.19	116.94	117.98
17	95.27	86.04	92.60	†	*	100.44	103.13	106.76	106.00	107.54	117.51	116.43
18	95.75	86.60	91.11	†	104.45	100.65	104.17	106.77	107.41	*	116.80	116.58
19	*	86.95	91.50	*	103.16	99.08	*	106.09	105.77	107.92	115.78	116.03
20	94.67	87.43	91.98	93.51	102.71	99.25	105.25	106.41	*	109.03	115.95	*
21	93.09	87.61	92.25	93.93	103.42	*	104.23	106.20	103.78	109.73	114.77	115.20
22	92.76	†	*	93.88	102.50	97.96	105.68	106.22	103.43	109.78	*	117.19
23	92.46	*	93.10	94.96	100.26	97.97	106.74	*	104.18	109.26	114.94	118.14
24	91.66	87.29	93.83	96.41	*	98.19	105.09	106.21	105.97	109.40	116.58	118.15
25	92.22	86.79	94.06	96.22	101.32	98.89	106.15	106.08	106.38	*	116.01	†
26	*	86.66	93.16	*	99.65	99.47	*	107.31	105.68	109.88	†	†
27	92.73	86.77	94.40	96.95	99.15	99.16	105.25	108.83	*	110.15	117.23	*
28	93.40	87.36	93.46	97.68	98.53	*	105.80	108.67	105.45	109.51	117.01	119.80
29	92.40	86.52	*	97.86	99.14	100.06	105.63	109.11	105.43	109.95	*	119.28
30	92.44		93.21	96.95	†	99.88	105.77	*	105.95	110.16	117.10	119.43
31	92.19		92.00		*		106.76	109.10		109.57		120.05
最高价	95.75	91.49	94.40	97.86	104.45	102.35	106.76	109.12	110.33	110.16	117.51	120.05
最低价	89.81	86.04	86.80	91.78	98.11	97.96	99.74	106.05	103.43	105.91	110.46	115.20
	* 星期天											
	† 假期											

1908—工业股票												
日期	1月	2月	3月	4月	5月	6月	7月	8月	9月	10月	11月	12月
1	†	61.83	*	67.84	69.92	74.38	72.76	80.57	84.55	79.50	*	87.63
2	59.61	*	61.09	67.82	70.05	74.03	72.87	*	83.76	80.53	82.90	87.67
3	60.62	61.82	60.97	67.22	*	73.89	73.12	81.07	82.57	81.20	†	86.58
4	60.87	62.14	61.19	67.15	69.78	72.66	†	82.13	83.55	*	84.87	87.26
5	*	61.02	61.29	*	70.62	73.16	*	82.07	†	80.56	85.81	86.68
6	61.75	61.15	61.68	67.04	71.09	73.67	74.50	83.80	*	80.93	87.28	*
7	61.42	60.77	63.23	67.48	70.91	*	74.84	84.46	†	81.33	87.77	86.38
8	61.75	59.90	*	67.81	71.26	73.38	75.83	84.89	83.67	80.68	*	87.02
9	63.50	*	63.66	68.64	71.78	72.91	76.37	*	83.61	80.64	87.47	87.42
10	63.01	58.80	63.50	68.76	*	73.40	75.63	85.40	82.95	80.75	87.54	87.35
11	64.07	59.11	63.87	68.47	72.47	73.42	75.34	84.43	82.00	*	87.09	86.61
12	*	†	64.13	*	72.30	72.82	*	84.69	82.43	81.49	87.62	86.47
13	64.98	58.62	65.15	68.17	73.09	72.90	76.06	83.71	*	81.21	88.38	*
14	65.84	59.73	66.11	68.52	73.95	*	76.87	82.08	82.48	81.54	88.09	85.31
15	65.44	59.17	*	68.01	74.38	72.93	76.72	81.61	81.42	81.65	*	85.15
16	64.19	*	65.23	68.44	74.56	73.48	76.81	*	80.21	81.81	87.68	85.88
17	64.53	58.88	65.78	†	*	73.12	77.08	82.61	79.00	81.35	87.69	83.99
18	64.45	58.84	65.07	†	75.12	73.55	78.28	83.00	79.85	*	86.87	83.91
19	*	59.08	65.77	*	73.78	72.65	*	82.51	78.66	81.26	86.70	83.71
20	63.19	59.68	66.41	67.94	73.83	72.71	78.75	82.57	*	82.21	86.69	*
21	63.21	60.20	67.26	68.32	74.21	*	78.62	82.15	77.68	82.82	86.19	83.46
22	62.10	†	*	68.38	73.73	71.71	79.13	82.29	77.07	82.83	*	84.57
23	61.44	*	68.32	69.10	72.43	71.70	79.56	*	78.87	82.44	86.17	85.48
24	61.31	60.00	69.08	70.01	*	71.90	78.55	81.91	79.59	82.48	87.61	85.68
25	61.76	59.92	69.92	69.93	73.04	72.33	79.64	82.03	80.19	*	87.15	†
26	*	59.98	69.43	*	72.40	72.34	*	82.65	79.25	82.22	†	†
27	62.06	60.16	69.78	69.80	72.64	72.22	79.10	83.84	*	83.55	87.61	*
28	62.53	61.07	68.69	70.23	72.15	*	79.36	84.10	79.58	82.72	87.63	86.97
29	62.08	60.54	*	70.29	72.76	72.91	79.46	84.56	79.23	83.15	*	86.22
30	62.32		68.64	69.55	†	72.59	79.61	*	79.93	82.92	87.30	85.91
31	62.70		67.51		*		80.34	84.66		82.53		86.15
最高价	65.84	62.14	69.92	70.29	75.12	74.38	80.34	85.40	84.55	83.55	88.38	87.67
最低价	59.61	58.62	60.97	67.04	69.78	71.70	72.76	80.57	77.07	79.50	82.90	83.46
* 星期天												
† 假期												

1909—铁路股票												
日期	1月	2月	3月	4月	5月	6月	7月	8月	9月	10月	11月	12月
1	†	117.00	116.90	122.22	123.57	126.11	127.56	*	130.16	132.55	129.91	126.51
2	120.93	117.87	117.18	121.11	*	125.96	127.93	131.55	130.94	132.61	†	125.92
3	*	117.91	116.51	121.70	124.18	127.14	†	131.58	131.10	*	129.96	127.05
4	119.76	117.94	115.96	*	124.44	128.23	*	131.54	†	132.64	129.79	127.78
5	118.76	117.94	116.26	122.80	123.90	128.21	†	131.08	*	131.58	129.56	*
6	118.67	117.65	116.06	121.94	123.88	*	128.08	132.35	†	131.45	128.98	127.43
7	119.95	*	*	122.29	124.66	127.79	128.20	132.48	129.35	131.69	*	128.10
8	119.59	118.03	116.44	122.68	124.76	128.21	127.67	*	128.99	130.60	128.69	128.08
9	118.50	117.88	115.99	†	*	127.95	127.53	132.61	127.48	130.48	128.08	128.88
10	*	118.10	116.19	†	124.35	128.15	127.66	132.60	130.30	*	128.36	128.38
11	118.16	118.61	115.86	*	125.40	128.28	*	133.61	129.68	129.20	127.86	128.58
12	117.63	†	116.35	122.96	125.68	128.23	128.15	134.08	*	†	128.20	*
13	117.67	†	116.16	122.17	126.13	*	127.78	133.76	129.10	129.64	128.44	129.13
14	118.26	*	*	122.66	125.78	128.11	128.00	134.46	130.10	130.48	*	128.78
15	118.28	119.90	115.95	122.46	125.70	126.97	128.08	*	131.25	131.05	128.03	129.08
16	119.38	119.78	116.68	121.21	*	127.28	128.21	133.87	131.96	130.85	127.76	129.28
17	*	119.33	117.41	122.00	125.18	126.18	129.90	134.31	132.73	*	128.10	129.71
18	119.05	118.08	117.33	*	125.61	126.50	*	133.03	132.76	130.83	128.67	130.03
19	119.72	117.98	116.99	123.00	125.75	126.50	128.93	131.41	*	130.40	128.93	*
20	119.35	117.15	116.93	123.25	125.09	*	129.36	131.36	132.88	129.93	128.08	129.58
21	119.97	*	*	122.75	125.23	124.92	128.59	132.56	132.58	130.20	*	129.34
22	119.32	†	118.15	123.48	125.80	125.03	128.65	*	131.16	128.71	127.61	129.30
23	119.32	113.90	117.66	122.85	*	126.30	128.85	132.72	130.97	127.29	127.46	129.18
24	*	115.56	118.40	123.05	125.79	127.05	128.95	132.70	130.77	*	127.35	129.41
25	119.25	114.92	118.55	*	125.43	126.93	*	131.28	†	128.23	†	†
26	119.15	116.21	118.56	122.39	124.93	126.75	128.78	128.71	*	127.46	128.38	*
27	119.30	116.36	119.51	122.33	125.37	*	129.35	129.66	131.09	128.36	127.73	129.06
28	118.33	*	*	123.25	125.51	127.15	129.60	128.85	132.48	128.63	*	129.18
29	117.81		120.72	123.13	†	127.60	130.35	*	132.69	128.84	126.30	129.99
30	116.93		120.55	123.45	*	127.15	130.95	130.79	132.31	129.61	126.05	130.04
31	*		121.64		†		131.24	130.70		*		130.41
最高价	120.93	119.90	121.64	123.48	126.13	128.28	131.24	134.46	132.88	132.64	129.96	130.41
最低价	116.93	113.90	115.86	121.11	123.57	124.92	127.53	128.71	127.48	127.29	126.05	125.92
	* 星期天											
	† 假期											

1909—工业股票												
日期	1月	2月	3月	4月	5月	6月	7月	8月	9月	10月	11月	12月
1	†	84.44	82.72	85.37	88.32	92.38	92.95	*	97.50	100.36	99.44	96.88
2	86.27	85.03	83.28	85.37	*	92.64	93.14	97.52	98.12	100.50	†	96.66
3	*	84.67	82.58	85.94	88.76	94.06	†	98.14	98.47	*	100.23	97.46
4	85.26	84.69	81.79	*	89.22	94.16	*	98.00	†	100.19	100.44	98.08
5	84.85	84.86	82.10	86.92	89.32	94.46	†	97.07	*	99.02	99.80	*
6	85.14	84.64	82.21	86.81	90.13	*	93.13	98.30	†	98.73	99.33	97.52
7	86.95	*	*	86.90	91.40	93.97	93.16	98.48	97.41	98.88	*	98.28
8	86.22	85.61	82.20	87.78	91.56	93.98	93.04	*	97.05	98.07	99.41	98.13
9	85.36	85.60	81.64	†	*	93.78	92.90	98.37	95.86	98.00	98.67	98.69
10	*	85.76	81.78	†	90.94	93.85	92.98	98.37	97.22	*	98.78	98.41
11	85.28	86.22	81.90	*	91.25	93.98	*	99.02	96.19	96.95	98.77	98.47
12	85.05	†	82.03	88.11	91.08	94.05	93.40	99.11	*	†	98.77	*
13	84.60	†	82.03	87.56	90.79	*	92.82	98.85	96.17	96.79	99.16	99.00
14	84.77	*	*	87.43	90.93	94.19	93.06	99.26	96.93	98.06	*	98.58
15	84.48	86.72	81.88	87.16	90.82	92.62	93.45	*	98.29	98.57	99.31	98.67
16	85.31	86.42	82.65	86.56	*	92.32	94.09	98.35	99.06	98.64	99.21	98.61
17	*	85.93	83.06	87.65	90.84	91.16	94.19	98.91	99.16	*	99.53	98.86
18	84.79	84.76	82.81	*	91.36	91.34	*	98.14	99.08	98.78	100.34	99.04
19	85.11	84.33	82.40	87.81	91.41	91.18	94.33	97.71	*	98.15	100.53	*
20	84.76	82.82	82.33	87.86	90.88	*	94.68	97.50	99.73	98.02	100.02	98.84
21	85.72	*	*	87.65	91.15	89.66	94.03	98.23	99.92	98.11	*	98.87
22	85.72	†	83.28	88.10	91.51	90.03	94.19	*	99.13	96.82	98.98	98.85
23	85.83	79.91	82.94	87.66	*	91.29	93.39	98.89	99.08	95.70	98.35	98.56
24	*	81.44	83.32	88.12	91.76	91.86	94.32	99.06	99.17	*	98.03	98.61
25	85.86	80.57	83.22	*	91.58	91.51	*	98.51	†	96.83	†	†
26	85.69	81.34	83.60	87.63	91.18	91.38	94.02	96.30	*	96.21	98.73	*
27	85.77	81.85	84.73	87.44	91.65	*	94.51	97.18	99.32	97.04	97.81	98.28
28	85.10	*	*	88.13	92.18	91.59	94.90	96.78	100.12	98.03	*	98.63
29	84.62		85.31	88.03	†	92.82	95.31	*	99.94	98.97	95.89	99.28
30	84.09		85.29	88.29	*	92.28	96.17	98.32	99.55	99.07	96.02	99.18
31	*		86.12		†		96.79	97.90		*		99.05
最高价	86.95	86.72	86.12	88.29	92.18	94.46	96.79	99.26	100.12	100.50	100.53	99.28
最低价	84.09	79.91	81.64	85.37	88.32	89.66	92.82	96.30	95.86	95.70	95.89	96.66
	* 星期天											
	† 假期											

1910—铁路股票												
日期	1月	2月	3月	4月	5月	6月	7月	8月	9月	10月	11月	12月
1	†	122.11	123.62	121.73	*	118.32	112.09	108.38	111.08	114.69	117.06	112.59
2	*	121.36	124.40	121.80	117.47	118.01	†	110.43	111.01	*	117.21	112.01
3	129.48	119.80	124.22	*	117.25	115.64	*	110.04	†	115.21	117.69	112.30
4	129.90	120.33	124.09	121.69	119.18	115.68	†	109.96	*	115.18	117.13	*
5	128.53	121.11	124.22	122.87	120.28	*	110.63	110.33	†	114.33	117.31	112.62
6	128.85	*	*	123.17	119.20	114.59	111.22	110.83	110.57	115.01	*	111.33
7	129.05	119.06	125.41	122.71	119.66	117.38	111.75	*	111.11	115.06	117.43	111.95
8	129.19	118.95	125.64	121.43	*	117.10	111.54	110.94	110.92	115.06	†	112.30
9	*	121.10	125.59	121.22	120.73	117.73	111.33	112.50	111.27	*	115.76	112.97
10	127.47	121.11	125.43	*	121.59	116.85	*	112.01	111.29	115.60	115.19	113.20
11	126.85	121.85	124.48	123.23	121.55	116.28	112.66	112.13	*	115.81	115.09	*
12	125.98	†	124.75	122.73	121.51	*	111.69	113.38	111.71	†	115.02	113.65
13	126.57	*	*	124.00	121.73	117.08	112.70	113.75	112.88	116.68	*	112.63
14	123.90	122.56	124.79	124.36	121.66	117.44	113.65	*	112.63	117.36	115.82	113.07
15	124.74	122.06	123.54	124.14	*	117.30	113.02	113.27	111.41	117.66	116.36	113.18
16	*	122.98	122.96	124.35	121.82	117.46	112.66	114.83	111.65	*	116.56	113.36
17	123.53	123.28	123.50	*	121.50	117.67	*	115.47	111.90	118.00	115.73	113.63
18	123.35	124.06	124.16	123.61	121.33	118.15	112.48	113.96	*	118.44	116.45	*
19	122.51	123.43	123.33	123.81	122.01	*	112.64	113.74	111.96	117.67	116.79	114.46
20	123.71	*	*	122.59	123.10	118.78	112.33	113.51	112.08	118.43	*	114.10
21	124.46	123.33	123.66	122.67	123.32	118.38	111.73	*	113.45	117.88	116.11	113.91
22	124.27	†	123.88	122.06	*	119.40	110.51	112.20	112.99	118.11	116.11	113.46
23	*	123.27	123.33	122.06	122.43	118.83	109.57	112.46	112.60	*	116.28	113.34
24	122.78	124.41	123.34	*	122.79	117.73	*	111.49	112.59	117.07	†	†
25	120.91	123.80	†	120.49	121.50	117.73	108.24	110.88	*	116.80	116.48	*
26	122.70	123.10	†	120.58	122.30	*	105.59	111.83	113.59	116.50	116.50	†
27	121.85	*	*	119.66	121.96	115.49	108.02	111.71	113.61	117.32	*	112.98
28	122.38	123.55	121.98	118.16	†	115.17	110.70	*	113.58	117.13	114.25	113.08
29	122.98		122.45	119.61	*	112.96	110.18	112.28	113.95	116.70	114.68	114.04
30	*		121.63	118.29	†	111.63	109.19	112.26	114.45	*	113.19	114.11
31	122.73		121.83		119.62		*	112.10		116.76		114.06
最高价	129.90	124.41	125.64	124.36	123.32	119.40	113.65	115.47	114.45	118.44	117.69	114.46
最低价	120.91	118.95	121.63	118.16	117.25	111.63	105.59	108.38	110.57	114.33	113.19	111.33
	* 星期天											
	† 假期											

1910—工业股票												
日期	1 月	2 月	3 月	4 月	5 月	6 月	7 月	8 月	9 月	10 月	11 月	12 月
1	†	91.33	91.77	89.71	*	85.69	81.64	76.14	78.58	79.95	85.10	81.43
2	*	90.40	92.62	89.71	85.51	85.25	†	77.69	78.68	*	85.45	80.60
3	98.34	87.50	92.61	*	84.72	82.70	*	77.14	†	80.68	85.85	80.77
4	98.30	87.77	92.83	89.75	86.41	83.06	†	77.04	*	81.34	85.64	*
5	97.06	88.39	92.98	90.96	87.32	*	80.23	77.58	†	80.76	85.82	81.00
6	97.62	*	*	91.16	86.51	82.05	80.27	78.19	78.35	81.46	*	79.68
7	97.67	85.35	94.35	90.89	86.72	84.50	80.66	*	78.43	81.48	85.70	80.46
8	97.87	85.03	94.56	89.53	*	84.55	80.83	78.13	78.39	81.51	†	80.50
9	*	87.32	94.30	89.36	88.03	84.89	81.19	79.30	78.44	*	84.29	81.00
10	97.10	87.85	93.92	*	88.63	83.46	*	79.20	78.57	81.91	83.50	81.54
11	96.64	89.07	92.63	91.10	88.73	83.39	81.07	78.78	*	82.38	83.53	*
12	95.85	†	92.78	90.92	88.52	*	80.14	79.65	79.13	†	83.55	80.96
13	96.16	*	*	92.10	88.72	83.88	80.79	80.05	79.71	84.06	*	80.77
14	93.69	89.65	93.10	92.36	89.13	84.28	81.41	*	79.40	84.63	84.40	81.47
15	94.45	89.23	91.92	92.04	*	83.84	81.29	79.77	78.38	85.27	84.88	81.28
16	*	90.09	91.35	92.62	88.78	84.12	81.08	81.04	78.55	*	85.21	81.20
17	93.75	90.65	92.14	*	88.62	84.26	*	81.41	78.65	85.63	84.57	81.43
18	93.92	90.92	92.71	91.67	88.26	84.43	80.89	80.85	*	86.02	85.12	*
19	92.35	91.14	92.14	91.78	88.71	*	81.22	80.31	78.48	85.11	85.40	82.16
20	93.29	*	*	90.37	89.34	85.08	81.53	80.44	78.37	86.00	*	81.80
21	94.41	90.70	92.33	90.52	89.66	85.29	79.21	*	79.17	85.35	84.90	81.94
22	94.52	†	92.36	89.97	*	86.28	77.78	79.47	79.08	85.94	84.84	81.42
23	*	90.62	91.30	90.09	88.77	86.01	77.16	79.68	78.65	*	85.05	81.33
24	93.08	91.22	91.31	*	89.06	84.93	*	78.96	78.51	85.01	†	†
25	90.66	91.31	†	88.73	88.67	85.25	75.87	78.59	*	84.61	85.32	*
26	92.69	90.64	†	88.83	88.14	*	73.62	79.28	79.19	84.59	85.30	†
27	91.62	*	*	88.18	87.86	83.14	75.81	79.19	79.01	85.51	*	80.45
28	91.91	91.34	89.72	86.29	†	83.14	78.09	*	78.96	85.45	83.28	80.65
29	92.42		90.21	87.17	*	81.60	77.57	79.67	79.07	84.96	83.62	81.76
30	*		89.47	86.20	†	81.18	76.48	79.59	79.72	*	82.52	81.41
31	91.91		89.71		86.32		*	79.68		84.77		81.36
最高价	98.34	91.34	94.56	92.62	89.66	86.28	81.64	81.41	79.72	86.02	85.85	82.16
最低价	90.66	85.03	89.47	86.20	84.72	81.18	73.62	76.14	78.35	79.95	82.52	79.68
* 星期天												
† 假期												

1911—铁路股票												
日期	1月	2月	3月	4月	5月	6月	7月	8月	9月	10月	11月	12月
1	*	119.40	117.14	117.80	119.23	121.65	122.76	121.92	113.10	*	115.81	116.54
2	†	119.65	115.75	*	119.00	122.28	*	120.71	†	111.24	115.72	117.28
3	115.13	119.14	115.78	117.84	119.45	122.36	122.00	120.30	*	111.35	115.96	*
4	114.89	119.76	115.87	118.20	118.30	*	†	118.81	†	111.41	116.60	117.25
5	115.21	*	*	118.13	118.28	122.43	121.09	118.44	113.78	111.75	*	116.79
6	115.38	119.51	116.27	118.11	118.31	122.33	121.98	*	114.11	111.55	117.11	116.12
7	115.93	119.97	116.63	117.72	*	123.01	122.06	119.07	112.83	111.55	†	115.68
8	*	119.66	116.07	117.72	118.24	122.96	122.05	118.43	111.89	*	116.48	115.47
9	115.59	119.70	116.16	*	118.23	123.10	*	116.92	111.06	111.79	117.79	115.74
10	115.45	119.56	116.34	117.57	118.06	123.23	122.24	116.41	*	112.08	118.53	*
11	114.96	119.67	116.25	117.37	118.55	*	122.81	115.19	111.18	112.49	118.15	116.79
12	115.23	*	*	117.51	118.23	123.21	122.70	114.76	111.28	†	*	116.86
13	116.55	†	116.61	117.56	118.15	123.10	122.90	*	110.26	113.23	117.44	117.41
14	116.34	119.62	117.73	†	*	123.08	122.81	116.09	110.59	114.06	117.13	117.24
15	*	119.60	117.77	†	118.23	122.59	122.62	115.74	110.64	*	116.75	117.35
16	116.34	118.15	117.38	*	119.96	122.36	*	114.11	111.95	113.75	117.28	117.62
17	117.80	118.68	116.83	117.28	120.70	122.28	122.29	114.48	*	113.80	117.92	*
18	117.51	119.26	117.25	116.05	120.91	*	123.51	115.44	111.77	113.41	117.61	117.16
19	117.68	*	*	116.63	120.71	122.65	123.75	115.88	110.75	113.79	*	117.51
20	117.43	119.45	117.86	116.58	121.00	122.30	123.31	*	110.68	114.13	117.08	117.18
21	117.23	119.23	117.77	116.38	*	122.11	123.86	114.76	110.46	113.66	117.74	116.98
22	*	†	117.63	116.12	121.09	121.61	123.83	114.70	110.91	*	118.03	117.12
23	116.88	119.36	117.63	*	121.07	122.25	*	114.61	111.00	113.79	119.21	†
24	117.13	117.20	117.50	116.48	120.43	123.31	123.42	113.64	*	113.98	118.43	*
25	116.68	117.07	117.43	116.73	120.20	*	123.15	113.05	110.32	114.03	118.36	†
26	117.10	*	*	117.11	120.25	123.09	123.15	112.92	110.70	113.87	*	117.11
27	117.85	116.90	118.06	117.15	120.43	123.31	122.40	*	109.80	112.97	118.03	116.79
28	117.98	117.34	118.73	117.66	*	122.71	122.29	113.09	110.90	113.56	118.06	116.15
29	*		118.33	118.25	120.71	123.06	122.62	112.66	110.51	*	117.24	116.57
30	118.36		118.53	*	†	122.77	*	112.60	111.28	113.85	†	116.83
31	118.32		117.71		120.55		123.00	112.91		114.46		*
最高价	118.82	119.97	118.73	118.25	121.09	123.31	123.86	121.92	114.11	114.46	119.21	117.62
最低价	114.89	116.90	115.75	116.05	118.06	121.61	121.09	112.60	109.80	111.24	115.72	115.47
	* 星期天											
	† 假期											

1911—工业股票												
日期	1月	2月	3月	4月	5月	6月	7月	8月	9月	10月	11月	12月
1	*	85.33	84.53	83.40	84.14	85.79	85.93	85.47	79.17	*	77.69	80.31
2	†	85.97	82.66	*	83.69	86.17	*	84.80	†	76.75	78.07	80.68
3	82.11	85.60	82.32	83.33	83.87	86.18	85.64	84.40	*	76.52	78.19	
4	82.26	86.02	81.80	83.32	83.16	*	†	82.95	†	76.15	78.38	80.54
5	82.09	*	*	83.02	83.15	86.35	85.28	82.65	79.77	76.70	*	80.31
6	82.44	85.84	82.47	82.93	83.04	86.25	85.80	*	80.28	76.50	79.00	79.82
7	82.75	85.87	82.81	82.89	*	86.50	86.22	83.15	79.63	76.53	†	79.34
8	*	85.48	82.46	83.06	82.88	86.31	86.26	82.53	79.09	*	78.14	79.19
9	82.51	85.67	82.37	*	82.85	86.02	*	81.85	78.67	76.52	80.42	79.41
10	81.88	85.42	82.54	83.08	82.60	86.35	86.28	81.43	*	76.85	81.01	*
11	81.70	85.57	82.39	82.82	83.04	*	86.38	80.71	78.79	77.15	80.55	80.33
12	82.05	*	*	82.89	82.92	86.70	86.17	80.40	79.07	†	*	80.43
13	82.96	†	83.00	82.81	82.68	86.94	86.22	*	78.21	77.94	79.98	81.51
14	83.07	85.47	83.98	†	*	87.02	85.98	81.31	78.13	78.66	79.92	81.61
15	*	85.41	84.09	†	82.71	86.63	86.03	81.28	77.88	*	79.71	81.97
16	82.46	84.51	83.73	*	84.63	86.61	*	80.18	78.87	78.34	79.91	82.48
17	83.38	85.09	83.15	82.56	85.41	86.68	85.72	80.05	*	78.11	81.08	*
18	83.32	85.30	83.35	81.56	86.17	*	86.37	80.86	78.66	77.77	81.12	81.89
19	83.52	*	*	81.91	85.78	87.06	86.44	81.38	77.75	77.64	*	82.27
20	83.80	85.59	84.13	81.86	86.08	86.62	86.33	*	77.01	78.11	80.59	82.30
21	83.53	85.58	84.03	81.84	*	86.61	86.47	80.51	75.53	77.75	81.56	82.22
22	*	†	83.72	81.32	86.32	86.14	86.45	80.64	74.15	*	81.47	82.11
23	83.37	85.70	83.71	*	86.25	86.33	*	80.55	73.62	77.77	81.86	†
24	83.78	84.33	83.40	82.12	85.78	86.76	86.22	79.73	*	77.68	81.47	*
25	83.44	84.33	83.43	82.20	86.62	*	86.19	79.13	72.94	77.72	81.53	†
26	83.67	*	*	82.32	85.94	86.38	86.26	78.93	73.33	77.14	*	82.08
27	84.02	84.51	83.69	82.45	86.01	86.36	85.92	*	73.51	74.82	81.35	81.84
28	83.89	85.02	84.00	83.31	*	86.06	85.73	79.31	75.05	75.36	81.50	81.30
29	*		83.58	83.65	86.40	86.32	85.90	79.13	75.15	*	80.97	81.58
30	84.93		83.86	*	†	86.98	*	79.00	76.31	75.06	†	81.68
31	84.93		83.27		85.55		86.02	79.25		75.79		*
最高价	84.93	86.02	84.53	83.65	86.40	87.06	86.47	85.47	80.28	78.66	81.86	82.48
最低价	81.70	84.33	81.80	81.32	82.60	85.79	85.28	78.93	72.94	74.82	77.69	79.19

* 星期天

† 假期

1912—铁路股票												
日期	1月	2月	3月	4月	5月	6月	7月	8月	9月	10月	11月	12月
1	†	115.07	115.98	119.43	121.40	118.71	119.93	121.71	*	124.03	120.45	*
2	117.05	115.06	115.90	119.26	121.74	*	120.14	121.57	†	123.53	†	120.09
3	116.80	115.07	*	119.42	119.92	118.75	120.24	121.63	121.03	124.10	*	119.75
4	116.71	*	116.25	120.11	120.04	119.40	†	*	121.02	123.87	120.76	119.21
5	116.53	114.92	116.32	†	*	120.48	119.75	121.90	121.86	124.35	†	118.65
6	116.74	115.21	116.13	120.66	119.34	120.66	119.90	121.65	121.37	*	122.79	118.55
7	*	115.53	116.80	*	119.93	120.19	*	122.26	121.47	123.98	122.28	118.36
8	116.51	115.61	116.86	120.51	119.80	119.81	119.18	122.06	*	123.95	121.68	*
9	115.22	115.69	116.76	121.21	119.78	*	118.85	122.61	121.08	123.47	120.50	116.65
10	115.85	115.22	*	120.58	120.41	119.78	118.18	123.42	120.87	123.60	*	116.80
11	115.58	*	116.38	120.76	120.97	118.93	119.20	*	120.44	121.91	119.83	115.63
12	115.81	†	116.49	119.93	*	119.11	117.68	123.57	120.50	†	120.85	116.15
13	115.51	115.61	116.56	119.96	121.06	119.30	117.89	123.65	120.77	*	120.67	116.16
14	*	115.53	117.16	*	121.56	118.65	*	124.16	120.63	121.68	121.11	115.61
15	115.53	115.80	117.28	120.93	121.68	118.70	118.35	123.67	*	122.24	120.77	*
16	116.10	115.41	116.44	120.18	120.87	*	118.74	123.68	120.95	122.92	121.01	116.62
17	116.00	115.62	*	120.53	121.15	118.94	119.51	123.15	122.13	122.56	*	116.15
18	115.72	*	116.96	120.37	121.47	118.86	119.50	*	121.89	122.66	120.79	115.86
19	116.73	115.69	117.13	120.24	*	119.05	119.86	123.23	121.84	122.56	120.43	116.58
20	117.03	115.75	118.19	120.09	121.08	119.76	119.68	123.32	123.09	*	120.68	117.55
21	*	115.26	117.91	*	121.03	119.73	*	123.09	123.21	121.36	121.36	117.06
22	116.83	†	118.02	119.87	120.43	119.58	119.75	122.14	*	121.43	121.03	*
23	116.72	115.62	118.41	121.00	120.43	*	119.27	122.11	123.33	120.54	120.70	116.69
24	116.39	115.52	*	120.70	120.61	119.24	119.12	122.16	123.70	120.51	*	116.83
25	116.60	*	118.56	121.80	120.80	119.32	119.79	*	123.56	120.28	119.91	†
26	116.54	115.16	118.76	122.12	*	120.33	120.02	121.98	123.37	120.68	120.36	116.85
27	115.56	115.16	118.49	121.98	120.48	120.15	119.88	122.88	124.13	*	120.10	116.48
28	*	115.83	118.74	*	120.31	119.91	*	122.53	123.16	120.96	†	116.25
29	115.50	115.73	119.15	122.09	121.10	119.77	119.56	122.46	*	119.57	120.44	*
30	116.07		119.26	121.58	†	*	119.74	122.24	123.95	120.01	120.75	116.07
31	115.06		*		118.37		120.67	†		120.38		116.84
最高价	117.05	115.83	119.26	122.12	121.74	120.66	120.67	124.16	124.16	124.35	122.79	120.09
最低价	115.06	114.92	115.90	119.26	118.37	118.65	117.68	121.57	120.44	119.57	119.83	115.61
	* 星期天											
	† 假期											

1912—工业股票												
日期	1月	2月	3月	4月	5月	6月	7月	8月	9月	10月	11月	12月
1	†	80.50	82.07	89.05	90.33	88.32	91.35	90.47	*	93.90	90.51	*
2	82.36	80.51	81.96	88.82	90.40	*	91.69	90.16	†	93.50	†	90.85
3	82.02	80.40	*	88.78	88.96	88.59	91.61	89.93	90.62	94.12	*	90.36
4	82.04	*	82.60	89.52	88.77	89.29	†	*	90.76	93.70	90.29	89.00
5	81.95	80.33	82.83	†	*	90.42	89.60	90.03	91.33	93.94	†	87.88
6	82.14	80.46	82.65	90.01	87.59	90.67	90.33	89.84	91.18	*	91.94	87.80
7	*	80.62	83.38	*	87.68	90.37	*	90.12	91.45	93.93	91.67	87.84
8	82.12	80.80	83.50	90.21	87.86	90.45	89.14	90.00	*	94.12	91.31	*
9	81.28	80.67	83.44	90.70	88.41	*	89.07	90.19	91.21	93.68	90.37	86.03
10	81.88	80.15	*	90.27	88.97	90.55	88.18	90.53	91.13	93.94	*	86.02
11	81.64	*	83.13	89.90	89.58	89.85	88.06	*	90.38	92.62	89.58	85.25
12	82.00	†	83.47	89.18	*	89.94	87.97	90.72	90.53	†	90.10	86.05
13	81.76	80.64	83.96	89.12	89.53	89.95	88.06	91.33	90.52	*	89.96	86.18
14	*	80.83	85.12	*	89.83	89.40	*	91.78	90.62	92.40	90.40	85.78
15	81.48	81.06	85.15	89.71	89.58	89.53	88.29	91.30	*	92.73	90.09	*
16	81.63	80.75	84.51	89.22	89.23	*	88.71	91.40	90.67	93.70	90.16	86.22
17	81.68	80.85	*	89.31	89.35	89.79	89.18	91.19	91.55	93.52	*	86.21
18	81.59	*	85.35	89.22	90.32	89.70	89.45	*	91.65	93.61	89.97	85.66
19	81.96	81.05	85.52	89.16	*	90.07	89.77	91.23	91.66	93.46	90.05	86.78
20	82.32	81.15	86.57	89.19	90.34	90.87	89.70	91.70	92.27	*	90.30	87.85
21	*	80.78	86.92	*	90.48	90.76	*	91.62	92.79	92.31	91.43	87.72
22	81.98	†	87.60	88.72	89.97	90.65	89.75	91.11	*	92.41	91.01	*
23	81.88	81.27	88.39	89.58	89.77	*	89.38	91.34	93.08	91.60	90.52	87.22
24	81.73	81.17	*	89.37	90.25	90.06	89.45	91.40	93.43	91.58	*	87.36
25	81.84	*	88.54	90.43	90.37	89.86	90.00	*	93.38	90.91	89.87	†
26	81.80	80.98	88.62	90.93	*	91.00	89.50	91.54	93.42	91.14	90.34	87.33
27	81.27	81.04	88.48	90.81	90.01	90.67	89.45	92.06	93.61	*	90.62	87.25
28	*	81.57	88.09	*	90.15	91.09	*	91.66	94.00	91.44	†	87.14
29	81.27	81.40	88.23	90.46	89.53	90.92	88.97	91.63	*	90.35	91.26	*
30	81.27		88.27	90.30	†	*	89.18	91.57	94.15	90.41	91.40	87.26
31	80.19		*		88.01		89.71	†		90.71		87.87
最高价	82.36	81.57	88.62	90.93	90.48	91.09	91.69	92.06	94.15	94.12	91.94	90.85
最低价	80.19	80.15	81.96	88.72	87.59	88.32	87.97	89.84	90.38	90.35	89.58	85.25
	* 星期天											
	† 假期											

1913—铁路股票												
日期	1月	2月	3月	4月	5月	6月	7月	8月	9月	10月	11月	12月
1	†	115.36	110.95	112.85	108.83	*	104.40	105.29	†	107.42	104.11	102.84
2	117.61	*	*	112.57	108.52	105.55	104.09	105.29	106.43	107.83	*	103.05
3	117.08	115.13	111.83	113.16	108.37	104.96	104.10	*	105.73	107.33	103.59	104.10
4	117.54	114.93	111.18	113.65	*	103.96	†	106.02	105.60	107.23	†	104.19
5	*	114.51	111.59	113.22	109.40	103.56	†	106.51	106.15	*	103.83	104.11
6	116.76	114.46	111.21	*	108.42	104.43	*	106.19	106.25	106.66	103.12	104.15
7	117.40	114.63	110.59	112.43	108.78	103.97	103.58	106.72	*	106.78	103.35	*
8	117.66	114.75	109.83	113.08	108.65	*	103.42	106.70	105.87	105.96	102.78	104.56
9	118.10	*	*	112.58	108.58	102.98	103.11	106.30	106.13	106.01	*	103.63
10	117.90	113.75	109.04	112.23	108.26	101.18	103.31	*	107.16	105.50	101.87	103.70
11	117.66	113.08	109.70	111.53	*	100.50	103.16	107.10	107.01	104.80	102.29	103.59
12	*	†	109.80	111.87	108.01	103.18	103.52	107.71	108.27	*	103.11	102.71
13	116.25	112.08	110.25	*	108.43	103.30	*	107.76	109.17	†	103.01	102.90
14	115.01	112.30	110.03	111.63	107.93	104.75	103.41	107.28	*	104.19	103.38	*
15	114.57	111.98	109.88	111.29	107.70	*	103.96	106.28	108.57	103.99	103.26	102.11
16	114.89	*	*	111.58	108.13	103.85	104.86	106.60	109.00	102.90	*	102.20
17	114.60	110.95	109.35	111.78	107.90	104.25	104.61	*	108.34	102.95	103.10	102.25
18	114.77	110.30	108.94	111.36	*	105.05	105.25	107.03	108.93	103.62	103.27	102.15
19	*	111.15	109.13	111.26	108.04	104.65	104.98	106.73	108.62	*	103.08	103.56
20	114.20	110.92	109.01	*	108.41	104.15	*	107.03	108.65	103.46	102.80	104.21
21	115.21	110.56	†	111.91	108.36	102.84	105.83	106.59	*	105.42	102.87	*
22	115.93	†	†	111.66	108.90	*	105.98	106.74	108.78	104.58	102.84	104.45
23	115.43	*	*	111.46	108.88	103.40	105.66	106.91	108.63	104.08	*	103.80
24	114.61	110.11	109.65	110.41	109.51	104.48	106.21	*	108.10	104.71	102.93	104.41
25	114.90	109.45	110.65	109.81	*	104.35	106.45	106.90	107.72	104.62	103.77	†
26	*	110.65	110.79	109.14	109.03	104.13	106.61	106.85	108.05	*	103.32	104.23
27	114.71	111.35	110.26	*	108.71	103.65	*	106.50	108.02	105.26	†	103.94
28	115.27	110.94	111.09	109.14	107.83	104.38	106.99	107.40	*	104.63	103.18	*
29	115.34		111.81	108.14	107.41	*	106.86	107.14	107.46	104.90	103.03	103.48
30	115.56		*	107.75	†	103.61	106.11	†	107.01	104.43	*	103.41
31	115.49		111.69		†		105.77	*		104.05		103.72
最高价	118.10	115.36	111.83	113.65	109.51	105.55	106.99	107.76	109.17	107.83	104.11	104.56
最低价	114.20	109.45	108.94	107.75	107.41	100.50	103.11	105.29	105.60	102.90	101.87	102.11
	*星期天											
	†假期											

1913—工业股票												
日期	1月	2月	3月	4月	5月	6月	7月	8月	9月	10月	11月	12月
1	†	83.64	80.62	81.92	79.62	*	75.43	78.21	†	80.79	78.42	75.77
2	88.42	*	*	81.76	79.34	77.27	75.84	78.26	80.94	81.43	*	76.23
3	87.45	83.26	81.33	82.16	79.31	76.68	75.83	*	80.30	80.79	77.76	76.83
4	87.76	83.38	80.71	83.19	*	75.67	†	78.75	80.27	80.59	†	77.01
5	*	83.05	81.69	82.68	79.95	75.07	†	79.52	81.13	*	78.11	76.89
6	87.20	82.94	81.33	*	79.21	75.21	*	79.16	81.40	79.82	77.33	76.37
7	88.02	83.46	80.60	82.35	79.52	74.98	75.67	79.51	*	79.89	77.04	*
8	88.01	83.54	79.68	82.92	79.40	*	75.52	79.32	81.39	79.17	76.71	76.87
9	88.57	*	*	82.59	79.23	73.90	75.23	79.16	81.50	79.27	*	75.97
10	88.25	82.93	79.27	82.64	78.97	72.34	75.51	*	82.12	79.07	75.94	76.17
11	87.68	82.17	79.95	82.14	*	72.11	75.40	79.73	82.17	78.29	76.36	76.26
12	*	†	79.46	82.16	78.58	74.28	75.62	80.68	82.95	*	76.96	75.59
13	85.96	81.34	79.93	*	79.04	74.58	*	80.93	83.43	†	76.86	75.89
14	84.96	81.79	79.81	82.11	78.72	75.52	75.23	80.46	*	77.64	77.25	*
15	85.47	81.42	79.73	81.09	78.51	*	75.41	79.50	82.81	77.85	77.21	75.27
16	85.75	*	*	81.08	78.83	74.58	76.51	79.85	83.04	77.09	*	75.69
17	85.61	80.57	79.26	81.28	78.71	74.91	76.18	*	82.38	77.37	77.07	75.78
18	85.75	79.82	78.68	81.05	*	75.85	77.10	79.85	82.53	78.00	77.25	75.78
19	*	80.44	78.27	81.00	78.73	75.41	76.94	79.96	82.58	*	76.94	76.71
20	81.55	80.20	78.25	*	79.06	74.91	*	80.37	82.57	78.06	76.48	77.61
21	82.57	79.93	†	81.73	79.01	74.03	78.16	80.14	*	79.60	76.18	*
22	83.34	†	†	81.46	79.50	*	78.09	80.07	83.01	79.02	76.14	78.06
23	82.94	*	*	81.25	79.50	74.33	77.84	80.09	82.72	78.40	*	78.11
24	82.22	79.26	78.91	80.76	79.88	75.21	78.65	*	82.13	78.61	76.11	78.34
25	82.37	78.72	80.20	79.72	*	75.38	78.36	80.30	82.19	78.58	76.86	†
26	*	80.05	80.31	79.41	79.72	74.93	78.47	80.29	81.96	*	76.68	78.85
27	82.53	80.56	79.78	*	79.22	74.70	*	80.15	81.95	79.38	†	78.70
28	83.13	80.32	80.51	79.32	78.48	75.28	79.06	81.33	*	78.94	76.21	*
29	82.92		81.11	78.39	78.38	*	78.93	81.81	81.23	79.13	75.94	78.48
30	83.80		*	78.54	†	74.89	78.59	†	80.37	78.60	*	78.26
31	83.72		80.92		†		78.48	*		78.30		78.78
最高价	88.57	83.64	81.69	83.19	79.95	77.27	79.06	81.81	83.43	81.43	78.42	78.85
最低价	81.55	78.72	78.25	78.39	78.38	72.11	75.23	78.21	80.27	77.09	75.94	75.27

* 星期天

† 假期

1914—铁路股票												
日期	1月	2月	3月	4月	5月	6月	7月	8月	9月	10月	11月	12月
1	†	*	*	104.97	102.45	102.53	102.05					
2	103.72	108.59	104.73	104.98	102.08	101.80	102.24					
3	103.51	109.07	104.80	104.43	*	102.12	102.68					
4	*	108.70	105.51	104.39	102.66	102.37	†					
5	104.08	103.39	105.13	*	102.43	102.35	*					
6	104.23	107.70	103.70	104.51	102.31	102.91	102.70					
7	104.25	107.48	103.26	104.65	102.03	*	103.05					
8	104.15	*	*	104.16	101.36	103.01	102.76					
9	104.11	106.84	103.40	103.78	101.50	103.38	102.75					
10	104.35	106.88	103.95	†	*	103.30	101.85					
11	*	106.93	103.58	103.40	102.01	103.02	101.80					
12	104.48	†	103.17	*	102.18	103.28	*					90.21
13	104.60	107.26	103.65	103.13	101.96	103.30	101.06					*
14	105.92	107.18	103.79	102.82	102.90	*	101.34					92.29
15	106.65	*	*	102.48	103.06	103.14	100.70					90.95
16	106.52	106.36	103.82	102.41	102.91	102.86	100.63					90.89
17	106.55	106.03	104.25	101.69	*	102.60	100.01			因为战争暂停交易		90.88
18	*	106.65	103.94	101.73	103.41	102.78	100.49					90.78
19	107.25	106.69	104.13	*	103.49	102.94	*					91.01
20	107.25	106.76	104.96	100.63	103.37	103.06	98.30					*
21	108.13	106.38	104.87	101.45	102.68	*	98.77					90.13
22	108.75	*	*	101.26	102.68	103.54	98.49					89.73
23	109.31	†	105.76	100.53	103.24	102.91	97.95					87.91
24	108.77	106.10	105.60	99.48	*	101.73	97.05					87.40
25	*	105.04	104.91	99.24	103.08	100.63	97.16					†
26	108.87	105.17	104.75	*	103.01	101.31	*					87.75
27	108.80	105.67	104.00	99.65	103.64	101.39	96.58					*
28	108.33	105.48	103.85	100.96	103.48	*	93.14					88.80
29	107.75		*	100.38	103.11	101.28	94.12					88.50
30	109.29		104.02	101.23	†	102.41	89.41					88.19
31	109.43		104.75		*		†					88.53
最高价	109.43	109.07	105.76	104.98	103.64	103.54	103.05					92.29
最低价	103.51	105.04	103.17	99.24	101.36	100.63	89.41					87.40
	* 星期天											
	† 假期											

1914—工业股票

日期	1月	2月	3月	4月	5月	6月	7月	8月	9月	10月	11月	12月
1	†	*	*	82.46	80.11	80.98	80.33					
2	78.59	82.55	81.66	82.47	79.83	80.50	80.64					
3	78.43	83.19	81.72	82.11	*	80.82	81.27					
4	*	82.90	82.19	82.07	79.89	81.17	†					
5	79.00	82.85	81.75	*	79.89	81.19	*					
6	79.26	82.34	81.12	82.18	79.78	81.48	81.40					
7	79.17	82.51	81.28	82.18	79.85	*	81.60					
8	78.81	*	*	81.92	79.16	81.64	81.79					
9	79.06	82.44	81.36	81.56	79.56	81.81	81.61					
10	79.15	82.36	81.94	†	*	81.84	81.30					
11	*	82.50	81.57	81.30	80.03	81.61	81.25					
12	79.29	†	81.20	*	80.10	81.76	*					54.72
13	79.62	82.84	81.64	81.05	80.05	81.57	80.86					*
14	80.64	83.09	81.94	80.55	81.05	*	81.11					56.76
15	80.95	*	*	80.00	81.11	81.46	80.34					55.60
16	80.81	82.60	81.68	79.90	80.82	81.28	80.43					55.35
17	80.77	82.48	82.32	79.72	*	81.03	80.41		因为战争交易暂停			55.36
18	*	82.69	82.32	79.86	81.36	81.25	80.57					55.09
19	81.21	82.65	82.54	*	81.66	81.33	*					55.20
20	81.01	82.78	83.43	78.88	81.46	81.52	80.41					*
21	81.92	82.52	83.02	79.35	80.89	*	80.76					54.46
22	82.66	*	*	79.52	80.85	81.58	80.83					54.42
23	82.70	†	83.19	78.73	81.40	81.19	80.52					53.46
24	82.18	82.34	83.10	77.52	*	80.23	79.71					53.17
25	*	81.31	82.57	76.97	81.23	79.30	79.67					†
26	82.88	81.47	82.31	*	81.25	80.06	*					53.34
27	82.68	82.00	81.83	77.82	81.56	80.11	79.07					*
28	82.12	82.26	81.65	78.79	81.55	*	76.28					54.55
29	81.72		*	78.61	81.57	80.00	76.72					54.58
30	82.80		81.64	79.12	†	80.66	71.42					54.55
31	82.85		82.39		*		†					54.58
最高价	82.88	83.19	83.43	82.47	81.66	81.84	81.79					56.76
最低价	78.43	81.31	81.12	76.97	79.16	79.30	71.42					53.17

* 星期天

† 假期

1915—铁路股票												
日期	1月	2月	3月	4月	5月	6月	7月	8月	9月	10月	11月	12月
1	†	91.91	87.94	92.84	96.94	91.68	92.55	*	93.91	97.68	107.89	105.87
2	88.46	91.52	88.18	†	*	92.46	92.03	92.61	93.49	97.55	†	105.22
3	*	91.21	88.98	93.39	95.97	93.85	91.88	92.88	94.10	*	107.90	105.79
4	89.63	90.89	88.80	*	96.16	93.87	*	92.91	94.95	97.85	108.28	106.09
5	89.95	90.09	89.98	93.91	94.80	93.49	†	93.13	*	97.70	107.05	*
6	89.43	90.11	89.71	94.05	95.33	*	91.81	93.66	†	98.87	106.56	107.20
7	89.94	*	*	93.93	93.53	93.06	90.51	93.42	95.01	99.54	*	106.56
8	89.85	90.38	90.47	93.64	93.09	92.87	89.48	*	94.89	101.80	105.91	106.40
9	89.95	89.81	90.02	95.78	*	92.54	88.66	93.53	95.33	103.20	105.26	105.91
10	*	90.22	89.97	96.44	91.75	93.38	89.51	95.70	95.00	*	106.79	105.21
11	90.83	90.92	90.18	*	93.60	94.10	*	95.69	94.61	103.53	106.53	105.58
12	90.78	†	89.61	95.67	93.26	94.17	90.64	94.93	*	†	106.82	*
13	90.58	90.28	89.71	95.89	92.55	*	90.50	94.00	95.01	102.55	106.80	104.97
14	90.91	*	*	96.16	90.75	93.95	90.43	94.07	94.87	101.40	*	105.90
15	91.22	89.91	89.95	96.26	92.06	93.26	90.86	*	94.82	101.06	106.55	105.71
16	91.28	89.65	89.59	96.47	*	93.69	90.48	94.20	94.60	101.33	107.20	104.88
17	*	89.14	89.56	97.10	92.79	93.36	90.26	94.24	94.82	*	106.91	105.13
18	92.00	89.26	89.45	*	92.16	93.07	*	94.10	95.73	102.48	107.57	105.30
19	92.91	88.96	89.83	97.72	92.16	93.11	90.68	93.48	*	102.15	107.06	*
20	93.18	88.88	89.90	98.75	92.47	*	90.93	93.00	95.95	101.79	106.81	105.50
21	94.05	*	*	98.45	92.75	93.40	90.87	91.95	95.68	101.54	*	105.45
22	93.51	†	90.09	97.91	93.13	94.01	90.29	*	95.94	102.29	106.55	105.38
23	93.46	87.90	91.30	97.58	*	93.80	90.16	92.28	96.27	102.51	106.76	106.54
24	*	87.85	92.01	98.09	92.98	93.08	90.16	92.76	97.91	*	107.15	106.43
25	93.23	87.91	92.56	*	92.56	93.26	*	93.62	98.94	103.06	†	†
26	93.70	88.08	92.88	97.69	92.31	93.77	90.00	93.63	*	103.45	106.80	*
27	92.21	88.21	92.95	97.33	92.50	*	92.50	93.78	98.96	103.35	106.75	107.35
28	92.52	*	*	97.73	92.14	93.47	92.25	93.93	98.31	105.00	*	106.63
29	90.80		93.37	97.96	92.06	92.55	92.17	*	98.15	106.26	106.40	106.53
30	91.60		92.98	97.35	*	92.96	92.05	94.03	97.93	107.04	106.36	106.88
31	*		92.82		†		92.02	94.08		*		108.05
最高价	94.05	91.91	93.37	98.75	96.94	94.17	92.55	95.70	98.96	107.04	108.28	108.05
最低价	88.46	87.85	87.94	92.84	90.75	91.68	88.66	91.95	93.49	97.55	105.26	104.88
	* 星期天											
	† 假期											

1915—工业股票												
日期	1月	2月	3月	4月	5月	6月	7月	8月	9月	10月	11月	12月
1	†	55.59	55.29	61.05	71.51	64.86	69.85	*	81.79	90.88	95.16	95.90
2	54.63	57.26	55.66	†	*	65.72	69.98	76.46	81.03	91.98	†	94.78
3	*	56.90	55.88	61.49	69.54	67.75	69.56	76.71	80.70	*	94.76	95.91
4	55.44	56.83	56.00	*	69.58	67.71	*	77.33	80.90	90.98	96.06	96.78
5	55.50	56.16	56.51	62.29	67.53	68.56	†	77.21	*	89.16	94.81	*
6	55.40	56.33	56.41	62.78	68.23	*	69.87	77.21	†	88.23	94.18	97.86
7	56.08	*	*	62.55	65.13	69.21	68.85	76.71	81.02	90.20	*	97.71
8	56.55	56.31	56.98	63.15	62.77	68.92	68.65	*	81.16	90.50	92.80	98.45
9	56.54	56.85	56.88	65.02	*	67.27	67.88	77.70	81.88	90.63	91.08	97.18
10	*	57.05	56.66	65.15	62.06	69.02	68.38	77.86	80.96	*	92.18	96.13
11	57.37	57.83	56.86	*	64.64	70.55	*	77.45	80.40	92.37	93.64	96.51
12	57.44	†	56.66	64.66	64.46	71.12	70.05	78.14	*	†	94.71	*
13	57.35	57.20	56.35	65.54	63.01	*	70.26	78.38	81.40	93.63	95.33	95.96
14	57.51	*	*	66.14	60.38	70.93	70.80	78.82	81.51	92.76	*	98.30
15	57.90	57.02	56.70	67.42	61.93	71.05	71.50	*	81.91	92.56	95.05	98.18
16	57.19	56.64	56.59	69.36	*	71.30	71.78	81.28	81.71	93.34	96.33	96.57
17	*	55.70	56.67	69.60	63.41	71.16	71.85	81.78	82.54	*	96.18	97.40
18	58.12	55.53	56.57	*	62.70	70.98	*	81.86	83.27	94.61	95.48	97.57
19	58.11	55.38	56.98	67.86	63.08	71.16	70.84	80.31	*	93.38	95.27	*
20	58.42	55.20	57.40	68.64	63.68	*	71.00	79.31	84.26	94.61	95.02	97.70
21	58.51	*	*	68.43	64.88	71.83	72.05	76.76	84.83	95.35	*	97.66
22	58.21	†	58.10	68.20	65.50	71.90	73.82	*	85.88	96.46	95.45	97.98
23	58.52	54.40	59.10	68.65	*	71.28	74.10	76.88	85.55	96.11	95.87	98.25
24	*	54.22	59.26	69.64	65.46	69.78	74.18	79.07	86.48	*	97.18	98.36
25	58.06	54.61	59.25	*	64.79	70.23	*	80.65	86.81	95.88	†	†
26	58.24	55.02	59.51	68.97	64.42	70.71	74.60	81.12	*	95.81	97.28	*
27	57.07	55.18	59.60	68.90	64.95	*	74.83	81.88	89.20	94.72	97.07	99.21
28	57.25	*	*	70.22	65.01	70.74	75.53	81.95	89.73	93.34	*	99.16
29	56.54		60.13	70.95	64.67	70.08	75.79	*	89.90	95.34	97.56	97.96
30	57.16		61.30	71.78	*	70.06	75.53	81.70	90.58	96.02	96.71	98.20
31	*		60.83		†		74.34	81.20		*		99.15
最高价	58.52	57.83	61.30	71.78	71.51	71.90	75.79	81.95	90.58	96.46	97.56	99.21
最低价	54.63	54.22	55.29	61.05	60.38	64.86	67.88	76.46	80.40	88.23	91.08	94.78
* 星期天												
† 假期												

1916—铁路股票												
日期	1 月	2 月	3 月	4 月	5 月	6 月	7 月	8 月	9 月	10 月	11 月	12 月
1	†	102.05	100.65	101.61	102.46	107.06	105.78	103.89	104.01	*	110.07	108.69
2	*	102.56	100.69	*	101.66	106.63	*	103.43	104.62	109.96	110.42	109.10
3	107.76	102.88	101.14	101.96	101.24	106.87	106.62	103.28	*	110.83	110.23	*
4	107.50	101.68	100.86	102.10	100.68	*	†	103.34	†	112.28	110.28	108.65
5	107.32	101.84	*	102.73	101.40	106.91	106.91	103.31	104.75	108.88	*	108.92
6	106.75	*	101.35	102.88	102.03	107.29	107.11	*	104.83	111.00	110.96	108.77
7	107.13	102.26	101.31	102.21	*	108.23	106.60	103.21	105.41	111.30	†	108.56
8	107.36	102.16	101.41	102.10	102.69	108.43	106.62	103.59	105.70	*	110.34	108.33
9	*	102.62	101.74	*	103.08	108.80	*	105.51	105.86	109.40	110.00	107.79
10	106.54	103.00	101.72	102.13	102.58	108.53	106.08	104.75	*	110.47	109.61	*
11	106.18	103.32	101.66	101.85	102.75	*	105.41	105.16	105.69	109.26	109.11	106.91
12	106.69	†	*	101.79	103.70	109.08	105.45	104.93	105.61	†	*	105.09
13	106.48	*	102.20	100.96	103.97	108.63	104.99	*	106.21	108.89	108.17	106.73
14	106.79	102.41	103.37	101.00	*	108.51	105.10	105.28	106.68	109.14	107.76	105.70
15	106.73	102.34	103.73	101.12	104.68	108.26	105.17	105.75	107.59	*	107.23	106.22
16	*	101.45	103.44	*	104.43	107.47	*	106.25	109.16	110.24	108.15	107.53
17	106.56	101.50	103.63	101.08	104.28	107.15	105.21	105.80	*	110.03	108.25	*
18	106.22	101.86	103.70	101.28	106.15	*	105.11	105.44	108.76	110.38	108.26	107.41
19	105.90	101.73	*	100.06	106.97	105.60	105.38	105.27	108.39	110.23	*	107.31
20	105.02	*	102.94	100.17	107.35	106.31	104.96	*	107.59	110.52	109.21	106.53
21	105.55	101.59	102.98	†	*	105.85	104.73	105.63	108.13	110.34	108.42	103.53
22	105.41	†	103.03	99.11	108.76	105.71	104.89	107.14	108.43	*	108.03	105.91
23	*	101.46	103.20	*	108.38	105.30	*	106.99	108.43	111.03	107.59	106.08
24	104.07	101.03	103.08	99.78	107.18	105.45	104.43	106.68	*	110.40	108.02	*
25	103.98	101.69	102.96	100.02	106.76	*	104.15	106.00	108.53	110.02	108.02	†
26	102.74	101.36	*	99.98	106.58	104.04	103.81	106.03	109.33	109.89	*	106.17
27	102.42	*	102.81	101.95	106.26	104.53	103.40	*	110.26	110.18	107.81	106.27
28	102.37	101.00	102.71	101.78	*	104.55	103.54	105.89	109.76	109.96	107.71	105.42
29	101.83	101.13	102.20	101.73	106.89	105.52	103.73	105.13	110.03	*	107.85	105.15
30	*		101.72	*	†	105.95	*	104.44	110.05	109.95	†	†
31	100.75		101.63		106.68		103.65	105.05		109.95		*
最高价	107.76	103.32	103.73	102.88	108.76	109.08	107.11	107.14	110.26	112.28	110.96	109.10
最低价	100.75	101.00	100.65	99.11	100.68	104.04	103.40	103.21	104.01	108.88	107.23	103.53

* 星期天

† 假期

1916—工业股票												
日期	1月	2月	3月	4月	5月	6月	7月	8月	9月	10月	11月	12月
1	†	91.93	90.69	93.69	90.30	91.87	88.93	89.05	91.19	*	105.90	106.17
2	*	93.69	90.52	*	89.02	91.22	*	88.34	92.29	103.01	105.70	106.81
3	98.81	94.40	91.71	94.13	88.61	91.53	89.37	88.83	*	103.45	106.28	*
4	97.72	93.19	91.48	93.97	87.71	*	†	88.41	†	103.41	105.93	106.20
5	97.41	93.39	*	94.12	88.51	92.19	90.53	88.55	93.36	104.15	*	106.43
6	96.44	*	92.93	94.46	90.51	91.73	90.40	*	94.51	102.85	107.21	106.76
7	97.34	94.96	92.58	93.38	*	91.84	89.71	88.88	94.59	103.40	†	106.43
8	97.52	94.91	92.58	93.31	90.36	92.01	89.51	88.15	94.63	*	106.83	106.51
9	*	95.86	93.50	*	89.71	92.78	*	90.26	95.53	100.23	107.68	105.68
10	95.69	96.10	93.11	94.22	89.78	92.70	88.60	90.05	*	101.35	107.65	*
11	94.07	96.15	92.90	93.77	90.08	*	87.63	90.32	95.74	99.98	106.72	104.67
12	95.31	†	*	93.28	90.94	93.61	87.63	90.50	96.65	†	*	100.35
13	94.71	*	94.75	91.28	91.71	93.19	86.42	*	97.71	98.94	105.63	102.61
14	96.47	95.28	95.40	91.63	*	93.33	86.95	90.75	97.85	98.98	107.04	98.23
15	96.55	95.26	95.76	91.48	92.43	93.33	87.36	91.48	98.39	*	107.72	97.93
16	*	94.50	96.08	*	92.01	92.49	*	91.91	98.00	101.42	108.48	99.11
17	96.63	94.11	96.00	91.08	91.51	91.90	87.15	92.08	*	102.42	109.62	*
18	96.16	94.35	95.76	90.65	92.05	*	87.25	92.08	98.51	102.35	110.13	98.07
19	95.25	94.77	*	88.46	91.76	90.00	88.10	91.93	98.57	102.55	*	97.76
20	93.60	*	93.60	88.11	91.81	90.57	89.00	*	98.47	103.68	110.10	95.26
21	94.78	94.36	93.58	†	*	90.03	89.03	93.25	99.55	103.88	110.15	90.16
22	94.65	†	93.97	84.96	92.06	89.54	89.75	93.83	100.77	*	108.65	95.09
23	*	94.35	93.76	*	92.10	88.88	*	93.61	101.30	105.17	107.48	94.60
24	93.87	93.37	93.65	87.00	92.37	89.26	89.10	93.66	*	105.15	109.09	*
25	94.24	93.85	93.23	88.12	92.62	*	88.83	92.90	100.89	104.57	109.95	†
26	93.49	92.78	*	87.23	92.29	87.68	88.13	92.91	101.39	104.56	*	96.10
27	92.99	*	93.57	88.78	91.62	88.43	88.00	*	101.85	105.28	108.23	95.63
28	93.25	90.89	93.81	89.65	*	88.29	88.35	92.49	103.11	104.83	107.01	94.01
29	91.93	91.03	93.36	89.78	91.95	89.51	88.79	91.63	103.73	*	105.97	95.00
30	*		92.73	*	†	89.58	*	91.32	102.90	104.30	†	†
31	90.58		93.25		91.80		89.25	92.25		104.61		*
最高价	98.81	96.15	96.08	94.46	92.62	93.61	90.53	93.83	103.73	105.28	110.15	106.81
最低价	90.58	90.89	90.52	84.96	87.71	87.68	86.42	88.15	91.19	98.94	105.63	90.16
* 星期天												
† 假期												

1917—铁路股票												
日期	1月	2月	3月	4月	5月	6月	7月	8月	9月	10月	11月	12月
1	†	99.31	96.53	*	96.17	94.84	*	93.63	†	85.66	77.21	76.21
2	105.41	97.50	97.00	100.72	95.35	93.78	92.45	93.84	*	85.20	78.00	*
3	105.76	98.16	97.63	99.25	93.39	*	92.93	93.95	†	85.03	77.37	75.55
4	105.02	*	*	99.25	92.13	93.56	†	†	87.06	84.46	*	74.90
5	104.75	98.59	97.76	98.16	91.74	†	92.16	*	87.93	85.81	75.35	77.23
6	104.74	97.93	97.36	†	*	94.20	92.46	93.91	87.88	85.88	†	76.40
7	*	96.97	97.06	97.11	92.41	94.57	93.08	94.16	87.91	*	76.69	75.86
8	104.88	96.75	96.83	*	91.79	95.06	*	93.28	87.84	85.07	74.54	75.74
9	104.56	96.81	97.40	96.15	90.63	95.27	92.80	93.90	*	84.70	75.88	*
10	103.33	96.11	97.30	96.05	91.88	*	93.55	93.20	87.88	83.51	76.58	75.91
11	103.11	*	*	96.88	91.02	94.79	93.94	93.26	87.60	83.38	*	73.43
12	103.41	†	97.75	96.96	91.04	95.27	94.12	*	86.05	†	76.72	72.17
13	103.47	98.08	97.28	97.83	*	95.72	94.02	93.49	86.17	†	76.48	72.43
14	*	97.15	96.95	97.81	91.35	95.51	95.09	93.46	86.88	*	75.60	73.98
15	103.65	96.90	97.27	*	90.73	95.27	*	93.45	87.10	81.50	75.70	73.18
16	105.01	97.13	97.67	96.71	92.06	95.32	94.96	92.96	*	83.07	75.01	*
17	104.36	97.61	97.85	96.97	92.89	*	95.05	92.06	85.95	82.51	75.34	72.93
18	105.10	*	*	97.03	92.76	94.66	94.05	92.08	85.58	83.66	*	72.96
19	104.84	98.03	99.55	96.91	92.95	94.68	93.72	*	87.01	83.82	77.05	70.75
20	104.76	98.68	100.18	97.10	*	94.49	93.75	91.41	86.71	84.34	77.58	71.50
21	*	99.05	99.48	96.88	93.21	94.90	94.08	90.96	87.04	*	78.32	72.03
22	104.55	†	99.48	*	94.18	95.26	*	90.20	87.41	83.57	78.26	71.84
23	104.02	98.60	101.98	96.58	94.11	95.46	93.66	90.31	*	83.17	78.46	*
24	104.87	98.52	102.30	96.27	94.30	*	93.40	91.35	88.03	82.65	78.16	72.80
25	104.47	*	*	97.40	93.88	96.28	93.43	91.38	89.08	81.73	*	†
26	104.40	98.70	100.54	97.90	94.01	96.53	93.36	*	88.23	81.96	78.13	71.61
27	104.16	98.08	100.36	97.61	*	96.01	93.49	91.13	88.12	82.61	77.13	78.02
28	*	97.37	101.27	96.75	95.15	95.60	93.65	90.26	86.30	*	76.42	79.86
29	103.68		100.73	*	95.20	95.09	*	90.53	86.55	81.08	†	79.63
30	103.66		100.96	96.80	†	94.20	93.48	89.87	*	80.50	75.80	*
31	102.71		100.33		95.20		93.57	89.45		79.61		79.73
最高价	105.76	99.31	102.30	100.72	96.17	96.53	95.09	94.16	89.08	85.88	78.46	79.86
最低价	102.71	96.11	96.53	96.05	90.63	93.56	92.16	89.45	85.58	79.61	74.54	70.75
	* 星期天											
	† 假期											

1917—工业股票												
日期	1月	2月	3月	4月	5月	6月	7月	8月	9月	10月	11月	12月
1	†	88.52	91.10	*	93.42	97.89	*	92.26	†	83.58	71.41	72.86
2	96.15	87.01	92.82	97.06	92.48	97.59	95.23	92.87	*	83.49	72.52	*
3	99.18	89.97	93.63	96.34	90.98	*	95.31	92.96	†	82.45	72.32	72.55
4	97.15	*	*	95.83	90.45	97.00	†	†	81.20	80.62	*	70.72
5	96.16	92.03	95.04	94.61	90.20	†	93.57	*	83.66	81.75	69.93	71.68
6	96.75	92.81	95.30	†	*	98.43	93.90	93.85	83.42	81.35	†	71.01
7	*	92.19	95.30	93.10	91.20	98.16	94.28	93.30	83.49	*	71.54	70.29
8	96.40	90.94	95.28	*	90.22	98.58	*	91.47	83.18	80.48	68.58	70.31
9	97.64	90.20	96.46	92.41	89.08	99.08	93.64	92.23	*	79.26	69.36	*
10	95.70	91.56	96.78	91.20	90.41	*	93.10	91.90	83.88	77.32	70.30	70.49
11	96.02	*	*	92.82	89.77	97.86	94.14	91.81	83.51	77.83	*	68.78
12	95.75	†	95.03	93.10	89.62	97.52	93.64	*	82.19	†	70.65	67.30
13	95.13	92.37	95.05	93.18	*	98.31	92.33	92.65	83.14	†	70.35	66.96
14	*	91.86	95.16	93.76	90.78	97.95	92.57	91.69	83.44	*	69.15	68.65
15	95.59	91.65	95.63	*	90.19	97.22	*	92.10	83.04	75.13	69.10	67.53
16	97.55	91.81	95.65	92.21	92.26	96.95	91.38	91.44	*	77.08	69.75	*
17	96.60	92.70	96.22	91.87	92.75	*	91.95	91.61	81.55	76.11	70.41	67.08
18	97.50	*	*	91.63	91.96	94.89	91.05	91.42	81.63	77.85	*	67.31
19	97.35	93.66	96.97	91.83	92.37	95.36	90.48	*	84.01	78.21	71.51	65.95
20	97.97	94.91	98.20	90.84	*	94.78	91.59	91.27	84.82	79.80	72.80	67.13
21	*	93.97	97.61	90.98	93.47	95.77	92.61	90.75	85.23	*	73.57	68.25
22	96.60	†	96.78	*	94.09	96.63	*	89.16	84.53	79.06	72.95	68.23
23	96.26	92.56	97.27	90.96	94.26	97.60	91.61	88.15	*	78.50	74.23	*
24	96.66	92.22	97.73	90.66	95.20	*	91.26	88.91	85.70	78.30	73.51	69.29
25	97.41	*	*	92.98	96.76	97.57	91.24	89.06	86.02	77.68	*	†
26	97.36	93.35	96.32	93.06	97.58	96.81	91.42	*	84.61	77.35	74.03	68.33
27	96.71	92.68	96.46	93.10	*	95.98	91.75	88.40	84.60	78.91	73.80	70.49
28	*	91.56	97.01	92.65	97.20	95.41	92.11	86.12	83.46	*	73.25	72.13
29	95.78		96.75	*	97.41	95.38	*	85.95	83.81	76.28	†	72.45
30	95.83		96.72	93.23	†	95.87	92.13	84.51	*	75.53	72.65	*
31	95.43		95.41		97.38		91.75	83.40		74.50		74.38
最高价	99.18	94.91	98.20	97.06	97.58	99.08	95.31	93.85	86.02	83.58	74.23	74.38
最低价	95.13	87.01	91.10	90.66	89.08	94.78	90.48	83.40	81.20	74.50	68.58	65.95
* 星期天												
† 假期												

1918—铁路股票												
日期	1月	2月	3月	4月	5月	6月	7月	8月	9月	10月	11月	12月
1	†	80.92	81.00	80.20	79.24	82.65	82.67	82.46	*	85.17	88.63	*
2	79.46	81.03	80.40	79.53	79.75	*	82.57	82.51	†	85.25	88.53	87.75
3	80.02	*	*	79.67	79.48	82.26	82.75	82.56	83.48	85.11	*	87.86
4	80.28	†	80.13	79.81	79.30	83.43	†	*	83.61	84.87	89.71	87.63
5	79.19	80.59	80.20	79.51	*	83.08	83.16	82.69	83.63	84.95	†	87.77
6	*	79.98	80.60	80.08	80.11	82.93	83.10	82.56	85.55	*	90.57	87.60
7	79.12	79.33	80.61	*	80.63	82.46	*	82.76	85.67	85.39	92.73	87.66
8	79.33	79.34	82.40	79.53	81.81	82.68	82.83	82.84	*	85.04	92.45	*
9	79.76	79.38	81.71	79.21	82.45	*	83.31	83.08	85.11	85.16	92.91	87.72
10	79.53	*	*	78.90	82.36	82.53	83.31	83.33	84.50	85.33	*	88.25
11	78.96	†	82.56	78.00	82.31	82.48	82.76	*	83.68	86.17	†	87.90
12	78.53	†	81.91	78.45	*	82.95	82.75	84.12	†	†	92.14	87.07
13	*	79.06	81.76	78.26	82.75	83.23	82.81	85.00	83.32	*	91.25	86.50
14	77.50	79.87	82.70	*	84.08	83.27	*	84.57	83.70	87.87	90.77	86.45
15	77.21	80.86	82.06	79.15	84.39	83.38	82.19	84.43	*	87.20	90.88	*
16	77.70	80.70	82.23	78.98	84.32	*	82.46	84.65	83.59	87.28	90.39	86.54
17	77.90	*	*	78.60	84.20	83.25	82.30	84.32	83.81	88.18	*	86.58
18	77.91	81.41	81.24	79.28	83.81	83.31	82.99	*	84.13	89.45	89.91	85.88
19	78.14	81.31	81.21	79.38	*	83.26	82.81	84.48	83.76	89.68	89.56	84.79
20	*	80.98	81.25	79.52	83.59	83.50	82.97	84.83	84.20	*	89.45	84.25
21	78.14	80.50	81.55	*	84.00	83.24	*	84.81	84.21	90.34	89.28	84.30
22	77.90	†	80.70	79.55	83.09	83.31	82.80	84.55	*	91.80	88.45	*
23	77.63	80.90	78.73	79.45	82.51	*	82.36	85.45	84.36	90.26	87.51	83.75
24	77.71	*	*	79.26	82.40	83.42	82.58	86.38	84.42	89.58	*	83.63
25	78.68	80.23	79.16	78.99	83.20	83.36	82.80	*	84.21	88.78	85.10	†
26	79.11	80.95	79.42	79.05	*	83.69	82.82	86.05	84.13	89.55	86.06	83.05
27	*	81.13	79.82	78.84	82.27	83.37	82.86	86.09	84.55	*	85.56	83.10
28	†	81.13	79.72	*	82.97	83.20	*	85.93	84.43	89.21	†	83.76
29	79.63		†	78.84	83.50	83.11	83.13	85.90	*	88.85	87.16	*
30	79.36		79.98	78.68	†	*	82.90	85.88	85.50	87.46	87.08	83.10
31	81.03		*		82.88		82.86	86.36		88.11		84.32
最高价	81.03	81.41	82.70	80.20	84.39	83.69	83.31	86.38	85.67	91.80	92.91	88.25
最低价	77.21	79.06	78.73	78.00	79.24	82.26	82.19	82.46	83.32	84.87	85.10	83.05

* 星期天

† 假期

1918—工业股票												
日期	1月	2月	3月	4月	5月	6月	7月	8月	9月	10月	11月	12月
1	†	79.28	79.93	77.16	78.16	77.93	81.81	80.71	*	83.95	85.53	*
2	76.68	79.77	78.98	76.69	78.90	*	81.98	80.76	†	84.45	85.23	81.13
3	76.18	*	*	77.01	78.64	78.55	82.49	80.90	83.84	84.95	*	82.46
4	75.56	†	79.01	77.42	78.59	79.60	†	*	83.61	85.31	85.74	82.45
5	73.75	79.28	79.50	77.03	*	79.54	82.96	81.57	83.63	84.87	†	82.89
6	*	78.93	79.20	77.95	79.36	78.95	83.20	81.13	82.56	*	86.62	82.45
7	74.86	77.78	79.53	*	80.51	78.53	*	80.97	82.91	84.35	87.61	82.71
8	74.63	78.44	79.50	77.69	80.32	79.16	82.60	81.13	*	84.30	87.66	*
9	75.61	78.98	79.71	77.40	81.30	*	82.76	81.65	81.80	83.36	88.06	83.41
10	76.33	*	*	76.85	81.29	78.93	82.09	82.04	81.33	84.15	*	84.50
11	75.00	†	79.78	75.58	81.82	79.10	81.09	*	80.46	84.83	†	84.27
12	74.48	†	78.67	76.25	*	79.76	81.23	81.58	†	†	86.56	83.53
13	*	78.73	78.68	76.01	82.16	80.53	81.15	81.68	80.29	*	86.12	82.65
14	73.48	78.71	79.13	*	82.21	80.61	*	81.70	81.49	86.35	85.53	82.96
15	73.38	79.96	79.06	77.51	84.04	81.21	80.58	81.58	*	86.21	86.15	*
16	74.60	80.08	78.98	77.21	84.03	*	81.71	81.77	81.48	86.63	85.35	83.23
17	74.48	*	*	76.89	83.50	80.61	81.45	81.51	81.80	88.27	*	83.41
18	74.55	81.53	77.93	78.11	83.35	80.98	82.92	*	81.92	89.07	85.01	83.01
19	74.89	82.08	78.13	78.60	*	80.93	82.31	81.63	81.64	88.88	84.68	82.40
20	*	81.28	78.14	79.73	82.47	81.83	82.29	81.92	81.96	*	84.33	81.72
21	76.11	80.53	78.71	*	82.87	81.65	*	81.91	82.33	88.15	83.84	81.89
22	75.75	†	77.71	79.42	82.22	81.95	81.22	81.61	*	87.79	82.60	*
23	75.43	79.88	76.24	78.30	82.21	*	80.51	82.15	82.44	87.10	81.83	81.51
24	75.92	*	*	78.01	81.58	82.50	80.93	82.83	82.80	87.10	*	80.59
25	76.50	79.17	76.45	77.88	81.16	82.40	81.28	*	82.64	86.52	79.87	†
26	76.44	80.65	76.49	78.23	*	83.02	81.51	82.93	82.84	87.70	81.43	80.44
27	*	80.50	76.72	77.86	78.65	82.78	81.49	83.01	84.03	*	80.16	81.17
28	†	80.39	76.41	*	78.42	82.58	*	83.18	83.85	87.28	†	81.55
29	77.13		†	77.79	78.44	82.68	81.10	82.73	*	86.39	80.93	*
30	76.98		76.72	77.51	†	*	80.79	82.46	84.68	84.08	81.13	80.78
31	79.80		*		78.08		81.23	82.84		85.51		82.20
最高价	79.80	82.08	79.93	79.73	84.04	83.02	83.20	83.18	84.68	89.07	88.06	84.50
最低价	73.38	77.78	76.24	75.58	78.08	77.93	80.51	80.71	80.29	83.36	79.87	80.44
	* 星期天											
	† 假期											

1919—铁路股票

日期	1月	2月	3月	4月	5月	6月	7月	8月	9月	10月	11月	12月
1	†	81.76	84.71	83.73	85.63	*	86.28	86.63	†	81.97	80.01	74.93
2	84.31	*	*	83.80	85.98	90.78	86.56	†	81.30	81.51	*	75.27
3	84.84	81.68	84.88	83.71	86.15	89.41	86.89	*	81.48	80.95	79.90	75.65
4	84.48	82.54	83.65	84.79	*	89.63	†	83.22	81.35	82.06	†	75.97
5	*	82.70	82.78	84.62	87.28	90.53	†	81.93	80.60	*	80.23	76.61
6	83.93	82.18	83.33	*	†	90.05	*	82.41	80.36	82.48	80.66	76.99
7	84.08	81.85	84.13	84.78	87.48	90.19	87.66	80.66	*	82.23	81.18	*
8	84.43	81.61	84.66	84.50	87.48	*	87.76	79.96	80.27	82.04	80.90	76.85
9	84.33	*	*	84.55	87.01	89.91	88.59	81.31	80.43	81.70	*	76.44
10	84.01	81.65	84.96	84.25	86.78	88.68	87.87	*	†	82.31	79.98	76.02
11	84.06	81.89	85.81	83.76	*	88.35	88.10	81.28	80.15	82.38	79.80	74.29
12	*	†	85.47	83.66	86.75	88.23	88.22	81.46	79.89	*	78.57	73.63
13	83.90	81.80	85.26	*	87.27	86.92	*	81.01	80.63	†	79.32	74.21
14	83.97	82.08	85.00	83.88	88.53	86.76	88.13	80.16	*	81.61	81.65	*
15	83.85	82.31	84.73	83.79	88.43	*	88.71	80.33	81.08	81.50	81.58	73.96
16	83.31	*	*	83.62	89.72	85.85	90.24	†	80.63	81.28	*	74.75
17	82.99	82.80	84.73	83.36	90.50	87.08	89.48	*	80.32	81.36	81.86	74.88
18	82.62	83.00	84.61	†	*	87.33	89.40	78.89	79.53	81.15	80.34	74.53
19	*	83.16	84.61	83.50	90.10	87.08	†	79.11	79.43	*	79.36	75.56
20	81.69	83.19	84.03	*	90.35	87.79	*	78.60	78.98	81.14	79.65	75.86
21	80.86	83.64	84.26	83.53	89.53	87.90	88.33	78.60	*	80.85	79.40	*
22	81.40	†	84.21	84.51	89.41	*	88.73	79.63	79.40	80.88	79.39	75.35
23	82.08	*	*	84.46	89.87	87.65	88.58	80.05	79.53	81.09	*	74.86
24	82.68	84.18	83.93	84.24	90.33	87.95	88.12	*	79.60	82.15	79.40	74.93
25	82.70	83.69	†	84.58	*	87.29	88.25	81.29	79.25	80.99	78.87	†
26	*	84.36	83.00	85.81	91.13	86.83	88.40	81.16	79.69	*	77.97	75.48
27	82.51	84.60	83.10	*	91.13	86.78	*	79.78	80.11	81.07	†	74.98
28	82.66	84.22	83.53	85.57	90.82	86.76	88.20	80.33	*	80.60	75.33	*
29	82.11		83.41	85.38	91.08	*	87.85	81.21	80.22	80.63	75.86	74.23
30	82.13		*	85.03	†	86.56	87.26	†	80.62	80.25	*	73.85
31	81.97		83.59		†		86.50	*		80.28		75.30
最高价	84.84	84.60	85.81	85.81	91.13	90.78	90.24	86.63	81.48	82.48	81.86	76.99
最低价	80.86	81.61	82.78	83.36	85.63	85.85	86.28	78.60	78.98	80.25	75.33	73.63

* 星期天

† 假期

1919—工业股票												
日期	1月	2月	3月	4月	5月	6月	7月	8月	9月	10月	11月	12月
1	†	80.55	84.04	88.84	93.26	*	108.13	107.99	†	111.12	118.63	104.03
2	82.60	*	*	89.30	94.30	106.92	108.56	†	106.26	111.19	*	104.41
3	83.35	80.91	85.58	88.91	94.78	103.83	109.90	*	108.55	108.90	119.62	105.75
4	83.05	81.08	85.10	89.59	*	105.66	†	102.82	108.27	110.26	†	107.97
5	*	80.70	84.24	89.65	94.92	107.55	†	102.40	106.96	*	118.48	107.42
6	82.45	79.68	85.64	*	†	107.46	*	105.78	106.33	112.04	117.78	107.39
7	82.44	79.35	86.23	90.18	96.16	107.55	109.41	100.80	*	112.55	117.18	*
8	82.60	79.15	87.27	90.59	97.65	*	109.97	101.88	106.51	113.55	115.54	107.88
9	82.76	*	*	91.01	98.61	107.35	110.46	104.33	108.30	113.40	*	106.85
10	82.30	79.65	87.43	90.11	98.19	105.43	110.00	*	†	114.42	112.93	107.01
11	81.66	80.25	88.10	90.11	*	105.16	109.92	103.94	107.68	114.39	110.75	105.01
12	*	†	88.30	89.61	98.53	105.05	110.71	105.10	107.10	*	107.15	103.73
13	81.79	81.07	88.18	*	99.23	102.85	*	104.28	108.30	†	110.69	105.61
14	82.00	81.20	87.87	90.48	100.37	102.78	112.23	102.86	*	112.41	110.49	*
15	82.40	81.96	87.68	91.47	99.45	*	111.66	102.25	108.39	112.88	109.81	105.06
16	82.20	*	*	91.07	99.92	99.56	111.47	†	108.81	112.51	*	106.61
17	81.35	82.55	88.41	90.88	100.10	103.28	110.65	*	107.55	112.98	109.09	107.26
18	80.93	81.92	87.87	†	*	105.08	110.69	99.70	106.78	113.20	107.45	103.78
19	*	82.58	88.26	91.67	99.16	104.49	†	100.58	105.84	*	106.15	104.63
20	80.14	82.93	87.81	*	99.88	106.13	*	98.46	104.99	115.43	108.19	104.55
21	79.88	84.21	89.05	92.21	99.65	106.45	107.24	99.47	*	115.62	107.73	*
22	80.00	†	88.66	92.24	99.88	*	109.34	100.84	106.30	117.62	108.42	103.55
23	80.20	*	*	92.36	100.47	106.69	110.73	101.44	106.89	114.88	*	103.79
24	81.75	84.62	87.97	91.65	101.60	104.58	109.98	*	106.83	115.57	108.86	103.95
25	81.33	84.61	†	92.09	*	104.91	110.03	101.63	107.30	112.73	109.02	†
26	*	85.60	86.83	92.48	103.80	105.63	111.10	103.29	108.66	*	107.50	105.63
27	81.47	85.68	87.65	*	103.58	106.66	*	101.91	110.06	114.88	†	106.08
28	81.60	84.81	88.86	93.17	104.00	107.14	110.94	103.01	*	116.30	103.72	*
29	80.56		88.88	93.51	105.50	*	109.72	104.75	110.32	117.43	103.60	105.18
30	80.94		*	92.88	†	106.98	108.91	†	111.42	117.33	*	105.46
31	80.61		88.85		†		107.16	*		118.92		107.23
最高价	83.35	85.68	89.05	93.51	105.50	107.55	112.23	107.99	111.42	118.92	119.62	107.97
最低价	79.88	79.15	84.04	88.84	93.26	99.56	107.16	98.46	104.99	108.90	103.60	103.55
	* 星期天											
	† 假期											

1920—铁路股票												
日期	1月	2月	3月	4月	5月	6月	7月	8月	9月	10月	11月	12月
1	†	*	75.04	75.98	†	72.28	70.97	*	78.22	82.76	83.31	77.45
2	75.62	74.68	74.83	†	*	72.14	71.33	73.07	78.74	84.28	†	77.47
3	75.48	73.56	74.25	†	71.80	71.98	†	74.36	78.88	*	85.37	77.55
4	*	71.97	74.65	*	72.68	72.01	*	74.91	†	84.30	85.09	77.50
5	76.41	71.51	74.51	75.78	73.33	71.95	†	74.03	*	83.81	84.98	*
6	75.89	70.83	74.42	76.28	73.54	*	71.77	73.90	†	84.26	84.08	76.28
7	75.90	71.40	*	76.53	73.11	71.68	72.42	73.90	78.79	84.61	*	76.68
8	75.59	*	76.20	76.35	73.76	71.70	73.06	*	78.05	83.84	83.21	76.75
9	75.56	71.09	76.88	75.90	*	71.14	74.06	72.95	78.07	83.50	81.42	75.78
10	75.62	69.00	78.55	75.64	73.53	70.88	74.43	73.10	77.90	*	82.10	74.73
11	*	67.83	78.46	*	72.80	71.15	*	73.70	77.28	83.31	81.99	73.32
12	74.91	†	77.46	74.76	72.36	70.71	74.30	73.40	*	†	78.75	*
13	75.06	69.38	78.73	74.86	71.73	*	73.81	74.05	77.40	84.11	78.10	71.70
14	74.46	70.14	*	75.40	72.29	70.19	73.84	73.93	78.35	84.18	*	73.63
15	74.68	*	78.33	74.86	72.25	70.17	73.20	*	78.31	84.65	78.95	73.10
16	74.61	69.53	77.82	75.16	*	70.78	72.65	73.89	79.01	84.05	79.64	72.89
17	76.96	72.68	77.57	75.30	72.31	70.56	72.84	73.55	79.61	*	77.72	72.53
18	*	73.02	78.51	*	71.70	71.03	*	73.53	80.25	83.44	77.20	71.73
19	74.71	75.46	78.40	74.56	69.99	70.99	72.61	73.90	*	83.85	75.97	*
20	74.68	74.98	78.13	73.26	70.23	*	72.88	74.66	80.19	83.90	77.46	71.36
21	74.46	75.55	*	71.64	70.69	70.87	73.08	74.94	80.11	83.27	*	69.80
22	74.28	*	77.75	72.39	70.62	70.31	73.45	*	80.15	83.43	79.73	70.74
23	74.22	†	77.39	71.65	*	70.36	73.03	75.63	80.14	83.64	78.58	72.63
24	74.29	75.25	76.75	72.01	69.95	70.49	73.00	75.81	79.97	*	78.43	72.33
25	*	73.14	76.36	*	71.28	70.86	*	75.66	80.30	83.22	†	†
26	74.29	74.34	77.30	74.98	71.37	71.08	72.10	76.55	*	83.36	78.83	*
27	74.35	74.67	77.11	73.71	71.72	*	71.98	76.45	79.70	82.83	78.53	72.66
28	74.25	74.77	*	73.38	72.89	70.72	71.80	76.59	80.23	82.10	*	73.05
29	73.90	*	76.61	72.71	73.24	70.85	72.88	*	80.62	82.57	78.52	75.50
30	74.18		76.46	72.21	*	70.91	72.56	77.12	81.33	82.62	77.55	75.56
31	74.68		76.11		†		73.03	77.50		*		75.96
最高价	76.48	75.55	78.73	76.53	73.76	72.28	74.43	77.50	81.33	84.65	85.37	77.55
最低价	73.90	67.83	74.25	71.64	69.95	70.17	70.97	72.95	77.28	82.10	75.97	69.80
	* 星期天											
	† 假期											

1920—工业股票												
日期	1 月	2 月	3 月	4 月	5 月	6 月	7 月	8 月	9 月	10 月	11 月	12 月
1	†	*	92.40	102.66	†	90.20	91.26	*	86.34	84.00	85.48	76.50
2、	108.76	103.01	91.68	†	*	90.65	92.20	84.95	87.22	84.50	†	77.30
3	109.88	99.96	91.95	†	94.03	90.90	†	85.54	88.05	*	84.99	77.08
4	*	97.23	94.22	*	94.27	91.90	*	85.58	†	85.25	84.45	77.63
5	108.85	95.50	94.58	102.98	94.41	92.25	†	84.06	*	85.56	83.48	*
6	107.36	95.75	94.55	104.32	94.17	*	93.00	84.56	†	85.60	82.86	76.73
7	107.55	96.13	*	105.45	93.45	91.13	94.04	84.10	88.21	85.23	*	76.73
8	107.24	*	97.38	105.65	94.75	91.46	94.51	*	87.13	84.40	81.51	75.49
9	106.59	95.73	97.11	105.38	*	92.20	94.43	83.24	88.33	84.42	79.94	74.22
10	106.33	92.12	99.46	105.23	93.33	91.92	94.20	83.20	87.98	*	80.62	73.29
11	*	90.66	99.80	*	92.52	93.06	*	84.83	86.98	84.00	79.95	72.06
12	104.22	†	98.55	103.94	91.29	93.20	92.08	84.75	*	†	77.56	*
13	104.53	92.66	99.31	104.61	90.80	*	91.58	85.89	86.96	84.39	76.90	70.48
14	102.00	94.21	*	105.18	91.35	91.75	91.20	85.57	87.64	85.22	*	72.29
15	103.62	*	100.55	104.41	91.90	91.68	90.26	*	87.82	85.40	76.63	71.28
16	101.94	92.60	100.39	104.73	*	91.75	89.95	85.07	88.63	84.96	76.65	70.60
17	102.43	93.56	102.11	104.45	91.24	91.37	90.24	83.90	89.95	*	75.21	70.26
18	*	94.44	103.98	*	91.21	92.00	*	84.01	89.81	84.31	74.36	69.55
19	102.72	94.15	103.66	101.87	87.36	91.92	90.21	85.31	*	84.60	73.12	*
20	103.48	95.57	103.56	99.48	88.16	*	90.68	86.22	88.88	85.26	74.03	68.52
21	102.62	95.63	*	95.93	88.20	91.32	90.45	86.86	87.96	84.65	*	66.75
22	102.36	*	104.17	97.15	88.40	90.16	90.74	*	87.45	85.06	77.15	67.02
23	101.90	†	103.55	95.46	*	90.83	89.63	85.78	86.47	85.57	77.20	69.63
24	102.65	92.98	100.33	95.76	87.57	90.88	89.85	87.29	85.90	*	76.65	68.91
25	*	89.98	101.54	*	90.24	90.95	*	86.93	86.35	85.73	†	†
26	103.74	91.37	103.63	97.20	90.01	90.88	87.66	87.22	*	85.61	75.53	*
27	104.15	91.18	103.40	96.41	91.01	*	87.68	86.81	83.82	84.92	75.46	68.01
28	103.96	91.31	*	94.75	91.81	90.45	86.96	86.60	84.53	84.61	*	67.96
29	103.60	*	102.23	93.16	92.06	90.36	87.89	*	83.83	85.08	76.18	69.20
30	104.21		102.45	93.54	*	90.76	86.86	86.43	82.95	84.95	76.04	70.03
31	103.82		102.81		†		86.85	86.16		*		71.95
最高价	109.88	103.01	104.71	105.65	94.75	93.20	94.51	87.29	89.95	85.73	85.48	77.63
最低价	101.90	89.98	91.68	93.16	87.36	90.16	86.85	83.20	82.95	84.00	73.12	66.75
	* 星期天											
	† 假期											

1921—铁路股票												
日期	1月	2月	3月	4月	5月	6月	7月	8月	9月	10月	11月	12月
1	†	75.38	72.41	70.41	*	71.89	70.58	74.03	71.31	74.58	72.53	76.22
2	*	75.21	72.83	70.18	71.63	71.75	†	75.21	71.84	*	72.58	75.50
3	75.98	74.41	72.96	*	71.68	71.87	*	74.42	†	74.38	72.70	75.50
4	76.21	74.56	73.23	70.05	72.51	72.38	†	73.97	*	74.06	72.49	*
5	75.91	74.90	73.42	70.46	73.99	*	70.33	72.85	†	73.76	72.43	75.01
6	76.49	*	*	70.56	74.11	71.31	72.26	72.66	72.19	73.55	*	75.24
7	77.03	74.58	72.87	69.98	74.31	70.13	72.49	*	72.92	73.67	72.70	74.60
8	77.21	74.92	72.54	69.59	*	70.57	71.35	72.64	72.62	73.90	†	74.22
9	*	74.66	71.61	69.53	75.38	69.92	71.90	72.61	73.00	*	73.58	74.35
10	77.33	74.42	70.20	*	74.68	69.20	*	72.02	73.41	73.47	73.51	74.48
11	76.99	73.60	69.10	69.36	73.90	68.99	71.65	71.30	*	73.10	†	*
12	77.30	†	69.56	69.79	72.90	*	71.70	71.93	73.28	†	73.51	74.38
13	76.65	*	*	68.88	73.10	68.91	71.10	71.87	74.30	72.46	*	74.21
14	77.15	74.19	69.18	67.86	72.89	69.69	70.96	*	73.92	71.84	72.92	74.08
15	77.56	73.66	70.16	70.28	*	69.64	70.32	71.97	73.28	71.11	73.25	74.20
16	*	74.08	71.62	70.31	73.36	69.31	70.33	71.61	73.39	*	74.08	74.38
17	76.71	73.95	70.56	*	73.26	68.88	*	71.75	73.26	70.00	74.20	74.83
18	76.40	74.15	70.75	69.88	74.16	67.85	70.70	72.28	*	70.60	74.48	*
19	76.45	74.25	70.99	69.33	73.53	*	71.45	72.30	72.78	71.14	74.58	74.95
20	76.22	*	*	69.27	72.02	65.52	71.59	72.16	72.54	71.13	*	74.57
21	75.47	73.87	70.07	69.54	71.36	66.79	71.90	*	72.67	71.53	74.36	73.95
22	75.45	†	70.31	70.10	*	67.00	72.48	71.17	73.75	71.63	74.20	73.47
23	*	74.11	71.04	71.30	71.83	66.45	73.02	70.73	74.69	*	74.10	73.30
24	75.68	73.75	70.90	*	71.26	67.13	*	69.87	74.66	72.40	†	73.67
25	75.70	74.08	†	71.33	71.45	68.80	73.09	70.21	*	71.88	75.17	*
26	76.00	73.75	71.06	71.45	72.38	*	72.93	71.21	74.30	71.46	75.60	†
27	76.19	*	*	70.54	71.98	68.00	73.08	71.16	73.61	72.20	*	73.71
28	76.67	73.32	70.18	71.26	†	68.70	73.58	*	73.45	72.94	76.06	73.88
29	76.60		71.71	71.27	*	69.27	73.33	71.43	74.10	72.80	76.66	73.71
30	*		71.10	71.25	†	71.04	73.68	72.46	74.17	*	76.33	73.86
31	76.17		70.78		71.83		*	72.15		72.56		74.27
最高价	77.56	75.38	73.42	71.45	75.38	72.38	73.68	75.21	74.69	74.58	76.66	76.22
最低价	75.45	73.32	69.10	67.86	71.26	65.52	70.32	69.87	71.31	70.00	72.43	73.30
	* 星期天											
	† 假期											

1921—工业股票												
日期	1月	2月	3月	4月	5月	6月	7月	8月	9月	10月	11月	12月
1	†	75.48	74.71	75.72	*	73.51	68.35	69.68	66.83	71.68	73.44	78.12
2	*	74.98	75.19	75.27	79.65	73.06	†	69.95	68.00	*	73.52	78.73
3	72.67	74.34	75.23	*	79.23	72.37	*	69.71	†	71.61	73.98	79.00
4	72.76	74.74	75.11	75.16	79.61	72.55	†	69.50	*	70.95	73.94	*
5	73.13	75.05	75.25	76.16	80.03	*	67.71	68.61	†	70.46	73.91	78.93
6	74.31	*	*	76.58	79.68	71.18	69.86	68.56	69.12	70.42	*	79.36
7	75.21	74.80	75.26	76.16	79.48	71.56	69.72	*	69.49	70.66	74.20	79.19
8	74.80	75.54	74.91	75.61	*	71.03	68.35	68.63	69.15	71.17	†	78.80
9	*	75.48	74.60	75.73	78.81	69.85	68.54	68.00	70.58	*	75.75	79.60
10	76.00	75.59	73.60	*	78.61	69.92	*	66.71	71.92	70.95	75.61	80.16
11	76.14	75.59	72.25	76.15	77.98	69.70	68.69	66.42	*	71.06	†	*
12	75.88	†	72.76	76.28	77.60	*	68.70	66.88	70.68	†	76.46	80.63
13	74.43	*	*	75.93	77.57	70.03	68.65	66.75	71.72	70.90	*	80.69
14	74.48	76.41	72.99	75.06	77.19	70.05	67.85	*	71.68	70.15	75.50	81.04
15	75.14	76.90	73.87	76.18	*	69.00	67.25	66.02	70.68	70.09	75.80	81.50
16	*	77.14	75.20	76.33	77.23	68.16	67.44	65.27	70.95	*	77.13	80.95
17	75.21	76.40	75.44	*	77.65	67.57	*	66.09	70.83	69.46	77.07	80.57
18	75.40	76.28	76.30	76.15	77.51	67.25	67.87	65.96	*	69.81	76.94	*
19	76.76	75.93	76.56	76.10	76.96	*	68.24	65.34	70.06	70.21	77.06	80.31
20	76.08	*	*	76.08	76.07	64.90	68.21	65.09	69.43	70.77	*	80.30
21	74.65	75.10	76.03	76.54	75.65	66.25	68.11	*	69.45	71.00	76.69	79.02
22	74.91	†	76.60	77.63	*	66.23	68.27	64.50	70.25	71.11	76.21	78.76
23	*	75.66	77.78	78.15	75.86	65.36	69.23	64.38	70.90	*	76.34	79.31
24	74.77	74.66	77.39	*	74.43	66.20	*	63.90	70.81	71.81	†	79.61
25	74.98	75.23	†	78.55	74.26	67.85	69.80	63.91	*	72.22	77.31	*
26	75.19	75.46	77.13	78.86	74.81	*	69.20	65.54	70.65	72.27	77.85	†
27	75.71	*	*	78.11	74.31	67.03	69.18	65.56	70.30	72.78	*	80.69
28	76.23	74.98	76.19	78.77	†	67.63	68.18	*	70.14	73.80	78.01	80.80
29	76.34		77.13	78.57	*	68.73	68.37	66.18	71.19	73.93	77.76	80.34
30	*		76.26	78.84	†	68.45	68.86	67.80	71.08	*	77.30	80.80
31	76.13		75.76		73.44		*	67.11		73.21		81.10
最高价	76.76	77.14	77.78	78.86	80.03	73.51	69.86	69.95	71.92	73.93	78.01	81.50
最低价	72.67	74.34	72.25	75.06	73.44	64.90	67.25	63.90	66.83	69.46	73.44	78.12
	* 星期天											
	† 假期											

1922—铁路股票												
日期	1月	2月	3月	4月	5月	6月	7月	8月	9月	10月	11月	12月
1	*	74.68	77.99	80.68	84.45	85.23	84.45	88.35	92.41	*	89.28	85.56
2	†	75.19	78.31	*	84.34	85.14	*	88.46	92.10	90.76	90.86	85.86
3	73.48	75.88	78.10	81.26	84.44	85.01	84.52	88.65	*	91.96	91.11	*
4	73.91	76.23	77.79	80.86	84.40	*	†	88.55	†	92.15	90.87	85.16
5	73.56	*	*	81.55	84.68	84.94	84.66	89.18	92.16	92.10	*	84.31
6	73.65	76.70	77.21	82.78	84.65	84.78	87.58	*	91.20	91.93	90.16	84.51
7	73.85	76.38	77.87	83.20	*	84.48	87.16	89.79	92.19	91.90	†	84.39
8	*	76.60	77.99	83.91	84.30	84.43	86.11	89.43	93.51	*	90.48	84.56
9	73.43	76.81	78.53	*	83.98	83.37	*	89.43	93.88	92.05	90.43	84.60
10	73.53	76.77	78.68	84.01	83.13	83.25	86.14	89.60	*	91.81	89.50	*
11	74.01	76.81	78.83	83.61	83.12	*	86.45	89.58	93.99	92.50	88.20	84.35
12	74.65	*	*	83.08	83.44	81.81	86.95	89.32	93.42	†	*	84.54
13	75.98	†	78.71	83.46	83.90	82.76	86.47	*	92.55	92.79	87.53	84.83
14	75.36	77.46	79.56	†	*	83.09	86.24	88.06	93.67	93.26	85.85	84.88
15	*	77.49	79.26	84.32	83.58	82.28	86.56	89.01	93.70	*	86.07	84.58
16	75.76	77.50	79.21	*	83.34	81.91	*	89.84	93.38	93.70	85.59	84.59
17	76.56	77.28	79.28	84.77	84.00	81.95	86.55	90.31	*	93.55	86.15	*
18	76.58	77.33	79.53	83.85	84.41	*	86.50	90.55	91.97	92.85	86.10	83.75
19	76.18	*	*	84.32	85.28	81.88	86.82	91.51	92.70	92.59	*	83.98
20	75.85	77.61	79.92	84.74	86.13	82.85	86.60	*	92.70	93.28	86.11	84.31
21	75.68	78.08	80.07	84.80	*	82.62	86.49	93.05	91.36	93.45	85.83	85.24
22	*	*	79.61	84.84	86.17	83.60	86.41	92.54	91.36	*	84.33	85.87
23	75.50	78.38	79.13	*	86.12	83.73	*	92.03	91.88	92.56	83.70	†
24	75.58	78.73	79.08	84.84	85.94	84.46	85.63	92.32	*	92.72	83.46	*
25	75.30	79.16	79.19	85.09	85.66	*	86.14	91.76	91.82	93.06	82.58	†
26	74.83	*	*	84.36	86.33	84.73	85.59	91.54	91.41	91.43	*	85.98
27	74.84	78.52	78.79	83.60	86.66	83.63	87.63	*	89.96	91.90	82.17	85.55
28	74.94	78.66	79.15	84.20	*	83.49	87.70	90.59	89.93	91.71	83.50	84.86
29	*		80.16	84.43	86.83	83.73	88.21	91.92	90.08	*	84.56	85.79
30	74.98		80.86	*	†	84.45	*	92.68	89.60	89.84	†	86.11
31	74.73		80.66		85.53		88.98	92.48		89.25		*
最高价	76.58	79.16	80.86	85.09	86.83	85.23	88.98	93.05	93.99	93.70	91.11	86.11
最低价	73.43	74.68	77.21	80.68	83.12	81.81	84.45	88.06	89.60	89.25	82.17	83.75
	* 星期天											
	† 假期											

1922—工业股票												
日期	1月	2月	3月	4月	5月	6月	7月	8月	9月	10月	11月	12月
1	*	81.68	85.33	89.08	93.35	96.03	92.90	96.25	101.28	*	96.23	95.73
2	†	82.86	86.03	*	93.64	96.36	*	96.51	101.29	97.67	98.50	95.91
3	78.91	82.93	86.46	90.05	93.81	96.31	92.92	96.81	*	98.90	99.29	*
4	79.61	83.61	85.91	89.30	93.18	*	†	97.11	†	99.93	99.06	95.10
5	78.68	*	*	90.67	93.18	95.98	92.97	97.03	101.67	100.34	*	95.03
6	78.96	83.70	86.30	90.80	93.59	95.59	93.97	*	100.60	100.81	98.45	96.75
7	79.12	83.38	86.90	90.80	*	95.15	94.63	97.37	101.05	100.50	†	96.91
8	*	82.74	86.73	90.63	92.84	95.11	93.53	97.07	101.22	*	99.53	97.88
9	78.87	83.60	86.95	*	92.57	93.60	*	96.93	101.68	102.26	98.98	97.72
10	78.59	83.05	87.18	91.11	91.58	93.20	93.90	96.51	*	101.55	97.50	*
11	80.03	82.96	87.93	91.91	91.50	*	94.17	96.82	102.05	101.72	95.88	97.85
12	79.96	*	*	91.77	92.50	90.73	94.88	97.04	101.88	†	*	97.75
13	80.82	†	87.56	92.48	92.93	92.04	94.65	*	101.10	102.60	95.37	98.28
14	81.23	83.81	87.92	†	*	93.08	94.96	96.21	100.79	103.43	93.61	98.19
15	*	84.09	87.30	93.06	92.08	91.25	95.35	96.90	100.99	*	95.11	98.03
16	81.36	83.98	88.11	*	92.63	91.11	*	97.41	100.43	102.76	94.72	98.13
17	81.90	83.88	88.46	92.75	93.71	91.45	95.26	97.93	*	102.60	95.09	*
18	82.33	84.28	88.47	91.15	93.91	*	96.53	98.60	98.88	102.00	95.36	97.64
19	81.91	*	*	92.52	94.80	91.95	96.69	99.01	99.93	101.21	*	98.23
20	82.95	84.85	88.28	92.43	94.65	93.51	96.76	*	100.14	102.01	95.82	97.52
21	82.53	85.81	88.11	93.21	*	93.02	96.13	99.71	98.37	101.95	95.59	97.88
22	*	†	87.26	93.46	94.86	93.15	95.78	100.75	98.55	*	94.29	98.62
23	82.29	85.36	86.90	*	94.66	93.07	*	100.32	99.10	100.11	94.08	†
24	82.43	85.18	87.40	93.00	94.70	93.16	94.64	99.71	*	100.10	94.10	*
25	82.57	83.33	87.08	92.72	94.36	*	95.69	99.82	98.90	99.55	92.78	†
26	81.54	*	*	91.96	95.05	93.48	94.84	100.05	98.45	98.00	*	99.04
27	81.34	84.58	86.60	91.10	95.47	92.47	96.36	*	96.81	98.76	92.03	99.22
28	81.75	85.46	87.20	91.93	*	92.24	96.69	99.21	96.58	98.68	93.85	98.14
29	*		87.90	92.74	96.41	92.06	96.83	100.70	97.12	*	94.65	98.17
30	81.33		88.87	*	†	92.93	*	100.75	96.30	96.90	†	98.73
31	81.30		89.05		95.63		97.05	100.78		96.11		*
最高价	82.95	85.81	89.05	93.46	96.41	96.36	97.05	100.78	102.05	103.43	99.53	99.22
最低价	78.59	81.68	85.33	89.08	91.50	90.73	92.90	96.21	96.30	96.11	92.03	95.03
* 星期天												
† 假期												

1923—铁路股票												
日期	1月	2月	3月	4月	5月	6月	7月	8月	9月	10月	11月	12月
1	†	86.08	89.37	*	84.91	81.42	*	77.91	79.88	78.83	80.01	81.18
2	86.10	86.63	89.66	85.84	85.29	81.59	78.40	77.28	*	78.96	79.95	*
3	86.07	87.34	90.63	86.17	84.22	*	77.15	†	†	80.13	79.93	80.96
4	85.58	*	*	86.30	83.87	82.15	†	76.78	78.96	80.00	*	81.28
5	85.96	88.08	90.51	86.08	84.01	82.41	77.64	*	79.66	79.96	80.03	81.80
6	85.46	88.93	90.25	86.55	*	82.71	77.99	78.02	79.55	80.81	†	82.40
7	*	88.80	89.75	86.53	80.37	83.01	78.70	78.36	79.93	*	79.73	82.43
8	85.41	88.91	89.36	*	81.55	83.31	*	77.86	80.10	80.72	79.92	82.10
9	84.96	89.17	89.19	86.58	82.31	84.92	78.72	77.90	*	80.33	80.28	*
10	84.85	89.56	88.98	86.48	82.15	*	78.38	†	80.31	79.76	80.58	81.64
11	84.59	*	*	86.28	82.20	84.51	77.73	78.11	80.53	79.23	*	80.81
12	85.09	†	89.06	86.29	81.68	83.71	78.11	*	79.30	†	80.50	81.17
13	85.29	89.49	89.66	86.34	*	83.75	79.08	78.10	78.53	79.19	81.20	81.15
14	*	89.05	89.73	87.23	82.71	83.46	79.20	78.31	78.42	*	81.00	80.40
15	85.35	89.14	89.33	*	81.87	83.65	*	78.74	78.03	79.66	80.70	80.65
16	84.60	89.24	88.67	87.09	81.70	83.48	79.16	78.91	*	78.28	80.28	*
17	84.53	89.29	89.11	87.41	81.58	*	79.33	79.17	78.39	78.41	79.80	80.18
18	84.90	*	*	88.56	81.33	82.14	79.25	79.66	78.07	78.42	*	79.42
19	85.33	89.80	89.36	88.00	81.00	81.74	80.05	*	78.48	78.67	80.56	79.34
20	85.36	90.17	89.60	87.35	*	80.60	80.51	79.53	78.36	78.95	80.77	79.80
21	*	90.43	89.67	86.75	80.13	81.24	80.75	79.31	78.37	*	81.45	79.74
22	85.10	†	89.40	*	80.66	82.40	*	78.76	78.76	78.38	81.59	79.67
23	85.77	90.12	88.80	86.47	80.91	82.43	79.98	78.85	*	78.33	81.25	*
24	86.11	90.20	88.78	86.67	82.70	*	79.45	78.92	78.86	78.41	81.20	79.84
25	86.46	*	*	86.76	82.35	81.46	79.64	78.65	78.36	77.78	*	†
26	86.43	89.76	87.69	86.79	82.58	80.23	80.00	*	78.86	77.65	81.52	80.12
27	86.47	89.53	87.71	86.52	*	78.48	78.12	79.04	79.05	77.65	81.48	79.81
28	*	89.56	87.93	86.60	83.16	78.94	77.40	79.57	78.48	*	81.61	80.10
29	87.20		87.26	*	83.09	77.97	*	79.97	78.33	77.86	†	80.62
30	86.58		†	84.86	†	76.85	78,13	80.01	*	77.67	81.09	*
31	86.26		87.15		83.04		77.14	80.30		78.82		80.86
最高价	87.20	90.43	90.63	88.56	85.29	84.92	80.75	80.30	80.53	80.81	81.61	82.43
最低价	84.53	86.08	87.15	84.86	80.13	76.85	77.14	77.28	78.03	77.65	79.73	79.34
* 星期天												
†假期												

1923—工业股票												
日期	1月	2月	3月	4月	5月	6月	7月	8月	9月	10月	11月	12月
1	†	97.71	104.23	*	97.40	95.36	*	87.96	93.22	88.06	88.41	93.15
2	98.77	98.70	104.65	101.51	98.05	95.75	88.95	88.20	*	88.09	88.91	*
3	99.42	99.33	104.51	101.60	96.30	*	87.87	†	†	90.45	89.63	92.64
4	98.57	*	*	101.40	96.60	96.14	†	87.20	92.25	89.93	*	92.68
5	98.88	100.03	104.77	102.36	96.73	96.29	87.90	*	92.98	89.41	89.36	92.81
6	97.77	101.01	104.79	102.70	*	97.24	88.65	88.51	93.00	89.29	†	92.94
7	*	101.05	105.23	102.56	95.41	97.17	89.41	89.55	92.84	*	89.48	93.80
8	98.06	101.05	104.70	*	96.54	96.66	*	88.63	92.93	88.56	90.75	93.85
9	97.23	100.82	104.48	102.11	98.19	97.10	89.26	88.67	*	88.06	91.14	*
10	97.29	101.70	103.82	101.86	97.61	*	88.44	†	93.31	87.54	91.39	93.86
11	98.12	*	*	101.08	96.45	97.22	87.80	89.11	93.61	87.16	*	93.65
12	98.63	†	104.22	101.71	95.40	95.97	87.64	*	92.05	†	91.08	94.11
13	99.09	102.16	104.79	101.81	*	95.79	89.07	88.95	89.93	87.13	90.75	94.70
14	*	101.85	105.28	102.09	96.91	95.44	89.40	89.60	89.63	*	90.44	94.93
15	98.04	102.57	104.74	*	95.95	94.86	*	90.23	89.05	88.06	90.87	95.23
16	96.96	103.23	103.93	101.76	95.53	94.73	89.22	90.86	*	86.91	90.33	*
17	97.05	103.21	104.89	102.14	95.41	*	89.50	91.64	89.41	87.56	89.65	95.26
18	98.09	*	*	102.24	95.07	92.64	90.01	92.32	88.49	87.46	*	93.66
19	97.85	102.96	105.36	102.58	94.70	92.76	91.35	†	89.17	87.51	91.35	93.63
20	97.61	103.56	105.38	101.38	*	90.81	91.72	91.71	88.16	87.83	91.26	94.00
21	*	103.59	105.23	101.10	92.77	92.26	91.39	92.18	88.07	*	92.17	93.51
22	97.25	†	105.09	*	93.58	93.55	*	92.13	88.54	87.48	91.83	93.63
23	97.43	103.27	103.98	100.73	93.90	93.30	91.58	92.04	*	87.37	92.13	*
24	97.16	102.85	103.28	101.08	96.03	*	90.16	91.92	89.21	87.13	92.60	94.42
25	97.79	*	*	101.36	96.65	91.48	90.87	91.59	87.94	86.43	*	†
26	98.15	102.40	102.36	101.37	97.48	90.11	91.06	*	88.53	86.01	92.88	95.61
27	98.00	102.79	103.03	101.16	*	88.66	88.37	92.48	88.53	85.76	92.61	94.98
28	*	103.90	103.45	100.63	97.25	89.38	87.33	93.20	87.97	*	92.41	95.12
29	98.26		102.77	*	97.66	88.40	*	93.70	87.89	86.20	†	95.23
30	97.75		†	98.38	†	87.85	88.11	93.40	*	88.53	92.34	*
31	97.43		102.75		97.53		86.91	93.46				95.52
最高价	99.42	103.90	105.38	102.70	98.19	97.24	91.72	93.70	93.61	90.45	92.88	95.61
最低价	96.96	97.71	102.36	98.38	92.77	87.85	86.91	87.20	87.89	85.76	88.41	92.64
	* 星期天											
	† 假期											

1924—铁路股票												
日期	1月	2月	3月	4月	5月	6月	7月	8月	9月	10月	11月	12月
1	†	82.15	81.32	81.48	81.63	*	85.83	89.87	†	90.28	89.36	96.28
2	80.79	82.35	*	82.04	81.48	82.15	85.78	90.02	90.58	90.11	*	96.60
3	80.76	*	80.51	82.83	81.51	82.58	86.00	*	90.13	88.97	89.53	97.21
4	81.01	82.61	80.75	83.43	*	82.78	†	89.79	89.45	88.90	†	98.03
5	81.33	82.50	80.90	83.23	81.58	83.22	86.16	89.78	88.90	*	90.80	97.40
6	*	82.48	81.21	*	81.71	82.58	*	89.73	88.76	88.43	91.23	97.25
7	81.78	81.76	81.10	82.80	81.88	82.76	86.66	90.18	*	88.31	93.40	*
8	81.93	81.40	81.09	82.17	81.94	*	87.27	90.20	89.07	88.26	94.10	96.99
9	83.06	81.74	*	81.76	81.83	83.16	87.32	90.74	89.89	88.48	*	96.75
10	82.80	*	80.61	81.00	81.71	83.44	86.83	*	88.92	87.66	93.55	95.78
11	82.59	82.21	80.93	81.51	*	84.30	87.09	92.20	89.06	87.65	94.32	95.76
12	82.63	†	81.03	81.38	81.58	84.60	87.15	91.50	89.45	*	93.63	96.93
13	*	81.62	81.31	*	81.63	85.13	*	91.23	89.56	†	93.04	97.30
14	81.75	81.65	81.47	80.55	81.59	85.21	87.51	91.38	*	86.12	93.93	*
15	79.98	80.39	81.39	80.74	81.77	*	87.68	91.91	89.34	86.66	93.88	97.93
16	80.81	81.00	*	81.10	82.07	85.01	88.08	92.10	89.40	86.40	*	98.06
17	80.76	*	81.05	81.64	81.85	84.68	88.00	*	89.97	87.20	94.76	99.31
18	80.80	80.23	81.00	†	*	84.75	88.60	92.65	89.69	88.04	95.60	99.50
19	80.79	80.68	81.50	81.55	81.88	85.13	88.69	92.10	89.60	*	95.26	99.30
20	*	80.63	81.45	*	81.37	85.32	*	91.44	89.81	87.70	96.19	99.24
21	80.85	81.08	81.46	81.13	82.38	85.23	89.15	90.93	*	88.12	95.77	*
22	80.76	†	81.99	81.20	82.58	*	89.37	90.10	89.50	88.72	95.96	98.71
23	80.67	81.33	*	81.41	82.88	84.66	89.60	89.82	90.03	88.91	*	97.88
24	80.80	*	82.01	81.13	82.96	84.94	90.10	*	90.71	89.33	95.80	98.25
25	81.56	80.96	81.38	81.30	*	86.05	90.40	89.88	90.51	89.23	96.53	†
26	81.89	80.78	81.40	81.25	83.34	86.41	90.41	89.81	90.35	*	96.48	98.89
27	*	80.68	81.29	*	83.02	86.22	*	89.85	90.55	88.71	†	98.90
28	82.16	81.58	81.05	80.95	82.67	86.11	90.36	89.48	*	89.03	96.25	*
29	81.93	81.00	80.95	80.90	82.29	*	90.04	89.83	89.99	88.86	96.35	98.46
30	81.81		*	81.06	†	85.80	89.80	90.60	90.20	88.90	*	97.67
31	82.09		81.26		†		90.08	*		89.28		98.33
最高价	83.06	82.61	82.01	83.43	83.34	86.41	90.41	92.65	90.71	90.28	96.53	99.50
最低价	80.67	80.23	80.51	80.55	81.37	82.15	85.78	89.48	88.76	86.12	89.36	95.76
	* 星期天											
	† 假期											

1924—工业股票												
日期	1月	2月	3月	4月	5月	6月	7月	8月	9月	10月	11月	12月
1	†	100.70	97.49	93.50	92.12	*	96.45	102.12	†	104.08	104.17	110.44
2	95.65	100.84	*	94.50	91.68	90.15	96.38	102.89	104.95	103.63	*	110.71
3	94.88	*	97.10	94.33	91.93	91.23	96.48	*	104.02	102.64	103.89	110.83
4	95.40	101.08	97.50	94.69	*	90.72	†	103.28	102.77	102.85	†	111.56
5	96.26	101.08	97.55	94.05	92.23	90.41	96.43	102.52	101.07	*	105.11	111.26
6	*	101.31	98.45	*	92.24	89.18	*	102.57	100.76	102.58	104.06	111.10
7	96.54	100.99	98.61	93.03	92.47	89.52	96.91	102.30	*	102.38	104.86	*
8	96.77	100.20	98.25	92.85	92.04	*	97.56	101.79	101.26	102.06	105.53	111.30
9	97.04	100.88	*	92.24	91.40	90.15	97.40	102.08	101.98	102.60	*	112.11
10	97.23	*	97.21	90.86	90.55	90.53	96.65	*	101.13	101.38	105.91	111.07
11	97.46	100.91	97.81	91.71	*	92.00	97.38	102.20	101.79	101.33	107.58	110.84
12	97.25	†	97.58	90.78	89.48	92.19	97.60	101.51	101.91	*	108.14	111.96
13	*	99.81	98.25	*	89.69	92.68	*	101.60	101.97	†	108.14	112.76
14	95.68	100.05	98.86	89.91	88.77	92.85	97.50	102.86	*	99.18	108.96	*
15	96.09	96.63	98.02	90.52	89.18	*	97.40	104.01	101.38	100.11	108.68	113.40
16	96.65	98.06	*	90.78	89.78	93.80	96.85	104.62	101.75	100.16	*	113.73
17	96.42	*	96.60	91.34	89.33	93.57	96.85	*	103.49	100.86	109.51	114.35
18	96.28	96.33	96.69	†	*	93.52	97.40	104.99	103.42	101.76	110.73	115.17
19	96.60	96.97	96.89	91.13	89.81	93.79	98.09	105.38	103.63	*	110.24	116.13
20	*	96.58	95.88	*	88.33	93.48	*	105.57	103.85	101.14	110.50	116.41
21	97.28	97.40	95.87	89.18	89.35	93.53	99.02	104.83	*	101.85	109.63	*
22	97.23	†	95.72	89.22	90.10	*	99.36	103.89	103.25	101.96	109.55	116.84
23	97.73	97.88	*	90.43	90.04	92.65	99.40	103.51	104.16	102.18	*	115.78
24	98.59	*	95.58	90.44	90.66	93.13	99.36	*	104.68	102.53	109.81	116.74
25	99.81	97.16	94.12	91.51	*	93.67	99.60	103.53	104.13	102.04	110.08	†
26	100.00	96.45	93.67	92.02	90.60	94.71	100.36	103.58	103.98	*	110.15	118.59
27	*	96.75	92.90	*	90.15	95.33	*	103.23	103.93	101.73	†	119.18
28	99.35	97.69	92.54	90.99	89.90	95.55	101.09	102.67	*	102.45	111.10	*
29	99.16	97.22	92.28	90.65	89.90	*	100.87	104.14	102.96	102.41	111.38	118.63
30	99.40		*	90.63	†	96.37	101.16	105.16	103.16	103.00	*	118.02
31	100.66		93.01		†		102.14	*		104.06		120.51
最高价	100.66	101.31	98.86	94.69	92.47	96.37	102.14	105.57	104.95	104.08	111.38	120.51
最低价	94.88	96.33	92.54	89.18	88.33	89.19	96.38	101.51	100.76	99.18	103.89	110.44
	* 星期天											
	† 假期											

1925—铁路股票

日期	1月	2月	3月	4月	5月	6月	7月	8月	9月	10月	11月	12月
1	†	*	*	94.29	96.56	99.10	98.85	99.02	100.90	102.60	*	103.37
2	99.22	99.63	100.76	94.03	97.08	98.81	99.08	*	99.93	102.59	105.19	107.30
3	99.33	99.41	100.96	93.84	*	98.80	98.95	99.32	100.67	102.54	†	107.30
4	*	100.46	100.12	94.71	97.75	98.41	†	99.56	101.36	*	105.13	107.82
5	99.14	100.49	100.56	*	97.66	98.41	*	100.02	101.63	102.33	104.37	108.66
6	100.27	100.46	100.72	95.81	97.65	98.60	99.02	99.78	*	101.46	103.90	*
7	100.35	100.29	100.24	96.67	97.68	*	99.38	100.63	†	101.36	103.87	109.27
8	100.19	*	*	94.88	97.36	97.22	98.89	100.63	101.58	101.64	*	108.96
9	100.78	100.10	99.50	94.79	97.09	97.15	98.60	*	102.75	101.73	104.05	108.26
10	100.40	100.15	98.58	†	*	96.98	98.48	100.58	102.40	101.66	103.23	108.80
11	*	99.69	98.87	94.97	96.43	97.38	98.43	100.58	102.22	*	105.10	109.80
12	100.47	†	99.65	*	97.11	97.67	*	100.83	102.22	†	105.46	109.68
13	100.53	99.44	98.96	94.96	97.13	98.26	98.71	101.23	*	101.73	107.81	*
14	99.59	98.88	99.17	95.46	96.85	*	99.15	101.88	102.78	102.14	108.10	110.29
15	98.36	*	*	95.91	97.20	97.80	99.16	101.99	102.37	101.93	*	111.52
16	98.41	97.83	97.63	96.13	97.25	98.09	99.42	*	102.94	102.26	106.62	112.38
17	99.30	98.33	96.96	96.59	*	98.14	99.23	103.28	102.78	102.08	107.63	111.53
18	*	99.55	96.46	96.64	97.50	97.58	99.19	103.30	103.66	*	105.70	110.91
19	99.05	99.18	96.68	*	97.93	98.27	*	102.96	103.68	103.86	107.39	110.87
20	98.46	99.97	97.81	96.31	98.03	98.33	99.28	102.93	*	104.65	107.13	*
21	98.49	99.89	97.35	95.09	98.27	*	98.91	103.00	103.18	104.75	106.86	110.10
22	98.77	*	*	95.61	99.05	97.77	98.61	103.28	103.41	104.78	*	110.34
23	98.93	†	95.66	95.52	99.01	97.50	99.19	*	103.78	104.51	105.78	111.11
24	98.86	100.15	94.32	95.26	*	98.06	98.90	103.53	103.56	104.62	105.88	111.53
25	*	100.30	95.31	95.75	99.15	98.04	99.03	103.38	103.65	*	106.73	†
26	98.35	100.86	94.51	*	98.83	98.41	*	103.08	103.31	105.10	†	†
27	98.45	99.72	94.70	95.68	99.53	98.57	99.22	102.88	*	104.56	107.21	*
28	99.18	99.88	93.73	96.18	99.26	*	99.75	102.80	102.88	104.51	107.16	112.25
29	98.58		*	95.98	99.98	97.80	99.31	102.36	103.04	104.14	*	112.32
30	98.96		92.98	96.15	†	98.41	99.08	*	102.46	104.79	107.52	112.62
31	99.26		93.94		*		98.74	101.95		105.03		112.93
最高价	100.78	100.86	100.96	96.64	99.98	99.10	99.75	103.53	103.78	105.10	108.10	112.93
最低价	98.35	97.83	92.98	93.84	96.43	96.98	98.43	99.02	99.93	101.36	103.23	107.30

* 星期天

† 假期

1925—工业股票												
日期	1月	2月	3月	4月	5月	6月	7月	8月	9月	10月	11月	12月
1	†	*	*	118.07	121.10	129.69	131.76	134.55	139.78	144.77	*	152.11
2	121.25	120.46	123.93	117.61	121.96	130.42	131.53	*	137.22	146.13	157.88	152.88
3	122.20	120.08	125.25	117.40	*	130.41	131.52	135.81	139.91	146.65	†	153.80
4	*	120.56	123.26	118.25	122.86	128.89	†	136.38	140.88	*	158.05	154.60
5	119.46	120.83	124.81	*	123.63	128.98	*	135.73	141.30	146.81	157.67	154.63
6	121.13	121.48	125.68	119.43	124.32	128.85	132.31	135.71	*	145.11	159.39	*
7	121.18	121.50	124.98	118.78	125.16	*	132.70	137.40	†	145.60	158.48	154.21
8	121.61	*	*	118.90	124.74	127.12	133.07	137.98	140.86	146.75	*	153.84
9	122.32	122.37	124.33	119.06	124.64	127.21	131.83	*	142.40	147.20	157.43	152.57
10	122.16	121.73	122.62	†	*	126.75	131.33	137.41	143.83	147.43	151.60	153.71
11	*	121.23	123.26	119.33	124.14	127.85	131.43	137.80	145.38	*	154.18	154.21
12	123.21	†	124.60	†	124.45	128.38	*	137.48	145.95	†	155.47	154.65
13	123.56	121.73	123.25	120.18	124.21	129.38	131.71	138.60	*	147.40	157.76	*
14	122.97	120.86	124.16	121.54	124.16	*	132.95	139.51	146.63	148.96	156.36	154.70
15	121.38	*	*	121.11	126.00	128.43	133.40	140.20	143.89	149.18	*	154.07
16	121.71	117.96	120.76	120.67	126.50	129.66	133.50	*	145.87	149.56	153.11	152.88
17	123.13	118.48	118.53	121.41	*	129.80	134.00	141.56	146.46	147.89	153.48	152.78
18	*	120.07	118.25	122.02	127.09	128.88	134.68	142.60	147.16	*	150.35	152.67
19	122.35	119.71	119.38	*	128.38	129.26	*	141.82	147.73	148.53	152.27	153.21
20	121.74	121.64	120.91	121.23	128.68	129.16	135.00	141.66	*	150.29	152.45	*
21	122.11	121.85	119.60	119.53	128.70	*	134.93	142.63	146.11	151.61	151.08	152.35
22	123.60	*	*	120.52	128.95	128.25	133.87	142.87	145.74	152.13	*	153.91
23	123.09	†	116.82	120.82	128.85	127.17	135.33	*	146.02	153.29	148.60	155.98
24	122.98	121.48	116.78	119.74	*	127.80	135.58	142.76	143.98	153.47	148.18	157.01
25	*	122.15	118.71	119.75	127.78	128.28	135.63	143.18	145.56	*	151.04	†
26	121.90	122.86	116.78	*	128.43	129.17	*	141.88	144.26	153.60	†	†
27	121.53	122.24	117.48	119.46	129.13	129.73	136.50	141.54	*	152.92	152.70	*
28	121.98	122.71	116.30	120.00	129.60	*	135.62	141.13	144.15	155.25	151.78	156.87
29	122.44		*	120.40	129.95	129.23	134.48	141.26	145.06	154.88	*	155.83
30	123.49		115.00	120.01	†	131.01	134.16	*	143.46	155.65	151.08	155.81
31	123.22		116.75		*		133.81	141.18		156.52		156.66
最高价	123.60	122.86	125.68	122.02	129.95	131.01	136.50	143.18	147.73	156.52	159.39	157.01
最低价	119.46	117.96	115.00	117.40	121.10	126.75	131.33	134.45	137.22	144.77	148.18	152.11
	* 星期天											
	† 假期											

1926—铁路股票												
日期	1 月	2 月	3 月	4 月	5 月	6 月	7 月	8 月	9 月	10 月	11 月	12 月
1	†	110.42	107.15	105.42	107.89	106.46	114.80	*	122.05	121.83	117.88	117.51
2	113.10	111.25	105.42	†	*	109.48	115.01	116.66	122.12	121.53	†	117.86
3	*	111.03	103.20	105.41	106.41	109.74	†	116.31	123.33	*	118.01	118.22
4	112.40	110.93	106.34	*	107.05	110.53	*	115.60	†	119.82	119.25	117.85
5	112.36	111.15	108.25	106.04	107.16	110.84	†	115.43	*	117.67	118.95	*
6	112.45	111.05	107.93	107.01	107.22	*	114.71	116.66	†	116.74	118.96	117.50
7	113.12	*	*	106.56	106.48	110.91	114.86	116.84	123.02	115.96	*	117.73
8	112.45	110.56	107.00	106.79	106.27	110.63	115.70	*	121.79	116.68	119.53	117.71
9	112.31	110.88	107.81	106.76	*	111.20	115.21	117.41	121.76	115.57	119.09	118.81
10	*	111.11	108.69	106.89	106.00	111.57	115.69	116.10	120.49	*	118.43	119.91
11	112.48	111.33	110.41	*	106.29	112.62	*	115.48	120.10	114.95	118.69	119.76
12	111.92	†	111.21	105.11	106.75	112.68	116.03	117.55	*	†	118.86	*
13	112.42	111.46	109.06	105.88	106.45	*	116.29	118.41	119.98	115.95	118.80	119.60
14	111.26	*	*	105.30	106.45	112.41	116.04	118.43	120.96	117.68	*	119.76
15	109.80	109.58	109.03	105.01	106.25	112.05	115.47	*	120.58	115.62	118.80	120.48
16	109.70	110.23	108.85	105.18	*	112.03	115.34	118.85	120.56	115.05	118.81	119.90
17	*	110.76	107.91	105.28	106.25	112.70	115.44	117.89	119.21	*	118.81	121.91
18	110.34	110.60	106.78	*	106.45	112.37	*	118.56	120.99	115.76	118.53	122.48
19	108.93	110.20	106.39	105.23	106.42	113.31	115.08	117.95	*	115.28	117.45	*
20	109.22	111.22	106.73	105.70	107.51	*	114.51	118.21	120.48	114.70	117.66	122.45
21	108.26	*	*	107.98	108.10	113.68	113.90	118.16	120.71	116.95	*	122.38
22	109.30	†	107.83	108.20	108.91	113.63	112.78	*	120.28	116.36	117.70	121.52
23	109.00	109.90	107.67	109.08	*	113.56	112.75	118.57	120.97	116.51	118.07	121.95
24	*	109.91	106.32	108.93	108.84	114.21	112.89	117.78	121.46	*	118.53	121.58
25	109.83	109.23	106.88	*	109.23	114.13	*	117.80	121.88	116.76	†	†
26	109.53	107.68	107.24	109.13	109.57	114.05	113.81	118.67	*	117.23	118.35	*
27	109.78	107.96	107.26	109.01	109.89	*	113.90	118.79	121.75	118.77	117.98	121.37
28	110.21	*	*	108.83	110.23	114.43	114.45	118.60	121.52	118.15	*	120.02
29	111.32		105.15	108.94	†	114.55	114.20	*	120.89	117.83	117.80	120.33
30	111.36		102.41	108.29	*	114.70	114.99	119.79	121.23	117.57	117.66	120.15
31	*		105.53		†		116.52	121.56		*		120.86
最高价	113.12	111.46	111.21	109.13	110.23	114.70	116.52	121.56	123.33	121.83	119.53	122.48
最低价	108.26	107.68	102.41	105.01	106.00	109.46	112.75	115.43	119.21	114.70	117.45	117.50
	* 星期天											
	† 假期											

1926—工业股票												
日期	1月	2月	3月	4月	5月	6月	7月	8月	9月	10月	11月	12月
1	†	156.83	150.90	140.35	143.40	142.30	153.01	*	163.93	159.69	150.51	157.31
2	158.54	157.95	147.06	†	*	143.55	164.15	161.84	163.23	159.64	†	158.00
3	*	159.40	144.44	140.39	140.53	145.03	†	163.40	163.75	*	151.23	158.50
4	158.75	160.53	150.76	*	141.38	145.28	*	163.23	†	156.78	152.76	159.05
5	157.60	159.98	150.40	141.08	141.49	145.36	†	163.34	*	154.86	152.88	*
6	158.00	159.99	149.86	142.43	142.13	*	154.37	164.16	†	153.99	153.03	159.30
7	158.93	*	*	141.97	140.10	145.56	155.05	165.21	166.10	152.50	*	158.86
8	158.76	159.10	150.10	140.67	140.23	145.40	155.66	*	165.05	153.39	154.78	158.35
9	159.10	160.31	151.27	140.95	*	145.56	153.74	166.14	164.94	151.18	154.82	158.94
10	*	161.58	153.13	139.93	138.87	145.95	155.06	162.89	163.35	*	153.41	159.61
11	157.58	162.31	153.00	*	139.05	147.21	*	161.68	162.16	149.35	154.66	159.89
12	157.39	†	153.03	136.53	139.78	148.61	155.58	163.28	*	†	155.00	*
13	158.31	162.08	150.07	138.90	139.45	*	156.83	164.85	158.97	150.78	154.58	160.01
14	156.90	*	*	136.36	138.84	150.13	157.12	166.64	160.57	152.10	*	160.65
15	155.10	158.30	150.65	137.08	138.02	149.37	155.84	*	159.35	147.95	155.00	160.63
16	155.23	158.88	149.88	136.27	*	151.31	157.81	166.10	158.71	146.85	156.53	159.32
17	*	160.05	149.28	136.83	137.97	153.44	158.81	164.14	156.74	*	155.15	160.66
18	155.98	161.09	146.32	*	137.53	151.92	*	164.41	157.86	148.20	154.51	161.86
19	153.81	160.92	145.11	136.91	137.16	153.33	158.94	162.43	*	145.66	152.86	*
20	155.04	160.93	144.80	137.47	138.66	*	157.63	162.06	156.26	146.73	153.95	160.75
21	153.20	*	*	139.91	140.27	154.03	156.41	162.78	157.56	149.38	*	160.46
22	154.26	†	146.32	141.11	140.41	153.54	155.58	*	156.65	148.51	155.01	160.29
23	155.16	158.83	143.86	142.55	*	151.45	155.43	163.41	156.96	149.56	155.83	160.22
24	*	158.55	140.31	144.83	141.16	151.87	154.59	161.46	158.65	*	155.73	160.46
25	155.28	156.54	140.81	*	141.20	150.80	*	160.41	159.27	148.78	†	†
26	154.63	154.68	141.76	142.93	141.64	150.68	155.71	161.18	*	149.35	157.37	*
27	156.46	154.45	139.02	143.15	142.43	*	156.71	161.36	158.42	151.87	156.43	159.32
28	157.20	*	*	144.55	143.43	151.08	159.33	161.88	158.01	151.45	*	157.19
29	157.35		135.49	144.43	†	152.61	160.58	*	157.71	150.76	155.93	157.50
30	157.44		135.20	143.71	*	153.04	160.18	161.83	158.19	150.38	156.55	156.65
31	*		140.46		†		160.47	162.51		*		157.20
最高价	159.10	162.31	153.13	145.55	143.43	154.03	160.58	166.64	166.10	159.69	157.37	161.86
最低价	153.20	154.45	135.20	136.27	137.16	142.30	153.01	160.41	156.26	145.66	150.51	156.65
	* 星期天											
	† 假期											

1927—铁路股票												
日期	1月	2月	3月	4月	5月	6月	7月	8月	9月	10月	11月	12月
1	†	120.76	127.33	129.95	*	137.85	134.06	142.47	139.38	143.03	134.22	140.10
2	*	122.65	125.48	130.07	131.01	137.70	134.77	142.97	140.41	*	135.24	142.95
3	120.09	123.03	126.57	*	132.11	136.02	*	140.86	140.63	144.82	136.41	143.44
4	119.87	123.30	125.78	131.16	132.30	136.95	†	141.70	*	143.10	136.12	*
5	119.77	123.21	125.21	131.59	132.40	*	136.08	140.12	†	142.24	138.00	142.63
6	119.69	*	*	131.28	133.08	138.18	136.48	139.83	140.28	143.53	*	142.02
7	120.40	123.29	124.65	131.88	133.55	137.18	136.08	*	140.46	142.16	139.21	141.09
8	120.73	124.48	124.53	132.55	*	137.41	135.98	138.16	139.98	141.56	†	140.05
9	*	124.17	125.51	132.65	134.08	137.15	135.93	139.23	139.18	*	137.73	141.40
10	120.73	124.29	126.24	*	133.76	136.46	*	139.17	139.12	140.02	138.03	140.72
11	120.90	124.80	127.52	132.67	133.38	136.29	136.57	138.05	*	139.40	138.77	*
12	121.01	†	127.39	132.01	132.91	*	137.19	136.10	138.65	†	139.41	140.51
13	120.57	*	*	131.83	133.76	†	138.54	136.87	140.33	140.83	*	141.38
14	120.63	124.85	127.14	131.80	133.78	133.70	139.46	*	140.25	141.03	139.86	140.56
15	121.33	125.71	126.01	†	*	135.36	138.41	139.03	140.08	140.54	139.53	140.90
16	*	126.71	127.26	132.24	133.13	136.39	138.76	140.16	139.69	*	139.46	141.46
17	122.32	128.47	128.07	*	133.78	137.04	*	139.68	139.26	139.06	139.71	141.16
18	122.18	129.16	126.63	132.04	134.36	136.91	138.93	139.94	*	139.36	140.00	*
19	122.53	128.47	127.07	131.81	134.87	*	138.76	139.65	138.58	138.70	140.04	140.40
20	122.51	*	*	132.30	135.65	136.65	138.90	139.81	140.19	137.51	*	141.03
21	122.56	127.01	128.11	132.80	135.60	136.12	138.73	*	139.93	135.81	139.20	141.04
22	122.20	†	126.93	133.72	*	136.13	138.39	140.32	138.51	135.12	139.88	141.19
23	*	127.93	127.68	133.83	135.91	134.86	138.27	140.89	138.79	*	140.40	141.21
24	121.95	127.51	128.28	*	135.63	135.01	*	141.21	139.21	135.38	†	141.52
25	119.88	127.00	127.84	132.33	135.60	135.04	138.87	141.17	*	137.01	140.85	*
26	120.41	127.24	128.32	132.47	136.88	*	139.20	141.05	138.48	137.78	140.65	†
27	119.61	*	*	132.17	137.16	133.36	139.16	140.00	138.73	137.23	*	141.11
28	119.29	127.76	130.01	130.28	137.35	133.36	138.98	*	139.68	134.55	139.72	139.71
29	120.23		129.53	130.84	*	133.48	139.96	140.03	140.05	133.61	139.83	139.29
30	*		129.71	131.05	†	133.72	141.26	139.30	142.05	*	140.45	139.93
31	120.83		130.31		137.26		*	138.56		134.27		140.30
最高价	122.56	129.16	130.31	133.83	137.35	138.18	141.26	142.97	142.05	144.82	140.85	143.44
最低价	119.29	120.76	124.53	129.95	131.01	133.36	134.06	136.10	138.48	133.61	134.22	139.29
	*星期天											
	†假期											

1927—工业股票												
日期	1月	2月	3月	4月	5月	6月	7月	8月	9月	10月	11月	12月
1	†	156.26	161.42	160.71	*	171.98	168.06	184.21	191.56	198.36	181.65	196.58
2	*	154.80	159.07	160.66	164.55	171.88	169.29	185.55	192.83	*	184.61	196.75
3	155.16	154.94	160.89	*	165.85	169.65	*	183.56	191.26	199.78	186.50	197.34
4	155.53	154.51	159.68	161.70	168.05	170.16	†	184.64	*	198.88	187.49	*
5	155.54	154.33	159.23	162.68	167.75	*	170.95	182.87	†	199.22	188.47	196.96
6	155.16	*	*	162.69	167.85	171.13	172.27	182.51	196.91	199.22	*	196.44
7	155.53	154.31	158.62	162.50	167.94	170.18	171.96	*	197.75	197.50	190.57	195.43
8	155.85	154.86	158.84	162.52	*	170.22	171.50	180.27	196.92	190.29	†	193.58
9	*	155.29	159.86	162.69	168.15	170.85	171.98	182.05	194.60	*	189.31	196.19
10	156.56	155.53	160.87	*	168.25	170.21	*	182.20	195.86	189.03	190.70	196.38
11	155.68	156.05	160.18	163.61	167.58	170.63	172.65	180.00	*	189.29	193.34	*
12	155.50	†	160.73	163.38	167.06	*	173.11	177.13	194.00	†	194.11	197.35
13	155.45	*	*	164.17	168.15	†	173.19	179.34	196.81	190.45	*	198.05
14	154.91	157.56	161.43	164.78	168.46	167.63	174.38	*	198.00	190.02	195.91	196.74
15	154.99	157.61	160.03	†	*	168.78	174.87	181.93	198.97	190.18	195.37	197.09
16	*	157.41	161.61	165.59	166.68	170.26	174.93	183.36	198.85	*	194.53	198.93
17	153.91	157.97	161.78	*	168.09	170.15	*	184.30	197.70	186.81	195.47	199.95
18	154.11	158.56	160.68	165.48	168.98	169.85	175.40	184.15	*	187.32	196.68	*
19	155.53	158.71	160.56	165.93	170.29	*	177.02	185.10	196.38	184.48	196.83	200.93
20	155.16	*	*	166.10	171.75	169.50	177.83	185.80	196.97	183.00	*	200.93
21	155.51	158.80	160.81	166.66	172.06	169.87	177.75	*	196.26	181.43	194.90	200.63
22	155.17	†	158.41	167.36	*	169.50	177.83	187.32	194.65	179.78	196.20	200.62
23	*	160.43	158.85	166.80	171.67	167.82	178.11	187.49	195.42	*	197.10	200.81
24	154.43	160.11	160.30	*	171.06	168.04	*	188.07	196.83	181.43	†	200.30
25	152.73	160.68	160.21	163.73	171.51	168.04	179.28	187.50	*	185.31	196.88	*
26	153.36	160.83	160.55	165.12	171.31	*	179.72	188.81	194.64	184.78	196.97	†
27	153.13	*	*	165.23	172.15	165.73	180.09	189.30	195.38	183.96	*	200.32
28	153.86	161.96	161.01	165.53	172.56	166.40	180.73	*	194.11	181.68	194.80	198.60
29	155.18		160.62	164.64	*	166.53	181.40	190.00	194.80	180.32	196.95	199.96
30	*		159.66	164.21	†	166.23	182.61	190.63	197.59	*	198.21	200.70
31	156.41		160.08		172.96		*	189.79		181.73		202.40
最高价	156.56	161.96	161.78	167.36	172.96	171.98	182.61	190.63	198.97	199.78	198.21	200.40
最低价	152.73	154.31	158.41	160.66	164.55	165.73	168.06	177.13	191.56	179.78	181.65	193.58

* 星期天

† 假期